普通高等教育公共课基础教材

大学生军事课教程

主编◎赵　荣　姚　遥　陆海燕

教学资源

北京理工大学出版社
BEIJING INSTITUTE OF TECHNOLOGY PRESS

内 容 简 介

在普通高等学校开展学生军训工作,是全面贯彻党的教育方针,大力推进素质教育,培养德智体美劳全面发展的中国特色社会主义建设者和接班人的客观要求;也是加强国防后备力量建设,培养大批国防和军队现代化建设后备人才的重要举措。进入新时代,国防和军队现代化建设的发展,在中国特色社会主义事业的总体布局中占有重要地位,必须融入国家现代化战略全局,与国家安全和发展利益相适应。为进一步加强学生军训工作,规范普通高等学校军事理论课教学和军事技能训练,我们根据《普通高等学校军事课教学大纲》的要求,结合多年来组织开展学生军训工作的实际,组织编写了《大学生军事课教程》。我们根据军事科学的最新发展,突出军事理论的前沿性,广泛吸纳了世界军事科学技术发展和中外军事理论研究的最新成果;结合多年军事技能训练的实践经验,突出军事技能的实践性,精练了教学内容,强化了技能方法;根据青年学生的知识结构和年龄特点,既突出基础性,又兼顾系统性,更加重视基础理论、基本知识和基本技能的学习和掌握。

图书在版编目(CIP)数据

大学生军事课教程 / 赵荣,姚遥,陆海燕主编.
北京:北京理工大学出版社,2025.5.
ISBN 978-7-5763-5360-0

Ⅰ.E

中国国家版本馆 CIP 数据核字第 2025H0F995 号

责任编辑:王晓莉   文案编辑:王晓莉
责任校对:刘亚男   责任印制:李志强

出版发行 / 北京理工大学出版社有限责任公司	
社　　址 / 北京市丰台区四合庄路 6 号	
邮　　编 / 100070	
电　　话 / (010)68914026(教材售后服务热线)	
(010)63726648(课件资源服务热线)	
网　　址 / http://www.bitpress.com.cn	

版 印 次 / 2025 年 5 月第 1 版第 1 次印刷	
印　　刷 / 河北盛世彩捷印刷有限公司	
开　　本 / 787 mm×1092 mm　1/16	
印　　张 / 18.25	
字　　数 / 385 千字	
定　　价 / 45.00 元	

图书出现印装质量问题,请拨打售后服务热线,负责调换

编委会

前　言

　　习近平总书记在党的二十大报告中强调："深化全民国防教育。"学校国防教育是全民国防教育的重要基础，是增强民族凝聚力、提高全民国防素养的重要途径。

　　在普通高等学校开展学生军训工作，是全面贯彻党的教育方针，大力推进素质教育，培养德智体美劳全面发展的社会主义建设者和接班人的客观要求；也是加强国防后备力量建设，培养大批国防和军队现代化建设后备人才的重要举措。新时代，国防和军队现代化建设在中国特色社会主义事业的总体布局中占有重要地位，必须融入国家现代化战略全局，与国家安全和发展利益相适应。为完成立德树人的根本任务和满足强军目标的根本要求，同时也为了增强大学生的国防观念、国家安全意识和忧患意识，2019 年 1 月教育部、中央军委国防动员部联合制订颁布了《普通高等学校军事课教学大纲》（以下简称《大纲》）。为全面而高质量地落实《大纲》要求，规范普通高等学校军事理论课教学和军事技能训练，我们依据《大纲》，结合多年来组织开展学生军训工作的实际，组织编写了《大学生军事课教程》。

　　本教程以习近平强军思想和习近平总书记关于教育的重要论述为根本遵循，全面贯彻党的教育方针、新时代军事战略方针和总体国家安全观，着眼培育和践行社会主义核心价值观，以提高学生国防意识和军事素养为重点，全面落实了《大纲》规定的教学内容和目标要求。教程分军事理论和军事技能两篇，共十章。军事理论篇，既突出了基础性，基本概念、基础理论、基本知识清晰明了，通俗易懂；又突出了时代性，新论断、新思想、新成果亮点纷呈，引人入胜。军事技能篇，既符合军事技能生成的基本规律，逻辑清晰，循序渐进；又贴合大学生军事技能训练的实际情况，编排合理，重点突出。

　　本教程结构体系严谨，逻辑思路清晰，内容简明易懂，文字流畅，图文并茂，理论与实际联系紧密，基础性好，时代性强，可操作性强，适用范围广。在编写过程中，我们得到了部分高校的武装部部长、同行领域的有关专家、学者的大力支持，他们给教材的编写提出了许多宝贵意见和建议，提供了无私的帮助和指导，在此谨表示衷心的感谢。

编写一本高质量的军事课教材，是一件难度较大的基础性工程，有许多理论及实际问题需要不断研究和解决。在编写过程中，我们参考了大量教材、专著、学术文章和有关资料，并尽量将其列在参考文献中，但仍不免有遗漏，在此一并向其作者表示诚挚的谢意。本教材的编写虽经多次集体研究和讨论，但受学术水平和研究能力的限制，不足和缺憾之处在所难免。望派遣军官、专职教师和广大读者在使用过程中多提宝贵意见，以便我们再版时修订完善。

编　者

2024 年 8 月

目　　录

军事理论篇

军事技能篇

军事理论篇

军事理论是大学生的必修课之一，计 2 学分。教学时长为 36 学时。通过军事理论课的学习，了解和掌握中国国防、军事思想、国家安全、现代战争与信息化装备的基础理论、基本知识，具备初步的军事理论素养，能运用所学军事理论知识对军事领域的现实问题进行初步分析，增强国防观念和国家安全意识，坚定为建设强大国防贡献力量的理想信念。

◎ 中国国防
◎ 国家安全
◎ 军事思想
◎ 现代战争
◎ 信息化装备

第一章
中国国防

☑ 学习目标

    理解国防内涵和国防历史，树立正确的国防观；了解我国国防体制、国防战略、国防政策以及国防成就，激发学生的爱国热情；熟悉国防法规、武装力量、国防动员的主要内容，增强学生的国防意识。

    国防，是人类社会安全与发展需要的产物，是国家安全和发展的核心问题。建立巩固的国防是中国特色社会主义建设的战略任务，是维护国家安全统一和实现中华民族伟大复兴的重要保障。作为中华民族的一员，关注国防、了解国防、建设国防，是义不容辞的责任。

第一节　国防概述

一、国防的内涵

    《中华人民共和国国防法》（以下简称《国防法》）对国防的立法表述是："国家为防备和抵抗侵略，制止武装颠覆和分裂，保卫国家主权、统一、领土完整、安全和发展利益所进行的军事活动，以及与军事有关的政治、经济、外交、科技、教育等方面的活动。"这表明，国防是国家的防务，国防行为是国家行为，只要世界上有国家存在，国防就会存在。维护国家安全利益是国防的最高准则，国防必须为国家的发展提供安全保障。国防的基本职能是捍卫国家主权、统一和领土完整，防止外来入侵与颠覆。军事活动是国防的主要手段，但不是唯一的手段，它不能离开与军事活动有关的其他活动而孤立地发挥作用。衡量一个国家国防力量的强弱，军事力量不是唯一标准，还涉及这个国家的政治、经济、外交、科技、文化等各个方面。

从国防的立法表述看，构成国防的基本要素主要包括主体要素、对象要素、目的要素和手段要素。

国防的主体。 国防形成和发展的历史表明，国防的主体是国家。国防随着国家的产生而产生，随着国家的发展而发展，也必将随着国家的消亡而消亡。国家是国防主体的界定表明，一切国家机构、国家的每个公民，都应当按照法律、法规要求履行自己的国防职责和义务；同时，相应的国防行为也应当受到法律的特殊保护。

国防的对象。 国防的主要对象是外敌侵略，外敌侵略包括武装侵略和各种非武装侵略。武装侵略是战争状态的战争行为，非武装侵略是运用各种经济、外交等方式的侵略行为。国防的对象除了"外敌侵略"之外，还包括制止"武装颠覆"。客观上，我国还面临国际国内诸多安全隐患，因此还必须做好应付各种诱因引发的突发事件的准备，尤其是要制止国内企图分裂国家、颠覆国家政权、推翻社会主义制度的叛乱或暴乱。

国防的目的。 主权统一、领土完整和安全，是独立国家的主要标志和最高利益。没有主权的国家，很难是领土完整的国家，领土不完整的国家，也很难是安全的国家。一个国家如果没有可靠的国防，国家的主权统一、领土完整及安全就没有保障，人民安居乐业就没有依托，生存与发展两个国家的根本大计就无法实施。因此，国防自产生之日起，就被赋予了维护国家主权统一、领土完整和安全的神圣职能。

国防的手段。 现代国防强大与否，要看国家的综合实力，国防的斗争形式已扩展到政治、经济、外交、法律、科技等多种活动。因此，军事活动是国防活动的主要手段，但不是唯一的手段，军事活动及与军事有关的政治、经济、科技、教育等方面的活动共同构成国防的整体。

二、国防类型

国家的社会制度和国防政策决定着国防的性质。不同社会制度和国防政策下的国防类型也不一样。目前世界各国的国防类型归结起来主要有以下四种。

（一）自卫型国防

自卫型国防也叫防御型国防，它以防御外敌入侵为主要目的，在国防建设上主要依靠本国力量，并广泛争取国际上的同情和支持，以求本国安全、地区稳定和世界和平。

（二）扩张型国防

扩张型国防，主要指某些大国对外奉行霸权主义侵略扩张政策，以国家安全和防务需要为幌子，将其他国家和地区纳入自己的利益范围，以达到侵略、颠覆或干涉、渗透的目的。

（三）中立型国防

中立型国防，主要是指中小国家在国际冲突或战争面前，恪守和平中立的防务政策。

奉行国防中立的国家，大多实行寓兵于民的全民防卫政策。

（四）联盟型国防

联盟型国防以结盟的形式，联合一部分国家弥补自身防卫力量的不足，达到实现国家安全稳定的目的。根据联盟国之间的关系，可分为一元体系联盟和多元体系联盟。一元体系联盟中一般是一个大国处于盟主地位，其他国家处于从属地位。多元体系联盟则是各国基于伙伴关系，协商确定防卫大计。

中国是爱好和平的国家，坚持走中国特色社会主义的和平发展道路，奉行积极防御的国防战略方针。因此，中国的国防是防御型的国防，与奉行霸权主义、强权政治的国家的国防有着本质的区别。

三、中国国防历史与启示

习近平主席多次指出，"要以史为鉴"。了解中国国防历史，可以更好地居安思危，面向未来开创国防建设新局面。

（一）中国国防的历史回顾

纵观我国悠久的国防历史可以清楚地看到，它的发展呈现出强弱交替的波浪式演进轨迹。

1. 古代国防——盛衰轮回

中国第一个奴隶制国家——夏朝建立之初，就开始着手国防建设，并建立了我国最早的"兵出于农，计田赋以出兵事"的兵役制度。

春秋战国时期是我国奴隶制开始瓦解和封建制度开始形成并确立的时期，也是蕴含着攻城略地、弱肉强食的纷争时期。在这持续了500余年的时间里，充满了血与火的洗礼。"争地以战，杀人盈野，争城以战，杀人盈城。"大国对小国的兼并，强国对弱国的吞并，最终导致了春秋初期的131国，至战国后期只剩下7国。在长期的角逐过程中，那些能够存在下来并不断壮大的国家，无一不是依靠强大的军事力量巩固国防、开疆扩土而成就霸业的。而一些国家或王朝放松和忽视国防最终饱尝了国破家亡的惨痛后果。譬如，周幽王烽火戏诸侯，卫懿公封鹤为将军，他们视国防为儿戏，最后在外敌入侵之时，束手无策，国破身亡，其教训是很深刻的。因此，战国"七雄"为保卫国家的安全，防止外来侵略，避免重蹈被灭亡的覆辙，都崇尚武备，重视国防建设，采取各种办法富国强兵，图强称霸。

中国历史上第一个统一的多民族的中央集权的封建国家——秦朝建立后，为了巩固国防，秦始皇采取了一系列措施，比如统一军权，建立全国性的交通、通信网络，大规模修筑西起临洮、东至辽东的城防等。通过综合治理，秦朝的国防逐渐强盛起来，并为巩固和发展统一政权、抗击外族入侵奠定了基础。

汉朝的兴衰也与国防建设的好坏密切相关。西汉政权建立初期，对内休养生息，发展生产，整军习武，增强国力，平暴制乱；对外则北和匈奴，南抚南越，争取时间，富国强兵，出现了"文景之治"的空前繁荣景象。具有雄才大略的汉武帝登基后，先后对匈奴发动了大规模的"漠南之战""河西之战""漠北之战"，取得了辉煌的战果。但是，到了西汉末期，由于外戚专权，统治者昏庸腐败，王朝日趋衰微，最终为王莽所篡夺。刘秀建立东汉初期，国防日益强大。然而，好景不长，从东汉后期开始，又落入了西汉末年的窠臼，东汉王朝日趋衰落，国防在内忧外患中瓦解。

在历史经历了长达300年的分裂后，隋文帝重新统一中国。隋朝初年，统治者深知富国强兵的重要性，采取了一系列整改措施，如集中军权、修仓储粮、修固长城、开凿运河、修制战略地图、建造大型战船等，逐步恢复了自秦汉以来我国的疆域，且国力达到亘古未有的强盛。但是，隋炀帝荒淫残暴的统治、穷兵黩武的扩张造成了隋朝覆灭的恶果。

唐朝初期，统治者以史为鉴，力避重蹈隋朝的覆辙，革故鼎新，采取了一系列积极有效的措施，如革新政治、发展经济、强化国防军事、抚内睦邻等，促进了社会经济、文化、科学的迅速发展，使唐朝成为当时世界上的头等强国。但中唐以后，由于"君为宴安，臣为曲媚""听惯梨园歌管声，不识旌旗与箭弓"，因而，国人斗志尽失，终酿"安史之乱"。从此，唐王朝一蹶不振，江河日下，内忧外患并起，终于灭亡。

宋朝初年，统治者采取了大量措施，如宰执掌兵、受制于帝，强干弱枝、以文制武，兵无常帅、帅无常兵，守内虚外、内外相制等。其目的就是消灭内部不稳定的武装势力，加强中央集权，最大限度地抵抗外族的侵扰。这些措施虽对改变藩镇割据的局面有一定的积极作用，但负面影响更是巨大的。其中之一就是政权、军权、财权的过度集中导致了军力削弱，国防危机加深，给宋朝的灭亡埋下了诱因。

元朝灭亡南宋、统一中国后，在中央设立了枢密院掌管全国军务，在地方推行行省制度，并使历来由少数民族地方政权统治的一些地区如云南、西藏等，统归于中央政府，还在澎湖设立巡检司，管辖澎湖、台湾；将西沙、南沙群岛隶属于湖广行省，重建了幅员辽阔的国家。但是，元王朝恃强凌弱，征伐不已，很快走向衰败。

明朝建立后，朱元璋在注重恢复生产、发展经济以富国强民的同时，也坚持不懈地加强国防建设。例如，他分别在西藏东北地区设立乌斯藏都指挥司和奴儿干都司，加强对边疆的管理；修建了东起山海关西到嘉峪关的长城；在澎湖设立巡检司，管理台湾和澎湖军务；在漫长的海岸线设置卫所，建立水军，抵御倭寇骚扰等，有效地维护了元代以来统一的辽阔版图。但是，明朝后期腐朽的政治、激烈的党争、频繁的兵变、衰竭的武力、外敌的频扰，最终导致明王朝在内忧外患的压力下、在农民战争的风暴中灭亡。

清王朝前期重视武备、革新兵制，先后平定"三藩"、收复雅克萨、征服准噶尔，制止了分裂，打击了割据势力，抵御了沙俄的东犯和西方殖民者在沿海的侵犯，捍卫了国家的领土主权，建立起疆土辽阔的多民族封建专制国家。而清朝后期，因其采取重内轻外的策略，所以国防废弛，军队腐败，内乱外患不息。

回顾我国古代的国防史，从我国第一个奴隶制国家的建立到1840年鸦片战争的爆发，历经约4 000年，其间有盛有衰，可谓盛衰轮回。

2. 近代国防——屡弱屈辱

翻开自 1840 年鸦片战争到 1919 年的五四运动这段惨痛的历史，我们会发现，正是由于中国当时统治阶级的腐败衰落、中国国防的每况愈下，中华民族才屡遭外敌的侵略、欺侮。

1840 年，由懿律率领的一支由 40 余艘船只和 4 000 多名士兵组成的英国侵略军，用洋枪洋炮打开了中国的大门。尽管当时的清政府拥有 80 余万常备军，更有爱国将领的奋勇杀敌以及爱国民众的坚决抵制，但因统治者的腐败无能、举措失当，加之国力的衰落、军力的荒废、装备的原始，终于以失败而告终。1842 年 8 月，在英国殖民者的重压下，清政府不得不与英国签订了第一个丧权辱国的不平等条约——《中英南京条约》。从此，世界上大大小小的国家大举入侵中国，发动了大小数百次侵略战争，其中影响最大、危害最深的就有四次：1856—1860 年，英、法等国在俄、美等国的支持下，发动的第二次鸦片战争；1883—1885 年，法国发动的中法战争；1894—1895 年，日本发动的甲午战争；1900—1901 年，由英、美、法、俄、日、德、意、奥 8 个国家发动的联合侵华战争。帝国主义列强的频频入侵、不平等条约的连连签订，给近代中国造成了严重的后果和影响。

3. 现代国防——谱写新篇

1921 年 7 月中国共产党成立，1927 年 8 月建立了人民的军队，并开始独立领导武装斗争，从而把中国人民救亡图存斗争推向新的阶段。1931 年 9 月 18 日，日本发动了"9·18 事变"，开始大举侵略东北。面对日寇的进攻，蒋介石不是积极抵抗，而是奉行"攘外必先安内"的方针，一味妥协退让，使东北大片国土迅速沦陷。1937 年 7 月 7 日，日本发动"卢沟桥事变"，企图全面侵占中国，中华民族到了生死存亡的紧要关头。中国共产党领导全国人民进行了 14 年艰苦卓绝的抗日战争，终于取得了我国近代历史上第一次抗击外敌侵略的完全胜利。

抗日战争胜利后，中国人民在中国共产党领导下，为推翻帝国主义、封建主义和官僚资本主义在中国的反动统治，进行了伟大的解放战争。经过 3 年多的英勇作战，消灭了由美帝国主义支持和武装的 800 多万蒋军，解放了除台湾地区和沿海若干岛屿以外的全部国土，1949 年 10 月 1 日中华人民共和国成立，从此开始谱写中国国防史的崭新篇章。

（二）中国国防历史的主要启示

国防的强弱取决于国家的政治状况。从整个中国历史看，当统治阶级处于上升时期，政治修明、国家统一时，国防就可能强大；而当统治阶级走下坡路，政治腐败、国家四分五裂时，国防就削弱或崩溃。

经济实力是国防建设的物质基础。经济是国防的物质基础，国防的强大有赖于经济的发展。早在春秋战国时期，一些著名的政治家、军事家就认识到，强兵之要，要在富国。一些立志图强争霸的国君，莫不奖励农耕，发展生产，并减轻民众负担。秦、汉、唐、明、清各代前期，也都首先注意劝课农桑，开垦荒地，兴修水利，减免赋税，实行这些措施的国家都不同程度地富强起来，从而奠定了国防强大的基础，造就了国防史上的一代伟业。至于近代，清朝在东西方帝国主义侵略下一败再败，国门洞开，有国无防，除政治腐败的原因外，封建经济落后也是一个重要原因。

必须建设一支数量足、质量高的军队。春秋战国时期，在弱肉强食的激烈兼并战争中，各诸侯国无不崇尚武备，奖赏军功，激励士气，重视军队建设，提高军队的战斗力。一些强大的诸侯国还致力于革新军制，使过去单一的车兵发展成为车兵、步兵、骑兵、舟师的多兵种军队。历史学家们在论及唐王朝的兴衰时，无不与其军队建设的强弱相联系。唐代前期统治者对军队训练十分重视，特别是唐太宗李世民深通武学，注重讲武，常亲自主持对将士的技艺、阵法的考核，而且还常亲率将卒在野外进行近似实战的教战，把诸卫府兵训练成了将强兵勇、能征善战的精锐部队，从而把我国封建时代的国防发展到鼎盛阶段。国防历史告诉我们，没有一支足够数量的、高质量的常备军，国家的主权和领土完整就基本没有保证。

武器装备的优劣是国防强弱的重要因素。唐朝以前，武器装备的优劣对战争、对国防的影响主要反映在车、马、骑兵地位的变化上。春秋时，魏舒"毁车以为行"，大败戎狄。西汉初年，大修马政，加强骑兵建设，在此基础上，汉武帝大军出击，成就武功。唐朝国势强盛，四夷咸服，这同"秦汉以来，唐马最胜"也是一致的。宋代，火药运用于军事。北宋初期，在朝廷设置的兵器作坊中，就有专门制造火药的工场，一次即可制造出火箭等3万多件；我们的祖先制造了世界上第一支管状火器和第一门金属火炮；明初的造船业居于世界先进水平。但是，后来我国封建统治者闭关自守，发展缓慢，新技术推广应用不力，以至于西方资本主义国家后来居上，并用我们祖先发明的武器装备打败了我们。这一历史教训，我们应当永远吸取。全民的国防意识是强大国防的精神根基。春秋战国时期的各国都十分重视对民众的国防教育，明确提出"国之大事，在祀与戎"，把加强国防摆到了头等大事的位置，把提倡和培养国人的习武、尚武精神看成国家强大、征战胜利的首要条件。演武为上，从戎为荣，是当时社会风气的显著特征。汉光武帝刘秀，三国时的诸葛亮、曹操，唐太宗李世民，明太祖朱元璋，以及清康熙帝玄烨等，都施行"富国强兵""文武并用"之策，注意在奖励"耕战"、兵农合一中培养全体军民固边实防的思想，致使国防强大，外敌不敢小视。国家的昌盛、民族的振兴，离不开强大的国防，离不开"天下虽平，忘战必倾"的国防意识。

四、现代国防观

所谓国防观，是指对国防的认识和看法。现代国防是对传统国防的继承和发展，是一种全新的国防观念和国防实践活动。相比于传统国防，现代国防更加强调整体性、综合性和全民性。

（一）整体国防观

坚决捍卫国家主权、安全、发展利益，是新时代中国国防的根本目标。当前我国国家安全内涵和外延比历史上任何时候都要丰富，时空领域比历史上任何时候都要宽广，内外因素比历史上任何时候都要复杂。进入新时代，政治、军事、国土安全仍然是国家安全的重中之重。同时，在中国这样一个快速发展的大国，我们面临的非传统安全威胁越来越多，应对经济、文化、社会、科技、网络、生物等非传统安全问题需要统筹兼顾、综合施策。无论在哪一个领域、哪一个方面失守，都可能影响、波及整体国家安全。

在国家安全体系当中，国防安全渗透于其中的方方面面，与传统国防相比，现代国防在目的、力量建设和手段等方面都表现出很大的不同。特别是，现代国防已不仅仅是国家行为，而且日益成为一种国际行为。全球化趋势把世界各国和地区的安全与发展利益同国际社会的整体利益日益紧密地联系在一起，任何国家都必须在立足于维护国家主权、安全和领土完整的前提下，争取维护世界和平与稳定，消除战争危险，努力营造有利于本国发展的国际环境。因此，无论是现代国防本身，还是从国际和国内两个视角看，都必须用整体的观念认识和看待现代国防。

（二）综合国防观

现代国防是综合国力的抗衡。综合国力主要由人力、自然力、政治力、经济力、科技力、精神力、信息力和国防力等组成。其中，经济实力、国防实力和民族凝聚力是综合国力的主要方面。事实证明，没有强大的综合国力，国防建设只能是空中楼阁。

现代国防更加注重战争潜力的综合转化。军事力量仍然是现代国防力量的主体，不仅如此，还包括国家潜力可转化为国防实力的力量要素，如国土面积、地理位置、自然资源、人口的数量和质量、地形气候、生产能力、科技和文化水平、交通运输、通信状况、社会制度、国家政策、管理能力、国际关系和国际地位等。

现代国防还是多种斗争形式的综合运用。现代国防斗争不仅继续以双方军事实力在战场上进行武力较量为基本形式，而且也要通过非武力斗争形式进行角逐，如政治斗争、心理斗争、经济斗争、科技斗争以及外交谈判、军备控制等。

（三）全民国防观

历史唯物主义认为，人民群众是历史的主人，是历史的创造者。历史反复证明，只有依靠人民才能形成强大的国防力量，才能构筑起坚固的国防长城。进入21世纪，世界多极化、社会信息化、经济全球化的发展大势，并没有削弱社会组织和公民与国家安全的联系，反而使这种联系变得更加紧密。在错综复杂的安全形势面前，无论是社会组织还是公民个人，一个不经意的行为就可能变成安全隐患，对国家安全造成伤害。因此，全民国防的观念和意识不仅不能削弱，反而更加需要强化。正如习近平总书记在党的十九大报告中指出的那样，"我们的国防是全民国防"。这一重要论述告诉我们，国防是全国人民的，是全民的国防、全民的使命、全民的责任、全民的担当，全民都要强化国防意识、增强国防观念。全民都要关心国防、热爱国防、建设国防、保卫国防，以确保国防安全和人民安宁。

第二节　国防法规

国防法规是由国家立法机关制定的并以国家强制力保证其实施的，用以调整国防领域中一定社会关系的法律规范的总称。它是国家国防政策的法律体现，是指导国防活动的行为准则，又是国家法律体系的重要组成部分。

一、国防法规的特性

国防法规的基本特性，是国防法规本质的外在表现，也是区别于其他部门法律规范的显著标志。主要表现在以下四个方面：

（一）调整对象的军事性

国防法规所调整的是国防建设活动中的社会关系，武装力量建设中的社会关系，武装力量与国家机关、地方政府、企事业组织、社会团体以及公民的社会关系等。只有上述组织和公民与军事活动发生一定联系，并在其中形成一定的涉及国防利益的社会关系时，这种社会关系才可能成为国防法规的调整对象；并非所有与军事有关的社会关系都由国防法规来调整。一种社会关系能否被国防法规来调整，关键看它是否涉及国防利益。

（二）公开内容的相对性

与其他法律相比，国防法规的公开程度比较低。一些涉及军事机密的国防法规只限定有关人员知晓，如关于作战、训练、军队编制和国防科研等方面的法规都具有保密性。为加强国防法制建设，对能够公开的国防法规应积极宣传，力求人人皆知；对于不能公开的国防法规应严格保密，以维护国家的安全利益。

（三）规范效力的优先性

在国防法律规范与普通法的适用过程中，国防法规优先适用，是指在解决与国防利益、军事利益有关的法律问题时，如果国防法规和普通法规都有相关的规定，要以国防法规的规定作为评判是非的标准和采取行动的准则。"特别法优先于普通法"是国际公认的法律适用原则。国防法规属于特别法，因而在司法程序上实行"军法优先"。

（四）处罚措施的严厉性

国防法规所保护的国防利益，是关系国家安全与发展的核心问题，因而对危害国防利益的犯罪实行比较严厉的处罚。如《中华人民共和国刑法》规定，抢劫罪通常处 4 年以上 10 年以下有期徒刑；而冒充军警人员抢劫军用物资的，处 10 年以上有期徒刑、无期徒刑或者死刑。同一类型的犯罪，战时的处罚要更严厉一些。

二、国防法规简介

（一）国防法规体系

根据中国的立法体制，中国国防法规在纵向结构上有以下层次区分：一是全国人民代表大会及其常务委员会制定颁布的基本法律及其基本法律之外的其他法律。二是国务院、中央军委制定颁布的行政法规。三是国务院各部委和军委各部（委）制定颁布的法规。四是各军兵种和各战区制定颁布的法规细则。五是各省、自治区、直辖市人大和政府制定的地方性法规规章。这不同层次的国防法律规范关系是：上一层次的法规要成为下一层次的法规的指导和依据，下一层次的法规不得与上一层次的法规相抵触。

我国的国防法规体系可以划分为16个门类：国防基本法类，国防组织法类，兵役法类，军事管理法类，军事刑法类，国防经济法类，国防科技工业法类，国防动员法类，军人权益保护法类，军事设施保护法类，特区驻军法类，紧急状态法类，战争法类，对外军事关系法类等。

（二）相关国防法规简介

1.《国防法》

《国防法》由中华人民共和国第十三届全国人民代表大会常务委员会第二十四次会议于2020年12月26日修订通过，自2021年1月1日起施行。修订后的国防法共十二章、七十三条。

第一章，总则。明确指出国防是国家生存与发展的安全保障；国家对国防活动实行统一的领导；国防活动坚持总体国家安全观，贯彻新时代军事战略方针；国家奉行防御性国防政策，实行积极防御，坚持全民国防；保卫祖国、抵抗侵略是每一个公民的神圣职责；国家和社会尊重、优待军人，让军人成为全社会尊崇的职业；对在国防活动中作出贡献的组织和个人，给予表彰和奖励；任何组织和个人违反本法和有关法律，拒绝履行国防义务或者危害国防利益的，依法追究法律责任；等等。

第二章，国家机构的国防职权。规定全国人民代表大会常务委员会依照宪法规定，决定战争状态的宣布，决定全国总动员或者局部动员；中华人民共和国主席根据全国人民代表大会的决定和全国人民代表大会常务委员会的决定，宣布战争状态，发布动员令；国务院领导和管理国防建设事业；中央军事委员会领导全国武装力量；中央军事委员会实行主席负责制；国务院和中央军事委员会建立协调机制；地方各级人民政府和驻地军事机关根据需要召开军地联席会议，协调解决本行政区域内有关国防事务的问题；等等。

第三章，武装力量。规定中华人民共和国武装力量属于人民，受中国共产党领导，由中国人民解放军、中国人民武装警察部队、民兵组成，兵役分为现役和预备役。国家禁止任何组织或者个人非法建立武装组织，禁止非法武装活动，禁止冒充军人或者武装力量组织。

第四章至第六章，边防、海防、空防和其他重大安全领域防卫，国防科研生产和军事采购、国防经费和国防资产。规定中央军事委员会统一领导边防、海防、空防和其他重大安全领域的防卫工作；国防科技工业实行平战结合、军品优先、创新驱动、自主可控的方针；国家依法实行军事采购制度；国防经费的增长应当与国防需求和国民经济发展水平相适应；禁止任何组织或者个人破坏、损害和侵占国防资产；等等。

第七章，国防教育。规定国防教育贯彻全民参与、长期坚持、讲求实效的方针，实行经常教育与集中教育相结合、普及教育与重点教育相结合、理论教育与行为教育相结合的原则；各级各类学校应当设置适当的国防教育课程，或者在有关课程中增加国防教育的内容；普通高等学校和高中阶段学校应当按照规定组织学生军事训练；公职人员应当积极参加国防教育，发挥模范带头作用；等等。

第八章至第十二章，国防动员和战争状态，公民、组织的国防义务和权利，军人的义务和权益，对外军事关系，附则。规定国家根据国防动员需要，可以依法征收、征用组织和个人的设备设施、交通工具、场所和其他财产，对所造成的直接经济损失，按照国家有关规定给予公平、合理的补偿；依照法律服兵役和参加民兵组织是公民的光荣义务；公民应当接受国防教育；维护退役军人的合法权益；对残疾军人的生活和医疗依法给予特别保障；抚恤优待烈士家属和因公牺牲、病故军人的家属；等等。

2.《中华人民共和国兵役法》

《中华人民共和国兵役法》（以下简称《兵役法》），是国家关于公民参加军队和其他武装组织或在军队外接受训练的法律。现行的《兵役法》于 1984 年 5 月 31 日第六届全国人大第二次全体会议通过，于 1998 年 12 月、2009 年 8 月、2011 年 10 月先后三次修正。

第一章，总则。指出《兵役法》依据《中华人民共和国宪法》（以下简称《宪法》）制定；规定中华人民共和国实行义务兵与志愿兵、民兵与预备役相结合的兵役制度；中华人民共和国公民，不分民族、种族、职业、家庭出身、宗教信仰和教育程度，都有义务依照本法的规定服兵役；有严重生理缺陷或者严重残疾不适合服兵役的人，免服兵役；依照法律被剥夺政治权利的人，不得服兵役。同时，还规定了现役军人和预备役人员的义务、权利，规定了全国各级兵役工作的负责机构。

第二章，平时征集。明确指出全国每年征集服现役的人数、要求和时间，由国务院和中央军委的命令规定；每年十二月三十一日以前年满十八岁的男性公民，应被征集服现役。当年未被征集的，在二十二岁以前，仍可被征集服现役。普通高等学校毕业生的征集年龄可以放宽至二十四周岁。根据部队需要，也可按上述规定征集女性公民服现役，也可按照自愿的原则，征集十二月三十一日以前年满十七周岁未满十八周岁的公民服现役。应征公民是维持家庭生活唯一劳动力的，可以缓征，应征公民被羁押正在受侦查、起诉、审判的或者被判徒刑、拘役、管制正在服役的不征集。

第三章、第四章，对士兵和军官的现役和预备役做了明确的规定：一是对现役士兵及服役年限做了规定。现役士兵包括义务兵和志愿兵，义务兵服现役的期限为两年；志愿兵役制士兵称士官，士官服现役一般不超过三十年，年龄不超过五十五岁。二是对士官的选用做了规定。义务兵服役期满，根据军队需要和本人自愿，经团级以上单位批准，可以改为士官。根据军队需要，可以直接从非军事部门具有专业技能的公民中招收士官。三是对士兵退役做了规定。士兵服役期满，应当退出现役。因军队编制员额缩减退出现役，经军队医院诊断证明本人健康状况不适合继续服现役的，或者其他特殊原因要退出现役的，经师级以上机关批准，可以提前退出现役。四是对服预备役的人员年龄分类做了规定。服预备役人员的年龄为十八岁至三十五岁。五是对补充为现役军官和担任预备役军官的人员做了具体规定。

第五章，军队院校从青年学生中招收学员。规定军队院校可以从青年学生中招收学员，年龄不受征集服现役年龄的限制，并对学员的学籍处理和户口迁移等问题作了明确规定。

第六章，民兵。对民兵的性质和任务等问题做了规定。民兵是不脱离生产的群众武装组织，是中国人民解放军的助手和后备力量，民兵要担负战备勤务，参加防卫作战。抵抗侵略，保卫祖国，维护社会秩序，参加抢险救灾等任务。

第七章，预备役人员的军事训练。对预备役人员军事训练的形式、时间等问题做了规定。

第八章，普通高等学校和普通中学生的军事训练。规定普通高等学校的学生就学期间必须接受基本军事训练，学校要设军事训练机构，配备军事教员，组织实施学生的军事训练。高中和中等职业学校要配备军事教员，对学生实施军事训练。

第九章，战时动员。规定各级人民政府、各级军事机关在平时必须做好战时动员的准备工作。战时根据需要，国务院和中央军事委员会可以征集三十六周岁至四十五周岁的男性公民服现役。

第十章，现役军人的待遇和退出现役的安置。指出国家保障现役军人享有与其履行职责相适应的待遇，对军官、士官和义务兵的工资、生活待遇，以及福利待遇、保险制度、大学生入伍、随军就业、军人伤残、军属优待等一系列问题做了明确规定。

第十一章，法律责任。对公民、现役军人、机关团体、企事业单位，逃避兵役登记和服兵役，拒绝履行军事职责，扰乱兵役工作程序，滥用职权，徇私舞弊等违反兵役法规的行为，在处罚措施、执行机关方面都作出了明确的规定。

第十二章，附则。规定兵役法同样适用于中国人民武装警察部队，有关军官的规定适用于文职人员。

三、公民的国防义务与权利

公民是指具有一国国籍，根据宪法和法律规定享有权力，担负义务的自然人。《宪法》规定："凡具有中华人民共和国国籍的人都是中华人民共和国公民。"

（一）国防义务

兵役义务。我国《国防法》规定："依照法律服兵役和参加民兵组织是中华人民共和国公民的光荣义务。"我国《兵役法》规定："中华人民共和国公民不分民族、种族、职业、家庭出身、宗教信仰和教育程度，都有义务依照本法的规定服兵役。"根据我国《兵役法》，公民履行兵役义务主要有服现役、服预备役和接受军事训练三种形式。

接受国防教育的义务。每一个公民要按照国家的规定，通过一定的形式，接受国防教育，增强国防观念，并把它当作自己的光荣职责。我国公民有义务接受国防理论、军事知识、军事法制、国防历史、国防精神、国防体育等内容的教育。

保守国防秘密的义务。《中华人民共和国保密法》规定："一切国家机关、武装力量、政党、社会团体、企业事业单位和公民都有保守秘密的义务。"我国《国防法》规定："公民和组织应当遵守保密规定，不得泄露国防方面的国家秘密，不得非法持有国防方面的秘密文件、资料和其他秘密物品。"对于泄露国防秘密、危害国防安全与利益者，应当承担相应的法律后果。

保护国防设施的义务。所谓国防设施是指国家直接用于国防目的的建筑、场地和设备。我国公民和组织对国防设施要履行不同的保护义务。不履行国防设施保护义务的，将受到法律的追究。

协助国防活动的义务。我国《国防法》规定，公民和组织协助国防活动的主要义务有：开展经常性的拥军优属工作，特别是对现役军人及其家属的优待；为武装力量活动提供便利条件的义务；支前参战的义务。

（二）国防权利

对国防建设提出建议的权利。《国防法》规定："公民和组织有对国防建设提出建议的权利。"这一规定，是公民依《宪法》享有对国家事务的建议权在国防建设方面的体现。

制止、检举危害国防行为的权利。《国防法》规定：公民和组织有对危害国防的行为进行制止或检举的权利。这一规定，是对宪法关于公民有维护国家安全、荣誉和利益的义务和关于公民检举权规定在国防方面的体现。

国防活动中经济损失补偿的权利。《国防法》规定："公民和组织因国防建设和军事活动在经济上受到直接损失的，可以依照国家有关规定取得补偿。"国防活动中经济损失的补偿，仅限于直接的经济损失，而不包括间接的经济损失和非经济的损失，且对直接经济损失的偿付，视情况可以是全部的，也可以是部分的。

第三节　国防建设

国防建设是国家为提高国防实力而进行的各方面建设的总称。内容涉及武装力量建设，边防、海防、空防及战场建设，国防科技与国防工业建设，国防法制建设，国防动员建设，以及与国防相关的交通、能源、通信建设等多个方面。中华人民共和国成立以来，我国国防建设取得了举世瞩目的成就，为国家建设和发展作出了巨大贡献。

一、国防领导体制

国防领导体制，是国家为实施国防建设和国防斗争而建立的组织系统和相应的法规制度。其主要内容包括：国防领导机构特别是武装力量领导和指挥机构的设置、职权划分、相互关系等。它是国防体制中的"龙头"，同时也是国家政权组织形式和机构最重要的组成部分。

（一）国防领导体制的历史发展

中华人民共和国成立以来，为使国防领导体制适应国家政治、经济、科技的发展，特别是适应军事发展和保障国家安全的需要，对国防领导管理体制进行了多次调整改革，使之在实践中不断发展和完善。

中华人民共和国成立之初，根据有关法律的规定，设立中央人民政府人民革命军事委员会，作为国家最高军事领导机关，统一管辖并指挥中国人民解放军及其他武装力量。1954年，第一届人大通过并颁布的《宪法》规定，中华人民共和国主席统率全国武装力量，担任国防委员会主席，不再设立中央人民政府革命军事委员会。第一届人大一次会议决定，设立国防委员会和国防部，撤销中国人民解放军总司令的设置。同年9月28日，中共中央政治局通过决议，在中央政治局和书记处之下设党的军事委员会，担负整个军事工作的领导。中央政治局、书记处和军事委员会有关军事工作的决定，对内以军事委员会（简称军委）的名义下达，对外以国务院或国防部的名义下达。1958年7月，中央军委扩大会议通过的决议规定，中央军委是中共中央的军事工作部门，是统一领导全军的统帅机关，军委主席是全军统帅，下设总参谋部、总政治部、总后勤部；国防部是军委对外的名义。军委决定的事项，凡需经国务院批准，或需用行政名义下达的，由国防部长签署对外发布。

1982年，第五届全国人大第五次会议通过的第四部《宪法》规定，设立中华人民共和国中央军事委员会，领导全国的武装力量。中央军事委员会实行主席负责制，主席由全国人民代表大会选举或罢免。为加强我军武器装备建设，1998年，中央军委增设了总装备部。与此同时，中共中央军事委员会继续存在，其职能和国家中央军委完全相同。这表明中央军委同时有两个名义：一个是中共中央军委，一个是国家的中央军委，从而确立了党和国家高度集中统一的行使领导职权的国防领导体制。

2016年1月，军委机关调整改革，按照军委管总、战区主战、军种主建的总原则，把总部制改为多部门制，由原来的总参谋部、总政治部、总后勤部、总装备部4个总部，改为7个部（厅）、3个委员会、5个直属机构共15个职能部门，即军委办公厅、军委联合参谋部、军委政治工作部、军委后勤保障部、军委装备发展部、军委训练管理部、军委国防动员部、军委纪律检查委员会、军委政法委员会、军委科学技术委员会、军委战略规划办公室、军委改革和编制办公室、军委国际军事合作办公室、军委审计署、军委机关事务管理总局15个职能部门。将总部制改为多部门制，是全面实施改革强军战略的一个标志性成果，是走中国特色强军之路的关键一步。它优化军委机关职能，充实协调职能，使军委机关成为军委的参谋机关、执行机关和服务机关。

（二）国家机构的国防职权

全国人民代表大会依照《宪法》规定，决定战争和和平的问题，并行使《宪法》规定的其他方面的职权，常务委员会依据《宪法》规定，决定战争状态的宣布，决定全国总动员或者局部动员，并行使《宪法》规定的国防方面的其他职权。

中华人民共和国主席根据全国人民代表大会的决定和全国人民代表大会常务委员会的决定，宣布战争状态，发布动员令，并行使《宪法》规定的国防方面的其他职权。

国务院领导和管理国防建设事业，行使下列职权：（1）编制国防建设发展规划和计划；（2）制定国防建设方面的方针、政策和行政法规；（3）领导和管理国防科研生产；（4）管理国防经费和国防资产；（5）领导和管理国民经济动员工作和人民武装动员、人民防空、国防交通等方面的有关工作；（6）领导和管理拥军优属工作和退出现役的军人的安置工作；（7）领导国防教育工作；（8）与中央军事委员会共同领导中国人民武装警察部队、民兵的建设和征兵、预备役工作以及边防、海防、空防的管理工作；（9）法律规定的与国防建设事业有关的其他职权。

中央军事委员会领导全国武装力量，行使下列职权：（1）统一指挥全国武装力量；（2）决定军事战略和武装力量的作战方针；（3）领导和管理中国人民解放军的建设，制定规划、计划并组织实施；（4）向全国人民代表大会或者全国人民代表大会常务委员会提出议案；（5）根据宪法和法律，制定军事法规，发布决定和命令；（6）决定中国人民解放军的体制和编制；（7）依照法律、军事法规的规定，任免、培训、考核和奖惩武装力量成员；（8）批准武装力量的武器装备体制和武器装备发展规划、计划，协同国务院领导和管理国防科研生产；（9）会同国务院管理国防经费和国防资产；（10）法律规定的其他职权。

地方各级人民代表大会和县级以上地方各级人民代表大会常务委员会在本行政区域内，保证有关国防事务的法律、法规的遵守和执行。地方各级人民政府依照法律规定的权限，管理本行政区域内的征兵、民兵、预备役、国防教育、国民经济动员、人民防空、国防交通、国防设施保护、退出现役的军人的安置和拥军优属等工作。

地方各级人民政府和驻地军事机关根据需要召开军地联席会议，协调解决本行政区域内有关国防事务的问题。军地联席会议由地方人民政府的负责人和驻地军事机关的负责人共同召集，参加人员由会议召集人确定，议定的事项，由地方人民政府和驻地军事机关依照各自的权限办理，重大事项应当分别向上级报告。

二、国防战略

《国防法》第四条明确规定：国家独立自主、自力更生地建设和巩固国防，实行积极防御战略。积极防御战略思想是中国共产党战略思想的基本点。在长期革命战争实践中，人民军队形成了一整套积极防御战略思想，坚持战略上防御与战役战斗上进攻的统一，坚持防御、自卫、后发制人的原则，坚持"人不犯我，我不犯人；人若犯我，我必犯人"。中国社会主义性质和国家根本利益，走和平发展道路的客观要求，决定中国必须毫不动摇地坚持积极防御战略思想，不断丰富和发展这一思想的内涵。积极防御国防战略的基本内涵主要包括以下几点。

第一，立足打赢信息化局部战争。综合考虑当代战争形态演进和国家面临的主要安全威胁，着眼最复杂、最困难的情况做好防卫作战准备。适应信息化战争体系对抗的要求，以一体化联合作战为基本作战形式，充分发挥诸军兵种作战优长，坚持攻防结合，注重运用灵活机动的战略战术，趋利避害，扬长避短。健全联合作战指挥体制、联合训练体制和联合保障体制，优化力量结构，完善部队编成，加快建立适应打赢信息化局部战争的作战力量体系。

第二，注重遏制危机和战争。坚持军事斗争与政治、外交、经济、文化、法律等各领域的斗争密切配合，积极营造有利的安全环境，主动预防、化解危机，慑止冲突和战争的爆发。严守自卫立场，慎重使用武力，有效控制战局，努力降低战争风险和代价。建立精干高效的威慑力量，灵活运用威慑方式。中国始终奉行不首先使用核武器的政策，坚持自卫防御的核战略，不与任何国家进行核军备竞赛。

第三，着力提高军队应对多种安全威胁、完成多样化军事任务的能力。忠实践行强军目标，以增强打赢信息化局部战争的能力为核心，提高维护海洋、太空、电磁空间安全和遂行反恐维稳、应急救援、国际维和任务的能力。把非战争军事行动作为国家军事力量运用的重要方式，科学筹划和实施非战争军事行动能力建设。参与国际安全合作，开展多种形式的军事交流，推动建立军事互信机制。

第四，坚持和发展人民战争的战略思想。始终依靠人民建设国防、建设军队，实行精干的常备军和强大的后备力量相结合，增强国家战争潜力和国防实力。健全统一高效的国防动员机制，加强经济、科技、信息和交通动员，提高后备力量建设质量。创新人民战争的内容和形式，探索人民群众参战支前的新途径，发展信息化条件下人民战争的战略战术。服从国家建设大局，支持地方的经济社会发展，巩固军政军民团结。

三、国防政策

中国的社会主义国家性质、走和平发展道路的战略抉择、独立自主的和平外交政策、"和为贵"的中华文化传统，决定了中国始终不渝奉行防御性国防政策。

（一）坚决捍卫国家主权、安全、发展利益

慑止和抵抗侵略，保卫国家政治安全、人民安全和社会稳定，反对和遏制"台独"，打击"藏独""东突"等分裂势力，保卫国家主权统一、领土完整和安全。维护国家海洋权益，维护国家在太空、电磁、网络空间等领域的安全利益，维护国家海外利益，支撑国家可持续发展。

中国坚定地维护国家主权和领土完整。南海诸岛、钓鱼岛及其附属岛屿是中国固有领土。中国在南海岛礁进行基础设施建设，部署必要的防御性力量，在东海钓鱼岛海域进行巡航，是依法行使国家主权。中国致力于同直接有关的当事国在尊重历史事实和国际法的基础上，通过谈判协商解决有关争议。中国坚持同地区国家一道维护和平稳定，坚定维护各国依据国际法所享有的航行和飞越自由，维护海上通道安全。

解决台湾问题，实现国家完全统一，是中华民族的根本利益，是实现中华民族伟大复兴的必然要求。中国坚持"和平统一、一国两制"方针，推动两岸关系和平发展，推进中国和平统一进程，坚决反对一切分裂中国的图谋和行径，坚决反对任何外国势力干涉。中国必须统一，也必然统一。中国有坚定决心和强大能力维护国家主权和领土完整，决不允许任何人、任何组织、任何政党在任何时候、以任何形式、把任何一块中国领土从中国分裂出去。我们不承诺放弃使用武力，保留采取一切必要措施的选项，针对的是外部势力干涉和极少数"台独"分裂分子及其分裂活动，绝非针对台湾同胞。如果有人要把台湾从中国分裂出去，中国军队将不惜一切代价，坚决予以挫败，捍卫国家统一。

（二）坚持永不称霸、永不扩张、永不谋求势力范围

国虽大，好战必亡。中华民族历来爱好和平。近代以来，中国人民饱受侵略和战乱之苦，深感和平之珍贵、发展之迫切，决不会把自己经受过的悲惨遭遇强加于人。中华人民共和国成立 70 多年来，没有主动挑起过任何一场战争和冲突。改革开放以来，中国致力于促进世界和平，主动裁减军队员额 400 余万。中国由积贫积弱发展成为世界第二大经济体，靠的不是别人的施舍，更不是军事扩张和殖民掠夺，而是人民勤劳、维护和平。中国既通过维护世界和平为自身发展创造有利条件，又通过自身发展促进世界和平，真诚希望所有国家都选择和平发展道路，共同防范冲突和战争。

中国坚持在和平共处五项原则基础上发展同各国的友好合作，尊重各国人民自主选择发展道路的权利，主张通过平等对话和谈判协商解决国际争端，反对干涉别国内政，反对恃强凌弱，反对把自己的意志强加于人。中国坚持结伴不结盟，不参加任何军事集团，反对侵略扩张，反对动辄使用武力或以武力相威胁。中国的国防建设和发展，始终着眼于满足自身安全的正当需要，始终是世界和平力量的增长。历史已经并将继续证明，中国决不走追逐霸权、"国强必霸"的道路。无论将来发展到哪一步，中国都不会威胁谁，都不会谋求建立势力范围。

（三）贯彻落实新时代军事战略方针

新时代军事战略方针，坚持防御、自卫、后发制人原则，实行积极防御，坚持"人不犯我、我不犯人，人若犯我、我必犯人"，强调遏制战争与打赢战争相统一，强调战略上防御与战役战斗上进攻相统一。

贯彻落实新时代军事战略方针，服从服务党和国家战略全局，落实总体国家安全观，

强化忧患意识、危机意识、打仗意识，积极适应战略竞争新格局、国家安全新需求、现代战争新形态，有效履行新时代军队使命任务。根据国家面临的安全威胁，扎实做好军事斗争准备，全面提高新时代备战打仗能力，构建立足防御、多域统筹、均衡稳定的新时代军事战略布局。坚持全民国防、创新人民战争的战略战术和内容方法，充分发挥人民战争的整体威力。

中国始终奉行在任何时候和任何情况下都不首先使用核武器、无条件不对无核武器国家和无核武器区使用或威胁使用核武器的核政策，主张最终全面禁止和彻底销毁核武器，不会与任何国家进行核军备竞赛，始终把自身核力量维持在国家安全需要的最低水平。中国坚持自卫防御核战略，目的是遏制他国对中国使用或威胁使用核武器，确保国家战略安全。

（四）坚持走中国特色强军之路

建设同国际地位相称、同国家安全和发展利益相适应的巩固国防和强大军队，是中国社会主义现代化建设的战略任务，是坚持走和平发展道路的安全保障，是总结历史经验的必然选择。

新时代中国国防和军队建设，深入贯彻习近平强军思想，深入贯彻习近平军事战略思想，坚持政治建军、改革强军、科技兴军、依法治军，聚焦能打仗、打胜仗，构建中国特色现代军事力量体系，完善和发展中国特色社会主义军事制度，不断提高履行新时代使命任务的能力。

坚持走中国特色强军之路，要加快军事理论现代化、军队组织形态现代化、军事人员现代化、武器装备现代化，加快机械化信息化智能化融合发展。实现到二〇二七年实现建军一百年奋斗目标、到二〇三五年基本实现国防和军队现代化、到本世纪中叶全面建成世界一流军队的国防和军队现代化新"三步走"战略目标。

（五）服务构建人类命运共同体

中国人民的梦想与世界人民的梦想息息相通。一个和平稳定繁荣的中国，是世界的机遇和福祉。一支强大的中国军队，是维护世界和平稳定、服务构建人类命运共同体的坚定力量。

中国军队坚持共同、综合、合作、可持续的安全观，秉持正确义利观，积极参与全球安全治理体系改革，深化双边和多边安全合作，促进不同安全机制间协调包容、互补合作，营造平等互信、公平正义、共建共享的安全格局。

中国军队坚持履行国际责任和义务，始终高举合作共赢的旗帜，在力所能及的范围内向国际社会提供更多公共安全产品，积极参加国际维和、海上护航、人道主义救援等行动，加强国际军控和防扩散合作，建设性参与热点问题的政治解决，共同维护国际通道安全，合力应对恐怖主义、网络安全、重大自然灾害等全球性挑战，积极为构建人类命运共同体贡献力量。

四、国防建设的主要成就

中华人民共和国成立 70 多年来，人民军队在中国共产党领导下，积极投身社会主义革命、建设、改革的伟大实践，全面履行职能使命，取得了历史性成就。特别是党的十八大以来，以党在新时代的强军目标为指引，人民军队重整行装再出发，在中国特色强军之路上迈出了坚实步伐。70 多年来，人民军队革命化现代化正规化水平不断提高，威慑和实战能力不断增强，已经由过去单一军种的军队发展成为诸军兵种联合，基本实现机械化、加快迈向信息化的强大军队。

（一）政治工作生命线作用充分彰显

政治工作是我军的生命线，是保持我军性质、宗旨、本色的重要保障。中华人民共和国成立后，毛泽东同志把政治工作摆在国防和军队建设的重要位置，领导制定了建设优良的现代化革命军队的总方针。伴随着改革开放进程，军队政治工作不断发展进步。党的十八大后，习近平同志亲自决策和领导召开全军政治工作会议，对强军兴军作出新的政治擘画，开启了新形势下政治建军创新发展新征程。人民军队重塑思想、重塑作风、重塑政治生态，立起政治建军新方略、立起革命军人新标准、立起人民军队新样子。

（二）构建中国特色军事力量体系迈出历史性步伐

中华人民共和国成立之初，我军陆军技术兵种部队数量很少，空军、海军处于初创阶段。为适应现代战争的要求，通过多次精简整编，我军逐步由单一陆军向诸军兵种合成的现代军队转变。改革开放后，基于对国际战略形势的新判断，邓小平同志提出了建设一支强大的现代化正规化革命军队的总目标。经过压缩军队规模，精简机关、直属单位和院校，优化军兵种内部编成，改革领导指挥体制，深化联勤保障体制改革，改善官兵比例，人民军队朝着"精兵、合成、高效"的方向不断迈进。党的十八大以来，以习近平同志为核心的党中央提出党在新时代的强军目标，作出走中国特色强军之路的重大决策，建立适应信息化战争要求的军委管总、战区主战、军种主建的新格局，重构人民军队领导指挥体制、现代军事力量体系，壮大战略力量和新域新质作战力量，人民军队体制一新、结构一新、格局一新、面貌一新，在中国特色强军之路上迈出历史性步伐。

（三）武器装备体系建设和现代化水平实现历史性跨越

中华人民共和国成立后，毛泽东同志就提出"必须掌握最新的装备"。社会主义建设时期，我国集中力量突破重点领域，研制成功原子弹、氢弹、弹道导弹，发射人造地球卫星，带动我军武器装备建设快速发展，我国建立起完整的国防工业体系。改革开放后，我军把武器装备建设摆到更加突出的位置，走具有我军特色的武器装备现代化建设道路。新世纪新阶段，我军加快信息化武器装备建设步伐，有力推动了武器装备的自主式发展、跨越式发展、可持续发展。进入新时代，习近平同志强调，一定要增强使命意识，抓住机遇，鼓足干劲，把装备建设搞得更好一些、更快一些。经过多年坚持不懈的自力更生、艰苦攻关，国产航母、新型核潜艇、歼–20、运–20、东风系列导弹等大国重器列装，我军武器装备现代化水平实现历史性跨越，建成了具有中国特色的武器装备体系，装备现代化建设不断实现新突破。

（四）国防和军队建设法治化水平不断提高

中华人民共和国成立后，毛泽东同志提出要实现军队正规化，全军建立了集中统一的指挥体制，实行了规范化的部队编制，制定了一系列军事法规，正规化水平有了显著提高。改革开放后，邓小平同志作出了全面恢复和建立军事法规制度的重大决策。随着世界新军事革命深入发展和我国改革开放力度不断加大，党中央和中央军委审时度势，不断推进军事法律、法规和规章建设，逐步形成了覆盖军队建设各个层面的军事法规体系。进入新时代，习近平同志强调，依法治军从严治军是强军之基，是我们党建军治军的基本方略。2015 年 2 月，中央军委印发《关于新形势下深入推进依法治军从严治军的决定》，人民军队法治化建设进入快车道。党的十八大以来，我军改革完善军事立法体制机制，加强立法顶层设计，抓好重点立法项目落实，一大批改革急需、备战急用的法律法规陆续制定颁布或修订实施，中国特色军事法规制度体系不断发展完善。

（五）有效履行维护国家主权、安全和发展利益的使命任务

中华人民共和国成立后，我军追歼残敌，进军边疆，剿灭匪特，粉碎国民党军队窜犯袭扰，胜利进行抗美援朝战争和多次边境自卫作战，打出了国威军威，捍卫了祖国万里边疆和辽阔海空。改革开放新时期，人民军队着眼维护和平、遏制危机和打赢战争，加强战备工作和实战化演习演练，随时应对和坚决制止一切危害国家主权、安全和发展利益的挑衅行为，坚决维护国家核心利益；坚决响应党中央、中央军委号召，积极完成重大工程建设、抢险救灾等最紧急、最艰难、最危险的任务，在抗击特大地震、森林火灾、特大洪水、"非典"疫情、新冠疫情等重大灾害中为保卫人民生命财产不怕牺牲；完成依法履行香港、澳门防务职责，有效应对国家安全面临的各种威胁，坚决打击一切形式的分裂破坏活动，积极参与对外军事交流合作和联合国维和行动等重大任务，有效履行自身职能使命。进入新时代，人民军队坚决把工作重心归正到备战打仗上来，与时俱进创新战略指导，推动实战化训练步步走深，有效应对军事挑衅，震慑"台独"分裂势力，加强边境管控和反蚕食斗争，遂行海上维权、反恐维稳等重大任务，塑造了军事斗争有利态势。

第四节　中国武装力量

武装力量是指国家或政治集团所拥有的各种武装组织的统称。一般来说，军队是武

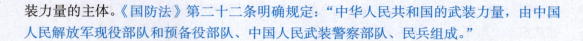

装力量的主体。《国防法》第二十二条明确规定："中华人民共和国的武装力量，由中国人民解放军现役部队和预备役部队、中国人民武装警察部队、民兵组成。"

一、中国武装力量的性质和宗旨

《国防法》第十七条对我国武装力量的性质和宗旨作了明确规定，这就是中华人民共和国的武装力量属于人民，是人民性质的武装，宗旨就是全心全意为人民服务。

中华人民共和国的武装力量来源于人民，视广大人民群众为力量源泉，始终以广大人民的利益、全民族的利益为出发点和归属点，同人民群众保持密切联系，与人民群众团结一致，同甘共苦，生死相依。这支力量没有自己的特殊利益，也不为任何少数人或狭隘利益集团服务，更不凌驾于人民群众之上成为压迫、剥削和奴役广大人民群众的工具。为了广大人民群众的利益，这支力量可以不惜牺牲个人利益乃至生命。

全心全意为人民服务的宗旨，是由中国武装力量的根本性质决定的。中国共产党缔造和领导的人民军队，是无产阶级性质的同人民群众保持密切联系的新型人民军队。中国共产党全心全意为人民服务的宗旨，自然也就是这支军队的唯一宗旨。在长期的革命和建设实践中，正因为人民军队始终坚持了全心全意为人民服务的宗旨，以人民作为力量的坚强后盾，才得到了人民群众的衷心爱戴和支持，才有了很好的内部团结和外部团结，才有了生存和不断发展壮大的思想基础。正因为如此，人民群众才始终把这支军队看成自己的军队，把人民军队官兵当作自己的亲人，军民才共同构成了克服一切困难、战胜一切敌人的铜墙铁壁。

二、中国武装力量的使命任务

《国防法》第十七条指出：我国武装力量的任务是巩固国防，抵抗侵略，保卫祖国，保卫人民的和平劳动，参加国家建设事业，全心全意为人民服务。同时第二十二条规定：中国人民解放军现役部队是国家的常备军，主要担负防卫作战任务，必要时可以依照法律规定协助维护社会秩序；预备役部队平时按照规定进行训练，必要时可以依照法律规定协助维护社会秩序，战时根据国家发布的动员令转为现役部队。中国人民武装警察部队担负国家赋予的安全保卫任务，维护社会秩序。民兵在军事机关的指挥下，担负战备勤务、防卫作战任务，协助维护社会秩序。

《新时代的中国国防》白皮书指出，进入新时代，中国军队依据国家安全和发展战略要求，坚决履行党和人民赋予的使命任务，为巩固中国共产党领导和社会主义制度提供战略支撑，为捍卫国家主权和领土完整提供战略支撑，为维护国家海外利益提供战略支撑，为促进世界和平与发展提供战略支撑。白皮书介绍了履行新时代军队使命任务的基本情况，主要包括：维护国家领土主权和海洋权益；保持常备不懈的战备状态；开展实战化军事训练；维护重大安全领域利益；遂行反恐维稳；维护海外利益；参加抢险救灾。

三、中国武装力量的构成

中华人民共和国的武装力量，由中国人民解放军现役部队和预备役部队、中国人民武装警察部队、民兵组成。

（一）中国人民解放军

1. 现役部队

（1）陆军。

中国人民解放军诞生于 1927 年 8 月 1 日，建立之初仅由陆军组成。陆军是人民解放军的主要军种，是陆地作战的主力，担负在陆地歼灭敌人的任务，既能独立作战，又能与海军、空军等其他军兵种联合作战。陆军是人民解放军各军兵种中历史最久，在中华人民共和国建立前后的历次作战中发挥最出色，也是社会主义现代化建设和各种抢险救灾中的中坚力量。

经过多年的建设，陆军现已发展成一支具有强大火力、突击力和高度机动能力的诸多兵种合成军种。包括机动作战部队、边海防部队和警卫警备部队等，下辖五个战区陆军、新疆军区、西藏军区等，编有步兵、炮兵、装甲兵、工程兵、通信兵、防化兵等专业兵种，还编有电子对抗、测绘和航空兵部队。进入新时代，陆军正按照机动作战、立体攻防的战略要求，加快实现区域防卫型向全域作战型转变，提高精确作战、立体作战、全域作战、多能作战和持续作战能力。

（2）海军。

海军是在陆军基础上建起来的，成立于 1949 年 4 月 23 日。海军是海上作战行动的主体力量，在国家安全和发展战略全局中占有非常重要的地位，主要任务是独立或协同陆军、空军防御敌人从海上入侵，保卫领海主权，维护海洋权益，主要由水面舰艇部队、潜艇部队、航空兵、岸防兵和陆战队等兵种组成。

海军自建立以来，在解放沿海岛屿、打破敌人海上封锁、反击外来侵略的战斗中取得辉煌战绩，保卫了海防，维护了国家的领土主权和海洋权益。经过长期努力，以新型航空母舰、新型驱逐舰、新型潜艇、新型战斗机为代表的新一代主战装备，以及与其相配套的新型导弹、鱼雷、舰炮和电子战装备等武器系统相继装备部队，海上作战和保障能力得到显著提高。进入新时代，海军正按照近海防御、远海护卫的战略要求，逐步实现由近海防御型向近海防御与远海护卫型结合转型，构建合成、多能、高效的海上作战力量体系，提高战略威慑与反击、海上机动作战、海上联合作战、综合防御作战和综合保障能力。

（3）空军。

空军于 1949 年 11 月 11 日正式成立，是以航空兵为主体的军种，是进行空中作战、对空作战和从空中对地面目标实施攻击的主要军事力量，担负着保卫国家领空安全和领土主权、保持空防稳定的任务。由航空兵、地面防空兵、空降兵、雷达兵、电子对抗部队和信息通信部队等组成。

空军自组建以来，参加抗美援朝作战，在国土防空作战中多次击落、击伤入侵和窜扰飞机，为解放沿海岛屿、保卫祖国领空，为支援社会主义建设、完成抢险救灾等重大任务，建立了不朽功勋。经过长期建设，空军战略能力不断提升，在改革强军中深化体系重塑，领导指挥体制、规模结构和力量编成焕然一新，以歼–20为代表的一批新型武器装备列装部队。进入新时代，空军正按照空天一体、攻防兼备的战略要求，加快实现国土防空型向攻防兼备型转变，加强以提高战略预警、空中打击、防空反导、信息对抗、空降作战、战略投送和综合保障能力为重点的作战力量体系建设，加快建设一支空天一体、攻防兼备的强大人民空军。

（4）火箭军。

中国人民解放军火箭军是中国人民解放军新的军种，由第二炮兵更名而来，于2015年12月31日正式成立，这是党中央和中央军委着眼实现中国梦强军梦作出的重大决策，是构建中国特色现代军事力量体系的战略举措。

中国人民解放军火箭军前身第二炮兵，成立于1966年7月1日，由毛泽东主席批准，周恩来总理亲自命名，始终由中央军委直接掌握，是中国实施战略威慑的核心力量，主要担负遏制他国对中国使用核武器、遂行核反击和常规导弹精确打击任务。

2015年12月31日，中央军委举行仪式，将第二炮兵正式命名为"中国人民解放军火箭军"，并授予军旗，第二炮兵也由原来的战略性独立兵种，上升为独立军种。从"二炮"到"火箭军"，反映了中国核力量的发展历程。二炮是在特定历史条件下一种命名方式，长期以来，二炮实际上担负的是一个军种的职能任务，更名为火箭军，显示出中国军队更加开放、更加自信、更加透明，改名更加清晰完整地展示它的形象。

中国人民解放军火箭军是我国战略威慑的核心力量，是我国大国地位的战略支撑，是维护国家安全的重要基石。中国始终奉行不首先使用核武器的原则，坚持自卫防御的核战略，核力量始终维持在维护国家安全需要的最低水平。习主席在火箭军成立时强调，火箭军全体官兵要把握火箭军的职能定位和使命任务，按照核常兼备、全域慑战的战略要求，增强可信可靠的核威慑和核反击能力，加强中远程精确打击力量建设，增强战略制衡能力，努力建设一支强大的现代化火箭军。

（5）新型兵种。

中国人民解放军新型兵种包括军事航天部队、网络空间部队、信息支援部队、联勤保障部队。随着信息支援部队的成立，中国人民解放军总体形成中央军委领导指挥下的陆军、海军、空军、火箭军等军种，军事航天部队、网络空间部队、信息支援部队、联勤保障部队等兵种的新型军兵种结构布局。

中国人民解放军信息支援部队成立于2024年4月19日。组建信息支援部队，是党中央和中央军委从强军事业全局出发作出的重大决策，是构建新型军兵种结构布局、完善中国特色现代军事力量体系的战略举措，对加快国防和军队现代化、有效履行新时代人民军队使命任务具有重大而深远的意义。信息支援部队是全新打造的战略性兵种，是统筹网络信息体系建设运用的关键支撑，在推动我军高质量发展和打赢现代战争中地位重要、责任重大。

中国人民解放军联勤保障部队于 2016 年 9 月 13 日成立。组建联勤保障部队，是党中央和中央军委着眼于全面深化国防和军事改革作出的重大决策，是深化军队领导指挥体制改革、构建具有中国人民解放军特色的现代联勤保障体制的战略举措，标志着具有中国人民解放军特色的现代联勤保障体制的正式建立，对把中国人民解放军建成世界一流军队、打赢现代化局部战争具有重大而深远的意义。联勤保障部队是实施联勤保障和战略战役支援保障的主体力量，是中国特色现代军事力量体系的重要组成部分，包括武汉联勤保障基地和无锡、桂林、西宁、沈阳和郑州五个联勤保障中心。

组建信息支援部队的同时撤销战略支援部队番号，相应调整军事航天部队、网络空间部队领导管理关系。太空是人类共同的财富，太空安全是国家建设和社会发展的战略保障。推进军事航天部队建设，对提高安全进出和开放利用太空能力、增强太空危机管控和综合治理效能、更好和平利用太空具有重要意义。网络安全是全球性挑战，也是中国面临的严峻安全威胁。推进网络空间部队建设，大力发展网络安全防御手段，对筑牢国家网络边防，及时发现和抵御网络入侵，捍卫国家网络主权和信息安全具有重要意义。

2. 预备役部队

中国人民解放军预备役部队，是以现役军人为骨干、预备役人员为基础，按照军队统一的编制编组起来的，战时实施成建制快速动员的重要组织形式。人民解放军预备役部队于 1983 年组建，是中国人民解放军的重要组成部分，是国防后备力量建设的重点。1997 年 3 月颁布的《中华人民共和国国防法》，正式确立了预备役部队在人民解放军中的法律地位。预备役部队的使命任务是：平时依照法律规定，担负抢险救灾、协助维护社会秩序、应付突发事件和参加国家经济建设等任务；战时根据国家需要，成建制快速动员转为现役部队，遂行作战、勤务保障等任务。

人民解放军预备役部队，包括陆军预备役部队、海军预备役部队、空军预备役部队和火箭军预备役部队。其中，陆军预备役部队，主要由步兵、炮兵、高射炮兵、反坦克炮兵、坦克兵、工程兵（工兵、舟桥、给水）、防化兵、通信兵、海防兵和后勤保障等兵种、专业兵组成。海军预备役部队，主要由海上侦察、扫雷布雷、雷达观通等专业兵组成。空军预备役部队，主要由地空导弹兵、高射炮兵、雷达观通兵等专业兵和空军场站组成。火箭军预备役部队，主要由战略导弹和常规导弹装备维修专业兵种组成。

人民解放军预备役部队主要按地域进行编组，根据军队的建制实行统一的编制，分军种和兵种预备役师、旅、团；师、旅、团建有精干的领导机关，主要负责预备役部队的组织建设、教育训练和武器装备管理等工作。2020 年 6 月，中共中央印发了《关于调整预备役部队领导体制的决定》（以下简称《决定》）。《决定》指出，预备役部队是人民解放军的组成部分，为全面贯彻党的十九大和十九届二中、三中、四中全会精神，坚持和完善党对人民军队的绝对领导制度，确保实现党在新时代的强军目标，把人民军队全面建成世界一流军队，按照军是军、警是警、民是民的原则，对预备役部队领导体制进行调整。《决定》明确，自 2020 年 7 月 1 日零时起，预备役部队全面纳入军队领导指挥体系，由现行军地双重领导调整为党中央、中央军委集中统一领导。

（二）中国人民武装警察部队

中国人民武装警察部队，是担负国家赋予的国家内部安全保卫任务的部队，是我国武装力量的组成部分，是保卫社会主义现代化建设的一支重要力量。中国人民武装警察部队在中华人民共和国建立后逐步发展起来。1950年，为保证武装力量更好地履行对内职能，统一组建中国人民公安部队。1975年，改为人民警察。1983年4月，武警总部成立。武警部队执行《中华人民共和国兵役法》等法律法规和军队的条令条例，实行警衔制度和文职干部制度，享受人民解放军的同等待遇，有自己的服装和标志服饰。

自2018年1月1日零时起，中国人民武装警察部队由党中央、中央军委集中统一领导，实行中央军委—武警部队—部队领导指挥体制。武警部队职能属性不变，不列入解放军序列。武警部队归中央军委建制，不再列国务院序列。按照军是军、警是警、民是民原则，将列武警部队序列、国务院部门领导管理的现役力量全部退出武警，将国家海洋局领导管理的海警队伍转隶武警部队，将武警部队担负民事属性任务的黄金、森林、水电部队整体移交国家相关职能部门并改编为非现役专业队伍，同时撤收武警部队海关执勤兵力，彻底理顺武警部队领导管理和指挥使用关系。

武警部队设武警总部、指挥部、总队、支队四级领导机关。各省级（市、区）设武警总队，各地级（市、州、盟）设武警支队，各县级（地市辖区、市、县）、镇设有武警大队或中队。武警总部设司令部、政治部、后勤部、各警种指挥部及各机动师。

武警部队肩负维护国家安全和社会稳定、保障人民安居乐业的神圣使命，主要承担执勤、处突、反恐怖、抢险救援、海上维权、防卫作战等任务。中国人民武装警察部队依其任务不同分为内卫总队、机动总队、海警总队、院校和科研机构等。

武警部队的主要装备包括防护器具、非致命性的防暴武器、致命性攻击武器、交通工具和特殊用途的装备。自卫防护器具主要有防护头盔、防弹服、防暴盾牌；非致命性武器主要有警棍、电击器、催泪弹等；致命性攻击武器以轻武器为主，有手枪、狙击步枪、自动步枪、冲锋枪、机枪等；交通工具主要有各种车辆、防暴车等；特殊用途的装备主要包括各种探测、监视、跟踪和排爆、消防装置等。海警部队的装备主要包括不同型号的巡逻艇、巡逻舰等。

（三）中国民兵

民兵是不脱离生产的群众武装组织，是中国人民解放军的助手和后备力量，是我国武装力量的重要组成部分。中国民兵初建于第一次国内革命战争时期，在中国革命和社会主义建设的各个历史时期均发挥了巨大作用。

民兵工作在国务院、中央军委统一领导下，实行地方党委、政府和军事系统的双重领导。民兵建设以人民战争思想为指导，坚持劳武结合、平战结合。1962年，毛泽东关于民兵工作要做到组织落实、政治落实、军事落实的指示，科学地概括了民兵建设的三个基本环节，成为民兵工作的主要内容和基本要求，对加强民兵建设起到了重要作用。

随着以信息化为主导的世界新军事革命深入发展，人民解放军现代化建设和军事斗争准备逐步深化，对民兵建设提出了更新更高的要求。目前，民兵工作重心正在从农村向城市和交通沿线转移，编组单位从国有企业向民营企业、传统行业向高科技行业拓展，组织结构从以步兵为主向以专业技术队伍为主调整。高炮、地炮、导弹、通信、工兵、防化、侦察、信息等专业技术分队比例进一步提高，海军、空军、火箭军民兵分队建设得到加强，初步形成以专业技术分队、对口专业分队为主体，以防空部（分）队、军兵种分队、应急分队为重点的民兵组织建设新格局。

国家加大民兵武器装备建设投入，重点加强防空和应急维稳装备建设，淘汰、报废一批老旧武器。各地深化民兵训练改革，实行省军区、军分区、县（市、区）人武部和基层人武部四级组训体制，与现役部队进行挂钩训练和联训联演，民兵的快速动员和遂行任务能力得到明显提高。

四、人民军队的发展历程

中国人民解放军自 1927 年诞生至今，从一支弱小的以农民为主要成分的无产阶级军队逐渐建设发展成为由陆军、海军、空军、火箭军、战略支援部队等诸军兵种合成的高度集中统一的现代化军队，走过了光辉而又不平凡的历程。

（一）革命战争时期

中国共产党人从中国社会和中国革命的特点出发，把创建新型人民军队作为中国革命的首要问题。1926 年毛泽东在主办广州农民运动讲习所期间，就提出了建立农民自己的武装的思想。1927 年 8 月，他又提出"政权是由枪杆子中取得的"论断。大革命失败后，中国共产党在全国各地发动和领导了百余次武装起义。1927 年 8 月 1 日的南昌起义，标志着中国共产党独立领导武装斗争的开始和中国新型人民军队的诞生。同年 9 月，毛泽东领导湘赣边界秋收起义，在转进井冈山的途中对起义部队进行"三湾改编"，开始了对革命军队的政治建设，强调党对军队的领导，规定部队民主制度，实行官兵待遇平等，并把支部建在连上。1929 年 12 月，古田会议召开，正式规定了人民军队的性质、宗旨和任务，确立了思想建党、政治建军的根本原则，为把我军建设成为新型的无产阶级性质的人民军队奠定了基础。

1937 年 7 月 7 日，中日战争全面爆发。中国共产党坚持抗日民族统一战线，毅然同意把主力红军和南方八省游击队分别改编为国民革命军第八路军和国民革命军新编第四军。战争期间，我党领导人民军队开展广泛的抗日游击战争，造成了陷敌于灭顶之灾的汪洋大海。人民军队歼灭大量日军，缴获大批武器装备，军队力量得到发展壮大。

1946 年，解放战争爆发，解放区各部队由八路军、新四军、东北民主联军等陆续改称人民解放军，编成了五大野战军。人民解放军建立了集中统一的指挥机构，初步建立起了一支能在较大范围实施机动作战的正规兵团与地方部队、民兵游击队相结合的武装力量，毛泽东建军思想也得到了进一步丰富和发展。

（二）社会主义革命和建设时期

中华人民共和国成立后，人民军队迅速从革命战争转向和平建设。通过抗美援朝战争，我军认识到与世界强国军队的差距。1953年年底召开的全国军事系统党的高级干部会议正式提出建设一支优良的现代化革命军队的总方针和总任务。此后，整顿军队编制体制，调整各战略区域部署，并以精简整编为主要内容进行了多次改革，奠定了军队领导管理指挥体制的基础和现代化军队的基本框架。结束了不能生产火炮、飞机、坦克的历史，常规武器实现由引进、模仿到自行研制的过渡，原子弹、导弹、卫星、战略核潜艇等尖端武器研制成功，并建立起独立完整的国防科技和国防工业体系。初步实现了由单一军种向诸军兵种合成军队的转变，完成了由革命战争时期向和平建设时期的全面转型，在整体军力建设上缩短了与世界先进国家军队的距离，有效提高了中国的国际地位，为后续发展打下了坚实基础。

（三）改革开放时期

改革开放初期，人民军队进行整顿，坚持把军事训练摆到战略地位，贯彻军队建设要面向现代化、面向世界、面向未来的方针，有效地提高了部队在现代条件下诸军兵种合同作战的能力。1981年9月，邓小平提出建设一支强大的现代化正规化的革命军队，确立了革命化、现代化和正规化的"三化"建设的总目标。到20世纪80年代中期，我军顺利实现了军队建设指导思想的战略性转变，进行了百万大裁军，在精兵、合成、高效的路上迈出了坚实的步伐。

20世纪80年代末90年代初，国际战略格局发生重大变化，科学技术迅猛发展并在军事领域广泛应用，世界新军事变革端倪出现，战争进入信息化时代。我军及时进行战略方针调整，制定中国特色军事变革的发展战略，加速推进机械化和信息化双重建设任务，努力实现军队建设从数量规模型向质量效能型、从人力密集型向科技密集型的转变，迈开了中国特色精兵之路的坚实步伐。

进入21世纪，人民军队建设进入新阶段。我党提出在全面建成小康社会的历史进程中实现富国与强军的统一，军队历史使命得到拓展。针对信息化战争出现的新特点和新要求，我军以科学发展观为指针统筹各项建设，不断提高武器装备的信息技术含量，积极推进机械化条件下的军事训练向信息化条件下的军事训练转变，加速战斗力生成模式转变，着力提高一体化联合作战能力和遂行多样化军事任务的能力，军队建设取得新进展。

（四）人民军队建设进入新时代

党的十八大以来，以习近平同志为核心的党中央坚持和发展马克思主义军事理论，围绕国防和军队建设作出一系列重要论述，全力推进国防和军队建设，开创了强军兴军新局面。

扭住忠诚于党、听党指挥强基固本，我军思想政治根基更加牢固。面对国内外形势深刻复杂变化，面对意识形态领域尖锐复杂斗争，习近平总书记始终把坚持党对人民军队的绝对领导作为强军之魂，高度重视从思想上政治上建设和掌握部队，领导召开古田全军政治工作会议，鲜明提出我军政治工作时代主题，开启了思想建党、政治建军的新篇章。全军持续深入学习贯彻习近平强军思想，紧跟中央部署扎实开展党内集中教育，每年突出一个主题搞好部队思想政治教育，组织开展党史军史学习教育，着力打造强军文化，打好意识形态斗争主动仗，广大官兵维护核心、听从指挥的忠诚信仰不断强化，争当"四有"新时代革命军人、争创"四铁"过硬部队成为价值追求。人民军队政治生态得到有效治理，我军重整行装再出发、踏上强军新征程。

适应强国强军时代要求深化改革，人民军队组织架构和力量体系实现革命性重塑。打破长期实行的总部体制、大军区体制、大陆军体制，形成军委管总、战区主战、军种主建新格局，调整组建五大战区、五大军兵种、军委机关 15 个职能部门，领导指挥体制实现历史性变革。裁减军队员额 30 万，调整军兵种比例，建设现代化联勤保障部队，部署展开武警部队改革，部队规模结构和力量编成得到优化。深化军队院校、科研机构、训练机构改革，打造军队院校教育、部队训练实践、军事职业教育"三位一体"新型军事人才培养体系。坚持改转并行，推进职能、作风、工作方式"三个转变"，完善法规制度和政策机制，为新体制运行提供了有力保障。通过大变革大重塑，人民军队体制一新、结构一新、格局一新、面貌一新。

聚焦能打胜仗强化练兵备战，军事斗争准备取得重大进展。制定新形势下军事战略方针，引领我军积极进取、主动塑造，军事力量建设和运用实现拓展提升。树立战斗力标准，大抓实战化军事训练，大抓战斗精神培育，大抓联合作战和新型军事人才培养，建设联合后勤、打仗后勤，把我军练兵备战带到一个新水平。决策实施科技兴军战略，构建军民融合创新体系，设立国防科技"创新特区"，发展高新技术武器装备，国防科技和武器装备建设加快由跟跑并跑向并跑领跑转变，我国自主设计建造的航空母舰出坞下水，歼－20、运－20 等一批先进武器装备列装部队，天河二号超级计算机、北斗二号卫星工程等一批关键技术实现重大突破。特别是党中央、习主席领导指挥一系列重大军事行动，开展钓鱼岛维权斗争，划设东海防空识别区，组织海空力量出岛链常态巡航和抢险救灾、国际维和，实施海外护航撤侨行动，建立吉布提海外保障基地，加强边境管控、反恐维稳等，有效维护了国家主权、安全、发展利益，提振了国威军威，增强了民族自信心、自豪感。

围绕永葆人民军队本色正风肃纪、厉行法治，人民军队实现浴火重生。紧紧扭住全面从严治党和全面从严治军不放松，扎紧制度笼子，从践行群众路线、"三严三实"到"两学一做"，从整顿思想、整顿用人、整顿组织、整顿纪律到"八个专项清理整治"、全面停止军队有偿服务、实现巡视全覆盖，一步步革除积弊、正本清源，部队新风正气不断上扬。正风肃纪、反腐惩恶，严肃查处一批高级干部严重违纪违法案件，大力纠治发生在官兵身边的不正之风，保持高压态势、压紧压实"两个责任"，军队党风廉政建设和反腐败斗争取得重大阶段性成效。全面依法治国进程，加大依法治军、从严治军力度，制定颁发《关于新形势下深入推进依法治军从严治军的决定》，加快构建中国特色军事法治体系，完善纪检、巡视、司法、审计监督工作格局，强化法规制度执行力，推动我军治军方式根本性转变。

第五节 国防动员

国防动员是国防活动的重要组成部分，涉及国家的军事、政治、经济、文化教育、科学技术、外交等广大领域，关系国家的安危，直接影响战争的发生、进程和结局。

一、国防动员的内涵

国防动员，是指国家为应对战争或其他安全威胁，使社会诸领域的全部或部分由平时状态转入战时状态或紧急状态的活动，包括武装力量动员、国民经济动员、政治动员、民防动员、科技动员等。国防动员工作全过程包括动员的准备、实施和复员。

国防动员分为总动员和局部动员。总动员是全国总动员的简称，亦称全面动员。是指国家在全国范围内实施的国防动员。总动员后，国家一切社会生活领域均由平时状态转入战时状态或紧急状态。局部动员是指国家在局部地区或相关行业所实施的国防动员。局部动员后，相应的地区或行业由平时状态转入战时状态或紧急状态。

国防动员准备是国家为迅速有效地实施国防动员而在平时进行的准备。包括建立完善动员体制机制、在经济建设中贯彻国防要求、储备兵员和战略物资、预防战争灾害等。国防动员实施是指国家启动国防动员程序，组织社会诸领域的全部或部分由平时状态转入战时状态或紧急状态的活动。复员，是指国家由战争或由应对其他安全威胁状态转入平时状态的过程。根据国际国内形势和战争或其他安全威胁的进程确定，一般在战争或其他安全威胁基本结束时开始。

二、国防动员的主要内容

（一）武装力量动员

武装力量动员是国家为应对战争或其他安全威胁，将武装力量由平时状态转入战时状态所进行的活动。通常将其分为现役部队动员、预备役部队动员、武装警察部队动员、民兵动员，也可将其分为常备力量动员和后备力量动员。武装力量动员是国防动员的主体和核心。

常备力量动员，通常是指现役部队动员，是武装力量动员的首要对象。主要内容包括兵员动员、武器装备动员、物资动员和战时勤务动员等。实施的主要措施包括：现役军人停止休假和退役，迅速收拢所属人员；补充装备物资；调整编制和隶属关系；开展临战政治教育和军事训练；进行动员输送；动员和组织民力为武装力量行动提供各类勤务保障等。后备力量动员，在我国称为人民武装动员，是武装力量动员的组成部分。包括民兵动员、预备役部队动员、非编组预备役人员动员和预编人员动员等。实施动员的主要措施是：做好兵员动员准备；按动员命令组织兵员动员；补充装备物资；组织临战训练和人员物资输送等。

（二）国民经济动员

国民经济动员是国家根据国防需要，将有关经济部门、经济活动及其经济关系由平时状态转入战时状态或紧急状态的活动。通常包括工业、农业、财政金融、信息通信、交通运输、医疗卫生等方面的动员。

其中，工业动员是国家根据国防需要，将有关工业部门、生产活动及其经济关系由平时状态转入战时状态或紧急状态的活动。主要目的是为国家应付战争或其他军事危机，提供工业产品特别是武器、弹药等。农业动员是国家根据国防需要，将有关农业部门、生产活动及其经济关系由平时状态转入战时状态或紧急状态的活动。农业动员强调，调整农业生产结构和布局，扩大战争急需的粮食和经济作物的播种面积和产量，对遭受战争破坏的农业地区，动员和组织农民生产自救等。财政金融动员，是指国家为适应战争的需要对银行等金融机构及货币市场的管制活动，是国家运用政力的力量筹措和分配资金的基本手段。财政金融动员的基本目的是筹措战争经费，保持财政金融体系的稳定。信息动员是国家为应对战争或其他安全威胁，将以信息产业部门为主的行业系统由平时状态转入战时状态或紧急状态，统一征用和调配信息资源的活动。包括信息在获取、传递、存储、处理过程中所需的人力、物力资源和电磁频谱资源等方面的动员。医疗卫生动员，是指国家统一组织调整国民医疗卫生体系的人力、物力资源为战争服务的活动。主要包括医疗卫生人力动员、医疗卫生物资动员和医疗卫生机构及设施动员。目的在于提高国家在战争状态或紧急状态下的医疗救护和卫生防疫能力，保持和恢复武装力量战斗力，保障人民健康和生命安全。

（三）政治动员

政治动员，是指国家从政治上、组织上、思想上发动人民和军队参加战争所采取的措施，是战争动员的重要组成部分。其主要内容是：党、政府、军队的领导人，发布政治动员令、训令、宣言、声明、告人民书等，提出鲜明、生动的政治纲领或口号，进行普遍的动员和教育；进行战争形势和目的教育，讲清敌我双方进行战争的原因，揭露敌人的反动本质和暴行，明确进行正义战争的有利条件、不利条件和克服困难、战胜敌人的办法，号召人民和军队准备战争、参加战争、支援战争；通过通讯社、广播电台、电视台、报刊等宣传工具，运用布告、标语、传单等宣传手段，采取报告会、动员会、讲演会、政治课、文艺演出等形式，对群众进行宣传教育；进行爱国主义、国际主义和革命英雄主义教育，宣扬英雄模范人物的先进思想和先进事迹，号召军民向英雄模范学习，传播胜利消息，鼓舞士气和斗志，提高胜利信心；建立统一战线，充分发挥各民主党派、人民团体和群众组织的作用，组织集会、游行、示威等，在全国掀起政治动员的热潮；

制定优抚政策，开展拥军优属和拥政爱民活动；制定战时法规和战场纪律，制定保护城市设施、名胜古迹以及尊重民族风俗习惯和宗教信仰等规定。

（四）科技动员

科技动员是指国家为应对战争或其他安全威胁，将有关科技部门由平时状态转入战时状态或紧急状态，统一组织和调动科技人员、设备、设施及成果的活动。其主要任务是：针对战争的需要，动员科研力量，快速研制装备、弹药、器材等；为武器装备提供技术维修保障，使武器装备处于良好战斗状态。科技动员的基本方法是：调整科研机构的任务，保证武器装备研制生产；调配科研人员，为军队提供技术维修服务，以及保障武器研制生产；筹措科技设备、情报资料，快速开发科研成果为战争服务；增加对科技的资金投入，为科技开发提供必需的条件。在信息化战争条件下，要特别重视信息通信动员，在国家统一组织下，调动信息通信资源和力量，综合运用多种手段，保证信息通信安全、稳定、畅通。在未来战争中，信息通信动员的任务十分繁重。动员对象既有技术人员，也有装备和器材；参与动员的人员，既有政府部门的业务管理人员，也有军队系统的相关管理人员，还有通信网络运营企业和通信装备生产企业。必须加强对通信动员的集中统一领导和指挥，军、地密切协同，保证国家信息通信网络实行统一管制，及时抢修抢建通信线路和设施，确保战时战场指挥通信迅速、准确、保密、不间断。

（五）人民防空

人民防空动员，是国家发动和组织人民群众防备敌人空袭、消除空袭后果所进行的活动。主要包括人口和物资疏散动员，重要目标防护动员，消除空袭后果动员。

人口和物资疏散动员，是指在战争状态下，为防敌空袭将人口和物资疏散到安全地区而进行的活动。通常限于易受敌方打击和军队实施作战行动的地区。目的是减轻国家和人民的生命财产损失，保护战争所需的人力、物力资源，为武装力量作战提供有利的作战环境。人口和物资疏散动员通常在各级政府的统一领导下，由政府所属的动员机构或民防机构具体组织实施。主要做法是：根据对战争形势及作战地域的判断，确定人口和物资疏散动员的区域和任务；调整制定人口和物资疏散动员计划，确定人口和物资疏散的方向、路线、顺序、时间、疏散地域和疏散运输的方式；适时进行人口和物资疏散的动员部署，迅速做好疏散行动开始前的各项准备。

重要目标防护动员，是指在战争状态下，动员人民群众保护可能遭敌空袭的重要政治、军事、经济目标而进行的活动。其主要措施是：动员人力、物力对重要目标实施伪装和加固；动员组织力量对重要目标实施安全警卫；就地就近动员组织抢险救灾力量，对遭到破坏的重要目标进行抢修抢建；动员防空作战力量，对重要目标进行火力防护；进行必要的物力储备，使重要目标的功能得到保持和恢复。

消除空袭后果动员，是指在战争状态下，动员人民群众消除敌空袭后果而进行的活动。主要措施是：对可能受到的空袭后果作出判断，适时发出空袭警报，根据需要使可能受到或已经受到空袭的地区进入防空袭状态；动员组织专业和业余的各类抢险救灾力量，迅速做好执行消除空袭灾害任务的准备，或立即执行消除空袭灾害的任务；根据需要对遭敌空袭地区实施行政管制、军事管理，包括实施戒严和宵禁；向广大群众进行预防和消除空袭灾害的宣传，告知政府将要采取或已经采取的动员及救助措施，以及单位、个人应当采取的自救互救措施；政府与社会相结合，妥善组织实施对遭敌空袭的灾民进行救助，包括提供住房和必需的生活物资，加强群众性医疗和防疫工作；组织社会组织和公民进行恢复重建，力求使受到空袭破坏的设施、设备等恢复功能；加强对社会秩序的维护，强化社会治安工作，严厉打击各种违法乱纪行为和敌对势力的破坏活动等。

三、国防动员的意义

习近平总书记在党的十九大报告中指出，"完善国防动员体系，建设强大稳定的现代化边海空防"。高效的国防动员就是打赢未来信息化战争的战略保障。

（一）国防动员是慑止和遏制战争的战略威慑力量

一个国家的国防威慑力量不仅体现在常备军和国防实力，而且体现在国防动员能力和后备力量上。因此，国防动员既是保证战争顺利进行的战略保障力量，又是慑止和遏制战争的重要战略力量。国防动员的战争威慑功能，主要体现在国防动员能力具备显示战争决心和实力的作用，通过国防动员活动可以慑止战争的发生和推迟战争的进程，甚至起到"不战而屈人之兵"的威慑作用。

（二）国防动员是战争潜力转化为实力的基本保障

战争潜力是战争实力的基础，决定着战争力量的强弱和战争持续时间的长短。战争潜力不会自然转化为战争实力。战争潜力能否转化为战争实力，取决于国防动员能力大小。只有通过国防动员有领导、有组织、有计划地加以管理、控制和分配，才有可能转变为直接作用于战争的现实力量，形成战争的强大物质和精神条件，保证战争的顺利进行。在实现这一转化的过程中，国防动员无疑是最基本的保障。

（三）国防动员是影响战争进程和结局的关键环节

国防动员伴随着战争的全过程。实质上，战争尚未开始，与之相伴的国防动员实施便已经启动，并自始至终受到国防动员的制约和影响。战争实践表明，交战双方谁具备了战争初期快速动员的能力和持续不断的战争中后期动员能力，谁就能在局部战争以至大规模战争的大量消耗中得到及时有效的补充，谁就有把握取得最终的胜利。

（四）国防动员对促进经济发展具有服务作用

国防动员横跨军队与地方，连接国防建设与经济建设。一方面，在经济建设中贯彻国防需求，推广军民两用技术，推行军地设施共用、人才通用，以较小的投入获得较大的国防效益、经济效益和社会效益。另一方面，实行军转民，利用军工企业资源和技术优势，积极开发民用产品，为经济社会发展服务。

● **思考题**

1. 从中国国防历史中你得到哪些启示？
2. 公民的国防义务和权利有哪些？
3. 我国积极防御国防战略的基本内涵有哪些？
4. 我国武装力量由哪几个部分组成？其主要使命任务是什么？
5. 国防动员的主要内容有哪些？

第二章
国家安全

✓ **学习目标**

掌握国家安全的内涵，理解总体国家安全观和国家安全工作必须坚持的原则，了解我国面临的安全形势，了解世界主要国家的军事力量及战略动向，使学生增强国家安全意识，自觉维护国家安全。

国家安全不仅关乎国家的兴亡，还关乎每个公民的切身利益。维护国家安全，是坚持和发展中国特色社会主义、实现"两个一百年"奋斗目标和中华民族伟大复兴中国梦的重要保障，是我国公民、一切国家机关和武装力量、各政党和人民团体、企事业组织和其他社会组织的责任和义务。当代大学生，应当学习国家安全知识，关心国家安全，自觉维护国家安全。

第一节 国家安全概述

世界上自从有了国家，就有了某种意义上的国家安全观念。不同国家对国家安全问题的认识不尽相同。随着时代的发展，国家安全问题越来越受到人们关注，对国家安全问题的认识也越来越深刻。

2.1 国家安全概述

一、国家安全的内涵

我国 2015 年 7 月 1 日颁行的《中华人民共和国国家安全法》（以下简称《国家安全法》）对国家安全的立法表述是："国家安全是指国家政权、主权、统一和领土完整、人民福祉、经济社会可持续发展和国家其他重大利益相对处于没有危险和不受内外威胁的状态，以及保障持续安全状态的能力。"这表明，**国家安全既是一种状态，也是一种能力**。

国家安全是国家处于不受内外威胁的没有危险的客观状态。首先，国家安全要是国家没有外部的威胁与侵害的客观状态。这种外部威胁和侵害主要包括：其他国家的威胁；非国家的其他外部社会组织和个人的威胁，如某些国际组织或地区组织对某国的威胁和侵害；国内力量在外部所形成的威胁和侵害，如国内反叛组织在国外从事的威胁和侵害本国的活动。国家安全还是国家没有内部的混乱与疾患的客观状态。危及国家生存的力量不仅来源于一个国家的外部，而且时常来源于一个国家的内部。国内的混乱、动乱、骚乱、暴乱，以及其他各种形式的疾患，都会直接危害到国家生存，造成国家的不安全。因此，国家安全必然包括没有内部混乱和疾患的要求，仅仅是没有外部的威胁和侵害，国家并不一定就会安全，只有在同时没有内外两方面的危害的条件下，国家才安全，只有这两个方面的统一，才是国家安全的特有属性。

国家安全是国家保障持续安全状态的能力。国家安全以国家维护安全的能力为基本前提，没有维护安全的能力，国家就可能受到威胁，就会处于一种不安全的状态。因此，加强能力建设，保障国家持续安全状态不受威胁，是国家安全的应有之义。

国家安全的内涵是动态发展的。中国自古以来就有有关国家安全的描述，例如，"居安思危""天下虽安，忘战必危""居安思危则有备，有备则无患"等，皆是中国古代政府对国家安全及国家安全观的重要描述。传统意义的国家安全，主要是指政治、国土、军事、外交等方面的安全，其核心是维护国家的主权和领土完整不受侵犯，维护国家的生存与发展。随着经济、社会和科技的发展以及国际政治斗争形势的变化，恐怖主义、网络安全、生态环境、严重疫病、自然灾害等非传统安全问题越来越突出，必然引起国家安全观念的变化，国家安全的内涵亦有所调整。在当今时代，国家安全不仅仅侧重于政治、国土、军事等传统安全范畴，也已经拓展到经济、文化、社会、科技、信息、资源、生态、核等诸多领域，是维护政治、国土、军事、经济、文化、社会、科技、信息、环境等诸多方面安全的综合安全。

国家安全的各个领域、各个方面是一个相互联系、不可分割的整体。国家安全的某一个领域出现问题，就可能引发"蝴蝶效应"，导致另一个领域或多个领域的安全问题，甚至造成整个国家安全都出现问题。

二、国家安全的新领域

进入 21 世纪，类似于暴力恐怖袭击以及金融危机、气候变化这样 2.2 **国家安全领域** 的非传统安全问题越来越突出，诸如经济安全、文化安全、社会安全、科技安全、网络与信息安全、资源安全、生态安全等非传统国家安全的新领域的安全问题普遍受到各国重视。

（一）经济安全

所谓经济安全，是指一国维护国民经济发展和经济实力处于不受根本威胁的状态和能力，具体体现为一国保障其经济主权独立、经济发展所需资源有效供给、经济体系独立稳定运行、整体经济福利不受恶意侵害和非可抗力损害的状态和能力。一般认为，经济安全包括资源能源安全、金融安全、粮食安全、产业与贸易安全等诸多方面。经济安全是国家安全的基础，国家安全的方方面面都与经济密切相关。早期各国在国家安全领域更多强调的是军事、政治等传统安全，但随着当前世界各国开放合作的日益深化，经济全球化迅速推进，贸易自由化深度发展，金融资本跨境流动日益频繁，世界各国形成相互联系、相互渗透、相互依存、相互竞争、全球化的国际经济关系，这有助于拓展世界各国的市场空间、优化全球资源要素的配置，最终促进全球经济更快发展，但同时也加剧了国际金融的不稳定性、贸易冲突、产业竞争等新的安全问题。

（二）文化安全

文化安全是指一个国家的主流文化价值体系免于内部或外部敌对力量的破坏，确保文化主权的独立与完整。广义的国家文化安全指"国家文化的安全"，包括与国家安全相关的一切要素，如意识形态、传统文化、宗教信仰等。而狭义的国家文化安全特指"国家的文化安全"，是同其他领域安全相区隔的特定领域的安全，主要包括民族精神安全、传统文化安全、价值观念安全三个方面，其中，民族精神安全是国家文化安全的核心。历史上，要彻底消灭一个国家无非两条，一是肉体上的消灭，一是文化上的同化。但严格讲，国家文化安全问题的真正出现，只是到了近代资本主义世界市场形成以后，特别是西方列强对东方国家实行殖民侵略政策、东西文明碰撞日趋激烈的情况下才逐渐成为现实。目前，在经济全球化以及信息交流充分渗入的背景下，传统意义上的国家和文化边界变得模糊。以美国为首的西方强势文化利用其资本、技术和市场优势对其他国家进行文化渗透、控制，国家文化主权受到前所未有的严重威胁和挑战。

（三）社会安全

国际主流学术界对什么是社会安全没有统一的定义，西方国家对社会安全的理解较为"狭义"，主要是指对社会造成冲击的刑事犯罪、自然灾害、公共卫生以及恐怖活动等"公共安全"问题。根据《国家安全法》对"国家安全"的定义，社会安全相应地也包括了两个方面的内涵：一是社会要处于一种和谐、稳定和健康发展的状态，这种状态指的就是"有秩序"；二是社会需要一种识别、管理和消除各类风险和威胁的能力，这种能力就是秩序赖以存在的制度及其运行的有效性。从这一内涵出发，简单地说，"社会安全"就是社会以其有序性，保障人们的安全。我们一般从两个意义上评价社会安全，其一是社会自身是否有序；其二是人的安全是否有保障。社会运行越是呈现出有序状态，社会也就越安全；社会对人的安全越是有保证，公众也必然认为社会越安全。随着现代社会的发展，人们越来越多地关注起社会安全问题，这使社会安全问题成为新的非传统安全观逐渐重视起来的一个重要方面。

（四）科技安全

科技安全是指科技体系完整有效，国家重点领域核心技术安全可控，国家核心利益和安全不受外部科技优势危害，以及保障持续安全状态的能力。国家科技安全的内容包括：国防科技安全、农业科技安全、工业科技安全等。长期以来各国对国防科技安全的关注度较高，随着全球化的深入，工业科技安全、生态科技安全、信息科技安全与国家总体安全的正相关注程度逐步提升。当今世界，科技发展突飞猛进，科技竞争已经成为国际竞争的焦点，科技系统已经成为国家安全和发展的技术支撑，因此，它也越来越成为国内外其他竞争对手或敌对势力控制、制约、攻击和破坏的对象之一，成为敌对势力危害国家安全的途径之一。所以，科技安全在国家安全中的地位日益凸显，对经济发展、社会进步产生着越来越深刻的影响，我们在研究国家安全时，不能不研究科技安全问题。

（五）网络、人工智能、数据安全

网络安全和信息化事关党的长期执政，事关国家长治久安，事关经济社会发展和人民群众福祉。当今世界，围绕网络空间发展主导权、制网权的争夺日益激烈，网络安全威胁和风险日益突出，并日益向政治、经济、文化、社会、生态、国防等领域传导渗透。必须旗帜鲜明、毫不动摇地坚持党管互联网，坚持积极利用、科学发展、依法管理、确保安全的方针。坚持网络安全为人民、网络安全靠人民，保障个人信息安全，维护网络空间的合法权益。筑牢国家网络安全屏障，构建全国一体化的关键信息基础设施安全保障体系，加强网络安全事件应急指挥能力建设，实现对网络安全重大事件的统一协调和响应处置。增强网络安全防御能力和威慑能力，推进国产自主可控替代计划，推动高性能计算、移动通信、量子通信、核心芯片、操作系统等研发和应用取得重大突破。贯彻以人民为中心的发展思想，依法加强网络空间治理，加强网络内容建设，做强网上正面宣传，培育积极健康、向上向善的网络文化，依法严厉打击网络犯罪，维护人民群众合法权益。尊重网络主权，推动制定各方普遍接受的网络空间国际规则，打造网络安全新格局，构建网络空间命运共同体。

人工智能是引领新一轮科技革命和产业革命的战略性技术，正对经济社会发展和国际政治经济格局等方面产生重大而深远的影响。发展新一代人工智能，是关系我国核心竞争力的战略问题，是必须紧紧抓住的战略制高点。要努力在人工智能发展方向和理论、方法、工具、系统等方面取得变革性、颠覆性突破，确保理论研究走在前面、关键核心技术占领制高点。要加快建立人工智能安全监管和评估体系，构建人工智能安全监测预警机制，建立健全保障人工智能健康发展的法律法规、制度体系、伦理道德。

浩瀚的数据海洋如同工业社会的石油资源，蕴含着巨大生产力和商机，谁掌握了大数据技术，谁就掌握了发展资源和主动权。要把握好大数据发展的重要机遇，促进大数据产业健康发展。要加强关键信息基础设施安全保护，强化国家关键数据资源保护能力，增强数据安全预警和溯源能力，完善数据产权保护制度，做好数据跨境流动的安全评估和监管，加大对技术专利、数字版权、数字内容产品及个人隐私的保护力度，秉持以人为中心、基于事实的政策导向，携手打造开放、公平、公正、非歧视的数据发展环境。

（六）资源安全

资源安全，是指一个国家或地区可以持续、稳定、及时、足量和经济地获取所需自然资源的状态或能力，其内涵首先是资源的供给安全，确保资源在数量、质量、供给渠道，以及价格方面能够满足国家运行的整体需求。其次是资源生产和消费导致的环境安全，要注重资源消费结构的合理性，以及资源生产和消费带来的生态和环境问题。资源是人类生存的重要基础，资源安全在国家安全中占有基础地位。长期以来，由于重经济发展、轻环境保护，生态、环境和水土资源处于不同程度的失衡或危机状态，资源安全问题日益成为世界各国普遍关注的焦点，资源安全战略已成为国家安全战略的重要内容，它关系到一个国家的经济安全，而经济安全又关系到政治稳定和人民生活水平等方方面面，进而影响到政治、军事等诸多领域安全。

（七）生态安全

广义的生态安全就是国家生存与发展所需要的整个自然环境处于无危险的状态。一般包括如下几方面内容：生态系统的平衡得到维护，自然界的自然过程保持一种和谐状态；可再生自然资源的再生条件得到保护；不可再生的资源备受珍惜和得到节约利用；自然界的环境容量受到尊重；环境的自然净化能力得到维护；整体自然环境处于良好的状态；维持人的生命活动和健康所需要的正常条件得到保障；人的环境权利受到尊重和保护。狭义的生态安全不包括资源安全。生态安全是国家安全体系的"地基"，是军事、政治、经济和社会安全的基础和前提。随着人口的增长和经济社会的发展，人类活动对环境的压力不断增大，全球变暖、海平面上升、臭氧层空洞的出现与迅速扩大等全球性的关系人类本身安全的生态问题越来越突出，保持全球及区域性的生态安全、环境安全和经济的可持续发展等，已成为国际社会和人类的普遍共识。

（八）生物安全

生物安全是指与生物有关的因子对国家社会、经济、公共健康与生态环境所产生的危害或潜在风险，以及对其所采取的一系列有效预防和控制措施。生物安全是国家生存和发展的基本前提，是国家安全的重要组成部分，生物安全的总体目标是维护国家生物安全和促进生态文明建设，把保障公共卫生安全和人民生命健康作为根本目的，把保护生物资源、维护生态平衡、促进生物技术健康发展、加强国家生物安全风险防控、促进国际生物安全的交流和合作、促进人类命运共同体建设、促进人类与自然和谐共生作为直接目的。生物安全涉及领域广，技术性、独立性强，涵盖病原微生物、实验室生物安全、传染病和动植物疫情的防控、基因工程和转基因、食品安全、生物技术与制品、人类遗传资源与生物资源保护、防范外来物种入侵与保护生物多样性、应对微生物耐药、防范生物恐怖袭击、防御生物武器威胁、公众参与和社会监督、开展国际交流与合作、基础与能力建设等。生物安全问题往往需要快速决策和应对，因此国家要确定相对集中统一的领导机制，建立独具特点的监测预警体系、风险评估体系、信息公开和共享体系、标准体系和应急处置体系等法律制度体系，坚持预防为主，科技为先，加快科研力量布局，加大尖端人才培养，多出硬核科技产品，携手应对风险挑战，大力维护国家生物安全，共建美好地球家园。

（九）太空、深海、极地安全

外层空间是人类共同的财富，探索、开发、和平利用外层空间是人类共同的追求。我国倡导在平等互利、和平利用、包容发展的基础上，深入开展外空领域国际交流合作，合理开发、利用空间资源，保护空间环境，推动航天事业造福人类。太空资产是国家战略资产，要提高管理和使用效益，提高容灾备份、抗毁生存、信息防护能力，确保太空系统有序运行。深海蕴藏着地球上远未认知和开发的宝藏，要坚持有所为有所不为，重点在深水、绿色、安全的海洋高技术领域取得突破，在深海进入、深海探测、深海开发方面掌握关键技术，提高深海勘探开发和运载能力。北极问题具有全球意义和国际影响，开发利用北极航道将为"一带一路"建设同欧亚经济联盟对接合作提供新契机、增添新平台、注入新动力，要维护并促进北极地区稳定和可持续发展。要积极参与南极治理，加强与各相关方在南极科考等领域合作，更好地认识南极、保护南极、利用南极，努力为南极治理提供更加高效的公共产品和服务。在太空、深海、极地安全问题上，秉持和平、主权、普惠、共治的原则，把太空、深海、极地等领域打造成各方面合作的新疆域，而不是相互博弈的竞技场。

（十）海外利益安全

我国企业在海外投资形成的资产规模迅速扩大，我国公民出境人数迅速增加，但我国的海外安保能力十分有限。要加强海外利益保护，确保海外重大项目和人员机构安全，保护我国海外金融、石油、矿产、海运和其他商业利益。要完善安全风险防范体系，全面提高海外安全保障和应对风险能力，探索建立海外项目风险预警评估综合服务平台，加强海外利益、国际反恐、安全保障等机制的协同协作，共同维护海上航行自由和通道安全，构建和平安宁、合作共赢的海洋秩序。要完善共建"一带一路"安全保障体系。处理好我国利益和"一带一路"沿线国家利益的关系，对外开放和维护国家安全的关系，加强同沿线国家在安全领域的合作，努力打造利益共同体、责任共同体、命运共同体。教育引导我国在海外企业和公民自觉遵守当地法律，尊重当地风俗习惯。加快形成系统完备的反腐败涉外法律法规体系，加大跨境腐败治理力度。海外企业要规范经营行为，绝不损害国家声誉。

三、总体国家安全观

总体国家安全观是以习近平同志为核心的党中央治国理政新理念、新思想、新战略的重要组成部分，是以习近平同志为核心的党中央对国家安全理论和实践的重大创新，是新形势下指导国家安全工作的强大思想武器。

（一）总体国家安全观的首次正式提出

总体国家安全观是习近平在中央国家安全委员会第一次会议上首次正式提出的。习近平精辟地阐述了新形势下我国国家安全工作需要回答和解决的一系列重大理论和实践问题，明确将总体国家安全观确立为新时期国家安全工作的指导思想。

2014年4月15日，习近平主持召开中央国家安全委员会第一次会议，指出："增强忧患意识，做到居安思危，是我们治党治国必须始终坚持的一个重大原则。我们党要巩固执政地位，要团结带领人民坚持和发展中国特色社会主义，保证国家安全是头等大事。""成立国家安全委员会，是推进国家治理体系和治理能力现代化、实现国家长治久安的迫切要求，是全面建成小康社会、实现中华民族伟大复兴中国梦的重要保障，目的就是更好地适应我国国家安全面临的新形势、新任务，建立集中统一、高效权威的国家安全体制，加强对国家安全工作的领导。"

这次会议是党中央为做好新形势下国家安全工作召开的一次重要会议，标志着总体国家安全观首次正式提出。习近平站在统筹国内国际两个大局的战略高度阐述了总体国家安全观的基本内涵、指导思想和原则，为开创国家安全工作新局面指明了方向。

（二）总体国家安全观的丰富内涵

总体国家安全观是一个富有中国特色的安全概念。习近平指出，"当前我国国家安全内涵和外延比历史上任何时候都要丰富，时空领域比历史上任何时候都要宽广，内外因素比历史上任何时候都要复杂，必须坚持总体国家安全观"。总体国家安全观对国家安全的内涵和外延的概括，可以归结为五大要素和五对关系。

五大要素，就是以人民安全为宗旨，以政治安全为根本，以经济安全为基础，以军事、文化、社会安全为保障，以促进国际安全为依托。以人民安全为宗旨，就是要坚持以民为本、以人为本，坚持国家安全一切为了人民、一切依靠人民，真正夯实国家安全的群众基础。以政治安全为根本，就是要坚持党的领导和中国特色社会主义制度不动摇，把制度安全、政权安全放在首要位置，为国家安全提供根本政治保证。以经济安全为基础，就是要确保国家经济发展不受侵害，促进经济持续、稳定、健康地发展，增强国家经济实力，为国家安全提供坚实物质基础。以军事、文化、社会安全为保障，就是要注意这些领域面临的大量新情况、新问题，遵循不同领域的特点规律，建立完善强基固本、化险为夷的各项对策措施，为维护国家安全提供硬实力和软实力保障。以促进国际安全为依托，就是要始终不渝地走和平发展道路，在注重维护本国安全利益的同时，注重维护共同安全，推动建设持久和平、共同繁荣的和谐世界。上述五大要素，清晰反映了国家安全的内在逻辑关系。

五对关系，就是既重视外部安全，又重视内部安全，强调外部安全与内部安全彼此联系，相互影响；既重视国土安全，又重视国民安全，强调国土安全与国民安全存在有机的统一；既重视传统安全，又重视非传统安全，强调传统安全威胁与非传统安全威胁相互影响，并在一定条件下可能相互转化；既重视发展问题，又重视安全问题，强调发展和安全是一体之两面，只以其中一项为目标，两个目标均不可能实现；既重视自身安全，又重视共同安全，强调全球化和相互依赖使得中国和世界的安全已密不可分。也就是说，国家安全是一个不可分割的安全体系，每一要素虽各有侧重，但是都必然、必须与其他要素相互联系、相互影响。上述五对关系，准确反映了辩证、全面、系统的国家安全理念，是对传统安全理念的超越。

五大要素和五对关系是理解总体国家安全观的关键所在。这就要求我们必须全面地、准确地理解总体国家安全观的丰富内涵，辩证地看待国家安全外延的创新发展，从全局和战略的高度审视国家安全问题，统筹好不同领域、不同性质的安全工作，形成维护国家安全的强大合力。

总体国家安全观见之于习近平总书记关于国家安全的一系列重要讲话、论述，体现在党的十八大以来党中央领导内政外交国防的丰富实践，涉及政治、国土、军事、经济、文化、社会、科技、网络、生态、资源、核及海外利益等多个领域。同时，总体国家安全观是一个开放的战略思想体系，随着国家安全实践的持续推进而不断发展。因此，学习贯彻总体国家安全观，关键是要深入理解其新思想、新论断、新要求。

（三）总体国家安全观的重大意义

总体国家安全观是指导新时代国家安全工作的纲领性思想。践行总体国家安全观，是实现中华民族伟大复兴的坚强保障。

1. 总体国家安全观是中国国家安全理论的最新成果

总体国家安全观丰富了国家安全的内涵和外延，是新时代党中央对我国面临的各种安全问题和安全挑战的系统回应，是马克思主义时代化、中国化在安全领域的最新体现，是推进国家治理体系和治理能力现代化的重大理论成果，标志着党和国家对国家安全问题的理论认识提升到了新的高度，具有系统性、全面性、持续性三个重要特征。

2. 总体国家安全观是指导国家安全工作的强大思想武器

一方面，总体国家安全观强调了国家安全工作必须有忧患意识和底线思维。当前，我国国家安全和社会安定面临的威胁和挑战增多，特别是各种威胁和挑战的联动效应明显。因此，必须保持清醒头脑，强化底线思维，有效防范、管理、处理国家安全风险，有力应对、处置、化解社会安定挑战。另一方面，总体国家安全观明确了国家安全应统筹全局、形成合力。上到全党、全军、全国各族人民，下到各地区、各部门都要准确把握我国国家安全形势变化的新特点、新趋势，密切配合，通力合作，总揽全局，统筹兼顾，既能协调解决当前存在的突出的现实安全问题，又能有效应对各种潜在的安全威胁，形成维护国家安全和社会安定的强大合力。

3. 总体国家安全观是保障实现中华民族伟大复兴的新理念

当前，我国已经进入实现民族复兴的关键阶段，既面临重要发展机遇，也面临前所未有的困难和挑战。只有全面贯彻总体国家安全观，才能构筑起维护国家安全的铜墙铁壁。总体国家安全观的形成，意味着党中央对国家安全构成要素有更加广泛而深刻的认知，体现了大安全时代的宏观安全思路，必然为推进国家治理、实现国家长治久安以及中华民族伟大复兴的中国梦提供强大保障。

四、《国家安全法》简介

2015 年 7 月 1 日，第十二届全国人民代表大会常务委员会第十五次会议通过《国家安全法》，以法律的形式确立总体国家安全观的指导地位和国家安全的领导体制，明确维护国家安全的各项任务，建立维护国家安全的各项制度，为构建国家安全体系，走出一条中国特色国家安全道路奠定了坚实的法律基础。

（一）《国家安全法》的主要内容

2015 年 7 月公布施行的《国家安全法》共 7 章 84 条，目标明确、内容丰富、体系完整，集中反映了我国现阶段国家安全领域的立法水平。

第一章，总则。总则是国家安全法的灵魂和核心，明确规定了立法宗旨，我国国家安全的内涵，贯彻总体国家安全观的指导思想，涉及国家安全战略、维护国家安全应遵循的原则，以及设立全民国家安全教育日等，其核心内容是规定了国家安全的领导体制。

第二章，维护国家安全的任务。明确规定了国家防范、制止和依法惩治任何叛国、分裂国家、煽动叛乱、颠覆或者煽动颠覆人民民主专政政权的行为，窃取、泄露国家秘密等危害国家安全的行为，境外势力的渗透、破坏、颠覆、分裂活动，并明确规定了维护国家安全各领域的具体任务。

第三章，维护国家安全的职责。明确规定了全国人民代表大会及其常委会、中华人民共和国主席、国务院、中央军委、地方各级人民代表大会及其常委会、地方各级人民政府、人民法院、人民检察院、国家安全机关、公安机关、有关军事机关、国家机关及其工作人员各自维护国家安全的职责。

第四章，国家安全制度。明确规定了在中央国家安全领导机构的统一组织协调下，应当建立健全的维护国家安全的十项国家安全制度与工作机制：重点领域工作协调机制，督促检查和责任追究机制，战略贯彻实施机制，重大事项跨部门会商工作机制，协同联动机制，决策咨询机制，情报信息制度，风险预防、评估和预警制度，审查监管制度，危机管控制度。

第五章，国家安全保障。明确规定了"国家健全国家安全保障体系，增强维护国家安全的能力"这一总体保障措施，也明确规定了相应保障措施：法律保障、财政保障、物资保障、科技保障、人才保障等。

第六章，公民、组织的义务和权利。明确规定了公民和组织应当履行遵守宪法、法律法规关于国家安全的有关规定，及时报告危害国家安全活动的线索，保守所知悉的国家秘密等维护国家安全的义务，同时也注重保护公民和组织在国家安全工作中具有申请人身保护的权利，获得补偿和抚恤优待的权利，对国家机关及其工作人员提出申诉、控告和检举的权利等。

第七章，附则。规定国家安全法自公布之日起施行。

（二）制定《国家安全法》的意义

制定《国家安全法》，是适应国家安全形势发展变化、贯彻落实总体国家安全观的迫切需要，也是完善国家安全体制机制、构建中国特色国家安全法律制度体系的迫切需要。贯彻实施《国家安全法》，对于巩固党的执政地位和人民民主专政的政权，维护和发展最广大人民的根本利益、保卫人民安全，坚持和发展中国特色社会主义，协调推进"四个全面"战略布局，实现"两个一百年"奋斗目标和中华民族伟大复兴，具有十分重大而深远的现实意义和历史意义。

第二节 国家安全形势

在当今风云变幻的国际形势下，我国地缘安全形势日趋复杂多变，安全新领域也面临诸多挑战。如何认清和准确把握我国所面临的国家安全形势，对于应对我国国内外安全挑战、切实维护国家安全，至关重要。

一、我国地缘环境概况

我国既位于欧亚大陆又濒临太平洋，处于欧亚大陆地缘战略区和海洋地缘战略区之间，属麦金德"心脏地带论"的欧亚大陆"边缘地带"，面临着遭受两大战略区合而为一挤压的态势。在世界上所有国家当中，中国的地缘环境最为复杂。

我国地缘环境的概况可以通过水平空间和垂直空间两个维度来考察。

从水平空间看，我国位于欧亚大陆东部，面向广阔的太平洋，处在亚洲大陆板块与太平洋海洋板块的交接部位，既是一个陆地大国，也是一个海洋大国，集大陆性与海洋性于一身，海陆兼备。我国有2.2万公里的陆地边界和1.8万公里的海洋边界，通过陆地和海洋与外界紧密地联系在一起。我国地理位置特殊，既是亚太地区陆权与海权相互冲突的焦点，又是相互联系的纽带。

在陆地方向，我国拥有十多个直接的邻国，与朝鲜、俄罗斯、蒙古、哈萨克斯坦、吉尔吉斯斯坦、塔吉克斯坦、阿富汗、巴基斯坦、印度、尼泊尔、不丹、缅甸、老挝、越南等国具有共同陆地边界。同时还拥有许多地理位置接近的近邻，如泰国、柬埔寨、孟加拉国、乌兹别克斯坦等，我国与这些国家的历史渊源深厚、相互往来密切。

在海洋方向，我国也拥有诸多邻国，通过黄海、东海、南海，我国与朝鲜、韩国、日本、菲律宾、马来西亚、文莱、印度尼西亚、越南等国直接相连，从东北亚到东南亚，我国拥有诸多海上邻国。

陆地邻国和海上邻国共同构成了我国周边地缘安全体系，它们环绕在我国外围，形成一个相对完整的环形体系，一方面为我国对外交往和发展提供了多方位的选择，另一方面造成了我国安全环境的半封闭状态，向外自由发展的空间受到一定程度的限制。

我国与众多邻国共处，在亚太国际安全社区里形成了纷繁复杂的邻里关系。错综复杂的历史纠葛和现实利益分歧必然给我国带来一个复杂的周边安全环境。

在我国与外界的地缘安全关联中，美国是我国安全环境中的一个特殊对象，它利用其特殊的领土构成、借助太平洋这一中美之间特殊的地理空间、凭借超强的海权能力，将力量直接布建到我国身边，形成我国周边的一个"无形邻国"。

从垂直空间上看，我国在垂直空间上与外部的连接存在三种状态：一是领空与周边国家领空直接相连，具有封闭性；二是在海洋方向，领空与领海之外上覆空间相连，进而通往其他空域，具有一定的开放性；三是领空与外层空间相连，通向国际公有空间，具有完全的开放性，它是走向外空的捷径，也是外部力量进入中国的途径。由于我国与邻国之间，包括陆地邻国和海洋邻国，形成了紧密的衔接，因此，在大部分空间相应地形成了连续和封闭的领空边界墙。

由于空间的开放性，我国与外部世界广泛接触和全面联系，通过下层空间和外层空间，我国能够与全球空间乃至宇宙广泛交往。在下层空间，利用各种航空器，我国与世界往来。从地表出发，通过下层空间，我们可以进入外层空间，和平利用国际共有空间。垂直空间构成了我们通向月球、太阳空间并可能继而向更深远的空间迈进的必经之道。同时，空间也构成了外部势力威胁我国安全的媒介和通道。在下层空间，我国需要防范可能来自各个方向的航空器透过边界墙的入侵危险。一些掌握远程投掷能力的国家，特别是在战略上同中国具有利害冲突的大国，可能利用战略武器，通过大气层或大气层之外的空间对我构成威胁。外层空间的军事化使得国际共有空间也构成了地缘政治竞争的舞台，侦察卫星、航天飞机等侦察、监视地面的情报信息。超级大国甚至发展天基武器，把外层空间发展为进攻平台，使我们头顶上方这个看不见敌人和敌国的空间变成敌人威胁我国安全的空间。

综合考虑各种因素，在我国安全环境中，主要涉及以下地缘政治对象：世界级地缘政治大国美国；俄罗斯、日本、印度等中国周边的区域性地缘政治大国；东南亚、朝鲜半岛、中亚等中国周边的敏感性地缘政治区域；中国周边其他地缘政治对象；欧洲、中东、非洲等外围地缘政治对象；次国家形态的组织与力量；等等。它们是塑造我国地缘安全环境的主要角色。

此外，中国安全环境中，有的是以问题形式出现的，如台湾问题、石油安全等，它们涉及许多对象，超越某一局限空间。

二、安全新领域面临的主要挑战

在当今风云变幻的国际形势下，我国安全面临诸多挑战，不仅依然面临着政治、国土、军事、外交等传统安全威胁的挑战，而且在经济、文化、信息、金融、能源等诸多新兴领域面临不小的挑战。

（一）文化安全面临的形势

冷战结束后，我国所面临的文化安全形势虽总体稳定，但问题趋于复杂，面对世界范围内各种思想文化交流交融交锋更加明显、斗争尖锐复杂的新形势，我国文化安全面临的风险和挑战既来自国外，也来自国内，主要体现在以下几个方面：一是西方文化渗透战略的挑战。伴随着我国改革开放大门的打开，西方敌对势力对中国的文化渗透，可以说是无处不在，在政治领域，通过收买、"西化"一些信仰不坚定的党员干部，试图通过文化渗透实现其和平演变战略。二是国内多元文化思潮的挑战。改革开放以来，随着利益主体多元化、经济成分多样化，文化思潮也日益多样并相互激荡，新自由主义、历史虚无主义、"普世价值"论等思潮在学术界、政治领域和社会民间都有一定的市场，给我国主导文化安全带来了巨大冲击和挑战。三是互联网的挑战。当今信息时代，网络正在迅速改变着人们的生产、生活、学习和思维方式，给人类生活带来了从微观到宏观的革命性变化。但借助网络，不论是积极思想观念还是消极思想观念，都能直接"登堂入室"，网络谣言、网络色情、网络虚假信息等严重污染网络环境，网络病毒、网络黑客、网络犯罪等对网络安全已构成严重威胁，可以说，对互联网的控制早已成为美国等西方国家传播西方文化的高端平台，成为推销其价值观的"制高点"，这些都使中国国家文化安全面临着巨大的威胁和挑战。

（二）经济安全面临的挑战

在经济全球化时代，无论是发达国家还是发展中国家，都在努力思考与极力维护本国的经济安全。目前，我国经济总量虽超日本，成为世界第二大经济体，但经济安全和经济发展仍面临诸多严峻挑战。在全球经济一体化背景下，国际经济竞争日趋激烈，我国经济面临更加严重的来自发达和发展中国家的贸易保护主义的压力。在国际贸易保护主义加剧的背景下，中国作为世界第二大贸易实体和第二大出口国，成为国际贸易摩擦的主要对象。外部势力抑制自主创新能力和民族品牌的成长，对中国经济主权与安全构成现实威胁。经济全球化使得国际金融动荡已成常态，金融风险与金融危机对发展中国家的金融市场、汇率稳定、外币资产价值等构成严重威胁。总之，全球经济失衡，国际金融动荡，强势经济态势紧张，使得我国经济风险不断上升，经济安全形势不容乐观。

（三）信息安全面临的挑战

随着信息数据的爆炸式增长，大数据环境在给我们带来各项便利的同时，也对信息安全带来了新的挑战。在大数据时代，中国信息安全的总体水平不容乐观，国家信息资源安全隐患严重，国家信息疆域和信息边界面临安全威胁，国家信息技术安全不同程度受制于人，国家信息安全人才严重缺乏。其中，网络安全问题尤为突出，近年来，美国等西方国家大肆炒作"中国网络威胁论"，将自己说成是一个网络安全的"受害者"，并以国际互联网安全的"网络卫道士"身份对其他国家特别是中国说三道四，渲染"中国黑客攻击论"，意在网络空间领域打压中国，企图推行美国的全方位网络霸权。美国"棱镜门"所曝光的网络信息安全问题，不仅仅是个人的隐私保护问题，也是美国反恐、霸权政策中自由与安全分裂的问题，更是美国不断将网络信息问题"安全化"，进而"军事化"的问题。此外，国内经济、政治、军事和科技等领域重要信息的获取、使用与保护能力不强，个人及社会信息保密意识的淡化，信息保障政策及法律建设不协调等因素，都会给国家信息安全造成一系列广泛的内外威胁。可见，我国的信息安全面临严峻的挑战，维护国家信息安全刻不容缓。

第三节　国际战略形势

国际战略形势是国际关系中影响国际与国家安全的全局性、长期性发展趋势。当前及今后一个时期，国际战略形势将继续发生深刻变化。中华民族伟大复兴加速推进，中国走向世界、承担更大国际责任成为历史必然的同时，将面临前所未有的严峻挑战。清醒认识国际战略局势，正确分析我国安全所面临的国际形势，是确保国家核心利益不受侵害的必然要求。

一、国际战略形势的基本现状

总的来看，当前国际战略形势保持了总体缓和。和平与冲突、发展与动荡、缓和与紧张交织互动的基本态势，呈现出国际政治多极化、世界经济全球化、民族文化多元化、军事变革信息化的强劲势头。世界经济中心加速由西方向东方转移，亚太地区成为全球地缘战略角逐的焦点。这些历史性变化和调整，给未来国际战略格局和地区安全形势发展带来机遇的同时，又形成新的挑战。

（一）国际政治多极化

冷战后形成的"一超多强"国际格局虽还存在，但大国力量对比发生了重要变化。近年来，新兴国家的崛起，与西方发达国家的相对衰落，已经逐渐打破了既有国际格局，各大力量此消彼长，大国间彼此借重和相互制衡的作用显著增强。美国对外过度扩张与对内透支消费、经济监管不力，导致金融危机，软硬实力均有所削弱，其"一超"优势地位显著下滑，左右全球形势的企图受到越来越大的制约，显得力不从心，陷入了自冷战结束以来最严重的内外危机。欧盟在冷战后扩容过快，而导致"消化不良"，2018年11月25日，欧盟各成员国首脑在布鲁塞尔的特别峰会上通过了英国退出欧盟的条约，欧洲一体化进程遭受挫折，不仅如此，欧盟经济增长缓慢，也使得其政策取向更加"内向"。日本经济继续徘徊不前，外交陷入"迷惘"。中国综合国力快速大幅跃升，GDP总量在2010年首次超过日本，位列世界第二，军事实力进入快速提高时期，国际影响力也快速增强。印度外交左右逢源，经济增长总体向好，加快推进政治与军事大国的战略。俄罗斯充分发挥军事、能源、地缘与外交谋略优势，不断增强对外战略主动性与进取性，力图重振"雄风"。巴西在金融危机中"脱颖而出",以丰富的自然资源和完整的工业基础,成为世界第七大经济体,并借助斡旋伊朗核问题等国际与地区热点,扩大外交话语权。西方国家占主导的国际体系虽未根本改变,但力量对比发生深刻调整,呈现出"东升西降"的显著特点。全球治理体系变革加速推进,发展道路和发展模式之争更加激烈,特别是,中国发展理念、发展道路、发展模式的影响力吸引力显著增强,中国日益发挥着世界和平建设者、全球发展贡献者、国际秩序维护者的重要作用。

(二)世界经济全球化

经济全球化是在新科技革命的背景下进行的,它实际上是一把双刃剑。正面的是促进了世界形势的缓和。一些国家和地区的金融危机演变成了债务危机,债务危机演变成了经济危机,经济危机导致了政局和社会动荡,进而把全世界联合在一起,世界必须共同面对、集体应付。负面的是使世界处于新的动荡分化之中。全球化是一种潜伏着隐患的非均衡进程,是由西方国家来主导的,它为新干涉主义提供了空间,西方国家尤其是美国经常以"人权高于主权""经济利益高于主权利益"来干涉别国内政;在贸易逆差面前,美国等西方大国的贸易保护主义抬头,逆全球化而动。近年来,美国毫不掩饰地实施贸易单边主义政策,先后退出了巴黎气候变化协定、联合国教科文组织、全球移民公约、伊朗核协议、联合国人权理事会,并重谈北美自贸区,挑起与中国的贸易争端,美国的一系列逆全球化的动作,导致世界经济不平衡发展越来越难以控制。在全球化进程中,围绕重建国际金融秩序、经济秩序和政治秩序的斗争更趋激烈,导致南北矛盾可能进一步加深、西方内部矛盾深化,导致国家间的贫富差距拉大、个人收入差距拉大、主要国家和地区的 GDP 占世界 GDP 总量的百分比差距拉大,进而引发经济全球化的趋势可能发生停滞或倒退,给全球化进程带来新的不确定性。

(三)民族文化多元化

当今世界,文化越来越成为国家发展的内在动力,成为民族精神的载体,诸多国际政治、经济问题往往通过文化表现出来。不同民族文化在全球化态势下各自发展,这种发展,不仅是世界文化发展应有的价值取向,而且正在成为爱好和平的各国人民的强烈呼声和实际行动。对本民族文化的价值充满自信,对世界文化发展格局持多元、平等的看法,反对文化霸权主义、单边主义、民族文化沙文主义,抵制狭隘民族主义,坚持和平发展的文化战略,将是整体发展趋势之一。提升对本民族文化的自觉意识,增强对世界文化发展的自觉意识,拓展人类文化发展的世界胸怀和全球意识,将是历史的潮流。历史发展的实践证明,那种优越于其余民族文化之上,主宰全人类精神世界的单级文化是不存在的,"道并行而不相悖",不仅是人们的良好愿望,而且正逐渐成为不以人的意志为转移的客观现象。

(四)世界新军事革命演进因素复杂

人类经历过冷兵器、火器和机械化三次大的军事变革,现正经历第四次军事革命,即新军事革命。新军事革命，是人类社会向信息时代迈进过程中，在军事领域内以信息化为本质特征和核心内容的系统性、革命性的变革。它将从根本上改变战争的面貌，加速推进战争形态的演进，并对国际战略格局产生深远影响。新军事革命给军事领域带来的新变化主要表现在：注重效果，超越工业时代通过大规模毁伤实现作战意图的战争指导原则，效果型战争成为趋势；重视信息，超越依托提高兵器的物理性能增强军队威力的传统思路，战场透明化、火力打击精确化、指挥控制实时化等成为提高作战效能的主要途径；完善体系，超越以往依托若干新型装备拉动军事效能的基本模式，综合集成思想向军事领域全面渗透，战争成为体系与体系之间的对抗；拓展空间，超越传统的战场空间概念，军事对抗扩展到陆、海、空、天、电磁等多维空间，争夺综合制权的斗争日趋激烈；强调轻装多能高效，超越传统部队体制编制，逐步取代重兵集团的部队编组，垂直梯形的指挥体制向横宽纵短的扁平方向发展；大胆进行理论创新，超越以往僵化、封闭的军队思维模式，理论创新空前活跃，社会参与的特色比以往更加突出。在这场军事变革的较量中，美国无疑充当着领头羊的角色，但随着时间的推移，美国的优势正在有些领域减小，新兴大国的快速发展超出了美国的预期，全球政治、经济、科技以及军事发展呈现出的新变化，使得这场军事变革比以往任何一次都显得要复杂一些。

二、国际战略形势的发展趋势

（一）国际政治将日趋错综复杂

纵观国际形势变化，未来国际政治将日趋错综复杂，大国关系、国际秩序、社会安全、社会思潮、全球治理无不经历深刻的调整，世界面临"百年未有之大变局"，国际社会处于何去何从的重大关口。

首先，世界政治格局继续保持多极化、多元化的发展势头，权力趋于分散。美国虽实力相对衰落已是不争的事实，但控制世界的意愿却不会下降，仍会加快推进战略调整，力图维持国际关系的主导权，顽固推行单边主义。欧盟自主意识逐渐加强，在国际上的地位、作用日益增强。非西方国家群体性崛起，以中国为代表的新兴市场国家和发展中大国力量明显上升，引起国际力量重新分化组合。一些中小国家因掌握了越来越多的威慑手段，形成针对强权的反制能力。非国家行为体大量出现，逐渐发挥重要作用。世界变得多级，权力发生转移，西方国家主导的全球治理模式的弊端已显而易见，但新兴经济体同发达国家相比仍有较大差距。从长远来看，国与国之间的相互依赖只会加强不会削弱，世界形势将迎来大变动、大调整、大转折，长期挑战与机遇并存。

其次，逆全球化将对世界秩序产生冲击。传统政治体制与主流政党解决经济与社会危机的能力明显削弱，为民粹主义的发展提供了机会，民粹势力加速从社会政治边缘走向中心。德国、法国、意大利、奥地利等国的民粹主义和右翼势力不断发展壮大，甚至大有通过选举取得政权的可能。在美国，参与全球化的赢家与在全球化过程中利益受损的中下层民众严重分化；白人与拉美、穆斯林移民等外来族裔之间的矛盾空前突出。在拉美、东南亚、南非，民粹主义亦逐渐升温，回潮势头明显。民粹主义抬头，并且向新兴经济体扩散，其背后是多国普遍存在的制度困境与治理危机，其导致的社会力量分化必会致使各国内部凝聚力下降，前途命运难料。

（二）世界经济将呈现增长分化

未来相当长时期内，世界经济发展仍将处于动能转换期。传统增长引擎对经济的拉动作用减弱，新技术不断涌现但短期内无法对经济增长提供足够支撑，因此，世界经济结构调整仍在进行，谁能在发展道路和发展模式上取得突破和领先，谁就可能在未来的国际竞争中占据主动地位。

次贷危机发生以后，以美国为首的发达国家经济增长速度放缓，亟须克服其发展模式中的顽疾。然而发达国家由于它们的经济体制早已与国家社会各个环节、领域深入牵扯，因而在调整经济模式、刺激国内经济方面显得更为乏术。为保障自己的利益，美国等发达经济体开始按照自己的利益来重新调整与其他主要经济体的经济关系，大多边经济合作让位于突显大国不平等优势的小双边合作，评判国际经济关系的标准已经从长远发展、整体利益，转向了短期和本国利益，世界经济发展的公平环境受到了威胁，发展中国家的发展空间和发展机遇受到了威胁。

在世界经济全球化中，虽然发达国家凭借其科学技术、知识经济和金融优势，进行不等价交换，致使资本流遍世界，利润流向西方，广大发展中国家处于劣势。但是，相对于发达国家而言，发展中国家所经受的经济危机影响较小，如若可以利用"船小好掉头"的优势，结合本国的优势长处，制定并有效实施促进经济发展的政策措施，积极调整国内经济结构，并找寻共赢的伙伴对象建立长期合作，仍旧可以改变传统被动的经济贸易形式，实现持续稳定的发展。

世界经济在经历了新冠疫情的冲击后，复苏进程缓慢且不均衡。尽管美国经济表现相对稳健，但增长速度放缓，加息政策对美国经济产生抑制作用，关税战可能引发经济衰退与金融市场动荡。欧洲经济受能源危机和高通胀影响，部分国家面临经济衰退风险。日本经济受内需疲软和外需不振的影响，增长动力不足。发展中国家增长分化，中国等大型发展中国家继续保持较快经济增长，部分中小型发展中国家面临债务危机、货币贬值和经济困难。全球范围内，地缘政治冲突对能源市场和粮食供应造成深远影响，能源转型和绿色经济成为全球关注的焦点，但技术、资金和政策协调等方面的挑战依然存在。未来，全球经济增长将更加依赖于各国经济政策协调、结构性改革和国际合作。

（三）世界新军备竞赛风险增大

冷战结束以后，和平与发展成为时代的主题，但是世界范围内的局部动荡一直没有停止。进入 21 世纪以来，国际恐怖主义袭击和反恐战争的展开，使全球局部战争和武装冲突进入冷战结束后的又一"高峰期"。与此同时，随着世界新军事革命的深入推进，各主要国家都在加紧推进军事转型，一场新的世界范围的高新技术军备竞赛已悄然展开。

首先，美国调整核战略，追求绝对核优势。俄罗斯针锋相对，加速推进核力量现代化，公布多种新型战略武器传递威慑信息。英、法等核国家以及印、巴等拥有核武器的国家，亦纷纷强化核力量，大国核竞赛有卷土重来之势。

其次，冷战及冷战后形成的国际军控体系受到损害：《反导条约》已作废；《欧洲常规武装力量条约》已失效；《开放天空条约》履约情况受到质疑；美俄《削减战略武器条约》于 2021 年到期；美国退出《中导条约》，这些都将极有可能严重危及整个国际军控体系，或出现一场无规则的军备竞赛。

最后，在传统核与反导力量之外，战略新兴技术也可能显著改变大国战略力量的对比。例如，美国组建太空军，将可能加剧太空领域军事斗争，进一步削弱本不完善的国际太空安全机制。而美俄等大国纷纷加大对人工智能技术的投入，并掣肘相关国际规则制定，也容易出现人工智能武器军备竞赛风险。

（四）资源安全将成为博弈焦点

资源是人类生存和发展不可或缺的自然物质，随着众多国家步入工业化阶段，其对资源的需求大幅上升，无论是发达国家，还是发展中国家，都需要持续、稳定、及时、足量和经济地获取所需自然资源，故而都已将保障资源安全作为国家资源战略的首要目标。

首先，除围绕岛礁争端、海域划界的争端不断高涨外，作为占地球表面积 70% 以上的深海逐步成为各国拓展国家利益的战略新疆域。为了争夺海洋，各国海军兵力比重不断攀升，美国从 35.6% 升至 38.6%，俄罗斯从 8.1% 升至 14%，法国从 14% 升至 16.9%，日本从 16.5% 升至 19%。印度、越南、菲律宾等国海军所占比例也在不同程度上有所提高，印度海军支出费用最多的年份，海军支出占到军费的 50%，世界历史上新一轮的"圈海运动"已经到来。

其次，国际能源市场更加复杂多变，世界能源需求进入新的扩张期，消费与生产因地域造成的失衡局面将进一步加剧，能源市场全球化、多元化趋势明显。为了应对世界能源格局的变化，能源消费国和资源输出国纷纷加快制定和调整能源战略，制定能源发展远景规划。主要的能源消费国纷纷出台和制定新的较为灵活的能源政策和法案，并将节能与新能源的开发和利用、提高能源效率作为重要举措。主要的能源输出国则一方面加大投资和对外开放的力度，另一方面极力采取措施争取资源利益和价值的最大化，并通过开展能源外交积极拓展本国对国际政治经济的影响。基于国际能源新格局，资源国与消费国之间的共同利益与矛盾分歧相互缠绕，既竞争又协调将成为国际能源战略格局的主流，有关能源国、资源国和过境国间的利益碰撞和冲突，将成为世界地缘政治经济竞争中令人瞩目的重要内容。

三、世界主要国家军事力量及战略动向

（一）美国

美国现有现役部队人数为 130 万人左右，其中陆军 47 万人左右，海军 51 万人左右，

空军 32 万人左右。而美国的现役部队只是其武装力量的一个部分，美国还有 80 万人左右的后备役部队，其中的国民警卫队虽属后备役部队，但是其战备程度与很多国家的现役部队不相上下。此外，美国还有 80 万人左右的文职军人，美国若是在全球打仗，从前沿保障、后勤保障到后方司令部大量的机关事务都由文职军人担任。

美国具有很好的地缘政治环境，它只有 2 个邻国：加拿大和墨西哥。美国周边没有大国，因此它的战略有个很突出的特点——全球部署。世界各国划分军区或者战区都是在本土，但美国却是个例外，它从 1947 年起，便开始在全球范围之内划分战区，现在已经把全球划分为六大战区，分别为北方战区、南方战区、印度洋－太平洋战区、欧洲战区、中央战区、非洲战区。美国的联盟体系也遍及全球。

近年来，美国通过强化国内基础、深化盟友合作、调整对外政策，来应对新兴挑战，以维护其全球领导地位。在政治与外交上，推行基于民主价值的外交政策，召开民主峰会，加强民主国家之间合作，以抗衡所谓的"威权主义"影响力。将中国视为主要竞争对手，采取全面战略竞争。将俄罗斯视为安全威胁，对俄实施严厉制裁。在经济与贸易上，不断挑起贸易争端，推动产业回流和半导体、稀土等战略领域关键产业供应链多元化，以减少对外依赖。加大人工智能、量子计算和生物技术等领域的研发投入，以保持美国在全球经济中的竞争力和技术领先。在军事与安全上，增加印太地区军事部署，提升与盟友之间联合军演频次，以应对所谓的区域安全挑战。加强跨大西洋合作，与欧盟及北约加强协调，支持北约现代化和东扩，以应对俄罗斯的威胁，在俄乌冲突中，支持乌克兰并提供军事援助。将太空和网络空间视为新的作战领域，不断加强网络防御能力。

特朗普在任美国总统期间，推行"美国优先"的外交安全政策，强调孤立主义和交易型外交，退出多项国际协议，以减少国际义务和在国际事务中的承诺。将中俄定位为"最主要的战略对手"，对中国采取强硬贸易政策，实施多项关税措施，发动贸易战、科技战，试图减少贸易逆差，推动制造业回流美国，遏制和打压中国发展。既加码对俄制裁，又与俄保持较为友好的关系，寻求在某些领域的合作。对欧洲"既拉又打"，一方面深化美欧合作，另一方面又制造贸易摩擦。特朗普还以恢复和重建美国军力为己任，增加国防预算、加强核力量现代化建设，等等。2025 年 1 月特朗普再任美国总统，"美国优先"的政策总体上将得到延续，但面对动荡不安的国际局势、美国国内政治分裂和经济不平等的内部挑战，以及来自外部的竞争压力，这一政策在具体执行上有了新的调整。

（二）俄罗斯

俄罗斯武装力量主要由陆军、空天军、海军三大军种，以及战略火箭兵、空降兵两个独立兵种组成，总员额约为 101 万人。陆军约 30 万人，空天军约 18.8 万人，海军约 13 万人，战略火箭军约 7.5 万人，空降兵约 4.5 万人。此外，俄军总部机关、军事院校及其他部队和单位有 27 余万人。除现役军人外，俄军还编有约 89 万个文职人员。2022 年 8 月俄罗斯总统签署命令，将俄武装力量编制增加 13.7 万人，该令于 2023 年 1 月 1 日正式生效。2024 年 9 月普京又签署命令，要求俄武装力量于 2024 年 12 月起再增加

18 万军事人员。

俄罗斯是个横跨欧亚大陆的国家，国土面积非常大，乌拉尔山把俄罗斯一劈两半，西部是它的欧洲部分，面积只占 1/4，但集中了 4/5 的人口，东部是亚洲部分，有 3/4 的面积，却只有 1/5 的人口，典型的地广人稀。俄罗斯的战略力量部署也基本上是西重东轻、南密北疏。乌克兰危机之后，美国和北约是主要威胁，所以俄罗斯在西部边境布防重兵，跟美国在北约、东欧部署的重兵对峙，同时，俄罗斯的潜艇、战略轰炸机也经常到波罗的海、北海、日本周围，甚至再往南到关岛附近活动。由于俄罗斯的核力量强大，所以它以核力量遏制美国和北约对其进行比较大的行动，防止全球性、大规模战争。

在俄罗斯与西方对乌克兰争夺加剧的形势下，俄乌两国之间的矛盾演变成全面危机。对乌克兰的特别军事行动是普京时代乃至俄罗斯历史上一个事关国家发展的战略性决策。这一行动不仅可能彻底改变未来俄罗斯国家发展的走向，也将对世界格局产生深刻影响。在国内政治方面，为维护政权安全和社会稳定，俄罗斯政府加大了民生保障力度，出台了一系列应对紧急事态的法律措施。在经济方面，西方制裁打断了俄罗斯经济复苏和上升势头，但俄罗斯经济表现出极强的韧性。为应对美欧制裁，俄罗斯不得不进行经济结构转型，政府更多介入资源配置，重组被美欧强制"脱钩"的国际产业链、供应链。在外交方面，面对美欧不断升级的制裁，普京一方面维护国内政治经济的稳定，应对西方全方位的打压；另一方面不断强化"转向东方"的外交政策，与非西方国家进行更加密切的合作，中俄全面战略协作伙伴关系也迎来新的发展契机。

2021 年美国拜登政府上台后，在强硬反俄方面与乌克兰泽连斯基政府一拍即合，美国表态支持乌克兰加入北约，加强对乌政府军事援助。俄罗斯于 2021 年 12 月向美国和北约提交安全保障协议草案，提出禁止北约东扩，乌克兰不得加入北约，北约不得在非北约国家进行军事活动和部署进攻性武器等要求，未得到响应。俄罗斯进一步加大增兵、军演等军事威慑力度，于 2022 年 2 月 21 日承认"顿涅茨克共和国""卢甘斯克共和国"为独立国家，并最终于 2 月 24 日宣布在顿巴斯克地区发起特别军事行动，目标是对乌"去纳粹化"和"去军事化"，俄乌冲突由此爆发。

（三）日本

根据《和平宪法》规定，日本不能有海、陆、空三军，所以到现在为止，只有陆上自卫队、海上自卫队和空中自卫队。日本自卫队现在有 20 多万人，以陆上自卫队为主，有 15 万人左右。海上自卫队主要包括联合舰队和五个地方舰队，联合舰队是其机动作战力量。航空自卫队主要包括航空总队和航空资源集团，航空总队是其作战部队，航空资源集团是其运输部队。

日本是个岛国，由本州、九州、四国、北海道及 3 000 多个小岛组成一个岛列。它非常注重海上。日本的作战部署强化在琉球群岛一带，叫西南诸岛战场建设和军事部署，经过近几年的积累，已经达到一定程度的作战能力。虽然《和平宪法》有很多约束，但日本仍在加速谋求"国防正常化"和军事大国化。

面对复杂外交变局，日本意图求稳谋进。日美安全关系基本维持稳定，但日对美仍心存疑虑。日本除不断强化自身防卫力量外，着力于继续强化同盟实务层面合作，配合美国"印太战略"，加速军备升级，计划采购战斧巡航导弹等装备，与菲律宾签署《互惠准入协定》，不断突破"和平宪法"和"专守防御"原则。同时，日本又致力于打开外交局面，大力发展与欧盟、东盟、印度等国关系，并试图改善中日关系。

（四）印度

印度目前总的兵力在 130 万人左右，其中 85% 以上是陆军，空军 11 万至 12 万人，海军 5 万至 6 万人，是典型的大陆军。印度军队虽然规模不小，但由于兵力和军种配置不太合理，总体上属于陆战型部队，不过近年来海战和空战力量亦在不断提高。

印度地处南亚次大陆，西接阿拉伯海，东邻孟加拉湾，南向印度洋，国土面积约为 297 万 km^2，人口众多，市场广阔。印度把 45% 左右的陆、空兵力部署在西部边境，突出"进攻态势"的特点；25% 的兵力部署在北部边境，保护其"既得利益"；30% 的兵力部署在纵深地区，作为战略预备队和内部治安力量。印度的海军在沿海部署东、西两支舰队，活跃于孟加拉湾和阿拉伯海，重点放在西部，保护自己的海上经济利益和石油通道。空军则重点部署在西部和首都附近。

20 世纪 90 年代末，印度提出"东向战略"或称"向东看战略"，莫迪执政后改称"向东干"。该战略意图是以东盟为突破口，走出南亚，与东亚国家全面结合，成为亚太的核心大国，即成为在经济、政治、安全等领域都能够对亚太战略格局发生举足轻重影响的国家，进而为印度迈向世界大国铺平道路。

在美国筹划设计"印太战略"时，印度欲以美加速推进"印太战略"为背景和契机，力图以自身地缘优势和国家实力为筹码，在中美战略博弈过程中双重下注，谋取战略便宜，提升自身战略地位，进而实现其"世界大国"夙愿。因此，围绕"印太愿景"，莫迪政府一方面大力推进印美、印日战略合作；另一方面发展印俄、印中关系，维持大国平衡，同时加强与东盟、非洲的区域合作，强化周边外交主导，凸显战略自主性。

第四节　坚持走中国特色国家安全道路

总体国家安全观把我们党对国家安全的认识提高到了新的高度和境界，是指导新时代国家安全工作的强大思想武器。我们要准确把握国家安全形势变化新特点新趋势，坚持总体国家安全观，坚持维护国家安全的基本原则，走出一条中国特色国家安全道路。

一、坚持党对国家安全工作的绝对领导

中国共产党是中国特色社会主义事业的领导核心。国家安全工作既是中国特色社会主义事业的重要组成部分，也是中国特色社会主义事业的坚强安全保障，坚持党对国家安全工作的绝对领导必然成为国家安全工作必须遵循的根本政治原则。党的领导是中国

特色社会主义制度的最大优势。党对国家安全工作的绝对领导是社会主义制度的必然政治要求，是维护国家安全和社会安定的根本政治保证，关乎社会主义的前途命运，关乎国家的长治久安，关乎"两个一百年"奋斗目标的顺利实现。

坚持党对国家安全工作的绝对领导，客观上要求国家安全工作要以保证政权安全和制度安全为首要任务，紧紧围绕如何确保政权安全和制度安全而展开。必须立足于巩固人民民主专政，始终站在人民的立场上，为人民当家作主提供安全支撑；必须立足于确保中国特色社会主义制度安全，保证中国社会主义事业永远走在正确道路上；必须从战略高度出发，坚决捍卫国家政权安全、制度安全，旗帜鲜明地维护党的领导权威，为发展提供安全稳定的国内政治环境。国家安全形势变化已对国家安全工作提出新的更高要求；必须从提高党的执政能力建设的战略高度，切实加强党对国家安全工作的绝对领导，全面提升维护国家安全的能力和水平。

二、坚持国家利益至上

走中国特色国家安全道路，必须坚持国家利益至上。国家利益关系民族生存、国家兴亡，反映了绝大多数人民的共同需求。国家利益是国家制定和实施安全战略的出发点，也是国家判断安全状态的主要标准。理解国家利益至上，有这样几个要点：第一，国家利益是一切政策的出发点，任何不符合国家利益的政策、战略都需要进行调整。第二，对国家利益的认知要有明确的分层和重要性的排序，没有对利益的主次之分，就不可能真正维护好国家利益。第三，国家利益决定国家的具体目标，没有国家利益的指导，国家目标的制定就没有方向。

坚持国家利益至上，不能把国家利益的所有组成部分都放在首位，而必须对国家利益的基本内容形成明确认识。国家利益可以分为核心利益、重大利益和一般利益，也可以分为整体利益、局部利益等。要站在全局高度，不能将地方利益置于国家利益之上。要维护大多数人民的利益需求，局部利益必须服从整体利益。既要着眼于本国利益，也要尊重他国利益。作为一个负责任的大国，我国在追求本国利益时，还要以更加积极的姿态参与国际合作，共同应对全球性挑战，努力为世界和平与发展作出新贡献。

捍卫国家利益是国家安全工作的最高目标。要树立维护国家利益的机遇意识，牢牢抓住并用好维护国家利益的各种机遇，增强维护国家利益的责任感、使命感。要善于运用底线思维的方法，凡事从坏处准备，努力争取最好的结果，做到有备无患、遇事不慌，牢牢把握主动权。要根据国家利益的发展变化，不断创新维护国家利益的方式方法。

三、坚持以人民安全为宗旨

人民安全高于一切，是总体国家安全观的精髓所在。人民是国家安全工作的力量支撑，人民安全是国家安全的根本保证，国家安全依靠人民、服务人民是历史的必然选择。做好国家安全工作，其根本任务就是全方位保障人民安全，即维护人民的根本利益，保障人民当家作主的各项权利，为人民创造良好的生存发展条件和安定的工作环境，保障人民的生命财产安全和其他合法权益。

以人民安全为宗旨，蕴含着"从群众中来、到群众中去"的国家安全工作方针。只有坚持群众路线，才能保证国家安全决策的科学性，才能将国家安全决策转化为人民群众的实践力量。维护人民安全是国家安全的根本追求，是各项安全工作的出发点和落脚点。中国特色国家安全道路体现了国家安全以民为本、以人为本的价值取向。以人民安全为宗旨，要求把人民安全贯穿于国家安全工作各个领域，为全体人民提供更好的安全保障。贯彻总体国家安全观，既要着眼于实现全体人民的安全，又要体现到保障每个人的安全上。

四、坚持共同安全

当今世界，各国人民命运与共、唇齿相依。全球化深入发展意味着，国与国之间利益交织，彼此关切，形成深层次的相互依赖。任何国家都不可能脱离世界而实现自身安全，也不可能将自身安全建立在其他国家不安全的基础上。以习近平同志为核心的党中央审时度势，与时俱进地提出"共同安全"的理念。所谓共同，就是尊重和保障每一个国家的安全。共同意味着安全是双向的，自己安全也要保证其他国家安全。本国安全而他国不安全，显然不符合共同安全的本意。在国际社会中，国家实力强弱不同、意识形态和政治制度各异、利益诉求存在差别，但都是平等的成员，在安全互动中都是利益攸关方，是相互依赖、休戚与共的关系。

实现共同安全的理念，要求国家之间的差异都应该受到尊重。尊重各国选择的与其国情相符的发展道路。处理国际事务不应该戴着有色眼镜，不应干涉别国内政，不应强求价值观念与意识形态的一致性和同质化。歧视性待遇与区别处理会伤害有关国家和人民的感情，形成国家间交往和沟通的障碍，不利于互信机制的建立，并且可能造成相互疏离甚至对抗。共同安全所体现的包容性，提倡尊重多样性，提倡各方相互理解，提倡妥善处理和照顾不同的利益关切与诉求，力求实现"各美其美，美人之美，美美与共，天下大同"。

共同安全理念的提出，不仅是顺应当今世界发展基本趋势的必然选择，也反映了党中央在新形势下对国家安全工作的新目标和新任务的精准把握。当今世界，任何国家的发展都需要依赖世界各地生产要素的整合，在国际危机面前都难以独善其身，地区性和全球性的安全问题已日益成为对人类社会共同价值与利益的威胁，坚持共同安全符合时代发展潮流。我国需要安全环境来保护发展成果，也需要其他国家和地区保持稳定，坚持共同安全符合中国的根本利益。推进国际安全合作需要有关各方相向而行，推动和平解决国际争端，推进国际安全领域的合作，推进地区安全领域的合作。

五、坚持促进中华民族伟大复兴

习近平提出实现中华民族伟大复兴的中国梦，展示了国家富强、民族振兴、人民幸福的美好前景，为坚持和发展中国特色社会主义注入新的内涵。当代中国正处于关键而又特殊的阶段，把国家安全工作放到中华民族伟大复兴的历史征程中加以领导和运筹，是中国特色国家安全道路的基本发展方向。

面对新形势新任务，要从战略高度将国家安全工作贯穿于中华民族伟大复兴全过程，不断提高战略谋划能力、开拓创新能力，牢牢掌握做好国家安全工作的主动权。当前，我国经济正步入发展新常态，全面深化改革，落脚点在保民生、促和谐，以稳中求进作为实现中国梦的总基调，注重对内求发展、求变革、求稳定。中国梦的实现是与世界和平发展紧密联系在一起的。随着与外部世界相互依存度的不断提升，我国安全和发展已日益国际化，越来越离不开国际大环境。以促进国际安全为依托，就要始终不渝地走和平发展道路，在注重维护本国安全利益的同时，注重对外求和平、求合作、求共赢，推动建设持久和平、共同繁荣的和谐世界。

实现中华民族伟大复兴，保证国家安全是头等大事。在这一历史进程中，要始终高度警惕国家被侵略、被颠覆、被分裂的危险，始终高度警惕改革发展稳定大局被破坏的危险，始终高度警惕中国特色社会主义进程被打断的危险，始终不渝地坚持走中国特色国家安全道路。

● 思考题

1. 国家安全的内涵是什么？
2. 国家安全面临哪些新领域？
3. 总体国家安全观的丰富内涵是什么？
4. 《国家安全法》的主要内容有哪些？制定《国家安全法》的重要意义是什么？
5. 我国地缘环境的基本概况有哪些基本内容？
6. 我国地缘环境的安全形势怎样？
7. 国际战略形势的基本现状怎样？
8. 国际战略形势呈现哪些发展趋势？
9. 世界主要国家的军事力量和战略动向有哪些基本内容？
10. 新时代国家总体安全工作应坚持哪些基本原则？

第三章
军事思想

☑ **学习目标**

　　理解军事思想的基本概念，了解军事思想的形成与发展过程，熟悉我国现代军事思想的主要内容、地位、作用及科学含义，树立科学的战争观和方法论，初步学会用军事思想的基本原理分析和解决军事领域的现实问题。

军事思想是军事实践的产物，也是军事实践的理论指南。军事思想先进与否，直接影响军事实践的成效和战争的胜负。

第一节　军事思想概述

一、军事思想的基本含义

　　军事思想是关于战争、军队和国防的基本问题的理性认识。它揭示战争的本质、战争的基本规律以及进行战争的指导规律，阐明国防和军队建设的基本理论和原则，从总体上考察和回答军事领域的普遍性、根本性问题，揭示军事领域的一般规律，提出军事斗争与军事建设的基本方针和基本指导原则，为人们研究和解决军事问题提供总体性理论指导。军事思想的内容大体可分为两个层次：一是军事哲学，包括战争观、军事问题的认识论和方法论；二是军事实践基本指导原则，包括战争指导的基本方针和原则、军队建设的基本方针和原则、国防建设的基本方针和原则等。军事思想的基本含义在于对战争规律的科学认识，根本用途是为打赢战争、遏制战争提供强大的理论指导。军事思想是人们长期从事军事实践活动的经验总结和理论概括，它来源于军事实践，又给军事实践以理论指导，并随着军事实践的发展而发展。

二、军事思想的科学体系

在《中国军事百科全书》中，军事思想是一个知识门类，下设马克思、恩格斯、列宁、斯大林军事理论与毛泽东军事思想、军事辩证法、中国历代军事思想和外国军事思想四个学科。

军事思想在军事学科体系中处于基础性地位，与其他军事学科的关系是一般与特殊、共性与个性的关系。军事思想从军事实践活动的全过程研究战争、军队和国防问题的总体性规律，各门具体学科研究军事领域中的某个侧面、某个部分或某个阶段的规律。按照辩证唯物主义的观点，一般存在于特殊之中，共性存在于个性之中。各门具体学科的研究成果，经过抽象思维，就可以得出一般的、共性的认识，也是更概括、更高、更本质的认识，从而上升到高层次理性认识的军事思想，即对战争和军事领域矛盾运动一般规律的认识。同时，各门具体学科也离不开军事思想所揭示的一般规律的指导。军事思想是军事科学的综合性基础理论，既对军事其他门类的研究与发展具有总体指导作用，又从军事学科其他门类中汲取营养，使自身不断发展。

三、军事思想的基本特征

任何军事理论都与一定历史阶段的生产关系、社会制度、科学技术以及军事实践的发展相联系，并受社会意识形态以及民族传统、地理环境等因素的影响。因此，不同的军事思想表现出不同的特征。但总体而言，它们都具有以下共同的基本特征：

（一）政治性

在阶级社会中，战争是政治的继续，国防是政治的体现，战争和国防都是国家政治生活的有机组成部分。战争和国防与政治的这种特殊关系，决定着军事思想的特有的政治属性。军事思想作为对战争和国防等军事问题的理性认识，是为战争和国防的政治目的服务的，必然反映一定民族、国家、阶级或政治集团的政治目的和根本利益，带有明显的政治性。

（二）实践性

军事思想是军事实践的产物，受军事实践的检验，并随着军事实践的发展而发展。军事实践是检验军事思想正确与否的唯一标准。同时，军事实践的不断发展，为军事思想提出新课题，推动人们去研究，引起军事理论的变化，促进军事思想的发展。和平时期通过军事实践所总结提出的军事思想和军事原则是否正确，也只有通过下一次战争实践的检验，才能完全得到证实。

（三）时代性

任何军事思想都是在一定的历史条件下产生的，具有各自的时代特征。古代军事思想是在使用冷兵器和早期火器的基础上创立和发展的，近代军事思想的产生和发展则是与广泛使用热兵器和机械化武器装备分不开的。生产方式、社会制度的变革，也会导致战争形态的根本性变化，进而赋予军事思想新的时代特征。正确认识时代发展和军事思想发展的内在联系，才能着眼时代特点，创新和发展军事思想。

（四）民族性

各民族、国家所处地理环境和民族文化的差异，直接或间接影响战争和国防等军事活动，使军事思想的形成与发展带有一定的民族和地域色彩。不同的民族造就了不同的尚武精神，产生了不同的军事哲学，遵循着不同的国防和战争指导思想。岛国、内陆国家和沿海国家在国防发展战略与作战指导思想等方面就存在较大差异。另外，民族文化中的思想观念、宗教信仰、伦理道德、生活方式、风俗习惯和语言风格等，对军事思想的内容和表现形式都有一定影响。

（五）继承性

军事思想发展史表明，重视并善于继承前人优秀的军事思想成果，借鉴和汲取异域军事思想中的合理成分，对促进自身军事思想的发展具有重要作用。正如封建社会军事思想是在批判地继承奴隶社会军事思想基础上发展起来的，资产阶级军事思想是在批判地继承封建社会军事思想的基础上发展起来的一样，无产阶级军事思想是在批判地继承资产阶级及其以前的军事思想成就的基础上发展起来的。同时，继承不是静止的，而是在运用和发展中的继承发展。

（六）创造性

军事领域作为以竞争和对抗为基本特征的领域，是最需要创新精神的领域。历史上，大凡有建树的军事家，都善于根据变化了的军事斗争实际，不断创新和发展军事思想，创立新的军事原则；大凡先进的军事思想都是人们适应新的历史条件的变化、充分吸收历史营养、创造性发展前人军事理论的思维产物。军事实践表明，战争的胜利总是属于那些直面军事斗争实际、勇于变革的军事家。不断创新是军事思想保持强大生命力的源泉之所在。

第二节　中国古代军事思想

中国古代军事思想是指中国在奴隶社会、封建社会时期，各阶级、民族、政治集团及其军事家、兵学家关于战争、军队和国防等一系列军事问题的系统理性认识。中国古代经历了许多的战争，积累了极其丰富的战争经验，涌现出了许多著名的军事家和军事理论家，形成和发展了中国古代军事思想。

一、中国古代军事思想的形成与发展

与社会形态相适应，中国古代军事思想的形成与发展，经历了萌生、形成、充实提高、系统完善四个时期。

（一）萌生时期——夏、商、西周时期的军事思想

大约在公元前 21 世纪至公元前 8 世纪的夏、商、西周时期，是中国古代军事思想的产生时期。

1. 出现了军队

第一个奴隶制国家夏王朝建立后，出现了夏王统治的常备军。夏启继承王位后，由部落成员参加的战争转变为由军队进行的战争。商代军队开始庞大起来，由商王指挥的军队，分为左、中、右三军，共 3 万余人，军队编制最大单位是师。西周时代已有军、师、旅、卒、两、伍的编制，周王朝的常备军达 14 万多人。

2. 出现了车战

文献记载，商代后期车战已成为主要作战方式，西周军队主力是车兵。车战一般只在平原进行，根据地形条件将战车列成方阵，作战时通常是对攻。在作战指挥上，西周中、晚期已用金鼓旌旗。

3. 运用军事谋略

据记载，夏少康以武力夺回王位时，在战前使用了军事间谍。商灭夏，先攻取夏的属国，后伺机决战。周灭商采取由近及远、先弱后强地剪除对方羽翼的谋略，然后趁商王室内部纷乱，商都空虚之机，联合诸侯大举东征。

4. 军事文献开始出现

古代军事思想散见于国家的典章法令和其他文献之中。《易经》的卦辞和爻辞中就有一些反映商、周之际谋略思想的内容。中国古代最早的文献汇编《尚书》和诗歌总集《诗经》记述了夏、商、周三代一些军事理论片段和零星的谋略思想及战争情况。春秋以前已有专门的军事文献《军志》《军政》。《军志》主张允当则归，知难而退；有德不可敌，先人有夺人之心，后人有待其衰等。《军志》中提出"言不相闻，故为金鼓；视不相见，故为旌旗"等原则。《军志》和《军政》专门兵书的问世，是中国古代军事思想萌生的重要标志。

（二）形成时期——春秋战国时期的军事思想

公元前 8 世纪至公元前 3 世纪的春秋战国时期，是中国古代军事思想的形成时期。随着生产力的发展，在由奴隶制向封建制过渡的社会大动荡、大变革中，各诸侯国都大力发展军事力量，以图争霸称雄，战争极为频繁。著名的战例主要有：长勺之战、泓水之战、城濮之战、柏举之战、桂陵之战和马陵之战等。由于战争规模的扩大和战争方式的改变，产生了专门指挥作战的将领和军事家。著名的军事家和名将主要有：春秋时期

的孙武；战国时期的吴起、孙膑、尉缭子等。战争实践不仅促进了军事技术、军队的组织和战略战术的发展，而且将我国古代军事思想推向了高潮。

1. 军队的组织制度初步完善

春秋战国晚期，开始进入以铁兵器代替铜兵器的时代。为适应军事技术和战争的客观要求，军队在组织制度方面进行了一系列的改革。主要是：改革了车兵为主的体制，相继出现了步兵、舟师和骑兵等兵种；改革了兵制，春秋战国后期已逐渐打破了"国人"从军的旧制，普遍实行郡县征兵制并采取募兵制，军队和常备军逐渐扩大。春秋战国末期，齐、鲁等拥有兵车二三千乘，楚国达五千乘，齐、燕各有带甲（步兵）数十万人，秦、楚号称"带甲百万"，各国竞相扩编常备军；出现了专职将帅统兵作战。

2. 战略战术的原理、原则更加系统

这主要表现在谋略、作战样式和战法等方面。在谋略方面，逐渐否定了重信轻诈等用兵之道，重视审时度势、因利乘便，如晋国欺骗虞国，假途灭虢回师灭虞；注意军事斗争和外交斗争相结合以及敌友力量的分化组合，以军事实力为后盾举行数国谈判和多国会议。在作战样式上，春秋战国末期将战车上的甲士改编为徒兵，易车战为步战；春秋战国后期，步战已成为主要作战样式，车、步、骑配合，水陆并用；春秋战国之际，城寨攻防成为重要的作战样式。在战法方面，逐步突破商周以来的两军对阵、正面攻击的惯例，采用了两翼突破、再捣中坚，设伏诱敌、乘势歼灭，疲敌而击、后发制人等，坚守要害和利用城池防御，有的还挖地道作战。在阵法上，春秋战国初期，创造了有名的鱼丽之阵，并有方、圆、疏、锥形、雁形、立襄、火、水等多种阵法。

3. 以《孙子兵法》为代表的著名兵书问世

春秋战国之际，为适应战争指导的需要，大量反映军事思想的军事理论著作相继问世，《孙子兵法》是其中杰出的代表。这部著作中的军事思想和哲学思想，都达到了当时的最高水平，成为后世兵书的典范。继《孙子兵法》之后，战国时期兵书中具有代表性的有：《吴子》《司马法》《孙膑兵法》《尉缭子》《六韬》等。

（三）充实提高时期——秦汉至五代时期的军事思想

公元前3世纪至公元10世纪中期，经历了秦、汉、三国、两晋、南北朝、隋、唐和五代等朝代。发生的著名战例主要有：成皋之战、昆阳之战、官渡之战、赤壁之战、淝水之战等。著名的军事人物有：蒙恬、韩信、曹操等。主要的军事著作有：《三略》《李卫公问对》和《太白阴经》。中国古代军事思想的发展，在这一时期主要表现在发展战略战术、整理兵书和注释《孙子兵法》等方面。

1. 战略战术的发展

由于秦统一六国和汉唐封建社会的进一步发展，特别是公元808年火药在中国首先研制成功，并于公元904年首次用于战争，以及秦汉时把全国军队区分为京师兵、州郡兵和盘防兵，始于西汉盛于三国的军事屯田制度，南北朝时创立了府兵制，西汉时骑兵一度成为主要兵种等，因而有力地促进了战略战术的发展。秦、汉、晋、隋、唐朝等时期，统一全国的几次大规模战争分别成功地运用了由近及远、各个击破，避实击虚、声东击

西，水陆并进、分进合击，先疲后打、奇兵突击，以及骑兵长途奔袭，步骑配合实施奇袭和用车结营制骑兵等战法。还有几次大规模渡江作战和农民起义等，对战略战术的发展也作出了贡献。

2. 整理兵书和注释《孙子兵法》

西汉王朝深知兵书的重要，立国之初就命张良、韩信整理兵书。这是我国历史上第一次由政府组织整理兵书。当时，共搜集到 182 家兵书，其中战国时期兵书占大多数，经过删取，选定了 35 家。后来经步兵校尉任宏重新编制分类著《兵书略》，把兵书及其著作分为权谋家、兵形势家、兵阴阳家和兵技巧家等四大类。三国的曹操注释《孙子兵法》，开始了注释先秦兵书的先河。整理兵书和注释《孙子兵法》，这是中国古代军事思想发展的一个重要标志。

（四）系统完善时期——宋代至清代前期的军事思想

10 世纪至 19 世纪中叶，经历了宋、辽、西夏、金、元、明、清前期等朝代。此期间著名的战争有：宋攻灭南唐之战、朱元璋北上灭元之战、郑成功收复台湾。著名的军事人物有：成吉思汗、朱元璋、努尔哈赤。著名的军事著作有：《武经总要》《武经七书》《纪效新书》《练兵实纪》《阵纪》《登坛必究》《武备志》等。宋代至清代前期，中国古代军事思想的发展，主要表现在谋略和战术以及军事思想研究等方面。

1. 谋略和战术的发展

从北宋至第一次鸦片战争的近 900 年中，战争频繁，加之北宋初火器用于战争，开始了战史上火器与冷兵器并用的时期，指南针在 11 世纪已用于舟师导航等，从而促进了谋略和战略战术的发展。在谋略方面，赵匡胤建立宋王朝后，以军事实力为后盾，先消灭荆南和潮南两个政权，尔后按先南后北、各个击破的方略统一全国。元末农民领袖朱元璋建立以金陵为中心的根据地，积粮练兵，扩充实力；进而利用矛盾、军事进攻和政治攻心逐次消灭对手；尔后以先剪羽翼、后捣腹心的决策，北上灭元。明末农民领袖李自成，采取先取关中，再攻山西，先消灭明军主力，后夺京师的战略，灭亡了明朝。在战术方面，元末明初，朱元璋的军队创造了火器与冷兵器相结合的水战战术、野战战术和攻城战术等；戚继光提出了以火器为先，冷兵器中以长兵器为先，兵器配置要遵循以长护短的原则；明末徐光启对使用火炮守城提出了以台护铁、以锐护城、以城护民的原则；骑兵战术在北方少数民族军队中有很大发展，到成吉思汗时，骑兵的远程奔袭、快速突击、迂回包抄、在野战中歼敌的战法，已发展到一个新的水平；军队指挥增加了运用火力、组织火器与冷兵器之间以及不同兵种之间的协同等。

2. 兴办武学和军事思想研究的发展

宋朝自公元 1072 年正式兴办武学，教育学生攻读历代兵法，研究军事思想，训练弓马武艺。北宋前期，提倡文武官员研究历代"军旅之政，讨伐之事"。并编纂出中国第一部新型兵书《武经总要》，其后又将《李卫公问对》《三略》与先秦时期兵书《孙子兵法》《吴子》《司马法》《尉缭子》《六韬》等 7 部兵书汇编为《武经七书》，作为武学的必修课程。明代后期，因日本的威胁、欧洲殖民者的挑衅，一些有识之士开始研究军事，许多军事著作相继问世，主要有：最早提出御近海、固海岸、严城守的海防战略兵书《筹海图编》；练兵教战、用器、布阵的《纪效新书》《练兵实纪》《阵纪》；近似军事百科全书性质的著作《武备志》等。鸦片战争前夕，还出现了一些总结实战经验或论述防务、训练的兵书，如《洋防辑要》和《筹海初集》等。

二、《孙子兵法》简介

《孙子兵法》产生于春秋末期，是目前世界现存最古老、最著名的兵书，被公认为东方的"兵学圣典"。作者孙武，字长卿，齐国乐安（今山东惠民）人。据《史记》记载，孙武经伍子胥介绍，"以兵法见吴王阖闾""阖闾知孙子能用兵，卒以为将"。由是，吴"西破强楚，入郢，北威齐晋，显名诸侯"。《孙子兵法》以朴素的唯物论和辩证法思想，从战争的实际出发，总结和揭示了战争的普遍规律和基本的战略战术原则，同时具有深刻的谋略内涵、道德内涵和哲学内涵，具有超越所处时代的思想性和创造精神，至今仍被人们广泛而深入研究。

（一）《孙子兵法》产生的时代背景

春秋时期的政治情况主要表现为奴隶制没落、封建制兴起。据《史记·周本纪》记载，西周灭亡以后，周天子的权力逐渐失去了权威，出现"周室衰微，诸侯强并弱，齐、楚、秦、晋始大，政由方伯"的政治局面。此时西方戎族、北方狄族和南方蛮族构成了对华夏诸国的严重威胁，齐桓公、晋文公等五霸的相继登场正是这一社会的政治现象。

春秋时期的经济情况表现为生产有了较大的发展。由于铁的利用、牛耕的推广、生产技术的改进、水利灌溉能力的提高等，当时社会经济生活中占主导地位的农业迅速地发展起来，并带动和促进了手工业和商业的发展，从而促进了整个社会经济的迅速发展。经济上的变革导致阶级关系随之发生变动，部分奴隶主逐渐转化为封建代表人物，并为战争提供了物质基础，如铜兵器质量的提高、弓箭射程的增大、铁制兵器的出现，这些都为各诸侯国扩充军队、改善装备、扩大战争规模提供了物质技术优势。

春秋时期的战争大体有三大类：一是诸侯国兼并与大国争霸的战争；二是新兴地主势力向奴隶主夺取政权的战争；三是奴隶起义战争。战争的结果是旧势力逐步没落衰亡，新势力逐步发展壮大，加速了奴隶社会向封建社会转变的进程。

新兴地主阶级为了军事斗争的需要，对军事思想提出新的要求，而频繁的战争为发展军事思想提供了有利条件。《孙子兵法》正是适应这一历史要求，在这样一个特定的历史条件下产生的。

（二）《孙子兵法》的思想精华

《孙子兵法》有 13 篇，共 6 100 余字。

《计篇》主要论述了研究和谋划战争的重要性，强调先计后战，并提出了"兵者，诡道也""攻其无备、出其不意"的军事名言。

《作战篇》从战争对人力、物力和财力的密切依赖关系，着重论述了"兵贵胜、不贵久"的速胜论思想，并提出了"因粮于敌"的原则。

《谋攻篇》主要论述了筹划进攻的策略，并强调了以智谋取胜的战略方针，揭示了"知彼知己，百战不殆"的战争规律。

《形篇》主要论述军队在作战原则上，要时刻掌握主动权，使自己立于不败之地，然后寻求打败敌人的可乘之机，以压倒性的绝对优势打击敌人，达到"自保而全胜"的目的。

《势篇》主要论述在军事实力的基础上，只有充分发挥指挥员的聪明才智，造成和利用有利态势，才能出奇制胜地打击敌人。

《虚实篇》主要论述在作战指导方针上必须"避实而击虚""因敌而制胜"，调动敌人而不被敌人调动，主动灵活地打击敌人。

《军争篇》主要论述的是对立的两军如何争取胜利的问题。其核心是力争时刻掌握战场上的主动权，并提出了"避其锐气，击其惰归"的军事原则。

《九变篇》主要论述要根据情况的变化灵活用兵的原则，提出了有备无患的备战思想。

《行军篇》主要论述了行军作战的要领和观察判断敌情的方法，并提出"令之以文，齐之以武"的治军思想。

《地形篇》主要论述军队在不同地形条件下的行动原则，强调将帅要重视对地形的研究和利用。

《九地篇》主要论述了在九种不同作战区域的用兵原则，并强调了"兵之情主速""并敌一向，千里杀将"等问题。

《火攻篇》主要论述了火攻的种类、目的、条件和实施方法，同时提出了"主不可以怒而兴师，将不可以愠而致战"的慎战思想。

《用间篇》主要论述了使用间谍的重要性、种类及其方法，强调了侦察敌情的重要性，并提出了先知敌情、"不可取于鬼神"、"必取于人"的朴素唯物主义观点。

《孙子兵法》13篇，篇次有序，立论有体，是一部独立完整的兵书。其主要军事思想精华如下。

1. 揭示了以"道"为首的战争制胜条件

孙武认为战争是国家的大事，它是军队生死博斗的手段、国家存亡攸关的途径，不能不认真研究和对待。所以，要用"五事"去研究它，用"七计"去比较它，以求得对战争情况的认识。所谓"五事"，即"道、天、地、将、法"；"七计"，即"主孰有道？将孰有能？天地孰得？法令孰行？兵众孰强？士卒孰练？赏罚孰明"，所有这些，包括了敌对双方有关战争胜负的基本因素。

孙武所论述的战争制胜条件，揭示了战争中一些带根本性的问题。"五事""七计"包括了民众对战争的态度，天时地利，将帅的指挥才能，军队的组织、装备、制度和训练程度，战斗力的强弱以及赏罚和纪律等方面。特别是他在论述这些制胜条件时，把"道"这个属于政治范畴的因素放在首位，表明他在一定程度上朴素地看到了战争与政治的联系。他在《形篇》中指出:"道"是战争胜败的决定因素,"善用兵者,修道而保法,故能可胜败之政。"由此可见,孙武把修明政治看作是决定战争制胜的最首要的条件。这是他对战争本质的深刻揭示,是对战争研究的一大贡献。以"道"为首的战争制胜条件,经历战争实践长达几千年的检验,至今仍不失其科学价值。

2. 揭示了"知彼知己"的战争认识方法

孙武在《谋攻篇》中提出"知彼知己,百战不殆",在《地形篇》中提出"知天知地,胜乃不穷"等著名观点。这是他研究和认识战争的主要方法,预测战争胜败的重要原则。他着重提出了解决战争胜败的中心环节,揭示了"知"与"战"的辩证关系。

孙武认为,"知彼知己"的内容,从战争全局讲,就是"五事""七计";从战场全局说,就是"知胜有五:知可以战与不可以战者胜;识众寡之用者胜;上下同欲者胜;以虞待不虞者胜;将能而君不御者胜"(《谋攻篇》)。知彼知己的方法,从战争全局讲,他主张实施战略侦察,以"上智为间""五间俱起"(《用间篇》);从战场全局看,他提出了进行战场观察的"相敌"三十二法和战中的敌情判断"策之而知得失之计,作之而知动静之理,形之而知死生之地,角之而知有余不足之处"(《虚实篇》)。

孙武深刻地分析了"知彼知己"与战争胜负的关系。他在《谋攻篇》中指出:"不知彼而知己,一胜一负;不知彼,不知己,每战必殆。"在《地形篇》中指出:"知吾卒之可以击,而不知敌之不可击,胜之半也;知敌之可击,而不知吾卒之不可以击,胜之半也;知敌之可击,知吾卒之可以击,而不知地形之不可以战,胜之半也。"

总之,孙武认识到,只有正确地了解作战双方的政治、经济、军事、天时、地理等各方面的情况,并作出客观力量对比的正确估计,才能为制定作战方针、原则提供依据。

3. 提出了以"致人而不致于人"为核心的一系列作战原则

一是先胜而后求战。先胜而后求战,是孙武备战的重要指导原则。他鉴于"春秋之中,弑君三十六,亡国五十二,诸侯奔走,不得保其社稷者,不可胜数"(《史记·太史公自序》)的历史教训,认识到:"亡国不可以复存,死者不可以复生。"因而他主张慎战,在战争指导上强调"非利不动,非得不用,非危不战"(《火攻篇》),不打则已,打则必胜。尤其强调必须充分做好战争准备,提出总的备战指导思想是"无恃其不来,恃吾有以待也;无恃其不攻,恃吾有所不可攻也"(《九变篇》)。所以,先胜而后求战是他慎战思想的具体表现,是他备战的重要指导原则。

二是致人而不致于人。"致人而不致于人",就是调动敌人而不被敌人调动。这是《孙子兵法》中争取战场主动权的重要原则。孙武提出"善战者,致人而不致于人",这一名言历来受到兵学家的重视。《李卫公问对》中说,古代兵法千章万句,最重要的无过于"致人而不致于人"。两千多年前的孙武能看到主动权在战争中的重要性,并提出很多宝贵的争取和造成主动、避免和摆脱被动的原则、方法,这是十分可贵的。孙武认为,主动地位的取得不能靠空想,而要通过主观能动性的发挥去努力争取。为此,他指出在作战时要"先处战地而待敌",先敌完成作战部署,以逸待劳。他所说的"逸",就是先敌准备、先敌休整、先敌部署,这样便能居于有利地位,从容作战。同时还要采取"以利动之,以卒待之"等"示形"的方法来调动敌人。当时的"示形"主要是利用天然遮阵,设置假目标和实施佯动或牵制性的进攻之类来迷惑敌人，隐蔽己方的作战企图、部署、兵力数量和作战行动等。这样才能使敌人"深涧不能窥，智者不能谋"，陷入被动地位，从而达到"攻其无备，出其不意"的目的。

三是我专而敌分。我专而敌分，是孙武集中兵力的重要原则。鉴于战争中，凡是打胜仗的军队在兵力对比上都占绝对优势，打败仗的军队在兵力对比上都是处于劣势的经验教训，孙武深刻认识到，兵力优势是取得战争胜利的物质基础。因此，他主张作战时要集中兵力，并设法尽量分散敌人的兵力，在《虚实篇》中提出了"我专而敌分"的作战指导原则。他的原则是把己方的兵力集中于一处，把敌方的兵力分散多处，以便在兵力对比上造成"以镒称铢""以碫投卵"的优势，使敌人的众兵置于无用之地，"敌虽众，可使无斗"（《虚实篇》），从而达到"以十攻其一"和"以众击寡"的目的。

四是避实而击虚。孙武认为，虚实是由军队的数量、质量、物质保障、准备程度等因素构成的。他所说的虚，是指军队的怯、弱、乱、饥、劳、寡、惰归、无备等；实，则是指军队的勇、强、治、饱、佚、众、锐气、有备等。因此，作战中只有善于识别虚实之情，才能做到避实击虚。孙武在《虚实篇》中提出的"出其所不趋，趋其所不意。行千里而不劳者，行于无人之地也。攻而必取者，攻其所不守也；守而必固者，守其所不攻也"等都是指敌人的薄弱部位。无论是进攻或防御，都必须把作战方向、作战对象选择在敌人的薄弱部位上，才能达到攻而必取、守而必固的预期目的。孙武对避实而击虚这一原则在不同情况下的具体运用也作了明确，如他所说的"以众击寡""乘人之不及，由不虞之道，攻其所不戒也""勿邀正正之旗，勿击堂堂之陈""避其锐气，击其惰归""攻其无备，出其不意"等，都是讲的避实而击虚原则的具体运用问题。

五是因敌而制胜。这一原则主要体现了孙武战争指导的灵活性。他认为"水因地而制流，兵因敌而制胜。故兵无常势，水无常形，能因敌变化而取胜者，谓之神"。因此，他主张指挥作战必须做到"战胜不复，而应形于无穷"（《虚实篇》）；在作战过程中要"践墨随敌，以决战事"，这样才能"巧能成事"（《九地篇》）。

孙武认为，运用"因敌而制胜"的原则时，关键是充分发挥主帅的主观能动性，根据作战的客观形势，采取不同的策略和战法等。根据不同的敌人采取不同的对策，那就是"利而诱之，乱而取之，实而备之，强而避之，怒而挠之，卑而骄之，佚而劳之，亲而离之"（《计篇》）。根据兵力对比的强弱，采取不同的作战形式。当敌人兵力处于优势时，我采取防御的形式；我兵力处于优势时，则采取进攻的形式。根据兵力的优劣程度，采取不同的战法。他在《谋攻篇》指出："十则围之，五则攻之，倍则分之，敌则能战之，少则能逃之，不若则能避之。"这说明兵力优劣的三种不同情况，应采取三种不同的战法。当我兵力占优势时，应采取围攻的战法；当敌我兵力处于均势时，则采取先分散敌人，后战胜敌人的战法；当我兵力处于劣势地位时，则应采取摆脱敌人，不与敌人交战的战法。

4. 反映了战争问题上的朴素唯物论和辩证法

孙武在军事思想上的巨大成就，是与他在哲学思想上充满着朴素的唯物论和辩证法思想密切联系的。《孙子兵法》反映出极其丰富的哲学内容，主要表现在两个方面：首先是主张无神论，反对天命观。孙武在论述知彼知己的方法时，主张"禁祥去疑"（《九地篇》），"不可取于鬼神，不可象于事，不可验于度，必取于人，知敌之情者也"（《用间篇》）。他在论述战争胜负的客观因素时，对"天"作了明确的唯物主义的解释："天者，阴阳、寒暑、时制也。"认为天的运动是有规律的，而且是可以认识和利用的。指出"四时无常位，日有短长，月有死生"（《虚实篇》），都处在运动、变化之中。天时、地利可以为军事斗争服务。他发现"昼风久，夜风止"，"月在箕、壁、翼、轸四个星宿位置时"，必然有大风，可以采取火攻。其次是从主客观条件探索战争的胜负问题。孙武把"五事""七计"作为预知战争胜败的客观条件。在分析客观因素的同时，也看到了主观因素在战争中的重要作用。他认为将帅对战争必须持慎重态度，提出了"主不可以怒而兴师，将不可以愠而致战。合于利而动，不合于利而止"（《火攻篇》）的观点。在打与不打的问题上，他主张"先胜而后求战"。同时，他提出"三军可夺气，将军可夺心"的论断，在战法上他主张"避其锐气，击其惰归"（《军争篇》）。他还看到了空间和时间在战争中的作用。孙武在《形篇》中提出的"地生度，度生量，量生数，数生称，称生胜"，是他在时空观上从战区的容量推测胜负的重要见解。由于战争是在一定的空间内进行的，谁机动迅速谁就多一分胜利的把握，所以，他很重视时间因素在战争中的作用，提出了"兵之情主速"的论断。

《孙子兵法》不但表现了朴素的唯物论思想，而且表现出朴素的辩证法思想。孙武在《九变篇》中提出："是故智者之虑，必杂于利害。杂于利而务可信也，杂于害而患可解也。"这是他认识和解决战争中各种矛盾的一把钥匙。他认为无论攻守、强弱、劳佚、奇正、虚实、远近等战争中的对立双方，都是互相依存、可以转化的。

（三）《孙子兵法》的学术地位及深远影响

《孙子兵法》的问世，标志着独立的军事理论著作从此诞生，因而在世界军事史上具有划时代的意义。它比色诺芬（公元前403—前355或354年）的号称古希腊第一部军事理论专著《长征记》、罗马军事理论家弗龙廷（约公元35—103年）的《战略例说》、韦格蒂乌斯（4世纪末）的《军事简述》不仅成书时间要早、学术性要强，而且有其独特新颖的思想体系、深邃的军事观点，科学揭示了军事领域的一些基本规律，成为后世兵书的典范。它的理论意义不仅跨出了奴隶时代和封建时代，至今仍有宝贵的借鉴作用和一定的指导意义。因此，在世界军事思想史上，产生了极为深远的影响。

《孙子兵法》在唐朝中期传入日本，18世纪下半叶传入法国，后来又传入俄、英、德等国，成为近代资产阶级军事思想的一个源泉。美国约翰·柯林斯在1973年出版的《大战略》中说："孙子是古代第一个形成战略思想的伟大人物。孙子十三篇可与历代名著，包括2 200年后克劳塞维茨的著作媲美。今天没有一个人对战略的相互关系、应考虑的问题和所受的限制比他有更深刻的认识，他的大部分观点在我们的当前环境中仍然具有和当时同样重大的意义。"

第三节 外国近现代军事思想简介

军事思想是一个完整的理论体系，内容包括战争观、军事问题方法论、战略思想、作战指导思想、国防建设思想和军队建设思想。外国近现代军事思想内容庞杂，本节主要介绍一些典型的军事思想成果。

一、西方近代军事思想简介

西方近代军事思想，也称西方近代资产阶级军事思想，是指从 1640 年至第二次世界大战结束，西方主要资本主义国家军事人物关于战争、国防和军队等问题的理性认识和知识体系。近代西方资产阶级在先后出现了《战争论》《战争艺术概论》《海上力量对历史的影响》《制空权》《总体战》《机械化战争论》和《战略：间接路线》等大量军事理论著作和军事学说。这些著述在战争观、战略、建军及作战等方面提出了一系列颇有价值的思想观点，并逐步形成了资产阶级军事理论体系的基本内容。

（一）典型军事思想简介

1. 海权论

海权论，是主张拥有并运用优势海军和其他海上力量，以确立对海洋的控制权力，进而实现国家战略目的的军事理论。创立于 19 世纪末 20 世纪初，主要代表人物有美国的 A. T. 马汉和英国的 P.H. 科洛姆。

该理论认为，占地球表面 3/4 的海洋极端重要，谁控制海洋，谁就能控制世界贸易并进而控制世界财富；构成海权的基本因素主要有地理位置、自然构造、领土范围、人口数量及质量、民族特点、政府特性等；国家海上力量优势的标志是强大的舰队、商船队以及发达的基地网；夺取制海权是海上作战的主要目标，方法是舰队决战和海上封锁。海权论一提出就受到英、美、日等海上强国的推崇，并对这些国家的海洋战略、海军发展和对外扩张产生深远影响。

2. 空军制胜论

空军制胜论，是主张建设一支独立空军进行空中战争，认为空军将主宰战场并决定战争结局的理论。又被称为空中战争论。创立于 20 世纪二三十年代，主要代表人物有意大利的杜黑、英国的 H. M. 特伦查德和美国的 W. 米切尔等。

该理论认为，由于飞机越来越广泛用于战争，空中战争的胜负将决定战争结局，空军在未来战争中的作用将超过陆军和海军；夺得制空权是赢得战争胜利的首要前提，丧失制空权就必然失败；空中战争是进攻性战争，空军的核心是轰炸机部队，对敌国经济、军事、居民中心实施战略轰炸，即可摧毁其物质上和精神上的抵抗，并迫其屈服；空军应当统一指挥，集中使用；要发展民用航空和航空工业，作为空军的后备等。该理论曾对一些国家的空军建设和作战理论研究产生过重要影响。

3. 机械化战争论

机械化战争论，是主张以坦克为主体的机械化陆军在航空兵配合下主宰战场和决定战争结局的理论，又被称为坦克制胜论。始创于第一次世界大战末期，20世纪二三十年代形成完整理论体系。主要代表人物有英国的 J. F. C. 富勒、法国的 C. 戴高乐以及德国的 H. 古德里安等。

该理论认为，装甲车辆使陆军的攻击力大为增强，从而使战争重新成为艺术，并使压缩军队数量、减少战争次数、缩短战争时间、节省战争费用、减轻战争造成的伤亡和破坏成为可能，因此军队要实现机械化和摩托化。机械化将促使军队编成、兵役制度和战略战术等发生革命性变化：坦克兵取代骑兵成为陆军的主体；终身服役制取代短期服役制；坦克部队和航空兵密切协同，可先敌发起突然袭击；实施大纵深作战，打击对方首脑机关，摧毁其通信、补给系统和歼灭敌重兵集团等。该理论对许多国家的军队机械化建设及其相关作战理论的研究产生过重大影响。

4. 总体战理论

总体战，是主张国家动员一切力量、使用一切手段进行战争，以彻底摧毁敌国战争能力的理论。创立于20世纪二三十年代，代表人物有德国的 K. 希尔和 E. 鲁登道夫。

该理论认为，现代战争是总体战，其最大特点是总体性或全民性，要求战争谋划从全国的总体上进行，不仅要充分利用军事力量，还要考虑到政治、经济、心理等各种因素，民族的精神团结是总体战的基础；总体战不仅是针对军队的，也是直接针对人民的，因而在与敌军作战的同时，也需对敌国人民的精神和肉体施以攻击，以达到瓦解其精神、瘫痪其生命之目的；战争胜负取决于民族总体力量，因而在战争中军事斗争高于一切，一切都要服从于它，包括政治在内，国民经济体系必须适应战争目的；总体战应集中优势兵力闪击敌国，速战速决，使战争不至于受到经济困难和人民团结破裂的威胁，从而达到总体战的目的。该理论后来成为纳粹德国侵略扩张政策的重要理论基础之一。

5. 间接路线战略

间接路线战略，是主张在战争指导上应尽量采取迂回打击的方式，从而以最小的军事消耗和最低限度的损失使敌人屈服的理论。创立于1929年，代表人物为英国的 B. H. 利德尔·哈特。

该理论认为，间接路线战略是取得战争胜利的基本原则，"在战略上，最漫长的迂回道路，常常又是达到目的的最短途径。"避免正面强攻直撞是达成间接路线的方法。战略的真正目的不是寻求决战，而是要尽量削弱敌人的抵抗能力，破坏其稳定性，创造有利战略态势。其结果，敌人不是自动崩溃，就是在会战中轻易被击溃。采取"间接路线"的行动方式是多种多样的，一切均以出其不意和破坏敌人的稳定性为准则。如扰乱敌人的部署，迫使敌人突然变更正面，使他们在兵力编组与分配方面出现混乱；分割敌军兵力；危及敌军补给；威胁敌军联络路线，使其与基地或本土失去联络等。战争的根本目的是获得和平，军事胜利不是目的，所谓胜利的真正含义应该是在战后获得巩固的和平。该理论对西方战略思想的发展和演变产生过重要影响。

6. 地缘战略论

地缘战略论，是以地缘关系为主要依据，制定国家政治、军事、经济战略及对外政策，以谋取国家利益的理论。始创于 20 世纪初，三四十年代进一步丰富和发展。代表人物有英国的 H. J. 麦金德、德国的 K. 豪斯霍弗尔、美国的 N. 斯派克曼等。

该理论认为，地缘政治利益是国家利益的重要内容。领土大小、资源多少及在世界上所处的位置，很大程度上决定了一个国家的政策选择和利益取向。欧亚大陆是世界地缘战略的枢纽，但不同学派的观点各有侧重。H. J. 麦金德指出，围绕欧亚大陆心脏地带有内外两个同轴的新月形地带，由此得出"世界岛"推论，即谁控制了东欧，谁就控制了整个心脏地带，进而控制世界岛；谁控制了世界岛，谁就控制了世界。N. 斯派克曼则认为，处于大陆和近海之间的边缘地带在全球战略中最为重要，它可缓和陆上力量和海上力量的冲突；谁统治边缘地带，谁就能主宰欧亚大陆，进而主宰世界命运。K. 豪斯霍弗尔强调，国家是一个有机体，出于其生命的本能，必然向领土之外进行扩张，大国即是扩张的国家。由于地缘战略论为法西斯德国的生存空间扩张政策提供了理论根据，所以这一术语在"二战"后一度声名狼藉。但进入冷战时期，这种思想重新在西方大国外交战略的制定中占据重要地位。

（二）《战争论》军事思想简介

《战争论》是 19 世纪资产阶级经典军事理论著作。作者克劳塞维茨（1780—1831 年），是普鲁士将军、军事理论家和军事历史学家。这部著作不仅奠定了近代西方资产阶级军事理论的基础，而且也是马克思主义军事科学的重要理论来源之一，在军事思想发展史上占有很重要的地位。

《战争论》共 3 卷，8 篇，124 章，中文译本达 69 万余字，主要论述了战争的性质、战争理论、战略、战斗、军队、防御、进攻和战争计划等问题，构成了一个内容丰富、思想精深的理论体系。以下介绍其有重要影响的主要观点。

1. 战争是一个奇怪的三位一体

克劳塞维茨认为，战争是一个奇怪的三位一体。他指出："透过战争的全部现象就其本身的主要倾向来看，战争还是一个奇怪的三位一体，它包括三个方面：一是战争原有的暴烈性，即仇恨感和敌忾心，这些都可以看作盲目的自然冲动；二是盖然性和偶然性的活动，它们使战争成为一种自由的精神活动；三是作为政治工具的从属性，战争因此成为纯粹的理智行为。"克劳塞维茨认为，暴烈性、盖然性和偶然性、从属性这三种属性共同构成了战争的属性，使战争在不同的情况下表现出不同的特点：战争的动机越大、越强，战争同整个民族生存的关系越大，战前的局势越紧张，战争就越是军事的，而不是政治的，外在表现的暴烈性就越强，从属性就越弱。相反，战争的动机越弱，局势越不紧张，政治规定的方向同战争要素（即暴力）的自然趋向就越不一致，因而战争离开它的自然趋向就越远，政治目的同抽象战争的目标之间的差别就越大，战争就越是政治的。因此，克劳塞维茨将战争比喻作为一条真正的"变色龙"，认为战争的性质在每一具体情况下都或多或少有所变化。

2. 消灭敌人军队是战争中的长子

克劳塞维茨在"战争中的目的和手段"一章中指出："在战争所能追求的目的中，消灭敌人军队永远是最高的目的。"他认为"战争是迫使敌人服从我们意志的一种暴力行为"，迫使敌人服从我们的意志是战争的政治目的，而打垮敌人，使其无力抵抗则是军事目的。只有在军事上打垮敌人，才能使敌人在意志上屈服。而要在军事上打垮敌人，可以从三个方面着手：一是消灭敌人的军队，使其不能继续作战；二是占领敌人的国土，使其无处建立新的军队继续进行战争；三是征服敌人的意志，迫使敌人签订和约。其中，消灭敌人的军队是最为重要的。因此，他强调："用流血的方式解决危机，即消灭敌人军队，这一企图是战争的长子。"

3. 战略是为了战争目的运用战斗的学问

克劳塞维茨认为，战斗本身的部署和实施是战术，而为了达到战争的目的对这些战斗的运用则是战略，即"战略是为了战争目的运用战斗的学问"。战略有许多构成因素，其中主要有五类：第一类为精神要素；第二类为物质要素；第三类为数学要素；第四类为地理要素；第五类为统计要素。这些要素在军事行动中大多是错综复杂并紧密地结合在一起的，相互影响，共同发挥作用。

4. 战略上最重要而又最简单的准则是集中兵力

克劳塞维茨认为"数量上的优势不论在战术上还是在战略上都是最普遍的制胜因素"，他告诫人们，战略上"首要的规则应该是把尽量多的军队投入战场"。他强调指出："战略上最重要而又最简单的准则是集中兵力。我们要严格遵守这一准则，并把它看作一种可靠的行动指南。"如何做到这一点，他将此概括为"空间上的兵力集中"和"时间上的兵力集中"。

5. 防御是比进攻强的一种作战形式

进攻和防御是战争的两种基本形式。他在战斗和战略两个层次上对进攻与防御进行了一番比较，提出了"防御是比进攻强的一种作战形式"的思想。虽然克劳塞维茨认为防御是比进攻强的一种作战形式，但同时也辩证地指出，防御与进攻的优劣是相对的，二者之间存在相互包含、相互转化的关系。因此，克劳塞维茨认为虽然防御本身的目的具有消极性，但手段应当是积极的，这样的防御才是好的防御。对此他做了一个形象的比喻："防御这种作战形式绝不是单纯的盾牌，而是由巧妙的打击组成的盾牌。"

6. 应该永远打击敌人的重心

打击敌人重心，是克劳塞维茨提出的一个崭新的作战原则。所谓重心，就是指敌人力量的核心、要害、关键部位。克劳塞维茨认为，一支军队在作战时应确立其打击的重心。在一般情况下，敌人的军队是其最可能的重心。他指出："不管我们要打击的敌人的重心是什么，战胜和粉碎敌人军队始终都是最可靠的第一步，并且在任何情况下都是极为重要的。"除军队之外，敌人的重心还可能是首都、同盟之间的共同利益、主要领导人和民众的情绪等。

7. 不能超越进攻的顶点

"进攻的顶点"是克劳塞维茨提出的一个新概念。克劳塞维茨通过研究大量战争现象认识到一条规律："胜利者不是在每次战争中都能彻底打垮敌人的。胜利常常而且在大多数情况下都有一个顶点。"所谓"顶点"，指的是适时停止进攻的时刻。也就是说，"大多数战略进攻只能进行到它的力量还足以进行防御以等待媾和的那个时刻为止。超过这一时刻就会发生剧变，就会遭到还击，这种还击的力量通常比进攻者的进攻力量大得多。"

8. 民众武装是一种巨大的防御力量

克劳塞维茨对民众战争的地位作用、实行条件、运用特点等作了详细的阐述，提出了一系列颇有新意的观点。他认为，民众武装和起义尽管在个别方面还有缺点和不完善，但总的来说是能起很大作用的。因此，他提出"民众武装是一种巨大的防御力量"的观点。克劳塞维茨认为，尽管民众武装这种独特的防御手段具有其他手段所无法代替的重要作用，但是这种力量的组织和发挥也是有一定条件的。比如，战争是在本国腹地进行的；战争的胜负并不仅仅由一次失败决定；战区包括很大一部分国土；民族的性格有利于采取这种措施；国土上有山脉、森林、沼泽，或耕作地等，地形极其复杂，通行困难等。为了正确组织和实施民众战争，克劳塞维茨还提出了一系列有关民众武装的任务及使用原则。应当说，克劳塞维茨的民众武装理论为后世的人民战争理论奠定了一定的基础。

二、西方现代军事思想简介

第二次世界大战结束以后，随着科学技术的迅猛发展，军事技术和装备发展迅速，导弹、核武器、常规高科技兵器纷纷涌现，战争形态和作战方式呈现出许多新的特点。新的军事理论也不断涌现，以美国为代表的西方现代军事思想在机械化战争向信息化战争转变的军事实践中进入了一个快速发展的时期。这里介绍美国主要的军事战略思想和作战思想。

（一）军事战略思想

1. 遏制战略思想

遏制战略是以美国为首的西方国家为维护其主宰世界，遏制共产主义扩张而采取的战略。"二战"结束以后，美国外交家、战略思想家 G. F. 凯南提出了遏制战略思想。其核心思想是：以压倒优势的强大军事力量作为外交的后盾，以政治遏制为实现遏制目标的主要手段，军事力量与政治力量互为补充和促进，谋求不通过战争手段达成美国争霸全球的战略目标。

冷战期间，遏制战略思想成为美国国家战略的基本思想。美国杜鲁门政府接受了凯南的理论，并据此抛出以冷战为特点的"遏制战略"。遏制战略是美国在历史上主动制定的第一个全球战略，标志着美国国家安全战略从地区性战略向全球性战略的质的转变。冷战结束后，遏制战略思想在美国的国家安全政策中得到了延续。中国和俄罗斯，尤其是日益强大的中国已被美国视为新的潜在对手。为了继续维护全球霸权，美国遏制战略的重点开始从欧洲转向太平洋地区，其根本动机就是遏制中国的发展壮大。

遏制战略思想是美国等西方强国国家安全战略中的基本思想之一，其实质是，以对美国全球霸权构成威胁的或可能构成威胁的国家为目标，通过运用包括军事力量在内的全方位战略手段挤压对手的战略空间，缩小对手的"势力范围"、遏制对手的发展和崛起，从而实现独霸世界的目的。

2. 联盟战略思想

联盟战略，是指两个以上国家或政治集团结成一定形式的安全合作关系，以保证自身安全和其他利益的战略。在美国的官方表述中也将联盟战略称为"集体安全"，西方强国历来强调奉行以集体安全为中心内容的联盟战略，把集体安全作为国家安全的战略支柱。现代西方联盟均是以美国为主导的，因此，美国的联盟战略也最具代表性。

联盟战略的目的在于五个方面：一是联合其他国家的力量对付共同的敌人或对手；二是形成以美国的联盟关系为基本构架的国际关系体系，保持各地区力量对比的均衡和美国在国际社会的主导地位；三是控制盟国，维护美国在西方世界的"盟主地位"；四是实现全球战略部署，使美军处于有利战略态势，便于进行全球机动、全球到达；五是充分利用盟国提供的军事、经济支持，弥补美军兵力不足、战线过长和财政负担过重的弱点，保证美国在全球进行有效的军事干预。

联盟战略的层次。美国推行的联盟战略大致分为三个层次：第一层，多边军事联盟，即地区性多国军事联盟。第二层，双边防御联盟。这种方式以双边防御条约为基础。第三层，防务合作。这种方式以防务合作协定为基础，主要是为一些国家提供军事、经济援助，开展军事合作，只承担某种防御任务，而不承担全面的防御义务。美国借助这三个层次的联盟方式，建立了针对不同需要、不同对象的遍布全球的以美国为中心的联盟体系。

尽管与北约直接对抗的华约组织不复存在，但是美国仍然需要在应对全球危机中得到联盟力量的支持，而欧洲国家仍然需要以美国为首的军事联盟来保障自身安全和在全球施加影响力。因此，联盟战略思想仍将作为西方国家最重要的战略思想，在各国的对外政策和国家安全战略中继续发挥重要作用。

3. 威慑战略思想

威慑战略，是指国家或政治集团之间，通过显示武力或表示准备使用武力的决心，以期迫使对方不敢采取敌对行动或使行动升级的一种战略行为。在战争爆发之前，用强大的威慑力量遏制敌人的进攻或阻止战争的爆发；一旦爆发战争，则运用威慑手段把战争限制在较低水平上，以较小代价换取最大的胜利。威慑战略思想是战后大国军事战略的基本思想之一，是冷战思维的产物，是冷战时期美苏核战略的有机组成部分。

威慑战略的要素。美国前国务卿基辛格在其著作《选择的必要》中指出：威慑需要兼具以下因素：有力量，有使用力量的意志和使潜在的侵略者估计到这两点。如果有一种因素不存在，威慑就不起作用。基辛格的"威慑三要素"，实际上是对美国威慑实践的理论总结，因其具有普遍的指导意义，被西方国家广泛采纳。

威慑战略的类型。从手段上讲，威慑战略分为核威慑战略和常规威慑战略。冷战结束后，常规威慑的地位和作用明显提升。美国常规威慑所依托的是一个综合性的力量体系，包括有效的"前沿存在"、"全球投送能力"、军事联盟、全球领先的常规武器以及战区和国家导弹防御系统。从特性上讲，威慑有纯威慑和实战威慑之分。"纯威慑"侧重以战争的恐怖后果慑止战争，以避免全面核战争为主要目的。"实战威慑"侧重以己方的实战能力慑止战争，强调威慑能力的可兑现性和可控性，以避免中小规模战争为基本目的，避免全面战争为最终目的。

4. 核战略思想

自核武器诞生以来，有关核战略的思想层出不穷。这些思想在特定的历史时期、特殊的国际战略背景下影响着各有核国家核力量的建设发展与核战略实践活动。

"大规模报复"的战略思想。20 世纪 50 年代，美国拥有绝对的核优势，而常规军事力量相对较弱。美国把核武器作为对付"共产主义威胁"的主要手段，企图利用核优势慑止苏联的进攻。这一战略要求：以强有力的核武器为进行核报复的"利剑"，以常规力量作为防御对方进攻、保护己方安全的"盾牌"，主张要么不打，要么打一场全面核大战，尽量避免卷入像朝鲜战争那样的局部战争；集中财力发展核武器，军备发展以核武器为主；扩充核基地，加强核联盟，对苏联和中国形成"核包围"。这一战略在苏联拥有了更多的核武器和更强的投射能力以后便失去了作用，遭到了激烈的批评，被斥为"要么毁灭世界，要么投降"的无用战略。

"相互确保摧毁"的核战略思想。20 世纪 60 年代初，美苏事实上进入了相互进行核威慑的时期。肯尼迪政府根据美苏战略核力量的发展，提出了"相互确保摧毁"的核战略，即美苏双方都确保拥有一支在遭受对方的核袭击后，仍能生存下来进行"第二次有效打击"的战略核力量。双方都会慑于对方的核力量而不敢进行战略核袭击，从而形成一种"稳定而恐怖的平衡"。这一核战略思想在很大程度上刺激了美苏之间的核军备竞赛。由于在核大战中没有胜利者，所以战争很可能造成全人类的毁灭。"相互确保摧毁"的核战略思想因而遭到质疑。

"确保生存"的战略思想。20 世纪 70 年代末，美国在与苏联的军备竞赛中，出现了美守苏攻的态势。美国人认识到，原来奉行的"相互确保摧毁"战略并不能为美国提供有效的核保护。"确保生存"的核战略思想要求，应在大力加强美国的进攻性战略力量的同时加强战略防御力量，即部署全球弹道导弹防御系统。美国要充分利用空间技术优势，把防御系统有效地部署在空间，摆脱不稳定的"恐怖平衡"，走向"确保生存"的世界环境。"确保生存"的核战略思想从过去的一味强调核进攻转到攻防兼备的核对抗的思路上来，对美国及全球的核战略发展具有重要的推动作用。

"以弱制强"的核威慑战略思想。英法等有核国家也都奉行适合本国的核战略。英、法两国作为中等核强国，根据本国国情、周边环境、作战对手和国际核战略格局，分别提出了"最低限度核威慑战略"和"有限核威慑战略"，以便使自己摆脱对美国"核保护伞"的依赖，提高自己在欧洲以至世界政治舞台上的地位，分享部分世界领导权。这种"以弱制强"的核威慑战略的核心思想就是以对方的城市为打击目标，使用有限的报复性核力量来慑止对欧洲大陆可能的侵略。如法国认为，处在国际关系体系中的弱者，要始终保持一支数量适当、生存力和突防能力可靠的核打击力量。这支核打击力量能使入侵的强者遭受巨大的损失，而这种损失同强者希望从其侵略战争中得到的好处相比，是得不偿失的，因此，即使强者的力量大大超过弱者，也不敢贸然向弱者发动侵。

（二）作战思想

美军始终根据新的战略要求和军事技术的牵引，不断创新作战思想，并在海湾战争、科索沃战争、阿富汗战争和伊拉克战争中加以实践，引领了西方国家作战理论的发展方向。其他西方国家在北约军事一体化的框架下也纷纷对相应理论进行研究和应用。西方有代表性的作战思想主要包括以下几种。

1. 联合作战思想

联合作战，是指统一组织使用两个或多个军种部队完成同一作战任务的作战，泛指由联合部队或未组成联合部队的不同军种部队所采取的军事行动。美军1920年就颁发了《陆军和海军的联合行动》条令，1982年版美国陆军《作战纲要》，首次提出并规定了实施"空地一体作战"的有关问题。1986年版美国陆军《作战纲要》中，正式提出了联合作战问题。1991年海湾战争中，联合作战理论得到实战检验。1991年11月，美军参谋长联席会议颁发1号联合出版物《美国武装部队的联合作战》，正式将联合作战理论确定为全军的作战理论。随后，陆续编写和颁发115本联合作战出版物，分别阐述战略级、战役级和战术级联合作战问题。《2010年联合构想》和《2020年联合构想》进一步提出和阐述了未来联合作战问题，使美军联合作战理论体系趋于完善。在科索沃战争、阿富汗战争和伊拉克战争中，该理论得到全面检验。

美军联合作战的主要思想包括：一是要掌握全谱优势；二是要坚持制敌机动、精确打击、聚焦后勤、全维保护、信息行动等理念；三是要遵循目标、进攻、集中、节约兵力、机动、统一指挥、安全、突然和简明等原则；四是规定联合作战筹划及其要素。

2. 信息作战思想

信息作战，亦称信息战，是指在保护己方信息和信息系统的同时，干扰、破坏敌方信息和信息系统，以保持或夺取信息优势为根本目的而采取的一系列军事行动。1976年，美国军事理论家T.罗那在为波音公司撰写的一份题为《武器系统与信息战》的研究报告中，首次提出"信息战"概念。但这一思想的广泛深入研究主要集中于海湾战争之后，1996年4月美空军部公布的《空军信息战概则》、8月美陆军部颁发的《FM100-6：信息作战》条令和1998年美参联会颁发的联合出版物JP3-13《联合信息战条令》中，明确提出了作战保密、军事欺骗、心理战、电子战和物理破坏的信息作战5项内容。同时，英、法、德等国也相继展开信息作战理论的研究和实践的探索，提出了"黑客"战、经济信息战、网络空间战等概念和观点。

西方各国军队在实施信息作战行动时，普遍遵循以下基本原则："斩首"原则。首先攻击敌国指挥当局、联合参谋部、战区总部、各级部队司令部；破坏敌方各级军事信息系统；制止敌方使用第三方的通信系统，包括通信卫星。"致盲"原则。就是摧毁敌方的传感器等信息获取系统，而不是消灭敌军部队，使敌人变成盲人、失聪者。"战场透明"原则。不间断地、严密地、多频谱地监视和观察敌人，确保己方对战场情况一清二楚。"灵敏"原则。信息提供者要尽心尽责，在任何时候都能及时或超前提供所需信息，使己方部队的决策周期始终先于、快于敌军。"生存"原则。就是提高指挥控制系统的生存能力。

3. 太空作战思想

太空作战，也称太空战、天战或外层空间战，是指运用或针对太空军事力量而实施的攻防作战。这一思想研究始于 20 世纪 50 年代苏联和美国各发射第一颗人造卫星后，但最初还仅限于对付洲际弹道导弹和卫星的武器及其作战方法的研究。随着与军事密切相关的各种卫星、宇宙飞船、航天飞机、空间站等太空平台及其技术的发展，军事力量作战空间随之拓展到太空领域，太空战思想和实战力量建设才有了较大发展。2018 年以来，美国军事战略向应对"大国竞争"转型，为应对"拥挤、对抗、竞争"的太空环境，备战大国间"高端战争"，美国加快太空实战能力建设。2018 年，美参联会颁布更新版《太空作战》，提出设立"太空联合作战区域"，将传统作战区域扩展到太空，随后成立太空司令部、组建太空军，规范太空联合作战指挥权责，突出发展太空"轨道战"、电磁战、网络战等新型太空攻防作战能力。

太空作战思想主要反映在夺取制天权、太空威慑、太空作战样式三个方面。夺取制天权是太空作战的首要目标，主要是指在保护己方天基武器系统和保证己方在太空行动自由的同时，干扰、破坏和摧毁对方天基武器系统和剥夺对方在太空的行动自由。太空威慑就是通过显示和使用太空军事力量，来迫使敌方停止和放弃采取某些军事行动的企图。为实施太空威慑，要大力发展太空进攻力量，控制太空优势，使对方卫星和其他太空设施失去作用或被摧毁；要运用太空军事力量为陆、海、空作战系统提供侦察、监视、导航、通信、指挥、控制等方面的支援；要运用天基武器系统对地面、海上、空中目标实施攻击。太空作战样式包括太空进攻战和太空防御战两个方面，具体可以分为 4 类：导弹拦截战、卫星攻击战、天对地或地对天攻击战、太空作战平台攻防战。

4. 网络中心战思想

网络中心战，是指军队利用计算机网络将战场上各种分散配置的侦察探测系统、指挥控制系统和精确火力打击系统集合成为一个统一高效的作战体系，实现各作战单元和各作战职能系统一体化、各级作战部队和人员共享战场态势信息，从而把战场信息优势转化为作战行动优势的一种作战指导思想。

美军认为，实施网络中心战，首先应建立多个维度互联互通的信息系统，遂行信息采集、数据融合和信息管理等职能。在此基础上，实现"作战空间感知"，使各级各类部队能同时实时了解战场态势的变化情况，使任务、行动、地形变得"透明"，从而大大提高作战部队和军事人员的作战空间感知与信息共享能力。有了共同的"作战空间感知"能力，不仅能使指挥员采取适应性很强的指挥控制方式，加快作战进程，使己方的作战行动总是比敌方快半拍到一拍，使己方总处于主动、敌方总陷于被动，而且可使下属部队和作战人员主动执行作战命令，自觉采取作战行动，真正使部队成为"实时进行自我协调行动的部队"。网络中心战期望达成的作战效果是作战节奏加快、反应能力增强、作战风险降低、作战代价减少、作战效能提高。

5. 空海一体战思想

空海一体战是美军联合作战思想指导下的新作战构想，该理论设想以中国为作战对象，以西太平洋地区为主要战场，针对中国军队"反进入／区域拒止"系统，以空、海军部队为主体，实施空、海一体化联合作战。空海一体战理论的核心思想是实现空、海军紧密融合，取长补短，相互支援。在空海军形成一体化作战能力的基础上，夺取以下作战领域的对抗优势：作战网络对抗反作战网络；导弹攻击对抗导弹防御；空中优势对抗防空；海上控制对抗海上拒止；部队保障对抗反部队保障。

空海一体战的重点行动可能集中在以下五个方面。一是网络致盲行动，即通过压制、干扰、欺骗等信息对抗措施，削弱对方态势感知和锁定美军作战系统的能力。二是导弹压制行动，即通过远程精确导弹攻击来反击或削弱对方进攻性导弹威胁。导弹压制行动的目的是阻止对方"一击制敌、快速取胜"。三是纵深打击行动，即通过实施全方位、全纵深、全天候、实时的主体侦察监视，找出对方防守薄弱的战略重心，并对这些战略重心实施远程打击，以削弱对方的持续对抗能力。四是远程封锁行动，即在持久作战中，利用西太平洋的地理条件和强大的海空力量，最大限度地截断中国海上贸易，封锁中国的海上经济命脉。五是夺取制权行动，即在抵挡中国军队初始攻击、实施致盲和导弹压制行动的同时，美军力争尽快夺取在天空、海上、太空和网络空间的主动权。

第四节　毛泽东军事思想

以毛泽东为代表的中国共产党人，坚持把马列主义普遍原理与中国革命战争的实际相结合，坚持不断创新，走出了一条符合中国国情的革命战争之路，并形成了一套完整的军事思想体系，这就是毛泽东军事思想。毛泽东军事思想，是中国共产党人最伟大的理论创造之一，是马克思军事理论发展史上的一个丰碑。

一、毛泽东军事思想的科学含义

毛泽东军事思想是毛泽东关于中国革命战争、人民军队和国防建设以及军事领域一般规律问题的科学理论体系。它是马克思列宁主义普遍原理与中国革命战争和国防建设实际相结合的产物，是中国共产党领导中国人民及其军队长期军事实践经验的科学总结和集体智慧的结晶，是毛泽东思想的重要组成部分，是中国共产党领导中国革命战争、军队建设、国防建设和反侵略战争的指导思想。

（一）毛泽东军事思想是马克思列宁主义普遍原理与中国革命战争和国防建设实践相结合的产物

马克思列宁主义是无产阶级的科学理论，但它只是为中国革命战争提供了一般的指导理论，不能解决中国革命战争的具体问题。旧中国是一个以农民为主体的半殖民地半封建的国家，革命的主要斗争形式是战争，主要组织形式是军队。无产阶级政党怎样组织军队，建立一支什么样的军队，如何领导和进行革命战争，依靠谁进行战争，怎样按照中国革命战争的客观规律将革命战争引向胜利，需要解决许多特殊而复杂的问题，在马列著作中找不到现成的答案，照搬照抄别国的经验也不能取得成功。毛泽东和他的战友们，适应中国革命战争的需要，从中国的客观实际出发，成功地把马克思列宁主义的普遍原理应用到中国革命战争的指导上，正确地解决了这些问题，从而创立了具有中国特色的完整科学的无产阶级军事思想体系——毛泽东军事思想。

（二）毛泽东军事思想是中国革命战争、反侵略战争、人民军队和国防建设实践经验的科学总结

中国共产党的伟大军事实践，是毛泽东军事思想赖以产生、形成、发展的源泉和基础。中国共产党在领导中国革命的历程中，经历了国共合作的北伐战争，独立领导的土地革命战争、抗日战争和解放战争，推翻了帝国主义、封建主义和官僚资本主义的反动统治，建立了中华人民共和国。中华人民共和国成立后，又进行了抗美援朝战争，抗击苏联、印度等侵犯我国边境的自卫反击战，并从多方面进行了以现代化为中心的军队和国防建设。毛泽东军事思想就是在以上中国革命战争、反侵略战争、军队和国防建设实践经验基础上的科学总结和理论升华。

（三）毛泽东军事思想是以毛泽东为主要代表的中国共产党集体智慧的结晶

毛泽东作为中国革命军事理论的奠基人和集大成者，对这一思想体系的创立和发展是起主导作用的。中国共产党以毛泽东的名字命名这一中国化的马克思主义军事理论是恰当的，他也是当之无愧的。同时，毛泽东只是这一思想的主要代表，这一思想从整体上来说，是群众智慧的结晶，因为毛泽东军事思想是中国革命战争、反侵略战争、军队和国防建设实践经验的总结，进行这个实践的是一个群体。一方面，中国革命战争造就了一大批卓越的无产阶级军事家，如朱德、周恩来、彭德怀等，他们在中国革命战争和军队、国防建设的实践中建立了不朽的功绩，也为中国革命军事理论的建立和发展作出了卓越的贡献；另一方面，中国共产党实行的是集体领导，关于战争、人民军队和国防建设问题的许多重大决策和重要理论观念的形成，都可以说是领袖集团集体智慧的体现。正如毛泽东自己所说的那样，"这不是我一个人的思想，是千万先烈用鲜血写出来的，是党和人民的集体智慧"。

（四）毛泽东军事思想是毛泽东思想的重要组成部分

在夺取全国政权以前的 22 年中，我党的历史实际上是一部武装斗争史，武装斗争占据非常突出的地位，即使在中华人民共和国成立以后相当长的一段时间内，毛泽东等老一辈无产阶级革命家，必须以主要的精力注重战争，研究有关军事问题。毛泽东的军事实践活动，是他一生中最光辉、最成功的部分，因而在他的全部理论研究中，军事著

作占据重要地位。因此，毛泽东军事思想不仅是中国共产党人理论创新最光辉的部分之一，也是毛泽东思想发展成熟的显著标志之一。

二、毛泽东军事思想的基本内容

毛泽东军事思想揭示了中国革命战争和国防现代化建设的客观规律，是具有中国特色的发展了的马克思主义军事理论，是一个完整的科学体系。它的主要内容包括无产阶级的战争观和方法论、人民军队思想、人民战争思想、人民战争的战略战术思想、国防建设思想等部分。

（一）无产阶级的战争观和方法论

战争观和方法论，是毛泽东研究和指导战争的基本观点和方法。

1. 战争是私有财产和阶级的产物

毛泽东指出："战争——从私有财产和有阶级以来就开始了的，用以解决阶级和阶级、民族和民族、国家和国家、政治集团和政治集团之间，在一定发展阶段上的矛盾的一种最高斗争形式。"这一定义，指明了战争的起源是私有财产和阶级，战争是一个历史范畴；指出战争是阶级斗争的最高形式。1972 年，毛泽东指出，帝国主义和霸权主义是现代战争的根源。

2. 战争是政治的特殊手段和继续

战争的本质集中反映在战争与政治的关系之中。克劳塞维茨曾提出"战争无非是政治通过另一种手段的继续"的论断，列宁把这一论断称为研究和考察战争的"至理名言"。毛泽东在其军事思想中充分肯定了"战争是政治的继续"这一合理命题，并在理论和实践的结合上进一步阐明了战争本身就是政治性质的行动，战争与政治具有一致性；同时认为战争不等同于一般的政治，战争与政治的差别是个性与共性、特殊性与普遍性的差别。毛泽东有一经典性结论："政治是不流血的战争，战争是流血的政治。"这一论断深刻地揭示了战争的本质，是毛泽东军事思想关于无产阶级战争观的理论基石。

3. 共产党人要拥护正义战争，反对非正义战争

毛泽东指出："历史上的战争分为两类，一类是正义的，一类是非正义的。一切进步的战争都是正义的，一切阻碍进步的战争都是非正义的。"共产党人对待战争的基本态度可归结为两点：对待不同性质的战争采取不同的态度，拥护正义战争，反对非正义战争；共产党人是战争的消灭论者，研究和认识战争的目的是消灭一切战争，实现人类的永久和平。人类社会只有进步到消灭阶级、消灭国家的时候，战争才能从根本上消除。毛泽东还认为，既然战争是用暴力手段进行的政治，那么，用非暴力手段就不能制服暴力。

4. 研究和指导战争必须把握战争规律

毛泽东在《中国革命战争的战略问题》一文中指出："战争的规律——这是任何指导战争的人不能不研究和不能不解决的问题。""不懂得它的情形，它的性质，它和它以外

事情的关联，就不知道战争的规律，就不知道如何指导战争，就不能打胜仗。"毛泽东研究和指导战争方法论的核心，就是从研究战争规律入手，认识和把握战争规律，用以正确地指导战争。

5. 研究和指导战争必须从实际出发，必须着眼其特点和发展

毛泽东认为，战争的规律随着时间的推移而发展；战争的规律随着空间的位移而变化；战争的规律因战争性质的不同而有差异。因此，认识和把握战争的特殊规律，必须用发展的眼光去探寻战争这一事物在不同条件下所发生的变化，从而抓住其特殊的本质。一切战争规律和指导原则都依历史的发展而发展，依条件的改变而改变，我们应根据战争不同时间、地域和性质等条件的发展变化，认识和把握特殊规律，以正确指导战争。

6. 研究和指导战争，要关照全局，把握关节

战争有全局与局部之分，全局统帅、决定局部，局部隶属、服从全局。毛泽东说："战争的胜败的主要和首先的问题，是对全局和各阶段的关照得好或关照得不好。""指挥全局的人，最要紧的，是把自己的注意力摆在照顾战争的全局上面。"把握关节是推动全局发展的重要方法。所谓关节，是战争的重点部位和关键环节，也是对全局胜负有决定性影响的局部。如何把握关节？毛泽东认为要注意两点：一是要从全局出发去把握关节。二是要依据客观实际把握关节。有些问题在此时此地是主要关节，到了彼时彼地就可能不成为关节了。

7. 研究和指导战争，要使主观指导符合客观实际

毛泽东指出，多打胜仗，少打败仗的关键，"就在于把主观和客观二者之间好好地符合起来"。战争实践反复证明，两军作战，凡胜者，必定是主观指导符合客观实际；凡败者，必定是主观指导违背客观实际。战争实践是主观指导符合客观实际的基本途径；熟识敌我双方各方面的情况，是主观指导符合客观实际的根本方法；充分发挥自觉能动性，是主观指导符合客观实际的关键因素。要从战争中学习战争，坚持战争的客观条件与自觉能动性的辩证统一。

（二）人民军队思想

为了把以农民为主要成分的革命军队建设成为一支无产阶级性质的新型人民军队，毛泽东在长期领导革命战争的实践中，总结和提出了一整套建军的理论和原则。

1. 必须建立一支新型的人民军队

毛泽东指出："从马克思主义关于国家学说的观点看来，军队是国家政权的主要成分。谁想夺取国家政权，并想保持它，谁就应有强大的军队。"由此说明，依靠军队进行暴力革命是马克思主义原则。毛泽东深刻分析了当时中国社会的特点、总结历史经验，特别是汲取大革命失败的惨痛教训，认为，中国共产党实现用革命的手段推翻旧政权的历史任务，必须首先建立和掌握革命军队，只有建立无产阶级军队，才是我党的唯一出路。毛泽东指出："共产党不争个人的兵权，但要争党的兵权，要争人民的兵权。""我们是战争消灭论者，我们是不要战争的；但是只能经过战争去消灭战争，不要枪杆子必须拿起枪杆子。"中国革命成功的实践充分证明，人民军队是进行革命战争，夺取国家政

权的骨干力量。

2. 按照无产阶级性质建设人民军队

毛泽东指出:"紧紧地和中国人民站在一起,全心全意地为中国人民服务,就是这个军队的唯一的宗旨。"这个宗旨,体现了人民军队的阶级本质,是我军立于不败之地的力量源泉;这个宗旨,指明了人民军队同一切剥削阶级军队以及其他旧式军队的本质区别,是我军建军原则的核心,也是一切军事活动的出发点和归宿点。毛泽东规定人民军队执行战斗队、工作队、生产队三大任务也是无产阶级军队性质的体现。

3. 确立了人民军队建设的一系列基本原则

毛泽东依据无产阶级革命的性质,结合中国军队的实际情况,逐步总结制定出一整套建设新型人民军队的原则。主要包括:坚持党对军队的绝对领导,绝不允许枪指挥党;坚持政治工作的三大原则,即官兵一致、军民一致、瓦解敌军和宽待俘虏;实行集中指导下的政治、经济、军事民主制度;此外,以"三大纪律八项注意"作为全军行动的基本准则。

4. 人民军队要从低级阶段逐步向高级阶段发展,不断加强正规化和现代化建设

土地革命战争时期,毛泽东就曾指出,到了红军的高级阶段,必须逐渐地自觉地去掉游击性,使红军的集中统一性更高些,纪律性更强些,工作更周密些,这就是说更正规些。抗日战争时期,毛泽东强调:"革新军制离不了现代化。"解放战争时期,毛泽东根据形势的发展和作战的需要,指示我军要加强技术兵种建设,尽快建成能有效配合步兵作战的新兵种,逐步向军队现代化、正规化过渡。中华人民共和国成立以后,毛泽东根据形势的发展变化,明确提出要建设现代化、正规化的国防军,"与现代化装备相适应的,就是要求部队建设的正规化"。

毛泽东人民军队建设思想还有严格训练、严格要求,不断提高战斗力,发扬勇敢战斗、不怕牺牲和艰苦奋斗的优良传统和作风等。

(三)人民战争思想

人民战争是我党历来坚持的进行革命战争的根本指导路线,是毛泽东军事思想的核心内容,是我军战略战术的基础。

1. 人民战争的含义及基本精神

人民战争是"被压迫阶级和被压迫民族为谋求自身解放、发动和依靠广大人民群众所进行的战争"。"正义性"和"群众性"是人民战争的两个密不可分的基本属性。人民战争思想的基本精神是:在中国共产党的领导下,一切为了人民群众的根本利益,坚决相信和依靠人民群众,充分动员、组织和武装人民群众,实行全面彻底的人民战争。战争的目的为人民服务、进行战争依靠人民、胜利果实属于人民,是人民战争基本精神的实质。

2. 人民战争思想的基本原理

毛泽东人民战争思想的基本原理,从根本上说,就是唯物史观在革命战争中的具体运用。

兵民是胜利之本。在战争中，人民群众是战争政治力量的直接拥护者；人民群众是军力和经济力的源泉；人民群众又是实行灵活机动的战略战术的首要条件。毛泽东十分重视军队内部团结，军政、军民的团结，相信战争的伟力之最深厚的根源存在于民众之中，又必须以进步的政治精神宣传群众，使军队和民众的力量结合成一个整体，认为只有同人民团结的军队才是真正无敌的军队，广大军民的团结奋斗是决定战争胜负的决定力量。

战争的正义性是实行人民战争的政治基础。战争的政治目的决定战争的性质，战争的性质决定民心的向背，民心的向背决定人民群众参与战争活动的状况如何，同时也决定了进行战争所采取的形式。由于人民战争是正义的战争，代表着社会发展的方向，符合人民群众的根本利益，因而能够得到人民群众的真心拥护和支持。战争的这种正义性质是实行人民战争的政治基础，离开了这个政治基础，就不可能有人民群众自愿行动起来，拿起武器投身到武装斗争的行动中去，也就不可能产生真正的人民战争。中国共产党领导的历次革命战争，都是正义战争，都具有实行人民战争的政治基础。

战争胜负的决定因素是人而不是武器。依靠人民群众进行战争，必须正确处理人与武器的关系。毛泽东指出："武器是战争的重要因素，但不是决定的因素，决定的因素是人不是物。力量的对比不但是军力和经济力的对比，而且是人力和人心的对比。军力和经济力是要人去掌握的。"这是毛泽东关于人和武器在战争中的地位及其辩证关系的一个著名的观点。把人和武器作为一个统一体来看，显然，人的作用是决定性的。强调"人是战争胜负的决定因素"，并不排斥武器的重要作用，在战争中，应努力寻求人与武器的高度统一和最佳结合。

3. 实行人民战争的主要原则

毛泽东关于人民战争的指导方针和主要原则是：实行共产党对战争的一元化领导，充分发挥党政军民的整体力量；建设一支以农民为主体的新型人民军队作为战争的骨干力量；实行人民战争必须进行深入的政治动员，依靠和武装人民群众，才能实行全面、彻底的人民战争；创建革命根据地，使之成为发动群众、扩大武装、储备干部、发展生产和支持长期战争的战略基地；以人民军队为骨干，实行主力兵团和地方兵团相结合，正规军和游击队、民兵相结合，武装群众和非武装群众三结合的人民战争武装力量体制和以武装斗争为主，实行各条战线各种形式的斗争配合的组织斗争形式；充分运用灵活机动的战略战术。

（四）人民战争的战略战术思想

毛泽东在指导中国革命战争的长期实践中，创立了一整套具有中国特色的人民战争的战略战术，成为人民军队在战争力量敌强我弱、武器装备敌优我劣的条件下克敌制胜的法宝。

1. 保存自己，消灭敌人

毛泽东指出："战争的目的不是别的，就是保存自己，消灭敌人。"这表明，战争除了交战双方相互追求的政治目的和经济目的之外，还有一种直接的军事目的。保存自己，消灭敌人具有对立统一性，是同一战争目的的两个方面。毛泽东指出："战争目的中，消灭敌人是主要的，保存自己是第二位的，因为只有大量地消灭敌人，才能有效地保存自己。"消灭敌人是保存自己的最有效的手段，而保存自己又是消灭敌人的必要条件，因此，在作战行动中，应把消灭敌人放在第一位；但是在敌强我弱的形势下，从根本上危及军力的保存时，则首要的就是如何保存自己的有生力量。

毛泽东指出："一切军事行动的指导原则，都根据于一个基本的原则，就是尽可能地保存自己的力量，消灭敌人的力量。"一切技术的、战术的、战役的、战略的原理，都离不开保存自己、消灭敌人的战争目的。战争指导者，必须在战争实践中遵循这个基本原则，以确定自己所要采取的原则、方法和行动。

2. 战略上藐视敌人，战术上重视敌人

战略上藐视敌人，战术上重视敌人是对敌斗争的战略和策略思想。这一思想的历史形成和基本含义，在毛泽东《和美国记者安娜·路易斯·斯特朗的谈话》的题解中，作了扼要的表述："从第二次国内革命战争时期以来，毛泽东曾经多次指出，革命者必须在战略上、在全体上，藐视敌人，敢于同他们斗争，敢于夺取胜利；同时，又要在战术上、在策略上、在每一个局部上、在每一个具体斗争问题上，重视敌人，采取谨慎态度，讲究斗争艺术，根据不同的时间、地点和条件，采取适当的斗争形式，以便一步一步地孤立和消灭敌人。"

战略上藐视敌人，战术上重视敌人是建立在辩证唯物论和历史唯物论基础上的。藐视敌人与重视敌人，从战略上和战术上分别加以限制，作为一个完整概念，两者就成为相辅相成、辩证统一的关系。

3. 实行积极防御，反对消极防御

毛泽东积极防御战略思想，是在长期革命战争实践中形成和发展起来的指导防御性战争的战略思想。它是我军战略指导经验的科学总结，是制定和实现战略方针的理论基础。

毛泽东在讲到攻防辩证统一这一积极防御思想的基本含义时说："积极防御，又叫攻势防御，又叫决战防御。消极防御，又叫专守防御，又叫单纯防御。消极防御实际上是假防御，只有积极防御才是真防御，才是为了反攻和进攻的防御。"这一论述深刻揭示了积极防御的实质和消极防御的要害。积极防御战略思想的基本精神包括：充分准备，后发制人，攻防结合，持久胜敌。

毛泽东人民战争的战略战术思想，除以上三项内容外，还有在战略上实行内线持久的防御战的同时，在战役战斗上实行外线的进攻战；游击战、运动战、阵地战三种作战形式密切配合，适时进行以改变主要作战形式为基本内容的战略转变；慎重初战，不打则已，打则必胜；不打无准备之仗；力争主动，力避被动；集中优势兵力，各个歼灭敌人；执行有利决战，避免不利决战；一切从敌我双方的实际情况出发，你打你的，我打我的，有什么枪打什么仗，对什么敌人打什么仗，在什么地点打什么地点的仗；作战指导上要正确处理主动性、灵活性和计划性三者间的统一；灵活机动地使用兵力和变换战术等。

（五）国防建设思想

中华人民共和国成立以后，党的军事斗争的现实目标，由过去以夺取政权为主，转变成巩固政权、维护国家安全和领土主权不受侵犯、保障社会主义建设所需要的和平环境为主。毛泽东适时提出了一系列国防建设思想。

1. 国防不可没有

毛泽东在《论十大关系》一文中明确指出："国防不可没有。"这句话言简意赅地阐明了国防建设的重要性。

毛泽东指出："从马克思主义关于国家学说的观点看来，军队是国家政权的主要成分。谁想夺取国家政权，并想保持它，谁就应有强大的军队。"由此看出，建设强大的国防是马克思主义国家学说的重要内容。而国防建设，是捍卫国家主权和领土完整的根本保证；是社会主义建设的客观需要；对提高我国的国际地位，维护世界和平具有重要作用。从根本上说，就是以武装力量建设为主体，以维护国家根本利益不受损害为目的的社会行为。

中华人民共和国成立以后，我国国际地位的恢复和威望的提高，就是国防力量不断增强的结果。

2. 国防建设的基本内容

在进行社会主义建设和保卫国家主权及领土完整、反对外来侵略的过程中，毛泽东提出建设现代化国防的思想。主要包括：加强武装力量建设，建设现代化的军队，普遍实行民兵制，加强后备力量建设；建立完整的国防工业和国防科研体系，提高发展武器装备包括尖端武器的能力，形成从中央到地方相互衔接的国防工业生产布局；加强战略后方建设，在国土纵深的某些区域进行综合基础建设和战略物资储备，为进行反侵略战争提供战略保障；加强全民国防教育，增强全国人民的国防观念和战备意识等。

3. 国防建设的基本原则

毛泽东从中国的特殊国情出发，结合中国国防现代化建设的实际，提出了一系列国防现代化建设的基本原则。主要包括：国防建设必须与国家的经济建设相适应，国防力量的发展必须以经济建设为基础，军队要积极支援和参加国家的经济建设；国防建设必须以现代化为中心，这不仅是现代战争的必然要求，也是我军建设向高级阶段发展的必由之路；国防建设必须坚持独立自主的方针，根据自己国家的情况来决定国防政策，进行国防建设，坚持自力更生为主，争取外援为辅，把国防现代化建设放在自己力量的基点上；坚持平战结合，要立足于最坏的情况，在武装力量的建设、动员体制的完善、后备兵员的储备、科学技术的发展、武器装备的更新以及未来战争的战场建设等方面，进行认真的准备，为推迟战争、制止战争的爆发和夺取反侵略战争的胜利，创造物质上、精神上和组织上的有利条件等。这些原则的提出，对国防建设起到了重要作用。

三、毛泽东军事思想的历史地位

毛泽东军事思想，是中国近现代的特定历史条件下的产物，在中国乃至世界军事思想发展史上都有其独特的地位。

（一）把中国军事思想发展到一个全新的阶段，是中国革命战争胜利和国防现代化建设的理论指南

毛泽东以其精深的传统文化素养，广泛吸收中国古代军事思想的精华，把辩证唯物主义运用于研究和指导战争，形成了中国历史上最先进、最科学、最完整的军事理论。毛泽东军事思想的产生，是中国军事思想史上的一次变革，把中国军事思想推进到一个全新的历史阶段，标志着中国无产阶级军事理论的确立。

毛泽东军事思想，是中国的无产阶级军事理论，是中国革命战争胜利的光辉记录。中国革命战争的伟大胜利，充分肯定了毛泽东军事思想的历史地位。中华人民共和国成立以后，它又指引中国人民取得了国防现代化建设、抗美援朝战争和边境自卫反击作战的伟大胜利。毛泽东军事思想是被实践证明了的正确的军事理论。它的基本理论，特别是那些反映了事物本质规律的原理、原则，具有长远的普遍的指导意义。

在毛泽东军事思想的指引下，中国人民经过国内革命战争和民族解放战争，打败了国内外的强大敌人，创建了中华人民共和国。中华人民共和国成立以来，我国国防现代化建设又取得了伟大成就。实践雄辩地证明，以毛泽东军事思想为指导，革命战争就胜利，国防现代化建设就发展，毛泽东军事思想是中国革命胜利和国防现代化建设的指南。

（二）创造性地丰富和发展了马克思主义的军事理论

以毛泽东为主要代表的老一辈无产阶级革命家，在领导中国人民进行长期革命战争和国防建设的实践中，创造性地把马列主义普遍原理与中国革命战争和国防、军队建设具体实践相结合，继承发展了古代、近代和现代的中外优秀军事理论，形成了内容极其丰富的毛泽东军事思想。主要体现在：系统地阐述了无产阶级的战争观和方法论；开辟了农村包围城市、武装夺取政权的革命道路；解决了把以农民为主要成分的革命军队建设成为一支无产阶级性质的新型人民军队的问题；丰富和发展了马列主义的人民战争思想；系统制定了一整套适合中国革命战争特点的人民战争的战略战术以及国防现代化建设的理论和方针原则等。毛泽东军事思想丰富了马克思主义军事理论宝库。

（三）在世界上有广泛而深远的影响

毛泽东军事思想，从它产生到发展，一直受到世界各国的关注。在中国革命战争取得胜利后，毛泽东军事思想更是受到世界各方面人士的重视。20世纪六七十年代，毛泽东军事思想在第三世界广泛传播，成为许多国家被压迫民族和被压迫人民争取民族独立和解放的强大思想武器。意识形态与毛泽东对立的一些西方人士，出于尊重事实的客观态度，也对毛泽东军事思想的成就表示承认。前美国国务卿基辛格在《核子武器与外交政策》一书中便指出："毛泽东基于大家熟悉的列宁主义学说，即战争是斗争的最高形式，研究出一套军事理论。""这套军事理论表现出高度的分析能力，罕有的洞察力。"曾任美国国防大学战略研究所所长的柯斯林，在《大战略》一书中把毛泽东视为"具有革新

思想的战略家之一"。1972 年 2 月，美国总统尼克松访华与毛泽东会见时，就发自内心而非客套地说："主席的著作推动了一个民族，改变了整个世界。"从 20 世纪中叶起的几十年来，无论是中国共产党的朋友还是敌人，都从不同目的出发，对毛泽东军事思想进行认真研究。毛泽东军事思想已经成为世界军事领域共同的财富，在世界军事思想史上占有重要的地位，是当代世界具有重大影响的军事思想。

第五节　邓小平新时期军队建设思想

邓小平是中国特色社会主义的开拓者，在开辟建设有中国特色社会主义道路的历史进程中，邓小平坚持解放思想、实事求是的思想路线，创造性地总结和提出了关于新时期军队和国防建设的一整套理论、方针和原则，极大地丰富和发展了毛泽东军事思想，形成了邓小平新时期军队建设思想。

一、邓小平新时期军队建设思想的科学含义

《邓小平新时期军队建设思想学习纲要》中指出，邓小平新时期军队建设思想是建设有中国特色社会主义理论的重要组成部分，是在新的历史条件下继承和发展毛泽东军事思想的产物。

邓小平新时期军队建设思想是马克思主义军事理论与中国实际和时代特征相结合的产物。邓小平新时期军队建设思想产生的根本原因在于我国军队和国防建设所处的历史条件发生了重大的历史性变化。从国际环境来看，战争与革命的时代主题在特定的历史条件下转换为和平与发展的时代主题。从国内情况来看，十一届三中全会以后，党和国家的工作重心转移到以经济建设为中心上。从军队建设的特点来看，军队和国防建设指导思想实行战略性转变。邓小平新时期军队建设思想把马克思主义军事理论的基本原理同中国实际和时代特征相结合，当之无愧地成为马克思主义军事理论在中国发展的新成果。

邓小平新时期军队建设思想是对毛泽东军事思想的继承和发展。作为老一辈无产阶级革命家，邓小平对毛泽东军事思想的形成和发展作出了重要贡献。同时，以邓小平同志为主要代表的中国共产党人，继承和发展了毛泽东军事思想的基本原理、原则，以大胆创新的精神，运用毛泽东军事思想的立场、观点和方法，揭示了相对和平时期军队建设的基本规律，提出了一系列新的理论、原则、方针和政策，从而形成了具有中国特色的新时期军队建设思想。

邓小平新时期军队建设思想是邓小平理论的重要组成部分。邓小平既是中国社会主义改革开放和现代化建设的总设计师，也是新时期军队和国防建设的总设计师。他在设计整个国家改革开放和经济建设的同时，也规划了新时期军队建设的蓝图。邓小平新时期军队建设思想，同他关于经济、政治、科技、教育、文化、外交等方面的思想融于一体，

构成了邓小平理论的完整科学体系。邓小平新时期军队建设思想，从各个方面体现了邓小平理论在军事领域的应用，从而成为这一理论的重要组成部分。

二、邓小平新时期军队建设思想的主要内容

邓小平新时期军队建设思想内容非常丰富，含义非常深刻。《邓小平新时期军队建设思想学习纲要》将其概括为十一个方面。本节简要介绍以下几方面内容。

（一）战争与和平的新判断

邓小平关于战争与和平的新判断是新时期中国军事的重要理论基础和思想依据，是科学理解和准确把握邓小平新时期军队建设思想科学体系的钥匙。

20世纪下半叶，国际局势经历了资本主义和社会主义两大阵营对立，美苏争霸和第三世界兴起。旧的秩序逐渐被打破，新的秩序尚未建立。在这个过程中，世界各种矛盾的焦点从"战争与革命"转向"和平与发展"，整个世界处在一个大变动的历史时期。邓小平经过长期观察和冷静分析，于1985年明确指出："现在世界上真正大的问题，带全球性的战略问题，一个是和平问题，一个是经济问题或者说发展问题。和平问题是东西问题，发展问题是南北问题。概括起来，就是东西南北四个字。南北问题是核心问题。"1988年，他再次指出："当前世界上主要有两个问题，一个是和平问题，一个是发展问题。和平是有希望的，发展问题还没有得到解决。"20世纪90年代以后，邓小平明确指出，尽管在今后一个较长时期内，冷战思维依然存在，霸权主义和强权政治仍然是威胁世界和平与稳定的主要根源，世界仍不安宁，但国际形势在总体上继续趋向缓和，在相当长的时期内避免新的世界大战是可能的，争取一个良好的国际和平环境和周边环境是可以实现的。

邓小平关于和平与发展是当今时代主题的论断，实事求是地反映了世界基本矛盾的发展和变化，对国际局势作出了马克思主义的正确判断。在和平与发展两大问题中，邓小平一直强调，发展问题是个核心问题，具有更重要的意义。他指出，发展才是硬道理，要靠发展来维护和平。

（二）军队和国防建设指导思想实行战略性转变

基于新的时代特征和对战争与和平问题的新判断，适应党和国家工作重点的转移，1985年5月23日到6月6日召开的中央军委扩大会议作出了军队和国防建设指导思想实行战略性转变的重大决策。这是邓小平新时期军队建设思想全面形成的一个重要标志，也是我军建设史上重要的里程碑。其基本内涵是：根据对战争与和平问题的新判断，适应中国共产党和国家工作重点转移的要求，把军队和国防建设由准备"早打、大战、打核战争"转到和平时期的建设轨道上来，摆脱多年来在临战状态下进行应急式建设的被动局面，在服从和服务于国家经济建设大局的前提下，有计划有步骤地进行现代化建设。

邓小平指出，中国仍然处在社会主义初级阶段。从这个阶段的实际出发，解决中国

面临的所有问题，关键是要把经济发展起来。因此，要紧紧扭住经济建设"中心"不放，硬着头皮把国家经济搞上去。军队和国防建设要服从整个国家建设大局，要在这个大局下行动：要合理确定国防投入比例，适度压缩军队建设规模；要积极承担支援和参加国家经济建设的任务；要把军队建设建立在国家经济发展的基础上，同国家建设协调起来，在国民经济建立了比较好的基础上实现国防和军队真正现代化。

邓小平关于军队和国防建设指导思想要实行战略性转变的思想，对于促进以经济建设为中心的国家总体建设，增强综合国力和国防能力；对于塑造中国的和平形象，提高中国的国际地位，争取在国际斗争中的战略主动权；对于把握历史机遇，推进军队的革命化、现代化、正规化建设，加速实现国防现代化，都具有极其重大而深远的意义。

（三）建设一支强大的现代化正规化的革命军队

1981年9月，邓小平在华北检阅部队军事演习时提出："我军是人民民主专政的坚强柱石，肩负着保卫社会主义祖国、保卫四化建设的光荣使命。因此，必须把我军建设成为一支强大的现代化、正规化的革命军队。"1987年7月25日，他在为《中国人民解放军新的历史时期建设成就展览》题词中号召全军，"为把我军建设成为一支强大的现代化正规化革命军队而奋斗"。邓小平的论述，明确了新时期军队建设的总方针、总任务、总目标。

建设强大的现代化正规化的革命军队，必须把革命化建设放在第一位。邓小平强调，军队要始终不渝地坚持人民军队的性质，坚持党对军队的绝对领导，大力加强思想政治建设，建设高素质的干部队伍，继承和发扬人民军队的优良传统与作风，做到政治上永远合格。建设强大的现代化正规化的革命军队，中心是要解决现代化的问题。邓小平指出，谋划军队建设全局，指导思想要明确，就是要解决现代化问题。确立以现代化建设为中心，反映了时代发展的客观要求，反映了我军建设的客观规律，是邓小平新时期军队建设思想的一个中心内容。正规化是军队发展壮大的必然要求。邓小平十分重视正规化在我军建设中的地位和作用，强调依法治军，从严治军，科学管理，加强新形势下军队正规化建设。

革命化、现代化、正规化相互联系，相互促进，是一个整体。革命化关系现代化的方向，现代化是革命化和正规化建设的物质基础，正规化是现代化的重要保证和必要条件。实践证明，只有这三个方面全面、协调地发展，才能真正提高我军的战斗力，其中任何一个方面滞后或被忽视，都会削弱我军的战斗力。

（四）走有中国特色的精兵之路

在指导新时期军队建设的过程中，邓小平始终坚持战斗力标准，注重军队的质量建设，强调把教育训练提高到战略地位，把改革精神注入军队建设和战斗力提高的各个方面，坚定不移地引导我军走有中国特色的精兵之路。

1975年，邓小平同志提出"军队要整顿"，目的就是要恢复老红军的优良传统，排除各种影响军队战斗力的不利因素。1977年，他提出要把教育训练提高到战略地位，以此来提高干部、提高军队的素质，提高军队的战斗力。1979 年，他提出，军队建设只看表面不行，要看实战能力，号召"军队要提高战斗力"。1985 年他作出了裁减军队员额 100 万的战略决策。之后他又提出，军队要坚持"精兵、利器、合成、高效"的原则，具备诸军兵种联合作战能力，具备现代战争条件下所必须具有的整体效能和水平。

坚定不移地走有中国特色的精兵之路，是一项崭新的事业。邓小平强调必须贯彻改革创新的精神，解放思想，实事求是，不断研究新情况，解决新问题。在邓小平改革思想的指导下，中国人民解放军在改革军队编制体制、改革教育训练体制、改革国防工业体制诸方面相继取得重大成果，军队面貌焕然一新。实践证明，没有改革就没有军队建设的新局面，改革是开创建设有中国特色精兵之路的强大推动力量。

（五）实行现代条件下的人民战争

在新的历史条件下，邓小平继承和发展毛泽东人民战争思想，明确提出了"现代条件下人民战争"的重要概念，为积极防御的军事战略方针增添了新的时代内容。

邓小平指出："我们的战略是毛泽东主席制定的。毛主席的战略思想就是人民战争，过去是正规军、游击队和民兵三结合，现在是野战军、地方军和民兵三结合。""现在的人民战争与过去不同，装备不同，手段也不同。""敌人要打进来，中国的'三结合'就会叫敌人处于人民战争的汪洋大海之中。"坚信军事斗争的胜负归根结底取决于人民，坚持人民战争思想，是毛泽东军事思想的活的灵魂之一，也是邓小平研究军事问题的重要的立场、观点和方法。

邓小平强调，要坚持人民战争，不仅十分重视解决人民战争的现代技术和物质基础问题，而且十分重视现代条件下人民战争的理论研究。他给军事科学院题词："继承毛泽东军事思想，研究现代条件下人民战争，发展我国军事科学。"要求人们正确认识和把握现代条件下人民战争的特点和规律，正确回答和解决现代条件给人民战争所带来的一系列新问题，不断丰富和发展现代条件下的人民战争理论。

邓小平指出，我们历来的经验，就是用劣势装备打败优势的敌人，因为我们进行的是正义战争，是人民战争。这一点，我们要有充分的信心。经验证明，只要我们坚持人民战争，敌人就是现在来，我们以现有武器也可以打，最后也可以打胜。我们有这样多人口，军民团结一致，敌人要消灭我们的人民是不可能的。但是我们一定要争取有更多的时间，把装备搞上去，把部队的教育训练搞好，这样可以减少不必要的牺牲。

第六节 江泽民国防和军队建设思想

以江泽民同志为主要代表的中国共产党人，站在时代高度和国家安全及军事发展的全局，着眼世界军事变革的发展，立足我国我军的客观实际，以改革创新的精神，全面推进中国国防和军队现代化建设，创造性地继承和发展了毛泽东军事思想和邓小平新时期军队建设思想，形成了江泽民国防和军队建设思想。

一、江泽民国防和军队建设思想的科学含义

江泽民国防和军队建设思想反映了新的历史条件下国防和军队建设的特点和规律，是对毛泽东军事思想、邓小平新时期军队建设思想的继承和发展，是"三个代表"重要思想在国防和军队建设领域的集中体现。

江泽民国防和军队建设思想是"三个代表"重要思想科学体系的重要组成部分。江泽民同志在领导我国国防和军队建设的实践中，始终坚持按照"三个代表"重要思想所体现的时代性和先进性的要求，运用"三个代表"重要思想所贯穿的科学世界观和方法论，围绕解决"打得赢、不变质"两个历史性课题，创新和发展党的军事指导理论，形成了江泽民国防和军队建设思想。这些思想反映和体现着"三个代表"重要思想对我国新时期军事工作的要求，是"三个代表"重要思想的"军事篇"。

江泽民国防和军队建设思想是积极应对冷战后国际国内局势剧烈变化的时代产物。20世纪90年代以后，国际战略格局出现重大转变，世界新军事变革迅猛兴起。我国对外开放日益扩大，发展社会主义市场经济以及由此引起的社会生活多样化趋势迅速发展。军事斗争准备在军事战略全局中的地位更加突出。江泽民敏锐地把握世界发展趋势和中国前进脉搏，对错综复杂的国际国内形势下的国防和军队建设问题，提出了一系列新思想、新观点和新论断，它们生动体现了中国共产党人立足新的实践勇于推进理论创新的科学精神，具有鲜明的时代性，是时代的产物。

江泽民国防和军队建设思想是对毛泽东军事思想、邓小平新时期军队建设思想的继承和发展。江泽民国防和军队建设思想继承和发展了毛泽东军事思想和邓小平新时期军队建设思想，是对马克思主义军事理论的新发展。江泽民科学阐明了新的历史条件下国防和军队建设的地位作用、目标任务、指导方针、总体思路、根本途径、战略步骤、发展动力和政治保证等，形成了一个完整的军事理论体系，把我们党的军事指导理论发展到了一个新的阶段。

江泽民国防和军队建设思想是对我国国防和军队建设客观规律的深刻揭示和实践经验的科学总结。江泽民主持中央军委工作以后，根据改革开放20年来中国国防和军队建设的历史经验，对战争与和平、国防建设与经济建设、革命化现代化正规化、军队数量与质量、常备军与国防后备力量、继承优良传统与改革创新、学习外军有益经验与保持我军特色等重大关系作出了系统阐述，是对中国国防和军队建设基本规律的深刻揭示，深化了对新形势下国防和军队建设规律的认识，为开创国防和军队建设新局面提供了理论上的指导。

二、江泽民国防和军队建设思想的主要内容

江泽民国防和军队建设思想内容丰富，思想深刻，结构严谨，相互联接，是一个完整的军事理论体系。《江泽民国防和军队建设思想学习纲要》将其概括为十四个方面。

本节简要介绍以下几方面内容。

（一）解决好打得赢、不变质两个历史性课题

江泽民指出："在军队建设上，我最关注的是两大问题：一个是我军能不能跟上世界军事发展的趋势，打赢未来可能发生的高技术战争，切实捍卫祖国的主权、安全和统一；一个是我军能不能始终保持人民军队的性质、本色、作风，永远成为党绝对领导下的革命军队。"这是江泽民关于当代中国国防和军队建设的基本课题和根本任务，也是江泽民国防和军队建设思想的核心和总纲。

打得赢，就是我军要建设成为一支具有强大实战能力和威慑能力的现代化军队，能够打赢现代条件特别是高技术条件下的局部战争，为维护国家的安全统一，为建设中国特色社会主义事业提供可靠保障。不变质，就是我军始终坚持中国共产党的绝对领导，永远保持人民军队的性质、本色和作风，经得起任何政治风浪的考验，永远成为党的军队、人民的军队、社会主义国家的军队。打得赢是不变质的基本要求，离开了打得赢，军队不能有效地履行神圣职责，不变质也就失去了意义；不变质是打得赢的根本保证，离开了不变质，我军建设就失去了正确的前进方向，也不可能获得强大的战斗力，胜利担负起保卫社会主义祖国的历史责任。

江泽民指出，解决打得赢、不变质两个历史性课题，必须不断探索新形势下治军的特点和规律，军事斗争准备的特点和规律，国防建设的特点和规律。探索新形势下治军的特点和规律，应坚持一切从客观实际出发，着眼于新形势的特点和发展；应立足于应付复杂局面，对军队建设面临的新情况新问题，进行全面系统的分析研究；应以经济建设为中心，以国防建设与经济建设协调发展为原则。

（二）党对军队的绝对领导是我军永远不变的军魂

面对国际风云变幻和国内改革开放的新形势，江泽民把党对军队的绝对领导作为军队建设和发展的首要问题。他明确指出："一个军队要有军魂。我看，我们军队的军魂就是党的绝对领导。"所谓"军魂"，就是把"党对军队的绝对领导"看成立军之本、建军之魂。否认党对军队的绝对领导，我军就会成为失去灵魂、任人摆布、被人利用的躯壳。江泽民把党对军队绝对领导的原则提到"军魂"的高度，深刻揭示这一原则的科学性、重要性和必然性，是对毛泽东、邓小平关于党对军队绝对领导思想的继承、丰富和发展。

在新的历史条件下，坚持党对军队的绝对领导，遇到了许多新情况、新问题。江泽民指出，西方敌对势力为实现其"西化""分化"中国的图谋正伺机对我军进行渗透和破坏，他们鼓吹的"军队非党化"和"军队非政治化"那一套，就是妄图改变我军的性质，使我军脱离党的领导。在坚持党对军队的绝对领导这个问题上必须旗帜鲜明、态度坚定。如果在这个问题上含含糊糊，甚至自行其是，那是绝对不允许的。军队在任何时候任何情况下，都要坚决听从党中央、中央军委的指挥，永远忠于党、忠于社会主义、忠于祖国、忠于人民。

江泽民指出，坚持党对军队的绝对领导，必须首先从思想上、政治上掌握军队。并强调，从思想政治上把握部队，必须将思想政治建设摆在全军各项建设的首位。从坚持制度和严格纪律上把握部队，必须结合新的形势任务，积极探索有效途径和方式，更好地保证党对军队的绝对领导。从组织人事上把握部队，要下大力培养选拔年轻优秀干部，以保证枪杆子永远掌握在忠于党的可靠的人手里。

（三）积极推进中国特色军事变革

积极推进中国特色军事变革，是贯穿于江泽民国防和军队建设思想中的主导性思想。中国特色的军事变革，就是适应世界新军事变革发展趋势，从我国的国情和军情出发，走以信息化带动机械化、以机械化促进信息化的跨越式发展道路，通过深化改革，实现军队建设的整体转型，建设一支能够打赢未来信息化战争的强大的现代化正规化革命军队。

推进中国特色军事变革的根本目标，是建设信息化军队、打赢信息化战争。江泽民强调，推进中国特色军事变革，必须以信息化为主导，把建设信息化军队、打赢信息化战争作为根本目标，积极推进我军由机械化半机械化向信息化的转变。推进中国特色军事变革的发展道路，是实现机械化信息化建设的复合式跨越发展。江泽民指出，要坚持以信息化带动机械化，以机械化促进信息化，实现机械化、信息化建设的复合式发展，完成机械化、信息化建设的双重历史任务。

推进中国特色军事变革的战略步骤，是按照"三步走"的战略构想逐步实现国防和军队现代化。20 世纪末，党和国家作出了 21 世纪前 50 年分三个阶段实现我国现代化的战略部署，并确定了国防和军队现代化建设分"三步走"的战略构想。第一步，到 2010 年，用十几年时间，努力实现新时期军事战略方针提出的各项要求，主要解决好军队的规模、体制编制和政策制度问题，为国防和军队的现代化打下坚实基础。第二步，到 2020 年，随着国家经济实力的增长和军费的相应增加，加快我军质量建设的步伐，使国防和军队现代化建设有一个较大的发展，基本实现军队机械化，使信息化建设取得重大进展。第三步，再经过 30 年的努力，到 21 世纪中叶，实现国防和军队的现代化。

（四）用新时期军事战略方针统揽国防和军队建设全局

以江泽民为核心的中央军委明确规定我军新时期的军事战略方针仍然是积极防御，并在具体内涵上充实了新的内容。这一军事战略方针的基本精神归纳为：必须以毛泽东军事思想、邓小平关于新时期军队建设的思想为根本指导，服从和服务于国家的发展战略，把未来军事斗争准备的基点放在打赢可能发生的现代技术特别是高技术条件下的局部战争上，实施灵活正确的战略指导。

为贯彻新的战略方针，江泽民于 1995 年提出了军队建设要实行"两个根本性转变"的战略思想，即"在军事斗争准备上，由应付一般条件下的局部战争向打赢现代技术特别是高技术条件下局部战争转变；在军队建设上，由数量规模型向质量效能型、人力密集型向科技密集型转变"。为此，要实施正确的军兵种发展战略，构建具有我军特色的体制编制。要加强应急机动作战部队建设。要努力提高联合作战能力，建立和完善符合我国国情和军情的联合作战指挥体制。要加强武装警察部队建设，提高现代条件下执勤和处置突发事件的能力。

江泽民指出："我们要以军事斗争准备为龙头，通过局部跃升推动军队现代化建设的整体推进。"要处理好军事斗争准备与军队现代化建设长远发展的关系，做到既能迅速形成我军高技术条件下作战的精锐力量，又能有效带动军队现代化建设的全局。要处理好主要战略方向与其他战略方向的关系，以主要战略方向的军事建设带动其他战略方向的军事建设。要尽快建立起一个结构合理、功能齐全、综合集成、反应迅速，能够充分发挥武装力量整体效能和国家战争潜力的作战体系。

（五）按照"五句话"总要求全面加强军队建设

"五句话"总要求指的是："部队要做到政治合格、军事过硬、作风优良、纪律严明、保障有力。"它是对新时期军队建设总目标的具体化和规范化，是有效履行我军职能的必然要求，是现代战争对军队建设提出的客观要求。"五句话"总要求涵盖了军队建设的方方面面，环环相扣，相互关联，构成了军队全面建设的基本要素。

"政治合格"是实现军队建设总目标的根本要求，它直接决定着军队建设的性质和发展方向，对其他几方面具有规定和制约作用。"军事过硬"是军队建设总要求的核心内容，也是新形势下履行人民军队根本职能的基本前提和可靠保证。"作风优良"和"纪律严明"是军队建设总要求的重要内容，是人民军队特有的优良传统和特殊优势。"保障有力"是对军队后勤保障建设方面的总要求，也是军队建设不可缺少的重要内容之一。综合起来，"政治合格"主要是"革命化"的范畴，"军事过硬，保障有力"主要体现了"现代化"的要求，"作风优良，纪律严明"主要反映了"正规化"的内容。五个方面相辅相成，相互促进，共同构成新时期新阶段我军建设的基本内容和目标体系。

（六）实施科技强军战略，加强军队质量建设

江泽民指出："军队质量在现代战争中具有决定性的意义。我们必须把加强质量建设作为实现我军现代化的基本指导方针，摆在更加突出的位置。"为适应世界军事发展的大趋势和我国实施科教兴国战略的新形势，他提出实施科技强军战略，强调要依靠科技进步提高军队建设质量，指出："加强质量建设的关键，是实施科技强军的战略，提高军队现代化建设的各个方面的科学技术含量，增强现代技术特别是高技术条件下的防卫作战能力。"科技强军战略的确立，实现了我军建设指导方针的一个历史性转变。

实施科技强军战略，核心内容是把依靠科技进步提高战斗力摆在国防和军队建设的战略位置，增强国家的军事科技实力，全面提高军队建设的科技含量。实施科技强军的落脚点是实现军队建设的"两个转变"：由数量规模型向质量效能型、由人力密集型向科技密集型转变。依靠科技进步实现"两个转变"，关键是要提高广大官兵的科学技术素质，在全军掀起并形成学习现代科技特别是高科技知识的热潮。依靠科技进步实现"两个转变"，需要培养和造就大批高素质的军事人才，为我军现代化建设好和军事斗争准备提

供强大的人才和智力支持。要把"打赢"作为根本出发点和落脚点，把提高部队全面作战能力作为最终目的，开展科技练兵。

第七节　胡锦涛国防和军队建设思想

胡锦涛在领导国防和军队建设的实践中，坚持运用马克思主义立场观点方法，紧紧围绕新的历史条件下军队履行什么样的使命、怎样履行使命，实现什么样的发展、怎样发展，未来打什么样的仗、怎样打仗等重大问题，提出了一系列紧密联系、相互贯通的新思想新观点新论断，形成了胡锦涛国防和军队建设思想。

一、胡锦涛国防和军队建设思想的科学含义

胡锦涛国防和军队建设思想着眼新的时代特征和我军建设新的阶段性特征，科学应对国防和军队建设面临的新情况新问题，创造性地指导了新世纪新阶段国防和军队建设伟大实践，是着眼时代条件、立足国情军情、指导军事实践、创新理论发展的必然结果。

胡锦涛国防和军队建设思想是应对时代机遇和挑战的科学产物。进入新世纪新阶段，世界处于大变革大调整之中，世界多极化不可逆转，经济全球化深入发展，科技革命加速推进，求和平、谋发展、促合作成为时代潮流。我国经济、科技和国防实力的不断提高，大国地位日益凸显，西方敌对势力加紧对我全方位的战略遏制、战略渗透和战略围堵，周边国家对我防范意识有所增加，周边热点地区形势复杂多变，国家面临安全发展的考验，军队面临有效履行历史使命的考验。胡锦涛国防和军队建设思想正是在牢牢抓住战略机遇、战胜各种挑战、化解各种风险中应运而生的科学产物。

胡锦涛国防和军队建设思想是把握国家安全和发展战略全局的思想结晶。在全面建设小康社会进程中实现富国和强军的统一，既是中华民族实现伟大复兴的战略要求，也是胡锦涛国防和军队建设思想的战略着眼点。新世纪新阶段，传统安全威胁与非传统安全威胁相交织，现实安全威胁与潜在安全威胁相交织，军事安全威胁与其他安全威胁相交织，国内安全问题与国际安全问题相交织，共同构成了中国安全的总体态势。国家安全和发展的战略全局，国防和军队建设在国家总体布局中的战略地位，要求我们党必须提出富国与强军相统一、安全与发展相统一、能够促进国防和军队建设又好又快发展的科学的军事指导理论。胡锦涛国防和军队建设思想正是着眼中国安全与发展的战略全局提出来的。

胡锦涛国防和军队建设思想体现了开创国防和军队建设新局面的理论要求。新世纪新阶段，国防和军队建设处于并行交会的"三个时期"：一是军队历史使命拓展期，二是军事变革攻坚期，三是社会变革深化期。这"三个时期"相互交织、相互影响，使国防和军队建设不可避免地面对三个复杂的战略关系。一是军事变革与社会变革"双重攻坚"，二是机械化与信息化"双重建设"，三是军事变革与应急战备"双重任务"。这些

新矛盾交织在一起，形成了我军建设"两个不适应"的主要矛盾，即我军的现代化水平与打赢信息化条件下局部战争的要求不相适应，军事能力与履行新世纪新阶段军队历史使命的要求不相适应的矛盾。胡锦涛国防和军队建设思想正是在这样一个承前启后的历史坐标中产生的。

胡锦涛国防和军队建设思想丰富和发展了中国特色社会主义军事理论体系。胡锦涛国防和军队建设思想，与毛泽东军事思想、邓小平新时期军队建设思想、江泽民国防和军队建设思想既一脉相承又与时俱进。它洋溢着实事求是、解放思想、与时俱进、求真务实的科学精神，顺应了时代发展的要求，深深刻上了时代的烙印，鲜明体现了时代的特色，形成了关于国防和军队科学发展思想，成为在新的历史起点上推进国防和军队建设的党的军事指导理论创新成果。

二、胡锦涛国防和军队建设思想的主要内容

胡锦涛国防和军队建设思想是一个科学的理论体系。《胡锦涛国防和军队建设思想学习纲要》将其概括为十三个方面。本节简要介绍以下几方面内容。

（一）坚持把科学发展观作为加强国防和军队建设的重要指导方针

胡锦涛提出以推动国防和军队建设科学发展为主题的重大战略思想，全面阐明了科学发展观对国防和军队建设的总体要求。发展是科学发展观的第一要义。在国防和军队建设中贯彻科学发展观，首要的问题是必须坚持经济建设与国防建设协调发展的方针。坚持以人为本，是科学发展观的本质和核心。军队要把贯彻以人为本与坚持从严治军、强化战斗精神、发扬民主、尊重官兵权益与一切行动听指挥有机统一起来。全面协调可持续是科学发展观的基本要求。国防和军队建设必须以提高部队战斗力为根本出发点和落脚点，全面加强革命化现代化正规化建设，使军事、政治、后勤、装备建设相互配合、相互促进、共同进步。

全面贯彻落实科学发展观，必须抓好国防和军队建设的"五个统筹"，即统筹中国特色军事变革与军事斗争准备，统筹机械化建设与信息化建设，统筹诸军兵种作战力量建设，统筹当前建设与长远发展，统筹主要战略方向与其他战略方向。进一步实施科技强军战略，着力推动军事理论创新、军事技术创新、军事组织体制创新和军事管理创新，加快转变战斗力生成模式，充分发挥官兵的主体地位，坚持军民结合、寓军于民，实现国防和军队建设全面协调可持续发展。

（二）有效履行新世纪新阶段我军历史使命

新世纪新阶段我军历史使命概括为"三个提供、一个发挥"，即：为党巩固执政地位提供重要的力量保证；为维护国家发展的重要战略机遇期提供坚强的安全保障；为维护国家利益提供有力的战略支撑；为维护世界和平与促进共同发展发挥重要作用。2007年8月1日，胡锦涛在庆祝中国人民解放军建军80周年暨全军英雄模范代表大会上的讲话

中郑重强调："人民解放军的全部工作，都要围绕有效履行这一历史使命来展开，各项建设都要围绕提高履行历史使命的能力来进行。"

胡主席关于新世纪新阶段我军历史使命的论述，把军队历史使命与党长期执政、国家安全发展、民族伟大复兴、世界和平进步紧密联系起来，充分体现了历史与现实、理论与实践、政略与策略、继承与创新的统一，是对新世纪新阶段我军地位作用的新概括、职能任务的新拓展、性质宗旨的新要求、发展目标的新定位，实现了人民军队使命任务的与时俱进。

（三）把思想政治建设作为军队的根本性和基础性建设抓紧抓好

胡锦涛指出，在新的历史条件下，军队思想政治建设只能加强、不能削弱。要毫不动摇地把思想政治建设摆在各项建设的首位，保持和发展我军特有的政治优势。他指出，在意识形态领域斗争尖锐复杂、军队使命任务不断拓展、影响官兵思想的渠道日益增多的新形势下，要把思想政治建设抓得更加科学、扎实、有效。

胡锦涛强调，要切实加强和改进新形势下军队党的建设，提高党的建设科学化水平，增强党组织的创造力、凝聚力、战斗力。要坚持把推进军队建设科学发展、提高履行使命任务能力作为军队党的建设的出发点和落脚点，扎实推进学习型党组织建设，建设坚强的党委班子和高素质干部队伍，切实改进领导作风和工作作风，真正把党的政治优势和组织优势转化为推动军队建设科学发展的强大力量。要不断强化官兵的军魂意识，坚决抵制"军队非党化、非政治化"和"军队国家化"等错误观点，使全军始终做到坚定不移地听党的话、跟党走。要积极创新和改进思想政治教育的内容、形式和手段，紧密联系新的形势任务和官兵的实际，积极推进思想政治工作的创新发展，增强思想政治工作的主动性、针对性、实效性。

（四）依靠科技进步加快转变战斗力生成模式

胡锦涛指出，必须进一步实施科技强军战略，推进军队建设由数量规模型向质量效能型、由人力密集型向科技密集型转变，把军队战斗力生成模式切实转到依靠科技进步特别是以信息技术为主要标志的高新技术进步上来，不断提高官兵的科技素质，充分发挥科技进步和创新对战斗力提高的巨大推动作用。

信息能力在战斗力生成中起着主导作用，信息化武器装备成为战斗力的关键物质因素，基于信息系统的体系作战能力成为战斗力的基本形态。胡锦涛指出，把军队战斗力生成模式转到依靠科技进步上来，必须大力发展高新技术及其物化了的武器装备，必须提高全军官兵的科技素质。必须两手抓，两手都要硬。一手抓武器装备的高科技含量，一手抓官兵的高科技素质。还必须着力解决体制编制、政策制度等方面的深层次矛盾和问题，改革调整政策制度，为战斗力生成模式转变提供可行的组织制度保障。

（五）积极开展信息化条件下军事训练

胡锦涛指出，要切实把军事训练摆到战略地位，积极推进机械化条件下军事训练向信息化条件下军事训练的转变；要按照打赢信息化条件下局部战争的要求全面严格训练部队；要坚持从实战需要出发从难从严训练，大力加强基础训练、联合训练和使命课题训练，积极开展复杂电磁环境下训练，全面增强官兵综合素质，努力提高部队信息化条件下的实战能力；要坚持把军事训练的根本着眼点放在提高官兵综合素质上；要围绕构建信息化条件下军事训练的科学体系，深化军事训练内容、方式和手段的创新发展；要充分发挥军事训练对军队全面建设的推动作用。

积极开展信息化条件下军事训练的目标，是提高信息化条件下一体化联合作战能力。应当做到四个坚持：坚持从信息化条件下的实战需要出发从难从严训练，坚持把军事训练的根本着眼点放在提高官兵综合素质上，坚持走科技兴训之路，坚持以改革创新推动训练发展。胡锦涛指出，军事训练具有特有功能。军事训练不仅要为确保军队"打得赢"服务，还要为确保军队"不变质"服务；军事训练对军队全面建设具有重要的推动作用；军事训练具有特殊的思想教育功能；军事训练是重要的治军方式和管理方式；军事训练本身具有威慑作用。

（六）走中国特色军民融合式发展路子

胡锦涛指出，积极探索新形势下军民结合、寓军于民的新途径新方法，全面推进经济、科技、教育、人才等各个领域的军民融合，在更大范围、更高层次、更深程度上把国防和军队现代化建设与经济社会发展结合起来，为实现国防和军队现代化提供丰富的资源和持续发展的后劲。实现军民结合、寓军于民，需要党和国家从经济社会发展全局通盘考虑，完善有利于军民统筹协调的体制机制，制定相应的法规政策和军民通用技术标准，在经济社会发展规划中兼顾军事需求，逐步建立起军民结合、寓军于民的经济社会发展体系。

胡锦涛指出，要尽可能把国防科学技术研究纳入国家科学技术中长期发展规划，广泛吸纳成熟的民用先进技术，提高武器装备创新发展能力。要进一步推动在国民经济基础设施特别是信息基础设施建设中兼顾军事需求，把国防战略布局的完善与国家经济结构和地区经济布局调整结合起来，促进国防基础设施建设的发展。要加大依托国民教育培养军事人才和从社会引进专业技术人才工作的力度，更好地满足军队建设日益增长的高素质人才需求。要积极推进军队后勤保障和其他保障的社会化。

第八节 习近平强军思想

党的十八大以来，以习近平同志为核心的党中央，把握强国强军时代要求，与时俱进创新党的军事指导理论，形成了习近平强军思想。这一思想是习近平新时代中国特色社会主义思想的重要组成部分，是党的军事指导理论最新成果，是坚持走中国特色强军之路、全面推进国防和军队现代化的行动指南。

一、习近平强军思想形成的时代背景

习近平强军思想是在中国特色社会主义进入新时代、世情国情军情发生深刻变化的历史条件下形成发展的，是从新时代强军事业全部实践中产生的理论结晶。

当今世界正经历百年未有之大变局。这是党的十八大后习主席科学分析国际形势发展变化作出的一个重大战略判断。这个大变局，体现在国际经济、科技、文化、安全、政治等格局都在发生深刻复杂变化，国际力量对比深刻调整，逆全球化思潮上升，全球治理体系变革加速推进，发展道路和发展模式之争更加激烈。特别是世纪疫情冲击下，百年变局加速演进。这个大变局，最突出的特点是"东升西降"。中国发展理念、发展道路、发展模式的影响力吸引力显著增强，中国日益发挥着世界和平建设者、全球发展贡献者、国际秩序维护者的重要作用。总体上看，和平与发展仍然是时代主题，但世界进入动荡变革期，外部环境更趋复杂严峻和不确定。习近平强军思想始终以宽广的世界眼光来观察当代中国军事问题，是在准确识变、科学应变、主动求变中创立并不断丰富发展的。

我国正处在由大向强发展的关键阶段。经过不懈努力，我国经济实力、科技实力、综合国力和人民生活水平跃上了新的大台阶，成为世界第二大经济体、第一大工业国、第一大货物贸易国、第一大外汇储备国。党的十八大以来，在以习近平同志为核心的党中央坚强领导下，党和国家事业取得历史性成就、发生历史性变革，中华民族迎来了从站起来、富起来到强起来的伟大飞跃，实现中华民族伟大复兴进入了不可逆转的历史进程。当前和今后一个时期，我国发展仍然处于重要战略机遇期，但机遇和挑战都有新的发展变化，机遇更具有战略性、可塑性，挑战更具有复杂性、全局性。我国面临更为复杂严峻的国家安全形势，外部压力前所未有，传统安全威胁和非传统安全威胁相互交织，"黑天鹅""灰犀牛"事件时有发生。习近平强军思想始终把国防和军队建设放在实现中华民族伟大复兴目标下来运筹，是在坚决维护国家主权、安全、发展利益的实践中创立并不断丰富发展的。

新一轮科技革命和军事革命加速发展。从世界近几场局部战争和军事行动看，现代战争信息化程度不断提高，智能化特征日益显现，战争制胜观念、制胜要素、制胜方式发生重大变化。世界新军事革命速度之快、范围之广、程度之深、影响之大，为第二次世界大战结束以来所罕见。各主要国家纷纷抢占军事战略制高点，争夺国际竞争新优势。特别值得关注的是，科技革命对军事革命驱动作用愈发凸显，一些前沿技术发展很快，可能从根本上改变战争面貌和规则。习近平强军思想敏锐把握世界军事发展趋势和现代战争规律，是在大力推进军事创新、引领我军赶上时代潮流中创立并不断丰富发展的。

国防和军队建设进入新时代。党的十八大开启强国强军新征程，国防和军队建设站在新的历史起点上，具有坚实的实践基础，面临难得的发展机遇。同时，也存在许多长期积累的体制性障碍、结构性矛盾、政策性问题，遇到许多新情况新问题。这些年，我军经历一场广泛而深刻的军事变革，实现了政治生态重塑、组织形态重塑、力量体系重塑、作风形象重塑，在中国特色强军之路上迈出坚实步伐，取得一系列重大理论成就、实践成果、制度成果。习近平强军思想根植于强军实践、作用于强军实践，是在引领强军事业奋力开创新局面中创立并不断丰富发展的。

二、习近平强军思想的科学理论体系

习近平强军思想立足新时代国防和军队建设实践，提出了一系列新思想新观点新论断新要求，通篇贯穿马克思主义立场观点方法，以系统思维丰富发展了党的军事指导理论，是一个系统完整、逻辑严密、相互贯通的科学军事理论体系。

习近平强军思想贯穿着强军兴军的鲜明主题。习近平强军思想形成的历史方位是强国强军的新时代，回答的时代课题是新时代建设一支什么样的强大人民军队、怎样建设强大人民军队，引领的军事实践是坚定不移走中国特色强军之路，把人民军队全面建成世界一流军队。强军兴军是党的十八大以来国防和军队建设全部理论和实践的主题。这一主题，反映我们党建设强大人民军队的不懈追求，中华人民共和国成立以来，我们党强军的决心意志一以贯之，强军的事业接续奋斗。这一主题，反映以强军支撑强国的时代呼唤，国防和军队现代化进程必须同国家现代化进程相适应，军事能力必须同实现中华民族伟大复兴的战略需求相适应。这一主题，反映赶上时代、比肩超越的雄心壮志，无论是抢抓世界新军事革命加速发展的机遇，还是解决我军存在的突出矛盾和问题，都迫切需要转型重塑、跨越发展。抓住了强军兴军这个主题，就抓住了理解把握习近平强军思想的魂和纲。

习近平强军思想提出一系列标志性引领性的新理念新思想新战略。可以概括为"十一个明确"：明确党对军队绝对领导是人民军队建军之本、强军之魂，必须全面加强军队党的领导和党的建设，贯彻党领导军队的一系列根本原则和制度，确保部队绝对忠诚、绝对纯洁、绝对可靠；明确强国必须强军，巩固国防和强大人民军队是新时代坚持和发展中国特色社会主义、实现中华民族伟大复兴的战略支撑，人民军队必须有效履行新时代使命任务；明确党在新时代的强军目标是建设一支听党指挥、能打胜仗、作风优良的人民军队，到2027年实现建军一百年奋斗目标，到2035年基本实现国防和军队现代化，到本世纪中叶把人民军队建成世界一流军队；明确军队是要准备打仗的，必须聚焦能打仗、打胜仗，扭住强敌对手，创新军事战略指导，发展人民战争战略战术，全面加强练兵备战，坚定灵活开展军事斗争，有效塑造态势、管控危机、遏制战争、打赢战争；明确推进强军事业必须坚持政治建军、改革强军、科技强军、人才强军、依法治军，坚持边斗争、边备战、边建设，更加注重聚焦实战、创新驱动、体系建设、集约高效、军民融合，加强军事治理，推动高质量发展，全面提高革命化现代化正规化水平；明确改革是强军的必由之路，必须推进军队组织形态现代化，构建中国特色现代军事力量体系，完善中国特色社会主义军事制度；明确科技是核心战斗力，必须坚持自主创新战略基点，推进高水平科技自立自强，统筹推进军事理论、技术、组织、管理、文化等各方面创新，建设创新型人民军队；明确强军之道要在得人，必须贯彻新时代军事教育方针，推动军事人员能力素质、结构布局、开发管理全面转型升级，锻造德才兼备的高素质、专业化新型军事人才；明确依法治军是我们党建军治军基本方式，必须构建中国特色军事法治体系，推动治军方式根本性转变，提高国防和军队建设法治化水平；明确军民融合发展是兴国之举、强军之策，必须巩固提高一体化国家战略体系和能力；明确作风优良是我军鲜明特色和政治优势，必须全面从严治党、全面从严治军，全面锻造过硬基层，坚定不移正风肃纪反腐，大力弘扬我党我军光荣传统和优良作风，永葆人民军队性质、宗旨、本色。这"十一个明确"，既有政治上的高瞻远瞩和理论上的深邃思考，也有目标上的科学设定和工作上的战略部署，深刻回答了强军兴军的根本保证、时代要求、奋斗目标、根本指向等重大问题，涵盖新时代军队建设、改革和军事斗争准备各领域各方面，贯通军事力量建设和运用全过程，以体系性创新、创造性升华丰富发展了党的军事指导理论。

习近平强军思想蕴含着当代中国马克思主义军事观和方法论。主要体现为：坚持政治引领，坚持以武止戈，坚持积极进取，坚持统筹兼顾，坚持敢打必胜。这"五个坚持"深刻阐发了军事与政治、战争与和平、发展与安全、稳局与塑势、威慑与实战、人与武器等重大关系，深化了我们党对军事领域一些基本问题的规律性认识，是新时代人民军队的强军胜战之道。

三、习近平强军思想在国防和军队建设中的指导地位

党的十九大确立习近平强军思想在国防和军队建设中的指导地位，并郑重写入党章，实现了党的军事指导理论的与时俱进。

习近平强军思想开辟了马克思主义军事理论发展新境界。习近平强军思想，既坚持马克思主义关于战争和军事问题的基本观点，坚持我们党一以贯之的建军治军指导思想和方针原则，坚持人民军队特有的光荣传统和优良作风，又密切结合新的时代特征和实践发展，深入回答强军兴军的重大理论和实践问题，深刻阐明人民军队如何赓续传统、保持本色，朝着什么目标奋进、建成什么样子，打什么仗、怎么打仗等一系列重大问题，为发展马克思主义军事理论作出了重大原创性贡献。习近平强军思想把我们党对国防和军队建设规律、军事斗争准备规律、战争指导规律的认识提升到新高度，实现了马克思主义军事理论中国化的新飞跃。

习近平强军思想塑造了新时代英雄人民军队的样子。党的十八大以来，在党中央、中央军委和习主席的坚强领导下，在习近平强军思想的科学引领下，我军恢复和发展了一些带根本性的东西，破除了许多沉疴积弊，强军事业取得历史性成就、发生历史性变革。全军在党的旗帜下铸牢军魂，坚定不移推进政治整训，全面深入贯彻军委主席负责制，严明政治纪律和政治规矩，确保在政治上永远过硬；全面加强练兵备战，以整风精神纠治"和平积弊"，坚决归正备战打仗工作重心，有效遂行重大军事任务，威慑和实战能力不断增强，以顽强斗争精神和实际行动捍卫国家主权、安全、发展利益；自觉传承红色基因，大力弘扬我党我军光荣传统和优良作风，强力推进正风肃纪、反腐惩恶，老红军的本色得到回归。我军实现整体性革命性重塑，重整行装再出发，英雄的人民军

队展现出新的时代风采，赢得了党和人民的高度信赖。

习近平强军思想擘画了全面建成世界一流军队的方向路径。科学的军事理论历来对军事实践具有重大先导作用。习近平强军思想既扎根中国大地，又面向世界发展潮流，既坚守初心、不忘来路，又开拓创新、开辟未来，把全面推进国防和军队现代化纳入强国复兴大战略大布局，对实现党在新时代的强军目标、全面建成世界一流军队作出系统谋划。从战略安排看，提出确保到2027年实现建军一百年奋斗目标，力争到2035年基本实现国防和军队现代化，到本世纪中叶把人民军队全面建成世界一流军队；从基本任务看，要求我军全面推进军事理论现代化、军队组织形态现代化、军事人员现代化、武器装备现代化；从实现路径看，强调以机械化为基础、信息化为主导、智能化为方向，加快机械化信息化智能化融合发展。这样的战略设计，使未来几十年我军建设发展的图景更加清晰，为我军向着世界一流军队转型跨越提供了行动纲领。

习近平强军思想立起了全军官兵矢志强军的精神旗帜。列宁指出，从革命理论中能取得一切信念。推进强军事业，精神力量是最内在的支撑。习近平强军思想彰显中国特色社会主义信念，强固了共产党人、革命军人的精神支柱，给我们以强大信念和内在定力；贯穿爱党、忧党、兴党、护党的政治品格，立起了绝对忠诚的标准要求，奠定了广大官兵铁心向党、听从指挥的精神底色；饱含坚定的革命意志和强烈的历史担当，激发了敢于斗争、敢于胜利的强大精神力量，提振了新时代革命军人的精气神。坚持不懈用习近平强军思想铸魂育人，就能培养担当强军重任的时代新人，就能凝聚全军共同意志、汇聚形成磅礴力量，我们应对各种风险挑战、夺取新的伟大胜利就有了主心骨和定盘星。

● 思考题

1. 军事思想的基本含义是什么？它具有哪些基本特征？
2. 《孙子兵法》军事思想精华有哪些？
3. 近代西方军事理论的代表人物有哪些？其代表性的著作是什么？
4. 战争论有哪些主要军事思想观点？
5. 现代西方的军事战略主要有哪些？各自的基本内涵是什么？
6. 毛泽东军事思想的主要内容有哪些？
7. 如何理解习近平强军思想形成的时代背景？
8. "十一个明确"的主要内容有哪些？

第四章
现代战争

✓ **学习目标**

　　了解战争内涵、特点、发展历程，理解新军事革命的内涵和发展演变，掌握机械化战争、信息化战争的形成、主要形态、特征和发展趋势，使学生树立正确的战争观和打赢信息化战争的信心。

第一节　战争概述

　　毛泽东曾经形象地把战争比作人类自相残杀的怪物。这个怪物自产生以来，就一直伴随着人类。人们在祈求和平的同时，却又不得不面对战争。战争是如何产生发展的？战争的本质到底是什么？对待战争该采取什么样的态度？又有什么方法可以消除战争这个怪物？等等，都是人们要正确面对和回答的基本问题。

一、战争的内涵及特点

（一）战争的内涵

　　所谓战争，是指国家或政治集团之间为了一定的政治、经济等目的，使用武装力量进行的大规模激烈交战的暴力冲突，是解决国家、政治集团、阶级、民族、宗教之间矛盾冲突的最高形式。准确掌握战争的这一定义，需要从多角度把握其所揭示的深刻内涵。

　　战争是政治的继续。战争不是单纯的军事行动，而是由一定时期内各种错综复杂的社会政治关系引起的，又总是为一定国家或政治集团的政治目的服务的。战争因政治而发生，为政治而服务，并随政治的演变而演变，以政治目的为目的。战争的政治目的规定和体现战争的性质，制约战争的胜负。因而战争是带政治性质的行为，体现的是政治目的和政治意图。

经济利益是战争的基本动因。从私有财产到私有制，再到阶级，战争伴随这一过程的产生发展，而私有财产、私有制和阶级都是社会生产力和经济发展到一定阶段才出现的社会现象，这就必然得出战争归根到底产生于一定经济条件的结论。经济因素是人类社会发展最基本的动因，也是战争产生、发展、消亡的基本动因。综观人类社会几千年数万次大大小小的战争，尽管各次战争发生的具体原因不同，过程、结果各异，但归根结底，都源于参加战争的国家或政治集团的经济利益。

军队是进行战争的组织形式。军队也称武装力量，是完整意义上的战争必备的构成要件。作为一种特殊的组织形式，军队用于解决国家与国家、政治集团与政治集团、阶级与阶级、民族与民族之间的矛盾，进行大规模激烈交战的暴力冲突。

战争是解决矛盾冲突的最高形式。解决国家和政治集团之间的矛盾的方法、手段有很多种，战争手段是其中最为极端的一种。从人类社会发展的历史过程看，国家和政治集团之间的矛盾时时存在，但人们并不时时都进行战争，只有当它们之间的矛盾发展到极端尖锐的程度，才采取战争这种最高的斗争形式。

人类社会出现过各种类型的战争。按社会形态分，有奴隶社会的战争、封建社会的战争和资本主义社会的战争等；按战争性质分，有正义战争和非正义战争；按使用的兵器分，有冷兵器战争、热兵器战争、机械化战争和信息化战争；按战争规模分，有世界大战、全面战争和局部战争；按时间顺序分，有古代战争、近代战争、现代战争。

（二）战争的特点

战争是人类社会发展到一定阶段特殊的历史现象，相比较而言，它有着极为显著的特点。

根源的阶级性。阶级和阶级之间的战争，无可非议的是阶级斗争的最高表现形式。国家是阶级统治的工具，具有鲜明的阶级属性。民族内部的阶级压迫延伸到民族外部，就是民族压迫。所有的政治集团也都从属于一定的阶级，代表一定的阶级并为一定的阶级服务。所以，阶级与阶级、民族与民族、国家与国家、政治集团与政治集团之间的斗争，在本质上表现为阶级矛盾和阶级斗争。这种矛盾斗争尖锐化和激化的结果就是战争。

组织的严密性。军队是进行战争的暴力工具。相比于其他社会组织，军队组织的使命清楚、职能明确，有严格的等级制度和明确的职责分工。军队的体制编制具有法律效用，一旦确定，就不得随意变动。不仅如此，军队还是纪律最为严明的社会组织，无论和平时期还是战争时期，军队都会受到严明的纪律约束。

工具的特殊性。武器装备是军队进行战争的暴力工具。如恩格斯所言："暴力的胜利是以武器的生产为基础的。"武器装备不同于其他工具，除具有防卫性质之外，武器装备还具有特有的杀伤破坏性，在有效保存自己的同时，要能最大限度地消灭敌人。

行为的暴烈性。战争是一种暴力行为，区别于其他斗争形式，其是一种大规模的暴力冲突。战争是你死我活的斗争，双方都会受到暴力侵害，都要付出血的代价。正如克劳塞维茨所言，战争最原始的属性就是暴烈性。

结果的破坏性。战争会造成大量的人员伤亡，会造成巨大的经济损失，还会对人类文明造成破坏。以第二次世界大战为例，据不完全统计，军队和平民的伤亡总人数超过 1 亿人，军费消耗超过 1.1 万亿美元，经济损失超过 4 万亿美元。战火夷平了城市，毁坏了无数的工厂、住宅、铁路、桥梁，以及无数的博物馆、名胜古迹。无数的人流离失所，家破人亡。多少世纪以来人类在艺术及学术上的成就遭到毁灭，或蒙受了巨大损失。

二、战争的起源、发展与消亡

（一）战争的起源

战争是如何产生的？历代政治家、军事家都没有正确地回答和解决这个问题。马克思主义的创立，为我们正确认识和回答这些问题提供了思想武器。毛泽东通过对战争问题进行历史的、阶级的考察，从根本上回答了这个问题。

1936 年 12 月，毛泽东在《中国革命战争的战略问题》一文中指出："战争——从有私有财产和有阶级以来就开始了的、用以解决阶级和阶级、民族和民族、国家和国家、政治集团和政治集团之间、在一定发展阶段上的矛盾的一种最高的斗争形式。"这段话在深刻地揭示战争内涵的同时，言明了战争的起源，回答了战争是如何产生的。

战争起源于私有财产和阶级。战争不是人类与生俱来的，而是人类社会发展到一定历史阶段的产物。在早期蒙昧时代，人类经历了和平相处的绝对无战争状态。那时生产力十分低下，人们主要靠采集天然食物为主，主要矛盾是人和自然的矛盾。在部落内部，没有对立的矛盾，人们用原始的工具共同劳动，共同消费，没有剩余产品，过着原始共产主义生活。在这种情况下，没有私有财产，没有剥削和压迫，不存在产生战争的物质基础。各部落之间，由于没有根本的利益冲突，所以也就没有产生战争的条件。

随着生产力的发展，产品有了剩余，出现了私有财产，原始形态的"血族复仇"暴力冲突有了新的内容，随之出现了以掠夺和征服对方为目的的战争萌芽。战争的萌芽形态主要表现为原始部落的暴力冲突，它具备了战争的某些特征，但还不能称作是完整意义上的战争。因为这些冲突只是一种偶然的不自觉的现象，是人类生产过程的一部分，而不是生产活动之外的独立行为，尤其是没有专门从事战争的军队和武器。到了原始社会的后期，生产力有了更大发展，剩余产品不断增加，社会财富不断积累，形成了私有制，于是国家和军队就应运而生。军队成为国家专政的主要支柱，战争也就脱离了生产过程，成为一种特殊的社会现象，演变为真正意义的战争。

（二）战争的历史发展

从古至今，人类历史上发生过大小规模不等、类型各有不同的战争。这里，按历史分期划分，简要介绍古代战争、近代战争和现代战争的历史发展。

1. 古代战争

中国古代前期的战争。传说在公元前 30 世纪左右，发生了黄帝与蚩尤之间的涿鹿之战，公元前 22—前 21 世纪，先后发生了尧舜禹攻三苗之战。公元前 207—前 771 年，即从夏朝开始，经商朝至西周，是中国的奴隶制时代。夏朝和商朝前期，奴隶制国家处于逐步形成和初期发展阶段，因而这一阶段的战争以争夺王权、攫取国家统治地位为主要内容，重要的战争战役有甘之战、鸣条之战等。商朝后期和西周，王权不断加强，国家机器日臻完备，奴隶制走向鼎盛。这一阶段，掠夺性征服战争占据主导地位，奴隶制王朝同四周方国、部族的战争日趋频繁，主要有牧野之战、周公东征作战、周宣王南征、犬戎灭西周之战等。

公元前 771—前 221 年的春秋战国时期，相继崛起的各诸侯大国，为控制和奴役中小国家，扩张势力，争夺霸权，先后在中原和江淮地区展开一系列相互攻击、兼并的战争。它同华夏诸国与戎狄等少数民族之间的战争、奴隶平民反抗奴隶主统治的战争、新兴地主阶级争夺政权的战争交织在一起，呈现出错综复杂的局面。战国时代，秦、楚、齐、赵、魏、韩、燕七大诸侯国，以夺取别国土地和人口、一统天下为目的，展开了一系列战争。战争经历了魏国称雄、魏齐争雄、齐秦对峙、秦重创齐楚赵、秦灭六国五个阶段。主要的战争战役有桂陵之战、马陵之战、即墨之战、长平之战等。

中国古代后期的战争。从秦灭六国至隋唐五代，历时 1 000 多年。其间虽有几百年的分裂，但总体来说，封建社会处于上升时期。这一时期的战争可分为三类：一是大规模的统一全国的战争。主要有楚汉战争、刘秀统一全国的战争、魏灭蜀汉之战、晋灭吴之战、隋灭陈之战、唐初统一战争、唐平安史之乱、周世宗攻南唐之战等。二是封建王朝政权对匈奴和周边部族的战争。主要有秦攻匈奴之战、秦攻岭南之战、汉武帝对匈奴的战争、汉对南越之战、赵充国攻西羌之战、窦固攻北匈奴、东汉对西域战争、隋反击突厥之战、隋击吐谷浑之战、隋炀帝攻高丽之战、唐反击东突厥之战、唐攻灭百济高丽之战等。三是农民战争，主要有陈胜吴广起义、绿林赤眉起义、黄巾起义、孙恩卢循起义、隋末农民战争、唐末农民战争等。

宋代至鸦片战争，是中国封建社会逐渐走向衰落的时期，同时又是中国古代后期战争发展的一个新阶段。这一时期的战争频繁而复杂，王朝统一战争、国内民族之间的战争、农民起义战争、抵御侵略的战争等，此伏彼起，互相交织，形成了中国封建社会走向衰落时期的战争画卷。其中，王朝统一战争有北宋统一战争、明初统一战争、郑成功收复台湾之战、清初统一战争等；国内民族之间的战争有宋辽战争、宋夏战争、宋金战争、蒙夏战争、蒙金战争、蒙（元）宋战争、后金（清）与明战争等；农民起义战争有宋代的王小波李顺起义、宋江起义、方腊起义等，元末农民战争，明末农民战争等；抵御外来侵略的战争有明抗倭战争、平壤之战（1593）、雅克萨之战等。在上述战争中，国内民族之间的战争在这一时期格外活跃。它虽然在一定程度上对社会生产力造成了破坏，但对于促进各民族间的融合、拓展中国的疆土发挥了重大的历史作用。

世界古代前期的战争。在公元前 40 世纪后半期至前 30 世纪初。这一时期的战争，主要是为了巩固和扩大奴隶主阶级的统治，掠夺和占有其他部族和国家，镇压奴隶阶级和被统治的部族或国家的反抗。战争多在由氏族部落发展起来的城邦国家之间进行。在形成统一的奴隶制帝国后，便展开了帝国之间的争夺战争。同时，还交替进行着帝国内部的王权争夺战争，被压迫部族、方国以及奴隶、平民的起义与奴隶主阶级镇压起义的战争。

有记载的最早的战争，是公元前 26 世纪至前 2371 年，西亚两河流域的苏美尔城邦拉格什与乌玛之间的 4 次交战。其后，影响较大的战争还有古埃及与赫梯王国为争夺叙利亚而进行的战争，亚述对外扩张战争，希波战争，伯罗奔尼撒战争，亚历山大东征，布匿战争，马其顿战争，罗马内战，斯巴达克起义等。战争的规模由小到大，双方交战兵力从几千人到几万人、几十万人。战争的空间范围，也由沿河、沿海平原地域，不断扩大到跨大河流域及跨海区域，由陆地延伸至海域，由几百千米的征战发展为几千千米的远征。战争的破坏性大大增强。

世界古代后期的战争。5 世纪开始，欧洲各国先后进入封建社会。这时期的战争，主要是封建国家、封建领主进行的封建割据或统一战争，封建帝国对外扩张战争，农民战争等。这些战争直接导致了封建王朝的更迭和社会的变化。其中有拜占庭与波斯的战争，阿拉伯与拜占庭的战争，百年战争，阿拉伯半岛统一战争，奥斯曼土耳其帝国灭亡拜占庭的战争，蒙古军西征，德意志农民战争，俄国农民起义，阿拉伯帝国的农民起义，朝鲜高丽王朝时期的农民起义，美洲印第安人反抗殖民者入侵战争，等等。

2. 近代战争

中国近代前期的战争。从鸦片战争开始至中华民国建立前，这一时期的战争大体可分为反抗外国列强侵略的战争、农民战争、资产阶级民主革命战争等几类。反抗外国列强侵略战争是这一时期战争的主线，主要有两次鸦片战争、清军收复新疆战争、中法战争、中日甲午战争、西藏军民抗英战争、抗击八国联军入侵战争等。农民起义战争此伏彼起，主要有太平天国农民战争，上海小刀会起义、捻军起义、贵州苗民起义、云南回民起义、陕甘回民起义等。这一时期的资产阶级革命战争主要是辛亥革命战争，它由中国资产阶级民主革命家孙中山等人领导，推翻了清王朝，结束了中国 2 000 多年的封建专制统治，具有重要的历史意义。

中国近代后期的战争。从辛亥革命至中华人民共和国建立，这一时期的战争大体有征讨军阀战争、军阀之间的战争、中国国民党进行的战争和中国共产党领导的人民革命战争四类。征讨军阀战争，主要有孙中山领导的国民党对广东军阀陈炯明的两次东征、国民党与共产党合作进行的北伐战争等。军阀之间的战争，主要有直皖战争、两次直奉战争、浙奉战争、蒋桂战争、蒋冯阎战争等。中国国民党所进行的战争，在孙中山领导时期，所进行的是统一中国的进步战争。蒋介石掌握领导权后，所进行的战争分为两种性质，一种是反革命、反人民的反动战争。国民党军队在 1927—1937 年和 1945—1949 年同中国共产党领导的人民军队进行了长期战争，最后以国民党军队的失败而告终。另一种是进步的正义的战争，即 1926—1927 年的北伐战争和 1931—1945 年的抗日战争。北伐战争中，国民革命军沉重地打击了北洋军阀的统治，加速了中国革命历史的进程；抗日战争中，国民党军队在正面战场上进行了一系列战役，歼灭了大量日军。中国共产党领导的人民革命战争，包括 1926—1927 年与国民党合作进行了北伐战争；1927 年 8 月至 1937 年领导中国工农红军和中国人民进行长达 10 年的反对国民党反动统治、争取建立工农民主政权的土地革命战争；1931—1945 年倡导建立抗日民族统一战线，领导人民武装，团结全国人民，进行了长达十四年之久的全国性抗击日本帝国主义侵略的战争并取得胜利；1945—1949 年领导人民解放军和人民群众进行的全国解放战争，消灭了国民党军队主力，推翻了大地主大资产阶级专政的国民党政府，建立了中华人民共和国。

世界近代前期的战争。从 17 世纪 40 年代英国资产阶级革命至 18 世纪中后期英国工业革命，这一时期，资本主义殖民扩张和对外掠夺的战争、强国集团之间的争霸战争占据主导地位。主要有英荷战争、美国独立战争、拿破仑战争、克里木战争、普奥战争、普法战争、俄土战争等。这一时期，冷兵器被淘汰，欧洲等地的国家进入热兵器时代。

世界近代后期的战争。从 19 世纪末至第二次世界大战结束，这一时期的战争主要是帝国主义国家为重新瓜分殖民地、争夺世界霸权而进行的帝国主义战争。其中，在战争史上最为著名而又影响深远的是两次世界大战。第一次世界大战爆发于 1914 年 7 月，结束于 1918 年 11 月，历时 4 年多。这场帝国主义战争的规模和激烈程度以及使用的兵器和作战方式，是以往任何场战争都无可比拟的。第二次世界大战爆发于 1939 年 1 月，是以中、苏、美英等同盟国为代表的全世界反法西斯力量反对德、日、意轴心国的侵略而进行的战争。战争于 1945 年 9 月以同盟国的胜利和轴心国的失败而告终。中国抗日战争是这场世界反法西斯战争的重要组成部分，是反法西斯战争的东方主战场，配合了欧洲战场和太平洋战场的战略行动，对彻底战胜日本法西斯起到了决定性的作用。这场战争在规模、范围、强度方面，在武器装备和作战方式的变革方面，均远远超过第一次世界大战。它对战后世界军事的发展产生了深远的影响。除两次世界大战之外，这一时期还发生了列宁领导的俄国十月革命，这次革命把帝国主义战争转变为推翻本国资产阶级统治的战争，并夺取了国家政权。十月革命开创了人类历史的新纪元。

3. 现代战争

1945 年 9 月第二次世界大战结束后，世界军事历史进入现代阶段。中国则在 1949 年 10 月中华人民共和国成立后进入现代历史阶段。

中华人民共和国的战争和军事行动，主要有中华人民共和国成立初期继续进行的消灭国民党军队残余、解放全国大陆和部分沿海岛屿作战，剿匪作战，抗美援朝战争，炮击金门作战，中印边界自卫反击战，东南沿海反国民党军袭扰作战，援越抗美，珍宝岛自卫反击战，西沙群岛自卫反击战，中越边境自卫还击战，以及粉碎美蒋飞机窜扰领空的一系列作战等。这些作战有力地保卫了国家安全，保卫了社会主义建设和人民的和平劳动。

第二次世界大战结束以来，虽然新的世界大战未再发生，但局部战争和武装冲突却连绵不断，主要有 20 世纪 50 年代至 80 年代的朝鲜战争、越南战争、中东战争、两伊战争、马尔维纳斯群岛战争、美军入侵格林纳达、美军空袭利比亚、美军入侵巴拿马等；20 世纪 90 年代至 21 世纪初的海湾战争、科索沃战争、阿富汗战争、伊拉克战争等，这些战争多由超级大国推行霸权主义和强权政治引起，也有的是由领土、民族、宗教、资源等因素而引发。

（三）战争的消亡

战争起源的历史发展过程表明，私有财产和私有制的出现是战争得以产生的决定性因素，没有私有制和阶级社会的出现，就不会有真正意义上的战争。因此，要从根本上消灭战争，就必须消灭私有制，消灭随私有制产生而形成的阶级和国家。诚如毛泽东所言，人类社会进步到消灭了阶级，消灭了国家，到了那时，什么战争也没有了，反革命战争没有了，革命战争也没有了，正义战争没有了，非正义战争也没有了，这就是人类的永久和平的时代。那时将不要军队，也不要兵船，不要军用飞机，也不要毒气。那以后，人类将亿万斯年看不见战争。

三、战争的本质、性质和对待战争的态度

（一）战争的本质

人类社会经历了漫长的战争历史，却对战争的本质究竟是什么，在很长一段时间内没有正确的认识。直到 19 世纪，德国著名军事理论家克劳塞维茨才指出："战争无非是政治通过另一种手段的继续。"但他认为"政治"是整个社会的一切利益的代表，这显然是错误的。列宁对克劳塞维茨的观点进行了批判改造，指出"战争是这个或那个阶级的'政治的继续'"，指明了战争的阶级属性。毛泽东继承了克劳塞维茨、列宁关于"战争是政治的继续"的基本思想，对战争与政治的关系进行了全面而科学的论述。指出，战争是实现政治目的的一种手段，战争与政治之间具有一致性，战争就是政治，战争本身就是政治性质的行动，从古以来没有不带政治性的战争；战争与政治之间又具有差别性，战争不等于一般的政治，战争是政治的特殊手段的继续。毛泽东对此有一非常著名的论断："政治是不流血的战争，战争是流血的政治。"这一论断深刻地揭示了战争的本质。

（二）战争的性质

战争性质，是指战争在政治上的本质属性，是战争本质的具体表现，以正义性和非正义性来划分。毛泽东依据战争与政治的关系，继承了马克思列宁主义鉴别战争性质的学说，明确指出，历史上的战争分为两类，一类是正义的，一类是非正义的。一切进步的战争都是正义的，一切阻碍进步的战争都是非正义的。而战争的进步与否，主要取决于三个基本因素：一是政治目的。政治目的在于掠夺和奴役人民的战争，就是非正义战争，政治目的在于反对掠夺奴役人民，而为人民谋解放的战争，则是正义的战争。二是战争的阶级本质。代表压迫、剥削阶级利益的战争是非正义的，代表人民大众利益的战争是正义的。三是战争的历史作用。促进社会进步的战争是正义战争，阻碍社会进步的战争是非正义战争。

正确区分战争的性质并不是一件简单的事，必须从当时的历史条件和客观实际出发，把政治目的、参战者的政策和历史作用结合起来进行具体分析，不能简单地一概而论。

（三）对待战争的态度

对待战争的基本态度可归结为两点：一是对待不同性质的战争采取不同的态度，拥护正义战争，反对非正义战争；二是最终目的是消灭一切战争，实现永久和平。那种不分战争性质而拥护一切战争的黩武主义的态度是错误的，而那种不分战争性质反对一切战争的和平主义态度也同样是错误的。

第二节　机械化战争

人类进行战争的方式，总是反映着人类社会的技术进步和生产生活方式的时代特征。有什么样的社会形态，就会孕育出什么样的战争形态。农业社会孕育了冷兵器战争，工业社会则产生了机械化战争。

一、机械化战争的内涵及特点

所谓机械化战争，是指主要使用机械化武器装备及相应作战方法进行的战争。

机械化战争是工业时代战争的基本形态，是工业时代的产物。17世纪中叶人类文明开始由农业时代向工业时代过渡。18世纪中期爆发的第一次工业革命——蒸汽机革命，对武器装备的发展产生了巨大影响，特别是蒸汽动力船的出现，造就了现代海军；蒸汽机车和铁路的实际运营，增强了军队后勤补给和战略机动能力，使战争的规模明显扩大，预示着全新的机械化战争时代必将到来。19世纪下半叶，以近代科学炼钢法的发明与应用为起点，以电能及内燃机的广泛应用为标志，人类又开始了以重工业为重点，以大机器生产为特征的第二次工业革命。在科技革命的推动下，19世纪末20世纪初，速射机枪、坦克、飞机、潜艇、航母、无线电等一大批自动化、机械化武器装备相继问世，不仅使战场面貌发生了彻底变化，而且使军事领域产生了一次新的革命，人类真正步入了机械化战争时代。

机械化战争形态有三个基本的构成要素。第一个是机械化武器装备。主要包括工业革命的物化成果坦克、飞机、舰艇、速射机枪等，它们改变了传统的战场时空概念，拓展了战场空间，加快了攻防节奏，是推动战争形态向机械化战争转变的技术基础和物质条件。第二个是机械化战争理论。主要包括坦克制胜论、空军制胜论、机械化战争论等，它们是机械化战争形态形成发展的主导因素和活的灵魂。第三个是适应机械化战争的军事组织结构。主要包括新的军兵种的出现和军队内部体制编制的结构性变化。它们是机械化战争形态的组织保障，是机械化武器装备和机械化战争理论相结合的桥梁和纽带。

相比较于农业时代的冷兵器战争而言，机械化战争具有机动速度快、火力毁伤强、战场范围广、战争消耗大等特点。

二、机械化战争的历史发展

机械化战争形态的发展历程主要在 20 世纪。在这一世纪，机械化战争形态经历了 3 个发展阶段。

（一）形成阶段

这一阶段从 20 世纪初至第一次世界大战结束。两次工业革命对战争形态变革的影响是巨大的，当人类社会由"蒸汽时代"步入"电气时代""大机器工业时代"时，机械化战争形态也开始逐步形成。这一时期，在武器装备上，出现了航空母舰、潜艇、飞机、坦克和毒气等。在编制体制上，陆军航空兵、装甲兵、防化兵首次进入军队战斗序列。在作战运用上，飞机由大战初期只能执行航空侦察任务，发展到大战中后期争夺制空权、在战术地幅内对地面部队实施航空火力支援，并出现了战场轰炸等作战样式，空中战术初步形成。装甲兵引导步兵突破取得巨大成功，从此开创了步、坦、炮协同作战的先河。但由于机械化部队尚处于初创阶段，力量比较薄弱，除大战后期英国陆军航空兵改编为独立的空军外，其他国家的空军还没有形成独立的军种。装甲兵也未成为独立的战术单位，只是配合步兵作战的辅助兵种。作战运用的局限性也较明显，飞机基本上是在战术范围内执行作战任务，装甲兵也是以连或营为单位配属支援步兵作战，仅能担负战术突破任务。在作战理论上，这一时期正处于机械化战争的探讨和争论阶段，没有形成权威性的机械化战争理论，只有马汉在《海上力量的影响》一书中提出制海权理论，因而该书也成为这一时期的军事理论经典著作。

（二）快速发展阶段

这一阶段从第一次世界大战结束至第二次世界大战结束。在这一时期，机械化战争形态快速发展，并不断完善。其主要标志是：军队的机械化程度迅速提高；机械化作战理论空前繁荣；适应机械化战争的军事组织结构得到确立；机械化战争规模空前，实践丰富。特别是第二次世界大战期间，各主要军事强国将现代化的陆、海、空军及其具有高度机动力、突击力的机械化作战平台大量运用于战争，推动了机械化战争的高速发展和广泛实践，使战争进入了真正的机械化时代。在武器装备发展和军队编制体制变革上，陆军新型坦克、装甲战车、自行火炮及其他机械化装备不断涌现，并大量运用于部队，使装甲兵成为陆军的主要突击力量，步兵也发展为机械（摩托）化部队，并组建了强大的战役机械化军团。德军在 1941 年就组建了 35 个坦克和摩托化师，苏军在战争期间建立了 24 个坦克集团军。海军大量装备了航空母舰，并由战前的 30 艘发展到大战期间的 140 余艘，潜艇由 350 艘发展到 1 500 余艘；舰载航空兵和潜艇在大战中显示出强大的突击威力，使海军成为能在水下、水面、空中进行立体作战的合成军种。空军是这一时期发展最为迅速的军种，从 20 世纪 30 年代开始，许多国家陆续建立了空军联队、师、军

111

和集团军，侦察机、歼击机、强击机、轰炸机、水上飞机等相继问世，并由木布结构发展为全金属结构，性能得到很大改善；在数量上，战前欧洲主要国家和美、日的作战飞机都有几千架，最多的苏联高达 8 000 余架；第二次世界大战期间，交战国生产的军用飞机多达 70 余万架。这一时期，欧美日等军事强国的陆、海、空作战装备多数实现了机械化和摩托化，古老的步兵、骑兵和其他兵种悄然隐退。

在战争形态上，由于现代化的陆海空军武器装备大量涌现于战场，过去仅限于陆地、海上的平面战争，发展为陆海空一体、陆空一体、海空一体的大纵深立体战争；在作战方式上，也实现了由线式作战向非线式纵深作战发展；在作战理论上，出现了杜黑的"空军制胜论"、富勒的"坦克制胜论"和"机械化战争论"、鲁登道夫的"总体战"等著名的机械化战争理论，特别是古德里安的"闪击战"理论，提出了以装甲部队在飞机和空降兵的协同下远程奔袭敌后，实施高速进攻的新的作战观念，成为第二次世界大战中德军作战的理论基础，并在战争初期取得显著成效。与之相对应的苏联"大纵深战役"理论，首次提出方面军、集团军战役观点，强调运用杀伤兵器，同时压制敌整个防御纵深，在选定方向上突破其战术地幅，而后将扩张战果的梯队，包括坦克、摩托化兵等投入交战，并以空降兵实施空降，迅速将战术胜利发展为战役胜利，以尽快达成预定目的。这一理论在"二战"中得到充分运用，并取得了举世瞩目的辉煌战绩。

（三）成熟阶段

这一阶段从第二次世界大战结束至 20 世纪 80 年代末。在这一阶段，机械化战争走向成熟，并由于核武器的出现而发展到一个新阶段。第二次世界大战结束以后，世界形成雅尔塔格局，人类进入了长达半个世纪的冷战时期。1945 年 8 月，美国在日本投下两颗原子弹，宣告核时代的到来。随后，苏联、英国、法国等工业强国相继发展了核武器。原子弹、导弹的大量出现，使机械化军事又发展到了一个新的阶段。

这一时期的战争形态沿着机械化战争和核战争两个方向急速演进。在武器装备发展和军队编制体制建设上，美军建立了战略空军司令部，苏联组建了战略火箭军，英、法等国家也建立了有限的战略核力量。在常规力量建设上，苏美欧主要国家陆军的组织结构沿着增强突击力的方向发展，装备了威力强大的战役战术导弹，各种火炮性能也大为提高，部队全部实现了机械化；空军装备了新型作战飞机，并随着科技的发展不断更新换代；海军导弹舰艇、导弹核潜艇和携带导弹的海军航空兵成为海军的主要突击力量。在作战样式上，尽管战后核武器的发展十分迅速，但由于受其巨大杀伤力和破坏力的制约，人类始终没有爆发核战争，也未再次发生世界范围的大规模战争，其基本样式是常规条件下的局部战争和武装冲突，其中影响较大的有朝鲜战争、越南战争和 4 次中东战争等。

这一时期的军事理论是在美苏两个超级大国争夺世界霸权的背景下形成的。在核战争理论方面，形成了全面核战争理论和有限核战争理论；在常规战争理论方面，把战争区分为大规模常规战争、局部战争和低强度冲突 3 大类。20 世纪 70 年代中后期至 80 年代中期又进一步形成核威慑条件下的常规战争理论，准备进行常规大战，但不排除升级为核战争的可能。80 年代初美军提出"空地一体作战"理论，要求诸军、兵种协同进行立体作战。这一时期，苏军的"大纵深战役"理论又进一步发展为"大纵深立体战役"理论，强调既高度重视核条件下的战役作战，又不忽视非核条件下的战役作战，并形成战区战略性战役样式、战役机动集群理论和战役的大纵深立体性质 3 个方面的思想。总之，这种既准备打核大战，又能够应付核威慑条件下的常规战争；既准备打世界大战，又能够应付中等规模的地区战争和低强度冲突的作战理论和思想，标志着机械化军事特别是机械化战争的发展已经进入成熟时期。

第三节　新军事革命

人类正经历一场空前广泛而深刻的新军事革命。它是在工业时代向信息时代转变的社会大背景下，随着以信息技术为核心的高新技术在军事领域的广泛运用而兴起的。这场革命已成为世界军事的发展大势，已经并必将对战争、国防和军队建设等各个方面产生广泛而深刻的影响。

一、新军事革命的内涵及特点

（一）新军事革命的内涵

"军事革命"一词由英文 Revolution in Military Affairs（RMA）翻译而来，美国官方于 1991 年海湾战争之后首先使用。在我国，通常将其称为"新军事革命"，抑或是"新军事变革"，大部分相关著作将其称为"新军事变革"。党的十九大报告指出，国防和军队现代化建设要适应世界新军事革命发展趋势和国家安全需求，将人民军队建成世界一流军队，将这场世界范围的军事革命称为"新军事革命"。

新军事革命，是特指在工业社会走向信息社会的时代，以信息技术为核心并得以广泛应用，从而引起军事领域武器装备、军事理论和组织体制等一系列的根本变革，导致彻底改变战争形态和军队建设模式的一场革命。

新军事革命主要包括军事技术、军事理论、军事组织和军事管理的重大创新四个方面，它们共同构成了新军事革命的四大要素或四大基本问题，即新军事革命的理论构架或主要内容。其中，创新的军事技术是军事革命的物质技术基础和前提条件；创新的军事理论是军事革命的主导要素和灵魂；创新的军事组织是军事革命的组织保证，是将创新的军事技术与创新的军事理论结合起来并付诸行动的纽带或桥梁；而军事管理的变革则贯穿在上述三个方面的变革之中，被认为是军事变革的重要手段。

（二）新军事革命的主要特点

1. 深刻性

这次革命不是表层性的革新，而是对旧的军事形态的全面彻底的改革。它涉及军事领域的深层次问题，如战争观、安全观、军事问题的方法论等，引发人们对战争、军队和国防建设问题进行适应时代的深层次思考。在信息时代，传统的战争观落后于时代，传统战略思想已难以指导军队建设，传统战役战术原则不再适用，传统军队建设方针已经落伍。几十年来，先后出现信息战、网络中心战、非对称作战、联合作战、精确战等新理论。在新军事理论的指导下，军队建设模式、作战方式和军队体制编制开始变革。如军队结构走向质量建设道路，陆军比例缩小，高技术兵种如数字化部队、天军、网络战部队相继出现。相对于机械化战争，这些变革都是革命性的。

2. 广泛性

这次革命不仅仅局限于几个发达国家，许多发展中国家也在积极推进。革命也不仅仅局限于某些方面或主要方面，而是触及军事领域的方方面面，如安全战略、军事战略、武器装备、编制体制、教育训练、后勤保障、兵役制度、民防与战争动员、人才培养等。正因为如此，这场变革表现出整体联动、系统推进的特性，如武器装备向信息化方向发展，指挥控制体系向网络化方向发展，军事训练向一体化方向发展，编制体制向精干化方向发展，军事理论向创新化方向发展。

3. 不平衡性

这次革命的发展又是不平衡的。一是各军事要素的变革不平衡，军事技术、武器装备及其教育训练的变革领先，作战思想和军队建设理论的创新随之进行，编制体制和军事制度的变迁进展较慢；二是革命的进程不平衡，发达国家变革最早，进展最迅速，发展中国家进展迟缓，有的刚刚开始，有的甚至尚未起步，这也进一步加大了世界军事力量的失衡。

4. 快速性

信息技术的突飞猛进使得新军事革命较以往历次军事革命都更为迅速。这次世界新军事革命从酝酿到现在不过40年左右的时间，目前已取得显著进展。据预测，在未来20年内，中等以上国家就将初步实现军队信息化，大约到21世纪中期就能基本完成变革，持续时间仅半个多世纪，这种速度和周期是以往军事变革所无法比拟的。

二、新军事革命的发展演变

冷战结束后，为了适应国际政治、军事斗争环境的新变化，世界各国竞相展开面向未来的战略大调整，并抓住冷战后世界进入一个相对和平时期的难得机遇，对原有的立足于打世界大战、核大战的军事发展模式和军队建设方式实行变革。一方面，保持适当的军费开支，确定适度的军队规模，以集中更多的人力、物力和财力，加强以经济发展为核心的综合国力的竞争；另一方面，实行精兵简政、加强质量建军，全面提高军事力量的整体作战能力和快速反应能力，以适应现代政治军事斗争的特点和要求，并致力于抢占21世纪的军事制高点。正是在这样的大背景、大趋势下，军事革命作为一种全新的发展理念提出并被人们普遍接受。世界各国根据军事革命的总体要求，结合本国政治、经济、军事、科技、文化等方面发展的具体状况，对军事领域进行广泛而深刻的改革，由此在世界范围内掀起了一场新的军事革命浪潮。

（一）新军事革命的萌生

新军事革命作为一个客观事物，实际上随着 20 世纪中叶导弹、核武器、卫星和电子计算机等的出现，就已经开始萌生。其思想观念的提出，最早可追溯到 20 世纪 70 年代。开始时，苏军的一些军官和将领，面对科学技术发展对军事领域产生的愈来愈广泛的影响，提出了军事上的革命发生的可能性。苏联国防部军事出版社 1973 年出版社的《军事技术进步与军事上的革命》一书，就是其中的代表。如作者所说，该书试图在介绍新兵器性能的基础上扼要地阐明军事上革命所引起的一些新的现象。到 20 世纪 70 年代末和 80 年代初中期，苏联的一些军事期刊的文章中，已经出现了"军事技术革命"的概念。苏军总参谋长奥加尔科夫甚至提出了继核时代之后将发生全然不同的新军事革命的见解。透过他们的观点可以看出，他们高度评价以电子技术为核心的信息技术和精确制导技术，认为新技术装备正处于从根本上打破原有的科学原理的阶段，极有可能引发一场军事技术革命，并将深刻影响军事的各个领域。与此同时，美国高度敏感苏联军官和将领们提出的看法，纷纷关注军事领域可能发生的巨大变革。美国国防部基本力量评估办公室，从 20 世纪 80 年代开始评估苏军提出的有关军事革命的观点，并结合美国的实际情况进行相关研究，但其真正全面研究新军事革命问题，还是在 20 世纪 90 年代初海湾战争之后。

海湾战争不仅使美国人看到了高技术武器装备在战争中的巨大作用，而且直接感受到了一种新的战争形态的出现。此次战争之后，苏联的继承国俄罗斯进一步加大了探讨军事技术革命和军事改革的力度。美国更是掀起了一场关于新军事革命的研究热潮，陆续发表了大量的论著和研究报告。美国未来学家托夫勒在 1993 年出版的《战争与反战争》一书中，提出了"第三次浪潮文明"将导致第三次"战争革命"或"军事革命"的观点。同年，美国国防部基本力量评估办公室主任马歇尔等人，正式建议用"军事革命"一词代替"军事技术革命"，以此强调重大的军事变革是技术与新的作战理论以及为实践这一理论而产生的新军事编制的结合。从此，先是在美国，然后在其他国家，人们慢慢接受了军事革命这一概念，并逐步由理论探讨阶段进入新军事革命的实际行动阶段。

（二）新军事革命的初步发展

美国是世界新军事革命的领跑者，并宣称进行军事革命。为有组织、有计划、有步骤地全面推开新军事革命，美国不仅成立了专门的军事革命组织领导机构，而且制定了一系列新军事革命的蓝本文件，意在重点建设一支灵活、模块化、易于部署的联合部队，将美军打造成为拥有"全谱优势"的军队，力图以此来保持和发展自己的军事优势。1996 年和 2000 年美军先后颁布了《2010 年联合构想》和《2020 年联合构想》。1997 年制定了《四年防务审查报告》，并已陆续出台五份，以此来滚动推进美军改革发展。根据参联会的"联合构想"，各军种都制定有自己的构想，在国防部转型计划的指导下，各军种都有自己的"转型路线图"，自上而下形成体系，有计划、有步骤地推进军事转型和信息化建设。如在数字化部队建设方面，美陆军 1995 年组建了第一个数字化步兵营，

1996 年组建了第一个数字化旅，2001 年又组建了第一个数字化步兵师。2003 年的伊拉克战争，武器装备、作战形式和部队编成都体现了现代战争的最新特点，实际上是美国新军事革命成果的一次全面检验。

面对新军事革命的挑战，俄、英、法、德、日、印等国家，亦纷纷将新军事革命问题纳入军事科研和长远的国防发展规划，并以此来推动军队的革新和作战能力的提高。俄罗斯始终追踪新军事革命，十分注重对下一代战争问题的研究，尤其是普京担任总统后，进一步加快了军事改革的步伐，极力推动俄军进入一个"根本的变革时期"。英国在 1996 年年初颁布了《英国陆军数字化总纲》，1998 年 7 月公布了《战略防务审查》白皮书，拟用 20 年时间实现陆军的数字化，并全面实行军事改革；法国不仅在 1996 年制定了《军事纲领法》，而且提出了《2015 年武装力量发展远景规划》，并在 1998 年补充修订，大力改革军队和强调优先发展的国防科技；德国早在 1994 就提出了"实现装备现代化"的计划，并制定了新的《联邦国防军未来建设计划》，确定了建设一支"现代化联邦国防军"的目标；日本在 1995 年公布了新的《防卫计划大纲》，强调对自卫队进行根本性改革；印度推出了《1995—2015 年国防建设规划》，加紧了质量建军的步伐；我国则 20 世纪 90 年代中期提出了中国特色军事变革"三步走"的发展战略，总体设计了国防和军队现代建设的总目标和阶段性目标、发展道路以及任务和要求，等等。世界上大多数国家并不像美国那样宣称在进行军事革命，往往把自己的行动说成是军事改革，但实际上两者的努力方向是基本一致的。

（三）新军事革命的深入发展

当前，世界新军事革命已进入深入发展阶段。主要国家一方面积极消化前期军事改革和转型所取得的成果，军队建设进入相对稳定期和调整适应期；另一方面，不断总结反思，调整纠偏，整合资源，准备推动新一轮军事改革。

美军在认真总结伊拉克战争和阿富汗战争经验教训的基础上，深化国防和军队改革，实施第 3 个"抵消战略"，准备打赢信息化条件下高低端结合的"混合战争"。近年来，美军注重通过军事理论创新明确未来作战需求，以此牵引军队规模结构、体制编制、教育训练和武器装备发展。美军提出了"空海一体战"理论，旨在加强海军、海军陆战队和空军等的合作，保持和改进美国的远征力量投送能力，以应对高低端或混合威胁。美军还注重通过"战争预实践"试验和检验军事改革的内容，创新军事理论，探讨新战法，优化组织结构和开发武器装备。

面对复杂多变的国内外形势，俄罗斯坚持以强化军事实力为主轴，部署了一系列大规模有深远影响的改革。压减指挥层次，将军区、军、师、团四级指挥体制改为军区、战役军团、旅 3 级指挥体制，取消"师—团"环节。优化军种战斗编成，组建 7 个陆军合成师，还组建了信息作战部队。对军事科技创新和武器装备发展等都进行一系列重大改革。英军在大幅裁减常规部队的同时，调整陆海空三军兵种结构，组建国防网络作战大队，扩编特种作战部队。德国渐次推进军事改革，着力建设一支精干、多能、海外部署灵活、适应现代战场的职业化小型军队，裁减军队名额，抛弃陆海空"旧三军"编制，以干预部队、维持稳定部队和支援部队"新三军"代替，优化联合作战指挥体制，确立德军联合作战部队的基本框架。

进入新时代，我军组织架构和力量体系实现了革命性重塑。打破长期实行的总部体制、大军区体制、大陆军体制，领导指挥体制实现历史性变革。裁减军队员额 30 万人，调整军兵种结构比例，部队规模结构和力量编成得到优化。深化军队院校、科研机构、训练机构改革，打造军队院校教育、部队训练实践、军事职业教育"三位一体"新型军事人才培养体系。发展高新技术武器装备，一批关键技术实现重大突破，等等。人民军队体制一新、结构一新、格局一新、面貌一新。

三、新军事革命的主要内容

新军事革命仍在发展变化当中，目前还不能准确估计这场革命将在什么时候完成。透过这场革命我们不难把握其核心的主要内容。

（一）信息化是新军事革命的核心

20 世纪 80 年代以来，世界科学技术的重大变革，特别是信息、航天、新能源、新材料、生物和海洋六大技术群在军事领域的广泛应用，大大加快了以信息技术为核心的军事新材料技术、军事新能源技术、军事工程技术等军事高技术群的成熟和应用的步伐。尤其是由微电子技术、电子计算机技术、探测技术、通信技术、计算机仿真技术和信息安全技术构成的军事信息技术，以其所具有的"系统集成技术"的突出功能，在推动军事高技术群能量的整体发挥，导致新型信息化武器装备体系的出现，实现军队作战能力的迅速跃升中始终处于主导地位，发挥着不可替代的核心作用。这场革命无论是武器装备、军队体制编制，还是军事理论的创新，都是围绕信息化进行的。武器装备的发展以信息化为核心，军队体制编制的调整以建立信息化军队为核心，军事理论的创新以建立适应信息化战争的军事理论为核心。新军事革命的过程是旧军事力量体系瓦解和新军事力量体系逐步建立的过程。新军事力量体系的构建，无论是构成要素、结构形式，还是军事力量的运用方式，都将发生根本性变化。信息成为军事力量构成的关键要素，系统集成成为军事力量结构的基本形式，军事力量的运用将更加精确高效。

（二）武器装备的变革是新军事革命的基础

武器装备是技术物化的成果，作为推动新军事革命发展的高技术武器装备，在信息时代得到了划时代性的发展。信息技术的大幅提高提升了武器装备的作战效能，从而实现了武器装备的断代性飞跃。与传统的机械化武器相比，信息化武器装备的性能和作战效能获得了极大提高。其主要体现在以下几个方面：武器装备的信息化程度不断提高，性能获得重大突破；信息化主战平台和精确制导武器已取代机械化平台和非制导武器成为主要作战装备，并日趋隐身化、智能化，其中，无人化作战平台的发展特别引人注目；电子信息装备保持强劲发展势头，并不断趋于综合化、网络化、一体化；核武器在继续发展，反导防御系统的建立和新型常规高超声速和远程精确制导武器的发展可能为战略威慑增添新的力量；新概念武器的原理、结构、杀伤破坏机理与传统武器截然不同，激光武器和高功率微波武器等定向能武器，动能拦截弹和电磁炮等动能武器，特别是临近空间飞行器和作战航天器等更新的高技术武器将登上战争舞台。

（三）体制编制的变革是军事革命的关键

一场军事革命的完成，是以军队组织结构调整的最终实现为标志的。调整改革军队的体制编制，实现人与武器的最佳结合，是最终完成军事革命的关键。高技术武器装备在军事领域的不断运用，推动着军队体制编制不断改革创新。军队体制编制的变革主要体现在以下几个方面：军队规模大幅度缩小，在缩小军队规模的同时，通过优化军队的结构，以提高体系对抗或整体作战能力；指挥体制扁平化、网络化，信息化武器装备的发展使得诸军兵种一体、全系统一体的联合作战成为必然，联合指挥成为提升军队战斗力的关键，外形扁平、横向联通、纵横一体的指挥体制成发展方向；军队力量编成不断优化，组建崭新的作战部队，如组建小型化部队、一体化部队、数字化部队、信息战部队和快速反应部队等，建立和完善适应信息化战争要求的新型作战力量体系。

（四）军事理论创新是新军事革命的灵魂

军事理论的创新对新军事革命的产生与发展起着基础性和先导性的作用。无论是武器装备体系的变革，还是体制编制的变革，都离不开军事理论为其提供科学依据和科学指导。传统的战争观念、战略思想、战役战术原则已不能适应新军事革命的要求，建设信息化军队，打赢信息化战争，必须不断进行军事理论创新。20世纪80年代以来，军事理论的创新发展牵引着新军事革命不断加速向前发展，一大批创新性军事理论成果在推动新军事革命发展的同时，也改变着战争的面貌。如：一体化联合作战将成为主要作战样式；体系对抗将成为战场对抗的基本特征；空中力量的地位和作用越来越突出，非接触、非线式精确打击作战将成为重要作战方式；信息能力成为最重要的作战能力，信息作战成为重要的作战样式；空间将成为崭新的作战领域；新的保障体制、方式、手段的变革，成为提高军队战斗力的重要因素。

第四节　信息化战争

伴随着信息社会的到来，战争也必然会出现新的形态，这就是信息化战争。

一、信息化战争的内涵及特征

（一）信息化战争的内涵

所谓信息化战争，是指依托网络化信息系统，使用信息化武器装备及相应作战方法，在陆、海、空、天和网络电磁等空间及认知领域进行的以体系对抗为主要形式的战争。是信息时代战争的基本形态。它是人类步入信息时代后，以信息和知识为核心资源，以大量运用信息技术而形成的一体化信息系统和信息化武器装备为基础，以信息化战场为依托，以信息化军队为主体，以争夺制信息权为基本目标，以信息战为基本作战形式而进行的战争。由于政治、经济、科技、军事等发展的不平衡性，在人类社会进入信息时代的初始阶段，信息化战争也指交战双方或一方以信息化军队为主要作战力量，以信息化武器为主要作战工具，以信息战为主要作战形式进行的战争。

信息化战争，是信息时代的基本战争形态。其内涵主要包括以下五个方面：一是信息化战争是信息时代的产物，是这一时期生产力和生产关系在战争领域的客观反映；二是信息化战争的主体力量是信息化军队，战争双方至少有一方拥有信息化军队，机械化或半机械化军队之间进行的战争不能称为信息化战争；三是信息化战争的主要作战工具是信息化、智能化和综合化的武器装备平台，诸作战单元实现网络化、一体化；四是在物质、能量和信息等作战要素中，信息要素起主导作用，即信息化战争的核心资源是信息，战争首选的打击目标是信息获取、信息控制和信息使用的系统及其基础，作战以剥夺敌方信息控制权、建立己方的信息优势为主要目的；五是信息化战争在空前广阔的多维空间进行，尤以信息空间、航天空间、认知空间为主。

（二）信息化战争的特征

特征是反映事物特点的标志。不同的战争形态具有不同的特征，与其他战争形态相比，信息化战争具有鲜明的时代特征。

1. 武器装备信息化

科学技术在军事领域的运用，信息技术物化为信息化武器装备，是引起战争形态发生深刻变革的直接原因。工业时代的战争，以机械化武器装备为物质基础；信息时代的战争，则是以信息化武器装备系统为物质基础。信息化的武器装备系统，又是以计算机技术为核心、以信息技术为基础的一体化的武器装备系统。其构成主要包括：信息化武器系统、单兵数字化装备和 C^4KISR 系统。信息化武器系统包括软杀伤型信息化武器和硬杀伤型信息化武器。软杀伤型的信息化武器是指以计算机病毒武器为代表的网络攻击型信息武器和以电子战武器为代表的电子攻击型信息武器。硬杀伤型信息化武器主要指精确制导武器和各种信息化作战平台。信息化作战平台装有大量的电子信息传感设备，并与 C^4KISR 系统联网。它们集侦察、干扰和打击功能于一体，既可实施战场探测，为精确打击和各种战场行动提供目标信息，还可实施信息攻防作战，是信息化战争的重要物质基础。单兵数字化装备，是指士兵在数字化战场上使用的个人装备，也称信息士兵系统。它由单兵计算机和无线电分系统、综合头盔分系统、武器分系统、综合人体防护分系统和电源分系统组成。单兵数字化装备的出现和运用，意味着陆军作战效能将出现革命性变化。C^4KISR 系统，是战场指挥、控制、通信、计算机、杀伤、情报、监视和侦察系统的简称。它把作战指挥控制的各个要素、各个作战单元黏合在一起，是军队发挥整体效能的"神经"和"大脑"。

2. 战场空间多维化

与机械化战争相比，信息化战争的战场空间已由地面、海洋和空中向外层空间、电磁空间、网络空间及心理空间等领域扩展，使信息化战争的战场空间呈现多维化的特征。信息化战争中，战场监控、信息传输、导航定位、精确制导等主要靠外层空间的卫星来支持，太空所具备的独特的优越性得到了进一步扩展和强化，没有制天权就不可能掌握制信息权和制空权，也就没有制海权和制陆权。为争夺太空的控制权，太空信息战、太空反卫星战、太空反导弹战等一些新的作战样式应运而生。电磁战场被称作继陆、海、空、天之后的第五维战场，信息化战争中，电子目标星罗棋布，无论是电台、雷达、通信卫星等各种电子装备，还是地面开进的坦克、海上游弋的舰艇、空间格斗的战机等各种作战兵器和武器平台，都在广阔的空间形成密集的电磁频谱网，通过电磁频谱网确保对各军兵种部队的指挥控制。网络空间的出现不仅使地理概念和国家之间的地理分界线变得越来越模糊，也给信息化战争带来了新的作战空间，出现了网络战这一全新的样式。通过计算机病毒、芯片攻击和网络"黑客"入侵等手段，对以计算机为核心的信息网络实施攻击，达到瘫痪指挥控制系统甚至使整个部队丧失战斗力的目的。心理空间已成为信息化战争的一个重要作战空间，主要通过心理战瓦解对方的信心和士气，达到攻击对方认知系统的目的。

3. 作战要素一体化

信息化战争是体系与体系的对抗。交战双方为了赢得战争的胜利，必须调动一切积极因素，充分发挥各自系统最大整体作战能力，这就使一体化成为信息化战争的一个重要特征。一体化主要体现在：一是作战力量一体化。通过信息网络和信息技术，可以将处于不同空间位置的各种作战力量联结成为一个有机整体，形成一体化的作战力量，主要是武器装备一体化、诸兵种合成一体化、诸军种联合一体化。二是作战行动一体化。信息化战争中的主要作战形式，是由两个以上的军种按照总的企图和统一计划，在联合指挥机构的统一指挥下共同进行联合作战，单一军种的独立作战正在消失，空地一体、海空一体、陆海空天一体的多军兵种联合作战已成为作战的基本形式，作战呈现出十分鲜明的一体化特征。三是作战指挥一体化。信息化战争中，集指挥、控制、通信、计算机、情报、侦察和监视为一体的 C^4KISR 系统，为作战指挥提供了准确的战场情报、快速的通信联络、科学的辅助决策、实时的反馈监控，从而使传统的树状指挥体制逐渐被扁平网络化的指挥体制代替，使作战指挥实现了一体化。四是作战保障一体化。信息保障的行动趋向"全维"性，"打后勤"将成为全新的模式。信息支配的作战保障、后勤保障、装备保障和政治工作保障由分离走向一体化。

4. 作战效果精确化

信息化战争中，在多层次、全方位、全时空的情报、侦察和监视网络的支持下，使用大量的精确制导武器，各种作战行动的精确化程度越来越高。具体体现在：一是战场感知精确化。大量先进的侦察、监视、预警等探测系统，可对目标实施全天候、全时辰的侦察监视，得到全面而准确的战场情报。二是指挥控制精确化。在 C^4KISR 系统的支持下，作战指挥与控制实现了互联、互通、互操作，指挥员可以直接对一线部队甚至作战兵器进行有效的指挥控制和协调，使指挥控制精确化。三是打击精确化。精确打击是作战精确化的核心内容，它是靠提高命中精度来保证作战效果，而不是通过增加弹药投射的数量去增强作战效果。随着探测、高速信号处理、自动控制等技术的发展，精确制导武器的命中精度将进一步提高。同时，在 C^4KISR 系统的支持下，信息化武器装备将形成一个完善、精确、灵巧的侦察—指挥—打击一体化系统。四是保障精确化。运用以信息技术为核心的高技术手段，精细而准确地筹划、实施保障，高效地运用保障力量，使保障的时间、空间、数量、质量要求尽可能达到精确的程度，以最大限度地节约保障资源。

5. 作战样式多样化

作战样式是战争形态的具体表现，有什么样的战争形态就必然会出现什么样的战争样式。比如中国革命战争时期，我军的作战基本样式是运动战、阵地战和游击战，每种作战样式又可按不同情况划分为对预有准备之敌的作战，对运动之敌的作战，对立足未稳之敌的作战，包括阵地防御战、机动防御战、仓促防御战、山地游击战、城市游击战、乡村游击战等。随着高新技术，尤其是信息技术的发展及其在军事领域的广泛应用，新的作战样式层出不穷，充分体现了战争形态的时代特征。目前，不同的军事力量、不同的技术水平等导致了多种作战样式共存的状态，这些信息化战争的作战样式，有的是对机械化战争作战样式的继承，有的是对传统作战样式的改造。最能体现信息时代战争时代特征的作战样式主要有信息战、网络战、电子战、情报战、太空战、精确战、心理战等。由于信息技术的发展刚刚起步，距离其技术极限尚具有很大的空间，所以以信息技术为核心的信息化战争的作战样式也是一个动态的概念，正处在发展完善的过程之中。

6. 战场行动快速化

信息化战争的作战速度快，作战节奏转换迅速，作战行动甚至整个战争的持续时间越来越短，使信息化战争呈现出快速性的特征。一是作战指挥快。信息技术广泛运用于战场侦察监测设备和信息快速传输网络，实现了信息的实时获取、实时传输、实时处理，使得信息流动速度空前加快，空间因素贬值，时间因素急剧增值，作战指挥得以快速进行。尽管基本作战指挥程序和信息流程没有发生根本变化，同样要经过发现目标、进行决策、下达指令、部队行动等环节，但这些环节几乎可以同步进行。二是部队机动快。部队机动主要体现在空中机动、陆上机动、海上机动等，部队机动的速度达到了前所未有的高度。伊拉克战争中，美第 3 机械化师高速挺进，不与伊南部的伊军部队纠缠，长驱直入 400 km，直逼巴格达，创造了日行 170 km 的开进速度，是海湾战争中美军开进速度的 3 倍，创造了战争史上大纵深突击的新纪录。三是打击速度快。在信息化作战中，各种信息化武器具有快速的打击能力，使得作战行动的速度加快，时效性明显增强。

二、信息化战争的历史演变与典型战例

（一）信息化战争的历史演变

信息化战争从机械化战争中脱胎出来并成为一个全新的战争形态，经历了一个孕育、

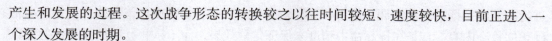

产生和发展的过程。这次战争形态的转换较之以往时间较短、速度较快，目前正进入一个深入发展的时期。

1. 初始孕育时期

信息化战争初始孕育时期，始于 20 世纪 70 年代初，止于 1991 年年初的海湾战争。在此之前，虽然信息在战争中发挥着重要作用，电报、电话、无线电和雷达等指挥、侦察器材得到大量使用，但没有从根本上改变机械化战争这一形态。到了 20 世纪 70 年代以后，西方发达国家开始军事技术革命，以计算机为核心的信息技术快速发展并在军事领域得到广泛运用，信息在作战中的地位产生质的飞跃，信息化战争形态开始逐步孕育产生。

越南战争、第四次中东战争、第五次中东战争、马岛战争、美国空袭利比亚和海湾战争，为信息化战争的孕育提供了肥沃的土壤。越战后期"灵巧炸弹"开始出现，优势打击崭露头角，局部战争逐渐走向有限化和高技术化，机械化战争开始向信息化战争形态演变，信息化战争开始孕育。在第四次中东战争中，各式导弹得到大量使用，侦察卫星、高空侦察机得到实验和检验，制空权地位上升，电子战、精确制导导弹威力初显，信息化战争初见端倪。贝卡谷地之战成为信息化战争孕育过程中的一大亮点。英阿马岛战争中，精确制导武器的使用改变了海上作战的样式，电子对抗也从过去的作战保障手段上升为重要的作战手段。美军空袭利比亚，尽管规模很小，但影响巨大，可以说是一场信息化武器唱主角的作战行动。海湾战争，由于 C^3I 系统和大量高技术兵器的使用，改变了机械化战争的面貌，呈现出许多信息化战争特征，标志着信息化战争作为现代战争的基本形态开始登上世界军事舞台。

2. 初步形成时期

在海湾战争中信息化的雏形初露端倪，在科索沃战争、阿富汗战争中得到推进，在伊拉克战争中首展其貌。从 1991 年到 2003 年伊拉克战争结束这一时期，是机械化战争向信息化战争形态剧烈转换、信息化战争逐步形成时期。海湾战争中所表现出的作战思想、作战样式、作战方法、指挥方式、作战力量组织结构、作战进程和结局等方面的重大变化，不仅令人耳目一新，而且对第二次世界大战以来形成的传统作战观念产生了强烈震撼，从而引发了一场以机械化战争向信息化战争转变为基本特征的世界性军事变革，世界各国无不积极研究对策，调整战略，以求在未来信息化战争中占据有利地位。

波黑战争、科索沃战争、阿富汗战争和伊拉克战争，有力地推动了机械化战争向信息化战争的迅速转化，为信息化战争形态顺利发展创造了客观环境。其中，伊拉克战争可以说是一场划时代的战争，呈现出许多以往战争所从未有过的新特点：运用 C^4ISR 系统创建了陆、海、空、天、电磁等多维一体的庞大数字化战场，大量使用高技术兵器和精确制导弹药，信息战贯穿战争始终并成为决定战争胜负的关键因素，精确打击战法占据主导地位，附带损伤大幅下降，后勤保障复杂紧张等。至此，机械化战争形态向信息化作战形态演变已发生质的变化，信息化战争形态初步形成。

3. 快速发展时期

伊拉克战争所显示出的信息、信息系统、信息化武器装备的巨大威力，极大地刺激了世界各国竞相发展先进武器装备，推动作战理论的创新和发展，牵引信息化战争进入一个快速发展时期。

美国为确保其超级军事大国的地位，投入巨额资金，改进、研制和发展先进的武器装备，率先完成全球性 C⁴KISR 系统建设，加快 TMD、NMD 部署并投入使用，武器装备和部队全面实现数字化，进行信息化战争的能力迅速提高。俄罗斯和欧洲国家，也必须加速发展先进的信息化武器装备，建立各自独立的有效防御力量。各中小国家为维护本国安全，也不得不大幅增加投入。预计到 21 世纪中叶，由于以信息技术为主体的现代高技术群趋于成熟，信息化战争将进入一个相对缓慢的成熟完善发展时期，战争形态将趋于稳定。

（二）典型战例：伊拉克战争

伊拉克战争是信息化条件下的一场高技术战争，既具有信息化战争的特征，也反映出机械化战争的一般特点和规律。它是美英等少数国家，不顾世界上大多数国家和爱好和平的人们的反对，公然违背联合国宪章和国际法基本准则，绕开联合国对主权国家伊拉克进行的一场非正义战争。

1. 战争起因

2003 年 3 月 20 日，美英等国在没有取得安理会授权的情况下，按照其"先发制人"的战略，绕开联合国发动了对伊拉克的战争。美国对伊开战理由是：萨达姆实行独裁专制；伊拉克支持恐怖主义；拥有大规模杀伤性武器；实质性地违反了联合国 1441 号决议等。实际上，美国发动伊拉克战争的动机却在于推进全球战略，谋求建立单极世界，维护其霸权地位；改变世界石油权力结构，强化世界经济的主导地位和追求现实利益；整顿中东秩序，打击伊斯兰世界中的反美势力；防止大规模杀伤性武器扩散，追求"绝对安全"与消除"9·11"事件后的不利影响等。它反映了美国的地缘战略、能源战略、经济战略和反恐战略的重叠与综合作用。

2. 战争经过

伊拉克战争仅持续了 43 天，远不及人们战前所预想的时间长，交战的激烈程度也有限，但它却是现代信息化战争的一个典型缩影，并形成了明显的阶段性作战特征。这场战争按作战的意图及进程大致可分为四个作战阶段。

（1）火力突袭与快速突进阶段。

2003 年 3 月 20—25 日，是伊拉克战争大规模交战的初始阶段，也是美英联军对伊拉克实施海空联合火力突袭与地面部队快速突进作战阶段，作战持续时间为 6 天。

本阶段的主要作战行动包括：美英联军海空力量的"斩首"作战、"震慑"作战、支援地面部队作战、地面作战力量的快速突进作战和特种部队的作战等。

其中，于 3 月 20 日当地时间 0 时 25 分突然实施的"斩首"作战，主要针对的是萨达姆及亲信。随后展开的"震慑"作战除进一步打击伊拉克高层领导人的可能藏身地外，还袭击了包括指挥中心、情报中心、通信设施、电力设施、政府办公设施和新闻机构在内的伊拉克重要目标。

与此同时进行的地面作战分东西两线进行，西线为主攻方向，以美陆军第3机械化步兵师为主力的联军部队，沿幼发拉底河直向巴格达突进，企图从西南方向突破巴格达地区伊军的防御；东线为助攻方向，以英军第1装甲师第7装甲旅和美海军陆战队第1远征部队一部为主的联军部队，向乌姆盖斯尔港和巴士拉方向进行策应性攻击前进，企图从东南方向撕开巴格达伊军的防御，为联军后续部队登陆创造条件，并控制伊拉克南部主要油田。

美英联军特种部队的作战行动包括：潜入巴格达附近地区进行侦察与情报战，夺占伊拉克西部的H2和H3机场，以及在伊北部地区进行力量集结与组织库尔德反伊武装等。

伊拉克军队也针对美英联军的行动进行了相应的防御与反击作战。其中，包括反空袭作战，第51师所属部队在巴士拉外围及乌姆盖斯尔港一带的防御作战和部分导弹袭击战等。

（2）战场控制与消耗作战阶段。

3月26日—4月5日，是战争的一个相对胶着阶段，也是美英联军对伊进行战场控制与攻城夺要阶段，作战持续时间11天。

本阶段的主要行动包括：进一步的"震慑"作战，巴格达外围要地和巴士拉及其附近要地的争夺战，以及开辟北方战线和调整部署等。

其中，美英联军新一轮的"震慑"作战，加大了对巴格达的空袭强度，并扩大了对战区重要目标的打击范围，有选择地攻击伊拉克居民区，包括3月27日对伊拉克国家电视台的袭击和31日对伊拉克新闻大楼的袭击，以及对提克里特地区伊军精锐部队的打击。联军西线主攻部队主力则分别在纳西里耶、库特、纳杰夫，以及卡尔巴拉至希拉一线与伊军展开了激战，并于4月5日进抵巴格达外围。联军东线部队一部对巴士拉外围进行清剿作战，并开始围攻巴士拉；另一部则对后方及侧翼的伊军进行了清剿，其中一部兵力于4月2日攻占了库特以西的努马尼耶机场。

美军特种部队不仅于3月28日开始在伊北部苏莱曼尼地区出现，并组织库尔德武装展开保障北方战线的行动，而且还于4月1日在纳西里耶进行了营救美军战俘的行动。同时，联军为解决战线拉长后的兵力不足问题，开始抽调美军第4机械化步兵师开赴战区。伊拉克军队则利用沙尘暴对联军的不利影响，组织了一些局部反击与袭击作战，以迫使联军放缓攻击速度，并增加伤亡。其中，3月26日在库特地区实施了装甲部队的反击；30日向科威特进行了导弹袭击；4月4日在一个检查站进行了人体炸弹袭击等。

（3）主要城市进攻与战局转折阶段。

4月6—9日，是美英联军对以巴格达为代表的伊拉克主要城市进行围攻与占领，并促成战局发生根本转折的阶段，作战持续时间4天。

本阶段的主要作战行动包括，以巴格达和巴士拉为中心的城市进攻作战，以及支援地面作战的海空火力战和北方战线的配合作战等。

其中，以美军第3机械化步兵师为主的联军部队在经过了预先试探后，于4月7日、8日从西面和南面两个方向进入巴格达，海军陆战队第1远征部队则从东面和东北两个方向进入巴格达。至9日，美军基本控制了巴格达市区内的主要目标。以英军第3突击旅为主的部队则分别从东南、西南和西北三个方向对巴士拉发起进攻，并于 4 月 7 日基本清除伊军的主要抵抗力量，8 日起转入巩固占领的零星作战。与此同时，联军其他部队分别占领了纳西里耶、纳杰夫、希拉、卡尔巴拉、库特和阿马拉等伊军防御要点。由于伊拉克的几个主要战略要点均已丧失，从而形成了战局的急转直下。

与联军的主要行动相呼应，在美军特种部队组织下的库尔德武装也攻占了伊北方重镇摩苏尔附近的战略要点马克布尔山，并逐渐缩小对石油重镇基尔库克的包围圈。美军新投入的第 4 机械化步兵师也开始向巴格达以北地区运动，并于 4 月 6 日抵达纳西里耶和塞马沃之间。相对而言，伊军除在巴士拉外围，以及于联军围困巴格达之初，或入城后在个别地区的零星袭击行动外，这一阶段几乎没有组织起有效的抵抗，更没有形成"激烈的巷战"，以致让联军长驱直入。

（4）扩展战果与搜剿稳定阶段。

4 月 10 日—5 月 1 日，是美英联军继续扩展战果，向伊拉克北部主要地区发展进攻，并巩固胜利的搜剿与稳定作战阶段。作战持续时间 22 天。

本阶段的主要作战行动包括：攻占提克里特作战，北方战线对摩苏尔和基尔库克的作战，以巴格达为主的清剿与搜捕等。

其中，自 4 月 13 日夜开始，联军对提克里特实施了空袭，美海军陆战队一部分兵力在未遇有效抵抗的情况下突入该城。此前 2 天，空降至伊北部的美军第 173 空降旅等部队，以及特种部队，在库尔德武装的配合下，已进入摩苏尔和基尔库克。同时，美军以巴格达为主，展开了大规模的清剿与搜索行动，并于 13 日接管了巴格达警察局。至 15 日，继先前驻摩苏尔的伊军第 5 军放弃抵抗后，管辖伊叙边界安巴尔地区的伊军指挥官也向联军投降。联军方面从而宣称，对伊战争大规模军事作战行动暂告结束。但仍继续通缉与搜捕伊拉克军政高级领导人，并继续清剿残存的伊拉克敢死队及零星抵抗的武装人员。同时，转入战后稳定秩序与部署重新调整时期。

2003 年 5 月 1 日 21 时，小布什总统在从海湾战争返回的"林肯"号航母上宣布："我们在伊拉克的主要作战行动已经结束。"在这场历时 43 天的战争中，联军共出动作战飞机 3 万余架次，投掷与发射各类精确制导弹药 27 200 余枚。其中，精确制导炸弹 18 200 余枚，巡航导弹 750 余枚。主要作战期间，美英联军伤亡近 700 人，其中，美军亡 134 人，英军亡 31 人，美英受伤及失踪共计 500 多人。伊军伤亡达 3 万多人，其中，亡 15 000 余人，伤 2 万人左右，另有 9 000 余人被俘。

3. 战争主要特点

在伊拉克战争中，美英联军依靠强大的军事实力，充分发挥了高新技术兵器的优势，精确选择打击目标，协调运用各种力量，灵活运用新的作战样式与战法，体现了一些不同于以往战争的特点。

（1）注重"斩首"，直接打击要害。

在战争中，美英联军在"直接打击敌军重心"思想的指导下，采取了"擒贼先擒王"的精确打击战法，针对伊拉克军政最高统帅萨达姆，采取了"斩首"行动，并重点轰炸伊拉克首都巴格达的重要战略目标。同时，辅以规模空前的海空火力"震慑"作战和地面部队的快速突进，企图一举制胜。为达成"斩首"目标，联军对萨达姆的总统官邸、家人住所、可能的办公与开会地点，或藏身之处等，都进行了持续的空中精确打击。并且，作为联军主力的美陆军第3机械化步兵师，在发起进攻后长驱直入，不恋战，迅速兵临巴格达城下，直接威逼并攻取了伊拉克首都，从而造成了伊军整个防御体系的失衡与战线的迅速瓦解，致使战局发生了根本性转变。

（2）空地并举，多种力量协同作战。

在战争中，美英联军一改以往那种先实施大规模战略空袭，再实施战场准备，尔后才发起地面进攻的传统作战模式，既没有采用第一次海湾战争的模式，也没有采用科索沃战争的模式，而是采取空地并举、多种力量协同作战的模式。联军地面作战力量几乎在海空作战的同时便展开了攻击行动，而且空袭作战与地面作战相互协同、互有配合。同时，特种部队也展开了多种行动进行配合。另外，美英还利用电视、电台、因特网、传单和大喇叭广播等多手段对伊进行了力度极大的心理战。它们互为呼应，对伊形成了综合压力，并促成了战略目标的顺利实现。

（3）因情变阵，实施灵活指挥。

战争进行期间，曾经遇到了海湾地区的沙尘暴，以及初期进展不顺的情况。对此，美英联军没有因原先计划受阻而乱方寸，采取了主动的应变策略：一方面及时调整了攻击部署与进攻节奏；另一方面各级指挥人员采取了灵活的临机处置，以保持指挥的不间断。

其中，在遇到沙尘暴袭击期间，联军减缓了空中袭击的频率，减小了地面推进的速度，但仍保持战机的一定出动率，以保持对伊军的战场压力。并且，地面部队除进行必要的攻击行动外，加强了对伊军战场目标的侦察与伊军动向的进一步掌握。

当土耳其议会否决了允许美军通过该国开辟"北方战线"的动议，联军"南北对进"计划落空后，美国家最高指挥当局一方面调整作战计划，加强了南部方向的主要进攻；另一方面积极进行外交斡旋，最终争取了北方战线的开辟。

当美军因长驱直入，战线过长，后勤补给不济，作战面临重大困难时，作为联军最高指挥机构的中央总部迅速将部分决策权下放给前线的指挥官，使其得以根据战场形势的发展自行决断采取下一步行动的时机。

（4）注重信息化手段的运用与随机作战保障。

美英联军充分发挥信息优势，不仅运用各先进的技术侦察手段，还以特种部队和情况人员，对伊军情况与欲打击的目标进行了准确把握，并将情报及时反馈到指挥中心与分发到参与攻击的空中联队，从而实现了对重点目标的精确定位打击。为了加大打击效果，美英联军还在作战中大量使用了信息化的精确弹药，其所占比例高达80%，为海湾战争的10倍。另外，美军还在作战中部分地检验了数字化部队的未来士兵信息化作战系统。在作战保障上，美军为避免重蹈第一次海湾战争时物资囤积过量、一半没有派上用场的覆辙，采用了与"适时、适地和适量"原则相适应的随机与"弹弓式"保障方式，使后勤保障部队与作战部队保持同步推进，从而提高了战场支援的效率。

4. 战争启示

总结这次战争的经验和教训，可以得出以下主要启示：

（1）居安思危，提高遏制战争和打赢战争的能力。

伊拉克战争表明，当今世界仍然是一个以强凌弱、以大欺小、以富压贫的世界。以对伊战争为开端，美国的战略野心和战争狂热可能进一步升级，其战略重心加快向亚太地区转移，加速完成对我国的战略环形封控。我们必须立足于更高的战略基点审视面临的威胁和挑战，要丢掉幻想，准备斗争。面对强敌咄咄逼人的进攻态势，必须提高遏制战争和打赢战争的能力。做到"遏制有手段，打赢有能力"。

（2）消除"恐高症"，树立敢打必胜的坚定信心。

在近期几场高技术战争中，美军大量使用高技术武器装备，迅速达成了战争目的。这场战争初期，伊拉克军民利用 GPS 干扰器或燃烧石油，造成美军一些精确制导武器出现偏航和掉弹；广泛设置假目标，消耗精确制导炸弹；袭扰后勤，造成敌前方供应困难，使美军一度处于比较被动的局面。战争实践证明，只有从"恐高症"中解放出来，真正树立敢打必胜的信心，才有可能发挥人的主观能动性，运用谋略，争取主动，战胜对手。消除"恐高症"，是我们未来战胜强敌，在思想上必须解决好的首要问题。伊拉克尚且敢于与拥有高技术武器装备的强敌对抗，我们更应该有决心、有信心、有办法与强敌较量。

（3）突破高新技术的"瓶颈"，夺占航天和信息的制高点。

在伊拉克战争中，美军动用了各种军用卫星 90 多颗。各种卫星为预警探测、情报侦察、通信联络、指挥控制和精确打击提供了全天候、大范围、高精度、长时间的技术保障。伊军即便利用沙尘暴天气的契机，也未能逃过美军的监视。未来战争中，围绕太空制高点和信息优势的争夺将日趋激烈。我们必须在这两个方面有大的突破，以减杀和弱化强敌的优势。

我国的航天事业已有辉煌成就，应继续加大投入，有重点地研发反制卫星、干扰卫星及摧毁信息节点的手段，增强空间对抗能力。在信息化建设方面，必须大力发展 C^4ISR 系统，为各种能力与武器装备实现系统集成提供信息支撑；必须加大信息化武器装备的发展力度，对各类武器装备进行信息化改造，极大地提高各种毁伤压制兵器的打击精度和使用效果。要以信息化带动机械化，实现我军武器装备的跨越式发展。

（4）推进新军事革命，以作战需求牵引理论创新。

在伊拉克战争中，美军运用了"快速决定性作战"理论、"斩首"和"震慑"战法、长驱直入式的机动战，战场变化令人耳目一新；在特种部队单兵计算机中安装了"漫游者"软件，大大提高了战场感知和指挥控制能力；美军后勤以商业化方式保障物资筹供，全面运用可视化后勤系统，确保指挥的实时高效，实现了聚焦后勤的思想；配发新型单兵野战口粮和具有止血功能的急救包；甚至把通缉令制作成扑克牌下发等。这些都体现了美军求新、求异、求发展，超越自我，不满足于现状的思维方式。

在借鉴中全面创新发展，是我军的一项重大历史性课题。我们应真正以作战需求为牵引，改革一切不适应信息化战争的观念、制度和体制。进一步强化创新意识，按照打赢信息化战争的标准，勇于破旧立新，大幅提升我军整体作战能力，以应对世界新军事变革的严峻挑战。

三、信息化战争的发展趋势

从世界范围看，战争形态正处在一个从机械化战争向信息化战争转变的快速发展时期。因此，在当前条件下，要准确地预测信息化战争的发展趋势还比较困难。然而，历史的发展有其自身的逻辑轨迹，信息化战争也不例外。未来的信息化战争将在战争的暴力性、战争的主体以及战争的层次等方面发生重大的变化，从而使传统的战争观念受到冲击。

（一）战争的暴力性减弱

未来的信息化战争中，由于各种经济活动和社会活动的高度信息化和网络化，社会的经济生活和政治生活更多地依赖于各种信息系统。支撑社会经济和政治活动的金融系统、能源系统、交通系统、通信系统和新闻媒介系统等，都是以计算机为基础的信息网络系统。信息和信息系统既是武器，也是交战双方攻击的主要目标。在信息化战争中，只需通过网络攻击、黑客入侵和利用新闻媒介实施大规模心理战等"软"打击的方式，破坏敌方的计算机信息网络，瘫痪敌方指挥系统，瘫痪敌国经济，制造敌方社会动乱，把战争意志强加给对方，就可以不流血的形式换取最大的政治和经济利益。在使用各种"硬"摧毁手段的作战中，进攻一方也不再以剥夺敌国的生存权利，或完全夺占敌方的领土等作为最终目标，而是注重影响对手的意志，尽可能地减少战争的伤亡，力争以最小的伤亡代价换取最大的胜利。战争暴力性将会减弱，传统战争的暴力行动将可能被非暴力的"软"打击行动所替代。需要说明的是，战争从本质上讲仍然是解决阶级、民族、国家和政治集团之间矛盾冲突的最高斗争形式，是政治通过暴力手段的继续，那种把信息化战争看作是"不流血"的观点是错误的。

（二）战争的主体多元化

传统的战争主要发生在国家、政治集团之间，战争打击的目标主要是对方的军事力量和战争潜力，战争的主体是军队。而在信息时代，由于信息技术和信息系统高度发展，计算机网络联通了整个世界，这使得整个世界的政治、经济、科技和文化的联系日益密切，国家的安全受到来自多方面、多种势力的威胁，表现出易遭攻击的脆弱性。实施信息攻击的主体既可能是军队，也可能是社会团体，还可能包括恐怖组织、贩毒集团和宗教极端分子等。随着科学技术的发展，制造常规弹药易如反掌，制造核武器、化学武器和生物武器的技术也正在越来越多地被人们了解和掌握。这就使一些社会团体和组织，不仅可以掌握和使用常规武器，而且也有可能掌握和使用核化生武器，以及掌握和使用计算机病毒等信息武器。因此，这种情况使国家安全面临着严峻的挑战，并使得发动和从事战争的主体呈现出多元化的特征。当战争爆发时，受到攻击的一方，可能难以判明谁是真正的对手，也难以迅速作出有效的反应和反击。战争不仅会在国家与国家之间展开，而且也可能会在社会团体与社会团体之间、社会团体与国家之间、少数个人与社会团体之间展开。为了应对这种挑战，仅仅依靠军队力量是不够的，还必须依靠社会的各种力量，进行广泛的全民战争。

（三）战争的层次更加模糊

在未来信息化战争中，战争的战略、战役和战术层次会逐渐模糊。一方面，战役或战术行动具有战略意义。由于大量信息化、智能化装备和系统的集中运用，武器装备的作战效能越来越高，精确打击和信息作战等作战行动对敌方军事、政治、经济和心理的攻击威力越来越大，因而小规模的作战行动和高效益的信息进攻行动就能有效地达成一定的战略目的。这使得战争进程更为短暂，战争与战役甚至战斗在目的上的趋同性更为突出。另一方面，作战行动将主要在战略层次展开。信息化战争不再是从战术突破到战役突破再到战略突破，而是战争一开始，打击的对象就将主要集中于关乎敌方政治、经济和军事命脉的重要战略目标。尤其是在信息化战争中起主导作用的战略信息战，它对敌方经济和政治信息系统的攻击，以及对敌方民众和决策者心理的攻击，更具有全纵深和全方位的性质。大规模的信息进攻和超视距的非接触作战将成为未来信息化战争的主要行动样式。

（四）战争指导更加追求速决取胜

在信息时代，战争指导者为了得到世界民众的支持，不引发民众强烈的反战情绪，不得不对战争的规模和进程实施严格的控制，为了以最小的代价获得所需要的政治、经济和军事利益，就必须高度重视军事威慑的作用，力争采取速决的方法赢得战争的胜利。美军在伊拉克战争中所运用的"震慑"与"迅速决定性"作战理论，代表了未来信息化战争的一种发展趋势。这种作战理论的核心思想是："战争发动者通过广泛使用政治、经济、战略、战役、战术层次的全方位力量，形成一种综合力量，向敌人发出'要么毁灭、要么投降，抵抗是毫无疑义'的信号。它所打击的要害目标是国家，特别是国家领导层以及该国军民的抵抗意志，以最经济的手段达成最大的政治利益，从而达到'不战而屈人之兵'的理想境界。"

在"迅速制胜"理论中，"迅速"意味着在敌人能作出反应前进行快速机动，"制胜"意味着在物质和精神上能够影响和主导敌人意志的能力。"物质制胜"包括摧毁、解除武装组织和抵消能力，使对手无能为力；"精神制胜"意味着摧毁、战胜以及抵消敌人抵抗意志的能力，或者是不用武力就迫使敌人接受主战方的条件和目标。达成这种"制胜"的主要机制是通过对敌人施加足够的"震慑"条件，迫使其接受主战方的战略目的和军事目标。"迅速制敌"将会夺取环境控制，而且瘫痪敌人对事件的看法和理解力，或者使敌人的看法和理解力成为负担，从而迫使敌人无法在战术和战略层次上形成抵抗。

（五）战争形态向智能化方向发展

近年来，以人工智能技术为代表的颠覆性技术群，正加速推进战争形态向智能化方向演进，战场出现无人系统自主对抗、察打行动秒杀立决的现象，"无人、无形、无声"

的特征日益凸显。一般认为，科技发展改变战争形态需要经历介入、支撑、主导三个发展阶段。从当前人工智能技术发展和军事应用程度，尤其是从叙利亚战争实践看，人工智能正处于介入阶段，并加速向支撑阶段发展。

如果说信息系统是辅助人作战，那么，智能系统则可能是代替人作战。以移动互联网、大数据、云计算、机器学习、仿生技术等为代表的智能化技术群对未来战争带来的影响必将是颠覆性的。首先，有可能颠覆战斗力的表现形态，使人与武器直接结合逐渐向人与武器相对分离转变；其次，颠覆指挥控制的方式，使信息系统辅助人逐渐向智能系统部分代替人转变；再次，颠覆战场力量交战方式，使人—机结合的相互杀伤逐渐向无人系统的集群对抗转变。不仅如此，军队组织形态可能脱胎换骨，智能化、无人化军队呼之欲出，跨界、跨域、跨代力量编成常态化趋势更加明显，按维度划分的军种结构可能被按作战主体性质划分的军队结构取代。毫无疑问，智能化技术对未来战争的影响必然是广泛而深刻的，我们虽无法准确预知，但必须大胆创新、勇于突破、主动求变，积极认知新的战争形态，开创新的战争时代。

思考题

1. 战争的内涵和特点是什么？
2. 战争会不会消亡？如何消灭战争？对待战争的正确态度是什么？
3. 机械化战争有哪些基本特点？
4. 新军事革命的内涵和主要动因是什么？
5. 信息化战争的内涵是什么？
6. 信息化战争有哪些发展趋势？

第五章
信息化装备

✅ 学习目标

　　了解信息化装备的内涵、分类、发展及对现代作战的影响，熟悉世界主要国家信息化装备的发展情况，激发学生学习高科技知识的积极性，为国防科研奠定人才基础。

　　装备是武器装备的简称。用于作战和保障作战及其他军事行动的武器、武器系统、电子信息系统和技术设备、器材等都可称作为装备。其包括武装力量编制内的舰艇、飞机、导弹、雷达、坦克、火炮、车辆和工程机械等，可分为战斗装备、电子信息装备和保障装备等。本章主要介绍信息化武器装备的相关内容。

第一节　信息化装备概述

　　20 世纪 70 年代以来，随着以信息技术为核心的高新技术群的崛起和迅猛发展，以科学技术为重要推动力的武器装备发展，逐步开始了由机械化向信息化的跨越。

5.1　信息化装备

一、信息化装备的内涵

　　信息化装备，是指采用现代信息技术，具有单一或多种信息功能的装备，如精确制导武器、综合电子信息系统及加装数据链和相关信息系统的飞机、舰船等。信息化装备具有信息探测、传输、处理、控制、制导、对抗等多种功能，在信息化装备中，信息技术对军事装备性能的提高及使用、操纵、指挥起主导作用。

不同时代，武器装备的内涵各有不同。机械化战争时代，机械化武器装备主要由物质和能量两大要素构成，因此，杀伤力和机动力是衡量武器装备优劣的主要标志；信息化战争时代，信息化武器装备由物质、能量和信息三大要素构成，而且更加强调三者之间的融合，因此，信息化武器装备表现出网络化、集成化、精确化、隐身化、智能化等显著特征。

信息化武器装备是提高军队作战能力的重要因素。信息化装备促使作战领域发生了深刻变化：侦察监视网络化、作战空间多维化、指挥控制自动化、目标打击精确化、战场对抗体系化等。引起这些变化的核心因素是武器装备的信息化。海湾战争、伊拉克战争等表明，信息已成为武器装备效能发挥的主导因素，也就说信息化武器装备已成为衡量军队作战能力的重要因素。需要说明的是，信息化装备并没有改变"人是战争胜负决定因素"的结论。

二、信息化装备的分类

信息化武器装备有多种分类方法。根据武器装备的性质，分为进攻类信息化武器装备、防御类信息化武器装备和支援类信息化武器装备；根据武器与信息的关系，分为信息探测类、信息传输类、信息处理类、信息制导类、信息干扰类和信息攻防类；根据杀伤效应，分为"硬杀伤"类信息化武器装备和"软杀伤"类信息化武器装备，或杀伤性信息化武器装备和非杀伤性信息化武器装备等。根据武器装备的功能，分为信息化作战平台、综合电子信息系统、信息化弹药（精确制导弹药）、新概念武器和单兵数字化装备等。

三、信息化装备对现代作战的影响

信息化装备在作用距离、机动能力、命中精度、毁伤威力、防护能力、生存能力等方面提高到了前所未有的水平，已经并将继续对现代作战产生重大影响。

（一）获取信息优势成为作战取胜的关键

获取信息优势，是指利用高技术侦察手段提高我方信息获取能力，采取干扰、隐身、摧毁等手段降低敌方信息获取能力的行动。其目的是增大敌方作战的不确定性，减少己方的不确定性。其实质是增大敌我双方的不确定性反差，并在这种动态对抗过程中形成信息优势。信息优势达到一定程度，即形成了制信息权，在一定时间内掌握着对战场信息的控制权，能在了解敌方情况的同时阻止敌了解己方情况，实现战场单向透明化。谋求建立信息优势，控制己方信息的有序运行，同时破坏敌方的信息流，已经成为争夺制空权、制海权、陆地控制权的前提，并且直接影响到战争的进程和结局。

（二）精确打击成为战场打击的主要手段

精确制导武器已经在现代战争中逐步确立了战场打击主角的地位。精确打击可以使火力摧毁从面杀伤转为"点穴式"攻击。从理论上讲，武器的命中精度提高一倍，其毁伤力可提高四倍。精确制导武器在实现"点穴式"打击的同时，也大幅度降低了战场附带性毁伤。作战力量从追求数量规模转向注重质量效能。精确制导武器与信息化作战平台的结合，增强了从敌防区外实施远程精确打击的能力，大大降低了武器平台的损伤。攻击精度的不断提高，大大减少了武器消耗数量。作战方式从接触式、线式转向非接触式、非线式。作战行动将在所有作战空间和战场全纵深同时展开，首要打击目标将直接指向敌最高决策层和有极其重要价值的目标，从而迅速达成作战目的。统计资料表明，在海湾战争中，尽管多国部队所使用的精确制导武器弹药量仅为总弹药量的 8%，但其摧毁的预定目标却达 80% 以上。

（三）一体化联合作战成为现代作战的基本形式

一体化联合作战建立在信息优势和精确打击基础之上，是对作战指导思想和战法上的重大变革。一体化联合作战是现代作战的必然趋势，这是因为：战场空间从单维发展到多维，形成了一个陆、海、空、天、电磁等多维一体、有形空间与无形空间交融的新型作战环境。这种作战环境下的作战，不可能是单一战场上的较量，而只会是一体化联合作战行动。作战力量从军种间的协作走向大联合。单一军兵种难以独立完成作战任务，必须进行多军兵种融合的一体化联合作战，发挥各军种参战部队的作战优势和最大潜力，实现作战能力的优化重组、作战力量的大联合。战场对抗从单兵单件武器对抗转向体系与体系的对抗。信息化战争将不再完全依赖于坦克、飞机、军舰等单件作战平台的战斗性能，而是取决于由综合电子信息系统、精确制导武器、信息战装备和高技术作战平台等组成的信息化武器装备体系的整体作战效能的发挥。

（四）指挥信息系统成为现代作战的力量"倍增器"

在信息化战争条件下，作战指挥是一体化联合作战的龙头，必须使用先进的指挥信息系统对作战行动实施高效的指挥控制。由于信息化甚至智能化武器装备的大量使用，指挥信息的获取、传递、处理和使用就显得尤为重要。使用传统的指挥手段，已经不能对军队进行有效的控制，也不可能有效地控制作战进程，进而也就不能夺取战场的主动权和战争的胜利。实践已证明，进行信息化作战必须依赖于指挥信息系统的运用，指挥信息系统的广泛运用将使各种武器系统的作战效能成倍增长。

（五）制电磁权成为夺取一体化联合作战胜利的重要基础

信息化条件下的一体化联合作战，要将分布在陆、海、空、天等战场的各种侦察探测系统、指挥控制系统和武器系统有机结合起来形成统一、高效的作战体系。正是由于组成各种系统的大量电子设备的运行，才使得电磁频谱高度占用，电磁辐射不断增强，各种电磁信号密集交织，装备之间的电磁影响不断加剧，战场电磁环境异常复杂。这种看不见的密集电磁波，既是联合作战、体系对抗和精确打击等所依赖的重要物质基础，同时也成为影响各种系统正常工作的"杀手"，制电磁权已成为夺取一体化联合作战胜利的重要基础。在这种情况下，应对复杂电磁环境不再只是局限于技术手段和装备运用，而是更多地需要在作战筹划与作战指挥层面寻求解决方案。

（六）作战空间空前扩大，作战效能大幅提高

随着各种武器系统射程、航程及作战半径的提高，军事航天技术的发展与运用，战场空间空前扩大，太空已成为人类的第四战场，作战行动将在太空、空中、地面、水上和水下交错进行。战场侦察与监视系统不仅能为指挥员提供直观的、不同距离的、全方位的、有声有色的情报，而且指挥员还可利用计算机帮助计算和分析，对制定的计划方案进行"对抗模拟"，以比较方案的可行性，选择最佳方案，从而提高指挥效能。大量精确制导武器系统的使用使得作战效能成倍增长。英阿马岛战争期间，20 万美元一枚的"飞鱼"反舰导弹一举击沉了价值 2 亿美元的"谢菲尔德"号驱逐舰。由此看来，精确制导武器是一种作战效益很高的武器，其效费比通常为常规武器的 25 ～ 30 倍。

第二节　信息化作战平台

信息化作战平台是指安装有大量电子信息设备的高度信息化的作战平台，是信息化弹药的依托，如信息化的飞机、舰艇、坦克、装甲车辆等。信息化作战平台是武器系统的重要组成部分和发挥战效能的重要因素。根据作战功能可分为：陆上信息化作战平台、海上（水下）信息化作战平台、空中信息化作战平台和太空信息作战平台。本节主要介绍前三种。

一、陆上信息化作战平台

陆上信息化作战平台，主要是指大量采用信息技术的各类　**5.2　陆上信息化作战平台**
坦克、步兵战车、自行火炮、导弹发射装置等陆上作战平台。它是在原有机械化作战平台的基础上，嵌入指挥控制、通信、侦察监视、敌我识别、导航定位和威胁预警与对抗等信息系统，实现了作战效能的大幅提升。这里主要介绍坦克、步兵战车和自行火炮。

（一）典型平台

1. 坦克

坦克集机动、防护和火力于一体，是各国重点发展的陆上信息化作战平台之一。它的信息系统主要包括数字式火控系统、定位导航系统、综合电子战系统、指挥控制系统、通信系统、威胁预警与对抗系统等。如美国的 M1A2SEP 主战坦克（见图 5-1），它是 M1 坦克的最新型和最先进的型号，装备有第二代热成像系统、车长独立热成像仪、数字化地形图和最新的数字化指挥、控制、通信装备。它是美军 21 世纪军力计划陆军数字战场的核心，是美军现役最先进的数字化坦克。又如中国的 99 式主战坦克（见图 5-2），

也是世界上最先进的主战坦克之一。其具备优异的防弹外形，其炮塔和车体均采用复合装甲，抗弹能力成倍提高，是中国陆军的主要地面突击力量，被称为中国的陆战王牌。

图 5-1 M1A2SEP 主战坦克　　　　　图 5-2 中国的 99 式主战坦克

2. 步兵战车

步兵战车主要用于承载步兵以乘车作战的方式遂行地面突击或两栖突击任务的装甲车辆。它具有较强的火力和装甲防护能力，装备有数字式火控系统、定位导航系统、综合电子战系统、指挥控制系统、战场管理系统、威胁预警与对抗系统等信息系统。如美国的 M2A3 步兵战车（见图 5-3），其装有数字火控系统、目标捕获系统和一体化导航系统，驾乘人员配有先进的数字化设备。

3. 自行火炮

自行火炮，是同车辆底盘构成一体，靠自身动力运动的火炮。装备有专用火控计算机、定位定向系统、数字通信装备和自动瞄准系统等信息系统。如美国的 155 mm M109A6"帕拉丁"自行榴弹炮（见图 5-4），其装有弹道计算机和定位导航系统、自动瞄准装置组成的自动化火控系统，以及单信道地面与机载无线电系统，可与先进的野战炮兵战术数据系统及其他武器系统链接。

图 5-3 M2A3 步兵战车　　　　图 5-4 155 mm M109A6"帕拉丁"自行榴弹炮

（二）战例应用

在伊拉克战争中，以美军第 3 机步师为主的地面部队对巴格达实施的快速闪击战，极大地加速了战争的进程。在地面作战中，各种先进的作战装备发挥了卓越效能，不仅为地面作战开辟了一个崭新的发展空间，同时也为陆军的发展提供了新的契机。

1. 伊拉克战争中使用的主要地面作战装备

地面作战部队的武器装备，基本呈现两个特点：少数部队配备了全新的或改装的数字化武器装备，成建制、成系统形成了信息化作战能力，如第 4 机步师等；多数美军部队的主战装备仍处于三代水平，在维持机械化武器装备原貌的基础上进行了信息化改造，提高了火力、防护力和信息感知能力，占有明显的火力优势和信息优势。装甲战斗车辆主要有 M1A2 和 M1A2SEP 主战坦克、M2A3 步兵战车等。火炮主要有 155 mm M109A6 "帕拉丁" 自行榴弹炮，105 mm M119 牵引式榴弹炮，155 mm M198 牵引式榴弹炮，M270 多管火箭炮，60 mm、81 mm 和 120 mm 迫击炮等。导弹主要有 PAC-3 "爱国者" 导弹系统、"海尔法" 反坦克导弹等。伊军则使用了俄制 AT-14 "短号" 反地克导弹，实战中也摧毁多辆 M1A1 主战坦克。

2. 地面作战装备的作战应用

快速闪击。伊拉克战争中，美军对巴格达的快速闪击战是一个突出的亮点。美军对巴格达的快速闪击战是一个突出的亮点，这是美陆军向网络中心战转型的一次积极尝试。美军推进的速度极快：第 3 机步师先头部队 7 000 人在开战后绕过伊拉克南部各城市，长驱直入、日夜兼程穿越 700 km 的沙漠地带，目标直指巴格达，在开战第 5 天即 2003 年 3 月 24 日，该部队就到达距离巴格达约 80 km 的南部战略重镇卡尔巴拉附近，并与伊军防守部队交战。

城市作战。近年来，美陆军和海军陆队投入大量人力物力进行城市作战的研究和训练。美军修建了模拟城镇，训练逐个街区、反游击队武装等城市作战方法。伊拉克战争事实表明，依托先进的地面作战装备，美军城市作战理论在实践上同样具有巨大的优势。战争中，美军多次成功地实施装甲突击，开创了城市作战的成功范例。

阵地攻防。美军在纳西里耶、纳杰夫、卡尔巴拉、巴格达等地与伊军发生过许多次交战。存在着技术代差的两支军队在信息化条件下进行传统形式的阵地战，其惨烈程度对于这两支部队而言当然不可同日而语。美军在进军巴格达的一场 3 小时激战中，拥有信息化武器装备的第 3 机步师击毙了至少 2 000 名伊军士兵，而美军仅阵亡 1 人。巨大的伤亡代价和悬殊战果表明了这种阵地战的不对称性。

（三）发展趋势

21 世纪，陆战武器装备的发展重点是提高信息力、火力、生存能力和战场机动能力，实现标准化、通用化和系列化。其主要发展趋势如下。

1. 全面应用先进信息技术

近年来，美、英、法等发达国家都在先期概念验证的基础上开始研究下一代主战武器系统。美军新的主战系统将贯彻网络中心战思想，将侦察车辆、指挥控制平台、独立的火力压制系统结合为一体，集侦察、监视、目标搜索、打击、保障等功能于一体，如美国陆军研制的 "未来作战系统"（FCS）。

2. 进一步提高机动性能

提高机动性能的重点是提高陆上作战平台越野的机动性、加速性和转向性。这些性能与平台的动力传动装置操纵与悬挂系统的性能水平、单位功率、履带接地压力以及负重轮行程和发动机的加速性等有关。其中，动力装置的发展趋向：除继续改进增压、中冷柴油发动机外，燃气轮机的采用将逐步增多，功率有可能增至 1 500 kW。还将进一步研究陶瓷绝热发动机，其与同功率的柴油机相比体积与重量将减少 40%，节约燃料 30%。而传动装置的发展重点是：设计先进的综合推进系统，采用电子操纵，增大功率密度，达到结构紧凑、传递功率大、操纵维修方便等目的。

3. 进一步提高生存能力

较强的生存能力是保持战斗力必不可少的条件。由于现代探测技术的长足进步和精确制导技术的飞速发展，来自空中的威胁越来越大，对陆上作战平台的战场生存构成了严重威胁。因此，未来陆上作战平台将通过多种途径，全面系统地提高平台的防护性能。主要包括以下几个方面：一是采用隐身技术来提高防护能力；二是大量采用复合装甲提高车体的防护能力，重点是研究新型复合装甲、反作用装甲和主动防护系统；三是陆上作战平台的总体结构设计将有新的突破，主要是探索顶置火炮式坦克方案与遥控车组方案。

4. 发展系列化、通用化作战平台

系列化是根据某类产品或装备的使用需求和发展规律，按一定序列排列其主要性能参数和结构形式，有计划地指导产品的发展，以满足广泛需求的一种标准化方法。如美陆军的 M 系列的坦克装甲车、俄罗斯的 T 系列坦克等都是系列化的地面主战装备。通用化是将现有的或正在研制的具有互换性特征的通用单元用于新研制武器系统的一种标准化方法。例如，美军未来战斗车辆规划，曾提出生产将坦克与步兵战车合一的双用途车辆，另加一种骑兵战车；生产坦克、步兵战车、骑兵战车三者合一的多用途战斗车辆。

二、海上信息化作战平台

海上信息化作战平台，主要是指大量采用信息技术的各类舰艇和潜艇等海上（水下）作战平台，主要包括航空母舰、驱逐舰、护卫舰、导弹快艇、登陆舰、潜艇和水下无人航行器等。

5.3 海上作战信息化平台

它嵌入的信息系统主要包括情报采集与处理系统、作战支持系统、武器控制系统、通信系统、作战指挥控制系统和电子战系统等。这里主要介绍航空母舰、驱逐舰和核潜艇。

（一）典型平台

1. 航空母舰

航空母舰，是以舰载机为主要武器，并作为海上活动基地的大型水面舰艇。它主要用于攻击舰船、基地、港口和陆上目标，夺取作战区域的制空权和制海权，支援登陆和抗登陆作战等。如美国的"福特"号航母（CVN–78）（见图 5–5），它是美国海军为了加速向信息化海战的转型而推出的多功能新概念核动力航母，于 2017 年服役。美国军方的资料显示："福特"号航母满载排水量 100 000 t，长 332.8 m，宽 40.8 m，吃水 12.4 m。飞行甲板长 332.8 m，宽 78 m。动力：2 座核反应堆，4 轴，航速 30 节以上，人

员编制为 4 660 人。导弹：2 座雷声公司的垂直发射系统（VLS），改进型"北约海麻雀"舰空导弹，2 座 MK49"拉姆"舰空导弹发射装置，配备有 75 架以上的飞机。此外"福特"号还采用了舰载机电磁弹射系统、新的大功率一体化核反应堆、带状电力分配系统、舰载激光防御系统及信息栅格化航母等关键性的舰用高科技。

图 5-5 "福特"号航母（CVN-78）

2. 驱逐舰

驱逐舰，是装有导弹、舰炮、鱼雷、深水炸弹和直升机等武器系统，具有多种作战能力，能在中、远海机动作战的中型水面舰艇。装备有作战指挥系统、导航系统和武器控制系统、声呐探测系统等信息系统。如 055 型驱逐舰（见图 5-6）的舰船，该舰在设计理念上达到世界先进甚至局部领先，具有较高的信息化水平及隐身性能，装备有新型有源相控阵雷达，可组织远、中、近三层先期预警防御网，并有较强的防空、反导、反潜、反舰、攻陆和电子战能力。该舰还有较高的续航力、自持力及适航性。

图 5-6 055 型驱逐舰

3. 核潜艇

核潜艇是潜艇的一种类型，是指以核反应堆为动力来源设计的潜艇。它具有续航能力强、自持力强等特点。如弗吉尼亚级攻击核潜艇（见图 5-7），它是美国海军一款既可实施传统的远洋反潜、反舰作战、远程侦察，又可用于浅水作战环境中的多种作战行动的攻击型核潜艇。它在艇艏球形声呐的后方上装备有 12 个巡航导弹垂直发射筒，可发射射程为 2 500 km 的对陆攻击型战斧巡航导弹，能够对陆地纵深目标实施打击，另外还装备了 4 具 533 mm 鱼雷发射管，近海作战能力尤其突出。

图 5-7　弗吉尼亚级攻击核潜艇

（二）战例应用

海湾战争中，由于伊拉克海军十分弱小，海上作战显得微不足道，无法与大规模空中作战、快节奏的地面作战相提并论。但多国部队海军仍然投入了大量的海上力量，部署 230 余艘舰艇，美海军投入了 6 个航母战斗群、4 000 多架舰载机和 240 多架海军陆战队飞机以及大量的直升机。这些武器装备不仅直接用于海上作战，而且在空中作战和地面作战中发挥了重要作用，也对海上力量的运用方式产生了重大影响。

1. 反舰作战

反舰作战的任务是摧毁伊海军全部水面作战舰艇和布雷艇，将伊海军赶回到波斯湾北部，以防其进攻或威胁多国部队。美国、英国、沙特阿拉伯和科威特海军承担了主要作战任务，阿根廷、澳大利亚、加拿大、丹麦、法国、意大利、荷兰、挪威、西班牙等国家参加或支援了反舰作战。把在波斯湾北部的伊海军舰艇与巴士拉、乌姆盖斯尔的港口设施和海军基地隔离开来，将更多的伊军舰艇封锁在港内，并最终掌握了波斯湾北部海域的制海权。在整个反舰作战中，多国部队击毁或击伤伊军 143 艘舰船，伊拉克所有海军基地和港口被严重毁坏，基本上全军覆没，未对多国部队海军发动过任何攻击。

2. 防空作战

防空作战的主要任务是在波斯湾建立和保空中优势。伊拉克空军 4 种战机具备反舰攻击能力，包括：32 架可发射 2 枚"飞鱼"反舰导弹的"幻影"F1 战斗机；4 架可携带"蚕"式空舰导弹的轰–6D 远程轰炸机；25 架可携带 AS–14 等空舰导弹的苏 24 战斗机；可发射 2 枚"飞鱼"反舰导弹的"超黄蜂"直升机。它们对多国部队水面舰艇构成了空中威胁。为此，中央总部海军成立了防空令部，负责指挥和控制舰艇编队的防空作战。作战兵力包括波斯湾上的 4 艘母舰、9 艘提康德罗加级巡洋舰、12 艘驱逐舰和护卫舰。尽管伊军在战争中无法主动出击，多国部队仍起用 3 805 架次舰载机执行海上防空作战任务。

3. 反水雷战

反水雷战的主要任务是为实施舰炮火力支援的战舰和可能发动的两栖突击开辟一条

通向科威特海岸的通道。伊拉克有 11 种不同型号的水雷，战前在费莱凯岛到科威特边界南端 230 km 长的弧线内布设了 167 枚水雷。为了扫除水雷，中央总部海军建立了反水雷大队，共 20 余艘反水舰艇、6 架 MH–53E 扫雷直升机和 20 多个爆破排雷小分队，还部署了多种未经试验的扫雷装备，如第一艘"复仇者"级雷舰和一批感应式、机械式扫雷装置等。反水雷大队首先在科威特以东 100 km 海域扫出一条长 24 km、宽 300 m 的通道，为配合扫雷，多国部队摧毁了科威特海岸的伊军"蚕"式反舰导弹。多国部队海军遇到的最大威胁就是水雷，而对付水雷的办法并不有效，几乎所有行动都受到影响。在扫雷过程中，美舰"特里波利"号撞上一枚触发锚雷，受到重创；美舰"普林斯顿"号触发一枚感应式沉底雷，舰体遭到破坏。直到海湾战争结束，扫雷工作也没有完成。

4. 两栖佯动

进入波斯湾的两栖部队为中央总部提供了一支机动性很强的作战力量，包括美军第 4 和第 5 陆战远征旅及第 13 陆战远征分队，约 1.7 万人，31 艘两栖舰船和 1 艘修理船，17 艘气垫登陆艇和 13 艘通用登陆艇，115 辆两栖突击车，34 辆坦克，19 架 AV–8B 攻击机和 136 架直升机。多国部队虽未进行两栖突击，却一直进行两栖作战的威胁和佯动欺骗，牵制了伊军十多个师。同时，还实施了一系列作战行动，如攻击乌姆迈拉迪姆岛、佯攻费莱凯岛和谢拜赫港口设施以及第 5 陆战远征旅登陆等，有力地支援了地面作战行动。

（三）发展趋势

近年来，以美国为首的国家启动了一系列海军重大技术研究，孕育了一批新装备，它们将推动海上信息化作战平台产生质的跃升，影响世界各国海上信息化作战平台的发展趋势。

1. 大力发展各类无人系统

各国发展并装备的无人水面艇多为集反水雷战、反潜战、信息／电子战等多种能力于一体的多功能无人水面艇。美国正式服役的无人水面艇主要有遥控猎雷系统（RMS）、"海狐"和"斯巴达侦察兵"。其共同特点是充分借鉴无人机技术，并采用模块化设计，可在保障有人舰艇安全的情况下大范围实施反水雷作战和大范围长航时的反潜作战。

2. 积极发展水下通信、水下网络等水下装备

2012 年，美国海军水面战中心提出了"先进水下武器系统"概念，利用大直径无人潜航器携带 8 部被动声呐和 4 枚轻型鱼雷，在作战区域部署水声传感器形成探测网络，发现潜艇或水面舰后即可利用轻型鱼雷发起攻击。这将使局部海域水下透明度大幅提高，消除水下力量对美军的威胁，其他国家将从此失去通过水下非对称力量制约美军的可能，美国将对其他国家形成前所未有的压倒性优势。美国同步还在发展"海德拉"系统，该系统是一艘体积较大的无人潜艇，可以长时间地潜伏在敌方领域，最长可在水下连续潜伏数月之久。一旦发现目标，会立即对海面或水下目标实施攻击。

3. 动力与能源技术将引发未来舰船动力的重大变革

动力与能源技术方向之一是燃料电池；兆瓦级燃料电池有能力取代现役主机及发电

机，将引发舰船动力，甚至全军种动力体系的一场革命。美国海军正在大力研发兆瓦级燃料电池，以燃油为原料，通过重整器将化学能直接转化成电能。燃料电池效率高达60%，是现役燃气轮机、柴油机的1.5倍；此外，燃料电池还具有噪声低、隐身性好的优点。美国海军目前正在研发10 MW质子交换膜燃料电池和固态氧化物燃料电池，高于目前单机功率最大的MTU8000舰船高速柴油机；未来还将电池功率提高到23 MW，相当于LM-2500舰船燃气轮机功率等级。

动力与能源技术方向之二是紧凑型聚变堆。紧凑型聚变堆能量密度高、原料来源广泛、污染小，可实现反应堆的小型化。一旦开始使用，将推动整个航母编队的"全核化"，舰队续航能力将不受燃油限制。2015年8月，麻省理工学院提出270 MW紧凑型聚变反应堆方案，计划10年建成原型堆并发电。聚变堆外径仅6.6 m，内径仅2.2 m。

4. 高能武器正逐渐走向成熟

高能激光武器能以光速拦截目标，以热能代替动能，改变传统拦截弹药毁伤模式；电磁导轨炮以电磁能作为发射动力，利用弹丸动能毁伤目标。目前，这两种高能武器正迅速走向成熟。2014年美国海军30 kW级战术激光武器"舰载激光武器系统"（LAWS）进行了真实海上环境测试，2019年美国海军舰载激光武器迎来批量实践。其中1套作为激光武器"光学眩晕拦截器"武器将安装到太平洋舰队的某艘水面舰艇上进行作战部署，2021年还将有1艘"伯克IIA"换上激光炮。美国海军电磁导轨炮炮口动能在实验室环境下已达32 MJ，导轨寿命达1 000发，这2项指标均已达到了设计要求，目前正在发展可重复发射电源和自动装填机构，以及动能制导炮弹等。这两种高能武器同时具备作战成本低、火力持续性好的优点，并以新的毁伤机理对抗目标，大幅降低了当前防护手段的有效性；能以极高的速度和精度打击目标，目标难以在短时间内作出反应，提高了武器系统的杀伤能力。

5. 新型通信技术等将大幅提升通信速率

近年来，世界各国海军加强了高速通信技术的研发，2012年3月，美国海军研究署表示，海上激光通信技术项目获得突破性进展，该技术实现了700 MB/s的高分辨率图像传输速度。2015年1月，由英国格拉斯哥大学领导的"超宽带太赫兹收发器普适无线通信"项目，获欧盟"2020地平线计划"310万英镑资助，有望支持高达100 GB的无线数据传输。美国研发的螺旋无线电技术实现了在1 m距离内以2.5 TB/s的速度传输信息。

螺旋无线电、激光通信技术将使通信带宽几何级数增加，将能有效解决困扰海军通信的瓶颈问题，使海军各舰队、岸基、其他军种之间的联系更加紧密，实现跨舰队、跨军种、全球性的协同作战能力。

6. 超材料技术大幅提升声学隐身能力

声隐身超材料技术一旦成熟，就可用于潜艇、无人潜航器、水雷等水下装备，使它们在声呐下"遁形"。声隐身超材料在水下装备上大规模应用后，将使目前基于声呐构建的水下探测装备体系发生重大变革，改变未来水下战场的游戏规则，这就使我们必须研发新的水下探测技术。

2014 年 3 月，美国杜克大学利用声隐身超材料制造出世界上首个三维"声学斗篷"，它能引导任意方向的入射声波"绕过"物体传播，实现物体对探测声波"透明"，它的潜在应用是对抗主动声呐探测。除美国外，德国和西班牙也开展了声隐身超材料研究，并不断取得新进展。

三、空中信息化作战平台

5.4　空中作战信息化平台

空中信息化作战平台是指大量采用信息技术的各类作战飞机和直升机等空中作战平台。它主要包括歼击机（战斗机）、轰炸机、歼击轰炸机、预警机、运输机、武装直升机和无人机等。这里主要介绍战斗机、预警机和轰炸机。

（一）典型平台

1. 战斗机

战斗机，是主要用于拦截和摧毁敌空中目标、进行空中战斗以及夺取制空权的飞机，在我国习惯上称为歼击机。它主要装备有飞行控制系统、通信导航系统、火控系统和电子对抗系统等信息系统。典型的代表是美国的 F-35"闪电"战斗机（见图 5-8）。

F-35 战斗机是由美国、英国等 9 个国家联合研发的新一代战斗机，被正式命名为"闪电"。它具备较高的隐身设计、先进的电子系统以及一定的超声速巡航能力，作战半径超过 1 000 km。它主要用于前线支援、目标轰炸、防空截击等多种任务，并发展出 3 种主要的衍生版本，包括采用传统跑道起降的 F-35A 型，短距离起降/垂直起降的 F-35B 型，作为航母舰载机的 F-35C 型。在未来的战场上，F-35"闪电"战斗机将与 F-22"猛禽"战斗机联手，形成高低搭配，当 F-22 战斗机清除了敌方战机及地空导弹的威胁后，F-35 战斗机将携载导弹对分散的地面目标实施全天候精确打击。

图 5-8　F-35"闪电"战斗机

2. 预警机

预警机，是指拥有整套远程警戒雷达系统，用于搜索、监视空中或海上目标，指挥并引导己方飞机执行作战任务的飞机。如波音 E-3"望楼"预警机（见图 5-9），它是美国波音公司研制的全天候远程空中预警和控制飞机，具有下视能力及在各种地形上空监视有人驾驶飞机和无人驾驶飞机的能力，是目前世界上最先进的预警机之一。E-3 预警机背部的雷达罩直径 9.1 m，厚度 1.8 m，内部安装有雷达天线系统，该系统能够提供对大气层、地面、水面的雷达监视能力，处理目标能力达到 400～600 个。对低空飞行目标，该雷达探测距离达 320 km 以上，对中空、高空目标探测距离更远。雷达系统上的敌我识别系统具有下视能力，并能抗地面杂波干扰。

3. 轰炸机

轰炸机，是以空地导弹、航空炸弹、航空鱼雷为基本武器，具有轰炸能力的作战飞机。它具有突击能力强、载弹量大、航程远等特点。轰炸机的典型代表是 B-2 轰炸机（见图 5-10），也是当今世界上唯一一种隐身战略轰炸机，最主要的特点就是低可探测性，即俗称的隐身能力强。隐身能力能够使它安全地穿过严密的防空系统进行攻击并且安全地退出战场。B-2 的隐身并非仅局限于雷达探测层面，也包括降低红外线、可见光与噪声等不同信号，使被探测与锁定的可能降到最低。B-2 在空中不加油的情况下，作战航程可达 1.2 万 km，空中加油一次则可达 1.8 万 km。每次执行任务的空中飞行时间一般不少于 10 h，美国空军称其具有"全球到达"和"全球摧毁"能力。

图 5-9　波音 E-3"望楼"预警机　　　　图 5-10　B-2 轰炸机

（二）战例应用

在伊拉克战争中，美英联军的空中作战平台发挥了关键作用，特别是大量精确制导弹药的使用，极大地提高了空中作战的效率，并从根本上改变了空中作战的面貌。

1. 战争运用的主要空中作战装备

美英联军使用的空中打击平台主要分为两大部分：从停泊在波斯湾和地中海的航空母舰上起飞的 400 余架舰载机，包括第一次参加实战的 F/A-18E/F"超大黄蜂"战斗机；从伊拉克周边基地和二线基地起飞的 1 100 余架空军飞机，主要包括 B-1B 和 B-52H 战略轰炸机、B-2A 隐身战略轰炸机、F-117A 和 F-15E 战斗轰炸机、F-15 和 F-16 战斗机、A-10 和英国"美洲虎"攻击机，另有 RQ-1B"捕食者"无人攻击机。

美英联军使用了许多新型弹药：英国"风暴阴影"防区外空地导弹，该弹具备全天候作战能力和发射后不用管能力，射程超过 200 km；美军最大型常规制导炸弹 MO-AB 燃料空气弹，该弹主要用于攻击静止的飞机、导弹阵地等目标；CBU-105 集束炸弹，该弹主要用于攻击坦克和车辆等大型集群运动目标。

2. 空中作战平台的作战运用

（1）防区外精确打击。伊拉克战争中，美英联军实施防区外精确打击的目标主要有以下两类。一是固定的点目标和面目标。伊拉克高官住宅、政府大楼、军队指挥中心、雷达站、地空导弹阵地、高炮阵地以及机场等大型目标始终是美英联军持续打击的重点。萨达姆及其两个儿子的官邸从开战之日到战争结束，反复遭到美英联军的轰炸。战争中，美军的猛烈轰炸使伊军指挥体系陷入瘫痪，分散部署的作战部队都变成了"盲人"和"失联者"：雷达被摧毁、电台联络不通、指挥命令无法下达。伊军不得不采取类似于阿富汗战争中塔利班部队所采取的原始办法，利用摩托车送信等方法下达作战命令，其时效性和可靠性就可想而知了。二是定点打击单个目标的"斩首"行动。这类似于以色列军队对巴勒斯坦激进组织成员采取的"定点清除"行动，区别在于以军一般以直升机作为发射平台，而美军则以战斗机作为发射平台。其作战流程：作战中心收到"可靠情报"后标示目标位置，然后马上向在空中巡逻的战机发布作战命令和目标信息，战机接到命令后即赶赴目标空域进行精确打击。

（2）战斗空域临空轰炸。战斗空域临空轰炸是伊拉克战争中的重头戏，其基础是美军占有信息优势和制空权。如果没有制空权，伊军防空导弹和高炮会对美军战机形成巨大的威胁，临空轰炸就不可能进行。美军掌握了战场信息优势，伊军的一举一动尽在其掌握之中。尽管伊军没有像海湾战争那样把坦克埋在沙堆下，而是分散部署和进行城市防御，但只要一出动，被发现进而被摧毁的命运就无法避免。例如，美军B-52向巴格达伊军坦克部队投下 6 枚 CBU-105 集束炸弹，每枚装有 10 个 BLU-108 "斯基特"灵巧反坦克子弹头，可以同时攻击多个目标，使暴露的伊军坦克部队遭受了灭顶之灾。

（3）低空对地支援轰炸。低空对地支援炸是空中力量配合地面部队作战的支援行动，主要是杀伤敌方作战力量，给地面部队的推进扫清障碍。同时，从空中实施打击也是一种比地面作战更高效的作战手段，可以在保全自己的同时达成歼敌目的。在战争的中、后期，空中力量主要执行这类任务。强有力的空中支援，为美英联军地面部队实施"精确闪击战"提供了可靠的保证。

（三）发展趋势

为了谋求 21 世纪的军事优势，美国、俄罗斯、欧盟等国家和地区都非常注重空中信息化作战平台的发展，在新技术、新材料和新理论的共同作用下，空中信息化作战平台的性能和作战能力有望取得新的突破，将向着体系化、智能化、隐身化、高速化和远程化的方向发展。

1. 体系化

体系化，是由相互关联、相互依赖的子系统组合而成的复杂大系统。体系提供的能力远大于其子系统能力之和，并且可以涌现出一些新的作战能力。美国空军发布的《2030 年空中优势飞行规划》认为，未来没有任何一种战斗机可以单独地躲避和对抗敌方由地空武器、空空武器、反卫星武器、电子战武器和赛博武器构成的装备体系，只有依靠由战斗机、无人机、卫星、先进机载武器等装备组成的体系，才能有效地夺取制空权。空中信息化作战平台之所以能向体系化的方向发展，主要是得益于信息技术的进步以及基于体系化作战的军事理论、战术和支撑技术的快速发展。在未来战争中，作战平台之间的体系化协同作战能力将不断增强，单靠几种先进的航空装备将很难与紧密协同的航空装备体系进行作战。

2. 智能化

随着计算机技术、大数据技术和深度学习等技术的发展，人工智能技术正在从孕育期转入爆发期。人工智能技术在航空领域的应用越来越广。目前，人工智能技术在飞机设计、制造、使用、维护的全过程中得到初步应用，而且在无人机自主编队、自主起降、自主空中加油、自主后勤补给等方面的应用也在不断拓展。2015 年 4 月，美国诺斯罗普·格鲁曼公司研制的 X–47B 无人机（见图 5–11）成功进行了自主空中加油，在航空母舰上进行了自主起降实验。2016 年 4 月，美海军研究局与佐治亚理工学院联合完成连续发射 30 架无人机并使之在空中自主编队飞行的试验。2017 年 4 月，洛克希德马丁公司验证了可提升作战效率和效能的有人和无人编队技术。2018 年 5 月 15 日，中国电子科技集团完成了 200 架定翼无人机集群飞行试验，刷新固定翼无人机集群世界纪录。试验中，200 架小型固定翼无人机成功演示了密集弹射起飞、空中集结、多目标分组、编队合围、集群行动等动作。以上进展表明，基于人工智能的集群作战和协同作战技术正在日趋成熟，并将对各类空中作战平台的发展和作战样式产生深远的影响。

3. 隐身化

隐身技术可以大幅度削减敌方探测系统的感知能力。目前，美国的 F–22 和 F–35、中国的歼 –20 隐身战斗机已经大量装备部队，美国的 B–21、中国的轰 –20 轰炸机（见图 5–12）也进入工程研制阶段，英国、法国、日本、印度也都有意发展新的隐身战斗机和隐身无人机。未来，不但战斗机、轰炸机等主战装备要进一步提高隐身能力，运输机、无人机、特种飞机等支援类装备和机载武器都将向隐身化方向发展。

图 5–11　X–47B 无人机在航空母舰上进行起降

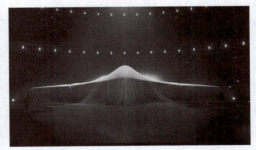

图 5–12　中国的轰 –20 轰炸机

4. 高速化

随着对抗的加剧，未来空中作战的节奏和速度将越来越快。为了捕捉稍纵即逝的战机、防范敌人先发制人的突袭，空中信息化作战平台的快速反应能力正变得越来越重要。2015 年 9 月，美国空军发布了《空军未来作战概念》，在这份文件中，将作战敏捷性放到了非常高的重要位置，并且明确提出，美国空军将利用其作战敏捷性迅速适应任何情况或任何敌人。无论是指挥控制、情报侦察、全球打击兵力机动还是一体化联合作战，美国空军都将提高敏捷性作为一个重要的发展方向。为了适应未来战争快节奏的需要，不但高超声速飞机、高速直升机、高速空空导弹、激光武器等将登上战争的舞台，而且在高速通信、数据决策和人工智能等技术的支持下，发现目标任务规划、作战指挥、效果评估等各个作战环节的速度都会显著提高。

5. 远程化

为了保障基地安全，交战双方通常需要把飞机部署在敌方飞机的作战半径之外。在这种情况下，飞机的作战半径越远，飞机的部署和使用就越灵活，对敌方的威胁也就越大。为了谋取远程作战方面的不对称优势，世界航空强国纷纷研制航程远、留空时间长的新型航空装备。目前，美军已经开始研究作战半径更大的新一代战斗机、远程空空弹和远程反舰导弹。

第三节 综合电子信息系统

综合电子信息系统一直被喻为现代军事作战体系中的"中枢神经"、战斗力的倍增器。随着它的不断发展，综合电子信息系统必将使作战样式进一步深刻变化，并对战争的进程和结局产生重大影响。

一、综合电子信息系统的内涵

综合电子信息系统的内涵随时代发展不断丰富。20 世纪 50 年代，随着电子计算机广泛运用于军事领域，军队的指挥手段才开始摆脱人工方式，向指挥自动化方向转变，国外将此时的指挥系统统称为 C^2（指挥、控制）系统。60 年代，C^2 系统扩展为 C^3 系统，融进了通信。70 年代后期，美军在 C^3 系统中综合了情报（I）功能，成为 C^3I 系统。80 年代，美军又在名称中加入计算机一词，变成了 C^4I 系统。至此，C^4I 系统的概念受到世界许多国家的普遍认同。海湾战争之后，美军又将监视（S）、侦察（R）和电子战（EW）等功能纳入 C^4I 系统，成为 C^4ISR 或 C^4ISR/EW 系统。针对 C^4I 系统内涵的不断扩展，以及综合化的发展趋势，我国将上述系统称作综合电子信息系统。对于不同国家而言，C^4I 系统有不同的名称、不同的规模和水平，其组成也不尽相同。俄罗斯将它称为指挥自动化系统，西方国家将它称为 C^4I、C^4ISR、C^4ISR/EW 或军事指挥自动化系统等。

不难看出，所谓综合电子信息系统，是指综合运用以计算机、网络技术为核心的技术设备，实现军事信息搜集、传递、处理自动化，保障各级指挥机构对所属部队和武器装备实施指挥与控制的各种军事信息系统的综合集成系统。在以信息技术为核心的高新技术发展的条件下，为满足诸军各兵种联合作战任务需要，它利用综合集成方法和技术将多种电子信息系统整合为一个有机的大型军事信息系统。

综合电子信息系统主要包括对各种武装力量的综合、对各种电子信息系统的集成，其主要目的是全面提高军队的信息作战能力、信息支持能力、武器装备体系集成能力，建立起整体最优的大系统，进而显著提升军队的整体作战效能。与一般的电子信息系统相比，综合电子信息系统更强调全局观念、整体观念，更强调从装备体系建设角度，综合各种局部力量，为获得体系对抗的全局最佳效果提供技术支撑。按功能划分，综合电子信息系统主要由指挥控制系统、预警探测系统、情报侦察系统、通信系统、导航定位系统、信息对抗系统和其他作战信息保障系统等分系统组成。

二、指挥控制系统

指挥控制系统，是支撑指挥员对所属部队和主战兵器进行指挥控制的信息系统，是综合电子信息系统的核心。其任务范围包括侦察指挥、作战指挥、武器控制指挥，以及作战值班、军事训练、抢险救灾、平暴维稳等军事行动。功能包括接收处理战场信息、形成综合态势、支撑指挥员和参谋人员进行作战筹划、制定作战计划、发布作战命令、监控作战行动等。

指挥控制系统从指挥控制对象上看，可分为联合作战指挥控制系统、军种合成指挥控制系统和兵种指挥控制系统等；从装载方式上看，可分为固定式和机动式，固定式又可进一步分为地面固定式和地下固定式，机动式也可根据装载平台分为车载、机载和舰载机动式；从作战指挥范围和规模上看，指挥控制系统可分为战略级、战役级和战术级指挥控制系统，以此分类为例，介绍几个典型的指挥控制系统。

1. 战略级指挥控制系统

战略级指挥控制系统，是对涉及国家安全、战争全局的重大行动实施组织领导活动的系统，这类系统直接为国家最高指挥机构服务，按作战编成和业务需要，划分为若干"中心"。以作战指挥中心为例，一般有国家作战指挥中心、国家（机动）作战指挥中心、国家（地下）作战指挥中心等实体类型。

以美国为例，美国的国家作战指挥中心设在首都华盛顿近郊国防部五角大楼里，供美国总统、国防部长和参谋长联席会议主席在平时和战时指挥部队使用，是国家最高指挥当局的基本指挥所。该中心存有 8 份进行全面战争的计划和 60 份在各种危机情况下行动的计划，只要几分钟就可以按任一计划向国家最高军事当局提供所需资料数据。指挥当局从这里与主要司令部召开电话会议，在 40 s 内便可实现。

为进一步提高生存能力和核反击能力，美国曾配备国家（机动）作战指挥中心——国家应急指挥所，由 4 架 E-4B 型飞机轮流升空，任意时间都保证至少有 1 架 E-4B 型飞机（见图 5-13）在空中值班。在国家遇到紧急情况时，特别是遭受到核打击或地面指挥控制系统被破坏时，指挥所为美国当局提供高生存能力的指挥、控制和通信，执行紧急作战指挥控制任务。

图 5-13　美国国家应急空中指挥所 E-4B 型飞机

2. 战役 / 战术级指挥控制系统

战役级指挥控制系统，是支持战役指挥员按照军队统帅部战略意图和决策，实现战役作战目标的信息系统；战术级指挥控制系统是指挥控制师或师以下作战部队及作战平台遂行战术作战任务的信息平台。

以美军陆军作战指挥系统（ABCS）为例，其中的战术级指挥控制系统主要包括GCCS-A 中的陆军全球信息系统（AWIS）、战略战区指挥与控制分系统（STCCS）、军以上部队战斗勤务支援控制系统、机动控制系统（MCS）、全信源分析系统（ASAS）、陆军空中指挥控制系统（A2C2S）、防空反导计划控制系统（AMDPCS）、战术空域综合系统（TAIS）、先进的野战炮兵战术数据系统（AFATDS）、前方地域防空 C^{3}I 系统（FAADS C2I）、战斗勤务支援控制系统（CSSCS）/综合系统控制（ISYSCON）/综合气象系统（IMETS）等。

三、预警探测系统

预警探测系统是用于搜集各种军事情报信息，供军事指挥员及时了解战场态势的军事情报信息获取装备和系统的总称。它利用电子、光学、声呐等各种信息获取手段，搜索、发现、显示、识别和存储空间、空中、海上、水下及地面等各种战略战役目标信息，为指挥员提供决策依据，为作战人员提供战场态势，并及时向可能被袭击地区发出预警，以便有效对付敌人攻击。导弹技术的发展及各类新型战斗机的研制成功对各国国土防空形成重大威胁。作为综合电子信息系统的重要组成部分，预警探测系统可以为国家决策当局和军事指挥系统提供尽可能多的预警时间，以便有效地对付敌方的突然袭击。

预警探测系统根据系统作用，可分为战略预警系统和战区内战役战术预警系统；按探测目标分类，可分为防天、防空、反导弹、反舰（潜）和陆战等不同的预警侦察系统；根据传感器平台位置不同，可分为天基、空基、陆基、海基四种，以此分类为例，介绍几种典型的预警探测系统。

1. 天基预警探测系统

天基预警探测系统是指传感器平台位于卫星等天基运载平台上的预警探测系统。目前主要的天基预警探测系统是导弹预警卫星，它由多颗卫星组成预警网，卫星上装有高灵敏度的红外探测器、电视摄像机等，可监视、发现和跟踪敌方导弹的发射，对主动飞行段导弹实施早期报警。典型的有俄罗斯的大椭圆轨道预警卫星、美国的 DSP 预警卫星系统和 SBIRS 预警系统（见图 5–14）。

以美国的 SBIRS 预警系统为例，它是由美国空军研制的新一代天基红外监视系统，也是美国导弹防御系统的重要组成部分。它可用于全球和战区导弹预警、国家和战区的导弹防御等。资料显示，SBIRS 包括天基红外系统高轨道计划和天基红外系统低轨道计划两部分。低轨道卫星将与高轨道卫星共同提供全球覆盖能力，如图 5–15 所示。高轨道卫星包括 4 颗地球同步轨道卫星、2 颗大椭圆轨道卫星以及 1 颗同步备份卫星。采用双探测器体制，每颗卫星上装有两台高速扫描型和凝视型探测器。据称，该系统的探测机制在探测到导弹尾焰后，在 10 ～ 20 s 内即可将预警信息传给地面控制中心。大椭圆轨道卫星的配置，用来覆盖两极地区，以弥补静止轨道卫星不能探测地球北纬 81° 以北地区的缺陷。

SBIRS 系统的地面设施包括：美国本土的任务控制站、一个备份任务控制站和一个抗毁任务控制站，海外的中继地面站和一个抗毁中继地面站，多任务移动处理系统和相关的通信链路。

2. 空中预警探测系统

空中预警探测系统，主要是指探测器放置于飞机、气球、飞艇等空中运载平台上的预警探测系统，目前包括预警机、飞艇预警探测系统、气球预警探测系统。

在气球预警探测系统中典型的有系留气球预警探测系统，目前世界上共有 30 多套该类型系统在服役中，被熟知的是美国新型的"杰伦斯"（JLENS）气球载巡航导弹预警系统，如图 5–15 所示。该系统由美国雷声公司于 1998 年 7 月研制，主要目的是利用其远距离低空探测能力，提高美军"爱国者"导弹及其他防空系统对付低空入侵的巡航导弹的能力，同时，还可以增强美军对付弹道导弹的能力。

图 5–14　美国 SBIRS 预警系统

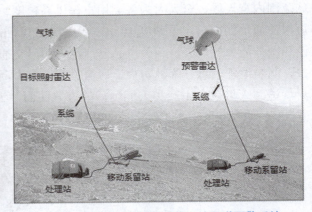

图 5–15　"杰伦斯"气球载巡航导弹预警系统

"杰伦斯"系统包括两个 Mark7–CS 系留式气球，长度为 71 m，球体容积为 16 700 m³，升空高度为 3 000 ～ 5 000 m，有效载荷为 3 000 kg。

3. 陆基预警探测系统

典型的陆基预警探测系统有美国的北方弹道导弹早期预警系统（BMEWS）、北方预警系统（NWS）、潜射弹道导弹预警系统（SLBMDWS）和苏联的"鸡笼"（Hen House）雷达预警系统等。如 BMEWS 是美国最早的弹道导弹预警系统，其相控阵雷达作用距离一般为 3 000～7 000 km，能较精确地预报目标的发射点、弹道飞行轨迹及着弹点，可引导反导系统的搜索雷达捕获目标，能跟踪和处理多批目标，并能识别真假目标。超视距雷达可探测到地平线以下的远距离目标，提供较长时间的预警。

4. 海基预警探测系统

典型的海基预警侦察系统包括美国的"宙斯盾"预警作战系统、航母预警作战系统等。"宙斯盾"系统可同时自动搜索、检测、跟踪空中、地面以及掠海飞行的上百个目标，从捕获目标到指挥控制各种舰载武器，对来袭目标实施攻击的全程反应时间仅 3～6 s。

四、导航定位系统

导航是引导运载体准确地沿事先规定的路线准时地到达目的地的过程。定位是确定物体或点在规定的坐标系中位置的过程，定位借助于导航系统完成。

导航定位系统多种多样，根据导航定位方法和原理的不同，可分为陆标定位、天文导航、推算航法、无线电导航、组合导航等不同类型；根据用户使用时的相对依从关系，将导航定位系统分为自主式（自备式）和非自主式（他备式）导航定位系统；根据应用领域不同，可分为航海、航空、陆地和天基导航定位系统。

卫星导航定位系统具有划时代的意义，它把陆基导航定位系统的导航台移到了卫星上，使导航定位系统具有了全球性、全高度、全天候连续导航定位功能。目前有 GPS 系统、GLONASS 系统、欧洲伽利略卫星导航系统和中国自行研制的北斗全球卫星导航系统。

以我国北斗卫星导航系统为例，它由空间段、地面段和用户段三部分组成。可在全球范围内全天候、全天时为各类用户提供高精度、高可靠定位、导航、授时服务，并具短报文通信能力，定位精度 10 m，测速精度 0.2 m/s，授时精度 10 ns。随着北斗系统建设和服务能力的发展，相关产品已广泛应用于交通运输、海洋渔业、水文监测、气象预报、测绘地理信息、森林防火、通信时统、电力调度、救灾减灾、应急搜救等领域，逐步渗透到人类社会生产和人们生活的方方面面，为全球经济和社会发展注入新的活力。图 5-16 所示为北斗全球系统卫星星座。

图 5-16 北斗全球系统卫星星座

五、综合电子信息系统的战例应用

在 1991 年海湾战争中，"沙漠风暴"空袭作战有一显著特点：多国、诸军兵种的空中力量协调行动，空袭规模大、时间长、强度高。

在多国部队的整个空袭作战中，日平均出动飞机 2 600 架次，最多一天达 3 100 架次。不仅部署在海湾地区的空中力量全部投入战斗，而且远在英国、西班牙、印度洋迪戈加西亚和美国本土的 B–52 战略轰炸机也参与了空袭。参加空袭的十几个成员国出动的飞机达 30 多种，几乎囊括了西方国家拥有的所有作战飞机的机种。在对伊空袭作战中，多国部队的飞机和巡航导弹根据统一的作战计划，密切协同，较好地解决了大规模空战中协调这一非常复杂和困难的问题，以较小的代价取得了制空权和预期的空袭效果。

实施这种集中统一的高效指挥模式离不开高度自动化的指挥控制系统和空中预警指挥系统。多国部队正是在空袭作战中全部使用高度自动化的 C^3I 系统进行指挥和控制，才有效地保障了平均每天 2 600 多架次飞机的高度协同和紧密配合。据当时英军模拟计算，在现代化战争中，预警指挥机可使空战效果提高 7 ～ 40 倍，击落敌机数 35%。美军事评论家分析，多国部队正是拥有 8 架 E–3B 空中预警与控制机和 24 架 E–2C "鹰眼"式空中预警机这一雄厚的空中预警力量，对海湾地区实施了 24 小时全方位警戒，对伊空军升空飞机进行不间断的监视，对己方的飞机实施有效的作战指挥，才使多国部队空中力量的整体作战效能得到了最大限度的发挥。

六、综合电子信息系统的发展趋势

随着信息技术的发展和新军事革命的深入推进，综合电子信息系统必将得到进一步发展。其发展趋势主要表现在以下几个方面。

第一，体系结构一体化。即通过一体化的体系结构，将不同指挥层次的系统、将各军兵种的系统、系统的各种功能、信息系统与主战武器连接在一起，形成各级、各类系统协调的配套体系。系统一体化带来的是分布式指挥结构，使系统生存能力提高。

第二，功能服务一体化。即将多种功能集中在一个系统中实现。如美国的全球指挥控制系统，可以完成作战指挥、军事训练、日常工作管理以及抢险救灾、缉毒走私等多种功能。在服务对象上，从国家最高当局、战区司令、战术指挥员到初级指挥员，最终可以给单个战斗员提供信息收集、处理、显示、传输等战斗员所需的各种信息服务，使指挥员、战斗员等都能得到指挥信息系统的服务。

第三，操作管理一体化。保持统一的人机交互界面，使系统的运行、修改、安装等各种操作统一起来。一体化操作对指挥员来说，意味着指挥员坐在任意指挥席上，都可进行同样指挥。保持系统统一管理，提高系统的整体性、安全性、有效性、适应性和可用性等。

第四，信息武器一体化。即实现传感器到武器的无缝链接，加快武器的反应速度。

从概念上讲，综合电子信息系统不包含武器系统本身，而仅涵盖武器系统的控制器。为了提高作战的快速响应和自动化程度，系统将逐步实现把目标信息直接送给武器控制器，作为武器的射击目标和控制参数，减少中间环节，达到快速对付目标的目的。

第五，系统技术智能化。随着信息化战争的深入发展，未来综合电子信息系统的快速反应能力、抗毁生存能力、机动能力和信息对抗能力等的要求必将越来越高，人工智能技术的发展和在系统中的运用，为综合电子信息系统进一步满足未来战争需要提供了广阔空间。

第六，网络中心化和栅格化。随着信息技术和网络技术的主流发展，综合电子信息系统的网络中心化趋势也必将越来越明显。

第七，推进技术要求标准化。标准化是综合电子信息系统的主要内容之一，是系统集成的基本保障，随着联合作战的深入发展，综合电子保障信息系统的标准化要求将越来越高。

第八，加强天基信息系统。天基通信系统提供了安全的远距离信息传输能力，天基侦察监视系统提供了全面的战场信息感知能力，天基信息对抗系统开拓了新的作战空间，因此加强天基信息系统建设成为综合电子信息系统发展的重要方向。

第九，建立联合指挥控制系统。以网络为中心的联合指挥控制（JC2）系统将更加灵活，功能更加强大，可改善决策周期内的每个环节。

第十，发展联合情报监视侦察系统。情报、监视、侦察系统是信息化战争的"血脉""经络"，加强情报、监视、侦察能力的建设，是夺取战争胜利的重要支柱。

第四节　信息化杀伤武器

杀伤性是武器的基本特性。与传统武器相比，信息化武器的杀伤性得到极大提高，其作战效能提高了几倍甚至几十倍。本节主要介绍精确制导武器和新概念武器等。

一、精确制导武器

精确制导武器，是指采用精确制导技术，直接命中概率较高的武器，如各类导弹以及制导炸弹、制导炮弹、制导鱼雷等。精确制导武器不仅自身信息化程度高，其对敌方信息化武器装备构成的威胁也巨大。

（一）导弹

导弹是依靠自身动力装置推进，由制导系统导引、控制其飞行路线并导向目标的武器。它一般由弹体、导引头、战斗部、推进系统、控制系统等部分构成。

导弹可按照多种方式分类。按导弹发射点和目标位置的关系可分为地地导弹、舰舰导弹、地空导弹、舰空导弹、空地导弹和空空导弹等；按攻击目标类型可分为反坦克导弹、反舰导弹、反雷达（反辐射）导弹、反飞机导弹、反卫星导弹、反导弹导弹等；按弹道特征可分为巡航导弹和弹道导弹等。以发射点和目标位置的关系为例，导弹主要包括以下几种。

1. 防空导弹

防空导弹，是指利用精确制导技术，对来袭敌机和导弹实施拦截的导弹。典型的有美国的"爱国者"、俄罗斯的萨姆 –10、法国的 SA–90 等。海湾战争中，伊拉克向沙特、以色列和巴林先后发射的 80 枚"飞毛腿"B 地地战术弹道导弹，有 60 多枚被"爱国者"防空导弹摧毁。

2. 空地导弹

空地导弹，是以飞机或直升机为发射平台，攻击地面、水面目标的导弹。典型的有美国的"斯拉姆"（SLAM）导弹、以色列的 AGM–142"突眼"导弹和俄罗斯的 AS–16 导弹等。其中，"斯拉姆"导弹采用惯性制导，并通过弹载全球定位系统接收装置修正误差，在导弹飞临目标约 15 km 时转为末端制导，由飞行员通过遥控引导导弹实施瞄准。

3. 空空导弹

空空导弹，是以飞机或直升机为发射平台，攻击空中目标的导弹。典型的有美国的 AIM–120D 中程空空导弹、俄罗斯的 AAML 远程攻击导弹、英国的 AIM–132 近程格斗导弹等。其中，AIM–120D 具有发射后不管、复合制导、多目标攻击、全天候作战和下视下射、上视上射的特点，发射距离在 100 km 以上，同时还具备攻击巡航导弹等小目标的能力，以及近距离攻击的特性。

4. 反舰导弹

反舰导弹，是专门用于攻击水面舰艇的导弹。根据发射平台和运载工具的不同，可分为空舰导弹、潜舰导弹和岸舰导弹等多种型号。目前，反舰导弹发展到了第三代，导弹飞行速度可达 2 马赫，射程可达 200 km 以上，并可按预定程序变向飞行，从不同方向进行攻击。比较典型的有法国的"安斯"、意大利的"奥拓马特"、美国的"鱼叉"反舰导弹等。

5. 地地导弹

地地导弹，是指从陆地发射打击陆地目标的导弹。按飞行弹道，可分为地地弹道导弹和地地巡航导弹；按射程，可分为洲际、远程、中程、近程地地导弹；按作战使用，可分为地地战略导弹和地地战术导弹。地地战略导弹通常可携带单个或多个核弹头，射程远、威力大、命中精度高，常用于打击各种战略目标。地地战术导弹可携带常规弹头或核弹头，尺寸小、质量轻、射程近、机动性好，可用汽车、火车、飞机、舰船运输，陆地机动发射，用于打击战役战术目标。典型的地地战略导弹如俄罗斯的"白杨"–M 弹道导弹。典型的地地战术导弹如俄罗斯的"飞毛腿"地地战术导弹等。

6. 潜射导弹

潜射导弹，是指由潜艇发射的导弹。它主要分为潜射弹道导弹、潜射巡航导弹、潜射反舰导弹和潜射防空导弹等。典型的潜射导弹如俄罗斯的"布拉瓦"潜射弹道导弹、美国的"战斧"巡航导弹和德国、挪威联合研制的"海神"潜射防空导弹等。

7. 反坦克导弹

反坦克导弹，是指专门用于摧毁坦克和其他装甲目标的导弹。反坦克导弹还可以用于摧毁防空阵地、地面指挥所和防御工事等坚固目标。典型的反坦克导弹如英法德联合研制的"崔格特"远程反坦克导弹、中国的"红箭"-9 反坦克导弹等。

（二）导弹的战例应用

第四次中东战争中，叙利亚的萨姆-6 导弹击落了以色列 28 架作战飞机；第五次中东战争中，以色列运用了电子战手段，仅 6 min 就摧毁了叙利亚部署在贝卡谷地的 19 个萨姆-6 导弹连和 29 架飞机。两伊战争后期，交战双方用导弹向对方城市进行袭击，是导弹袭城战中最典型的战例。双方共发射各种地地导弹 240 余枚，其中伊拉克向伊朗发射"飞毛腿"导弹 189 枚，用导弹威慑对方，为提前结束战争起到了重要作用。1982 年 4 月 2 日—6 月 14 日，英国和阿根廷之间在马尔维纳斯（福克兰）群岛爆发了一场海空大战。这场战争历时 74 d，交战中，双方频繁使用导弹武器攻击对方的作战目标。5 月 4—25 日，阿空军用"飞鱼"导弹先后击沉了英军的"谢菲尔德"号导弹驱逐舰和"热心"号、"羚羊"号护卫舰。英军也分别使用"海标枪""海狼""海猫""欧管""海上大鸥"和反辐射导弹等空空、地空、空地、舰空和空舰导弹武器，袭击阿方的飞机、舰艇、港口、雷达站等目标，发射的导弹类型多达 12 种。其中，使用导弹击落阿军飞机 60 多架，约占阿军被击落飞机总数的 63%。在 1991 年的海湾战争中，导弹战全面展开，在空袭的 38 d 中，美国共发射"战斧"式巡航导弹 288 枚和空射巡航导弹 35 枚；伊拉克用"飞毛腿-B"型导弹进行了还击，先后发射 81 枚。导弹武器的使用从品种到数量，从样式到规模均超过以往历次战争，达到了空前水平。导弹战所产生的软硬毁伤效果也更为明显。1999 年的科索沃战争中，以美国为首的北大西洋条约组织军事集团共发射巡航导弹 238 枚，攻击了南斯拉夫联盟的军事、经济目标；南联盟用萨姆-6、萨姆-7、萨姆-9、萨姆-13 等对导弹进行了拦截，先后击落巡航导弹 28 枚。

（三）精确制导弹药

精确制导弹药又称为"灵巧弹药"，它与导弹的主要区别是自身无动力装置，其弹道的初始段、中段需借助火炮、飞机投掷。它又可分为末制导弹药和末敏弹药两类。末制导弹药主要有制导炸弹、制导炮弹、制导地雷等，末敏弹药主要是一些反装甲弹药。

制导炸弹是指投放后能对其弹道进行控制并导向目标的航空炸弹，又叫制导航空炸弹，如美国的"宝路石-2""宝路石-3"等；制导炮弹是在普通炮弹上加装制导系统而成，并用普通火炮发射，在弹道末段实施导引、控制的炮弹，典型代表有美军的"铜斑蛇"和俄军的"红土地"激光末制导炮弹等；制导地雷是指具有自动辨认目标能力，能主动攻击一定范围内活动装甲目标或空中目标的新型地雷，它是集自毁破片技术、遥感技术和微处理技术等高技术于一身的智能武器。

末敏弹药是一种敏感器引爆弹药，只能进行敏感探测，并不能随目标运动而修正弹道，典型代表有美国的"萨达姆"和"斯基特"末敏弹药。图 5-17 所示为 F-15 投掷宝石路激光制导炸弹。

图 5-17　F-15 投掷宝石路激光制导炸弹

（四）精确制导武器的发展趋势

精确制导武器的发展趋势主要表现在以下几个方面。

一是增大射程。主要是通过增大射程提高发射平台的生存能力，增加防区外交战的距离。

二是提高制导精度。主要是通过采用高精度的制导系统，提高其抗干扰、抗隐身等能力来提高制导精度。

三是降低武器系统成本。主要是通过降低技术成本、提高命中精度、降低制导系统成本和管理成本来降低整个武器系统的成本。

四是发展小型精确制导炸弹。利用小型精确制导炸弹可以降低战争费用；平台可以装载更多的弹药，提高作战效能；小型精确制导炸弹比现有的精确制导武器更小、更轻、更灵巧，破坏威力却不见得减小。

五是隐身化。主要是发展隐身化发射平台，以提高武器系统的生存能力，同时对精确制导武器本身采用隐身措施，降低对方发现的概率，以提高突防能力。

六是向超声速方向发展。主要是采用冲压喷气发动机和超燃冲压喷气发动机，研制高超声速导弹，既能有效突破敌导弹防御系统，又能缩短飞行时间，打击远距离活动目标。

二、新概念武器

新概念武器是与传统武器在工作原理、杀伤破坏机制和功能等方面不同的新型武器。这类武器目前大多处于研制或探索发展之中。它们投入使用后，常常能起到"撒手锏"的作用，因而，能对战争的胜负产生重大影响。

（一）激光武器

激光武器是利用激光束来直接毁伤目标或使之失效的定向能武器。它可分为高能激光武器和低能激光干扰与致盲武器。

1. 高能激光武器

高能激光武器是一种利用高能激光束来摧毁飞机、导弹、卫星等目标或使之失效的定向能武器，又叫强激光武器或激光炮。这种武器主要由高能激光器（又称强激光器）、精密跟踪瞄准系统和光束发射系统组成。一般将精密跟踪瞄准系统和光束发射系统安装在同一跟踪架上，两者统称为光束定向器。

高能激光武器与传统的武器比较，具有一些突出的优点，如速度快、机动灵活、精度高、无污染、效率高和不受电磁干扰等。不同功率密度、不同输出波形、不同波长的激光与不同的目标材料（简称靶材）相互作用时，会产生不同的杀伤破坏效应。这些效应主要有烧蚀效应、热软化效应、力学（激波）效应、辐射效应四种。

烧蚀效应：激光打到靶材后，部分能量被靶材吸收而转化为热能，激光能量密度足够大时，可使靶材表面汽化，其蒸汽高速向外膨胀而将一部分液滴甚至固态颗粒带出，从而使靶材表面形成凹坑或穿孔。

热软化效应：若打到靶材的激光能量密度不够大，则难以形成穿孔，但能引起靶材结构强度不对称，这是由于激光照射处因升温而引起了该处弹性屈服度下降（即热软化）。于是，对于高速运动目标，其表面就会在气流压力作用下产生弯曲或扭曲，引起目标失控。

力学（激波）效应：靶材蒸汽向外喷射时，按照动量原理，靶材会获得一个反冲作用。这相当于一个脉冲载荷作用到靶材表面，于是在固态材料中形成激波。激波传播到靶材后表面而被反射时，可能将靶材拉断而产生层裂破坏。

辐射效应：靶材表面因汽化而形成等离子体云。等离子体一方面对激光起屏蔽作用，另一方面又能够辐射紫外线甚至 X 射线，损伤内部电子元件。

2. 低能激光干扰与致盲武器

低能激光干扰与致盲武器一般也主要由激光器和光束定向器组成，但激光器的输出平均功率一般在万瓦以下，远比高能激光武器的低。这类武器对其中光束定向器性能的要求也远没有高能激光武器高。因此，它的研制技术难度远比高能激光武器低。它们主要用来迷惑、欺骗、扰乱、致眩或致盲敌方的光电传感器和敌方士兵的眼睛，即从作战效果上讲，主要用来对目标进行软破坏。这类武器在技术上已基本成熟，并有样机装备部队，已成为一种有效的光电对抗手段。

总之，激光武器在作战运用时，可产生摧毁、致盲、干扰等作战效果，摧毁属于硬破坏，致盲和干扰属于软破坏，一般地，硬破坏比软破坏所需的激光能量要大得多。

（二）高功率微波武器

高功率微波武器是一种利用定向发射的高功率微波频段的电磁波束对目标进行干扰、致盲或毁坏的武器。这种高功率的微波的峰值功率达 1 亿瓦以上，要远高于一般民用的微波源发出的微波功率。高功率微波的波长大致是可用作高能激光武器光源的化学激光器的工作波长的1 000～100 000倍。波长越长的电磁波在传输过程中发散会越厉害。因此，高功率微波的发散要远远大于激光的发散。

高功率微波武器是利用高功率微波在与目标的相互作用过程中产生的电效应、热效应和生物效应来对目标进行杀伤破坏的。

电效应：这是指高功率微波在与目标相互作用时，会在目标结构的金属表面或导线上，感应出电流或电压；或通过目标表面小孔、缝隙的耦合，在目标腔体内感应出电流和电压。这些感应电压或电流会对目标上的电子元器件产生多种效应，如造成电路中器件性能下降、状态反转和半导体击穿等。

热效应：这是指高功率微波射到目标时，目标因对其部分吸收，引起温度升高而产生的效应，如烧毁电路器件、损坏半导体结构等。

生物效应：这是指高功率微波照射到人体或其他动物后，产生的热效应和非热效应。热效应是指由较强的微波能量照射时，所引起的人或动物被烧伤甚至烧死的现象。非热效应是指较弱的微波能量照射到人体或其他动物后，产生的诸如神经紊乱、行为失控、烦躁不安、心肺功能衰竭，甚至双目失明等现象。

高功率微波武器对电子设备的作战效果可分为干扰、性能暂时降低、长时间故障造成运行中断和永久性损伤四个等级。各级作战效果的形成，既依赖于作战对象的电磁敏感特性，也与高功率微波武器的性能参数密切相关。

（三）动能武器

动能武器是一种利用超高声速（5倍以上声速）的，具有极大动能的弹头直接撞毁目标的武器。它与利用弹头爆炸杀伤目标的已有各种导弹有所不同，主要用来拦截各种弹道导弹或反卫星。与定向能武器相比，动能武器虽然速度慢，但技术上可行，并难以采取有效的反措施，被认为是非常有发展前途的高技术武器。它主要包括动能拦截武器和电磁发射武器，如电磁发射武器中的电磁炮，它是一种利用电磁能或电磁力超高速推进弹丸的动能武器。具有射速快、精度高、射程远、动能大、抗电子干扰能力强、隐蔽性和毁伤效果好等显著优点，主要用于摧毁反舰导弹、战区弹道导弹、空地导弹和反辐射导弹等。电磁轨道炮的简单物理原理如图5-18所示。

（四）粒子束武器

激光武器和高功率微波武器都是利用电磁波的定向传输来打击目标的，因此，都是定向能武器。这种能量的定向传输，除可利用电磁波来进行外，也可利用微观粒子来进行，这就是粒子束武器原理的主要思想。粒子束武器是利用高能强流粒子加速器，将注入其中的粒子源产生的电子、质子、离子或重粒子等一类带电粒子加速到接近光速，使其具有极大的动能后，再用磁场将它们聚集成密集的高能束流，直接（或去掉电荷后）射向目标，在极短的时间内将极高的能量传给目标而对目标进行摧毁或软杀伤，如图5-19所示。

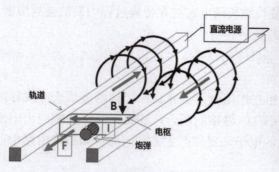

图 5-18　电磁轨道炮的简单物理原理

图 5-19　粒子束武器攻击假想图

（五）非致命武器

非致命武器，是一类能在尽量减少人员伤亡和设备破坏的情况下，通过作用于人员弱点或物质的方式来强迫或阻止敌方行动而运用的武器。非致命武器的出现，为现代军事斗争提供了许多新的作战手段。在某种特定的作战环境中，当需要达到某种军事目的但又不容许人员大量伤亡时，使用非致命武器就成了最好的作战手段之一。

非致命武器的种类有很多，根据作战对象的不同，大致可分为针对物质（非人员）的非致命武器和针对人员的非致命武器两大类。

1. 针对物质系统的非致命武器

该类武器主要用来致盲或干扰敌方武器系统中的光学传感器和寻的装置，使武器系统中的光学和电子系统失效，阻止运载工具移动，造成计算机控制系统失灵或引起运行故障，弱化或改变燃料和金属的性能，破坏公共事业设备，使现代材料（复合材料、聚合物、合金等）失去作用，增强战区安全，孤立或隔离对手等。这类武器和技术的种类很多，大致可分为反机动非致命武器、反基础设施非致命武器、反 C^3I 非致命武器、反传感器非致命武器等。

2. 针对人员的非致命武器

该类武器种类也有很多，如次声波、麻醉剂、"肥皂泡"化学黏剂等。人耳可听到的声音的频率在 20 ~ 20 000 Hz，超过 20 000 Hz 的声波叫超声波，低于 20 Hz 的声波叫次声波。次声波武器就是利用强大的次声波对人员进行非致命攻击的武器，可使人员产生头晕、呕吐等不适症状。麻醉剂武器实际上是一种镇静剂，如二甲亚凡，可利用飞机进行大面积喷洒，人员皮肤接触后，能使人很快失去战斗力。"肥皂泡"化学黏剂是一种特殊的化学剂，它与空气接触后，可迅速凝固，用喷射装置将之射到人员身上后，可迅速将人缠住，使其丧失反抗能力。其实，高功率微波武器、低能激光干扰与致盲武器也是有效的对付人员的非致命武器。

除上述武器之外，新概念武器还有微机电系统武器、等离子体武器、气象武器和基因武器等。

● 思考题

1. 如何理解装备的基本含义？信息化装备的内涵是什么？

2. 信息化装备对现代作战有哪些影响？

3. 举例说明陆上、海上、空中信息化作战平台的应用。

4. 综合电子信息系统的核心是什么？

5. 为什么要大力加强综合电子信息系统建设？

6. 我国北斗卫星导航系统的主要功能有哪些？

7. 精确制导弹药与导弹的主要区别是什么？

8. 新概念武器与传统武器的主要区别是什么？

军事技能篇

　　军事技能训练是大学生军训的必修课之一，计 2 学分。训练时间 2～3 周，不少于 14 天 112 学时。通过军事技能课的学习和训练，掌握队列动作的基本要领，了解轻武器的战斗性能，掌握射击动作要领并进行实弹射击，学会防卫、防护和救护的基本知识和技能，了解战备基本知识、分队战术基本原则和班组攻防行动，学会单兵战术基础动作，根据实际情况，选训识图用图、野外生存和电磁频谱监测相关内容，增强组织纪律观念，养成良好的姿态，初步具备军人的基本素养。

◎ 共同条令教育与队列训练
◎ 轻武器射击训练
◎ 防卫与救护基础训练
◎ 战备与战术基础训练
◎ 应用拓展训练（选训）

第六章
共同条令教育与队列训练

✓ **学习目标**

　　了解中国人民解放军三大条令的主要内容，掌握队列动作的基本要领，养成良好的军事素养，增强组织纪律观念，培养令行禁止、团结奋进、顽强拼搏的过硬作风。

　　共同条令是《中国人民解放军内务条令》（以下简称《内务条令》）、《中国人民解放军纪律条令》（以下简称《纪律条令》）、《中国人民解放军队列条令》（以下简称《队列条令》）的统称，是中央军委以简明条文的形式发布给全军的命令，是全军所有单位和成员必须共同遵照执行的准则。

　　在我军众多的军事法规中，共同条令是我军建设的基本法规，是依法从严治军，进行正规化建设和部队建立战备、训练、工作、生活秩序的基本依据。它覆盖最全面、使用最广泛。它规范着全军一切单位、一切人员、一切工作的基本行为模式和行为法律后果，具有极大的权威性和约束力。因此，共同条令贯彻执行的情况如何，对我军其他条令条例、规章制度的贯彻执行有着决定性的影响。

第一节　《内务条令》简介

一、《内务条令》的概念和作用

　　《内务条令》是规定军人职责、军队内部关系、日常制度和管理等的法规，是全军行政管理工作和军事生活的基本准则。它为军队建设正规的生活、工作、训练和战备秩序提供了重要依据，为军人的行为规定了准则，是我军正规化建设的一项重要法规，在新时代强军建设中具有极为重要的地位和作用。

163

二、《内务条令》内容简介

新修订的《内务条令》自2025年4月1日起施行，共13章311条，主要完善军人宣誓、军人职责、内外关系、军容风纪、礼节等基本规范；优化值班、内务设置、请假销假、留营住宿等日常制度；充实常态战备、军事训练管理、智能电子设备使用管理、海外任务部队（分队）管理等措施办法。

（一）总则

总则是条令基本精神和原则的高度概括，是条令的总纲，其内容有很重的分量和深刻的含义，除规定制定条令的目的和依据外，主要规定了以下四个方面的内容。

1. 规定了内务建设的地位、作用及基本任务

《内务条令》指出，中国人民解放军的内务建设，是军队进行各项建设的基础，是巩固和提高战斗力的重要保证。基本任务是，使每个军人明确和认真履行职责，维护军队良好的内外关系，建立正规的战备、训练、工作、生活秩序，培养优良的作风和严格的纪律，保证军队圆满完成任务。

2. 规定了我军的性质和新时代的使命任务

《内务条令》指出，中国人民解放军是中国共产党缔造和领导的，用马克思列宁主义、毛泽东思想、邓小平理论、"三个代表"重要思想、科学发展观、习近平新时代中国特色社会主义思想武装的人民军队，是中华人民共和国的武装力量，是人民民主专政的坚强柱石。紧紧和人民站在一起，全心全意为人民服务，是这支军队的唯一宗旨。中国人民解放军必须始终不渝保持人民军队性质，忠于党，忠于社会主义，忠于祖国，忠于人民。中国人民解放军在新时代的使命任务是，为巩固中国共产党领导和社会主义制度，为捍卫国家主权、统一、领土完整，为维护国家海外利益，为促进世界和平与发展，提供战略支撑。

3. 规定了我军建设的指导思想

《内务条令》指出，建设一支听党指挥、能打胜仗、作风优良的人民军队，是党在新时代的强军目标。中国人民解放军必须高举中国特色社会主义伟大旗帜，坚持党的基本理论、基本路线、基本方略，贯彻毛泽东军事思想、邓小平新时期军队建设思想、江泽民国防和军队建设思想、胡锦涛国防和军队建设思想、习近平强军思想，贯彻新形势下军事战略方针，坚持走中国特色强军之路，坚持政治建军、改革强军、科技兴军、依法治军，更加注重创新驱动，更加注重体系建设，更加注重集约高效，全面加强军队革命化、现代化、正规化建设，构建中国特色现代作战体系，提高有效履行新时代军队使命任务的能力，不忘初心，牢记使命，为实现党在新时代的强军目标、全面建成世界一流军队而奋斗。

4. 规定了内务建设必须贯彻的五条基本原则

《内务条令》指出，中国人民解放军内务建设，必须毫不动摇坚持党对军队绝对领

导的根本原则和制度，必须始终聚焦备战打仗，必须坚持依法治军，必须坚持守正创新。

（二）军人宣誓

军人宣誓是军人对自己肩负的神圣职责和光荣使命的承诺和保证。条令规定公民入伍后，必须进行军人宣誓。

1. 规范了军人誓词

我是中国人民解放军军人，我宣誓：服从中国共产党的领导，全心全意为人民服务，服从命令，忠于职守，严守纪律，保守秘密，英勇顽强，不怕牺牲，苦练杀敌本领，时刻准备战斗，绝不叛离军队，誓死保卫祖国。

2. 规范了军人宣誓的基本要求

首先，在军人宣誓前，部（分）队首长应当对宣誓人进行中国人民解放军性质、宗旨、任务、军人使命等教育。其次，要选好宣誓时机。条令规定军人宣誓不迟于入伍（入校）后 90 天。最后，宣誓地点尽可能选择在有教育意义的场所。

（三）军人职责

军人职责是军人在各自岗位上行使的职权和应当承担的责任与义务。条令对军人职责的规定分为三类：一是士兵职责；二是军官职责；三是主管人员职责。规定军人职责，是为了使每个军人明确党、国家和人民对自己的要求，了解自己肩负的重任，有利于增强军人的责任感、使命感和荣誉感，以增强全体军人履行职责的自觉性。条令特别强调，军人要不怕牺牲、冲锋在前、忠诚勇敢。

（四）军队内部关系

军队内部关系主要是指军人相互关系、官兵关系、机关相互关系、部（分）队相互关系。中国人民解放军军人，不论职位高低，在政治上一律平等，相互间是同志关系。军官、士兵依行政职务和军衔，构成首长与部属、上级与下级或者同级关系；文职干部与军官、士兵之间，文职干部之间依隶属关系和行政职务，构成首长与部属、上级与下级或者同级关系。军人之间应当保持健康、纯洁的相互关系，严禁吹吹拍拍、阿谀奉承，严禁拉帮结派、团团伙伙，严禁收受钱物、吃请请吃，严禁压制民主、打击报复等。

（五）军人的行为举止和日常管理

《内务条令》对军人言行举止，如礼节、着装、军容风纪、作息和日常制度等，作了规定。明确军人不得酗酒，不得违规喝酒，不得酒后驾驶机动车、船（舰）艇、飞机以及操作武器装备；明确军人不得从事网络营销，不得在网络购物中泄露部队番号和其他军事秘密，严禁以部队番号、代号建立 QQ、微信、微博等网络社群，不得利用网络平台进行不当交往；军人着军装时，不得戴手镯（链、串），不得在非雨天打伞；军人使用移动电话，实行实名制管理等。

（六）军事训练和野营管理

新修订的《内务条令》，增加了军事训练和野营管理章节。规定要把实战化贯穿渗透于军事训练管理全过程各领域，坚持依法治训、按纲施训，端正训风、演风、考风，从实战需要出发从难从严组训。应当严格落实军事训练基本制度，以训促管，以管促训，正规训练秩序，强化作风养成；应当严格执行通用体能训练标准，落实军人体重强制达标要求等。

（七）军旗、军徽和军歌

条令对国旗、军旗、军徽的使用和国歌、军歌的奏唱作了明确的规定。

6.1 中国人民解放军军歌的故事

1. 军旗

军旗包括中国人民解放军军旗和陆军军旗、海军军旗、空军军旗。军旗是人民解放军的标志，是我军荣誉、勇敢、光荣的象征。军人必须维护军旗的尊严。

军旗应当在重大节日、典礼、检（校）阅、隆重集会、游行和军人宣誓等时机使用。

2. 军徽

军徽，是中国人民解放军的象征和标志。1949 年 6 月，中国人民解放军的军徽样式定为镶金黄色边的五角红星，中嵌金黄色"八一"两字，亦称"八一"军徽。军人必须爱护军徽，维护军徽的尊严。

3. 军歌

军歌，是中国人民解放军性质、宗旨和精神的体现，原名为《八路军进行曲》，创作于 1939 年，是组歌《八路军大合唱》中的一首。解放战争时期，被更名为《中国人民解放军进行曲》，歌词略有改动。1988 年 7 月 25 日中央军委正式颁布命令，确定为《中国人民解放军军歌》。

军歌可于下列时机、场合奏唱：军队举办的庆典和重要集会；军队领导人主持的外事活动和军队主办的重大国际性集会；部队迎军旗、校阅、队列行进和集会；其他维护以及显示军队威严的时机、场合。军人奏唱军歌时，必须庄重热情、严肃认真；集会奏唱时，应当自行立正；着军服参加外事活动，听到奏国歌时行举手礼。

第二节 《纪律条令》简介

一、《纪律条令》的概念和作用

《纪律条令》是以法规形式规定军队纪律的条令，是军人的行为准则和军队维护纪律、实施奖惩的基本依据。它是维护部队高度稳定和集中统一、巩固和提高战斗力的强有力的武器，是保障其他条令、条例、规章制度贯彻落实的一个保障性法规，对于依法治军、从严治军和军队正规化建设具有十分重要的作用。

二、《纪律条令》内容简介

新修订的《纪律条令》自 2025 年 4 月 1 日起施行，共 8 章 193 条，主要区分战时、平时和重大非战争军事行动，完善军队功勋表彰制度；优化军纪处分项目，充实细化处分条件，规范容错免责具体情形、检举控告和申述有关程序。

（一）总则

总则主要规定了 6 个方面的内容：一是制定的目的和依据；二是条令的法律地位和适用范围；三是维护和巩固纪律必须贯彻的思想；四是纪律的性质、作用和维护纪律必须遵循的原则；五是奖惩与维护纪律的关系；六是全体军人维护纪律的责任和义务等。

（二）纪律的主要内容

新颁布的《纪律条令》围绕听党指挥、备战打仗和全面从严治军，提出了政治纪律、组织纪律、作战纪律、训练纪律、工作纪律、保密纪律、廉洁纪律、财经纪律、群众纪律、生活纪律 10 方面纪律的内容要求。

（三）奖励和处分

奖励和处分是《纪律条令》的主体部分。主要内容有以下 4 个方面。

1. 奖励和处分的目的和原则

条令规定"奖励的目的在于鼓励先进，维护纪律，调动官兵的积极性、创造性，发扬爱国主义、共产主义和革命英雄主义精神，保证作战、训练和其他各项任务的完成"。奖励应当坚持的原则是：严格标准，按绩施奖；发扬民主，贯彻群众路线；精神奖励和物质奖励相结合。处分的目的在于严明纪律，教育违纪者和部队，强化纪律观念，加强集中统一，巩固和提高部队战斗力。处分应坚持的原则是：依据事实，惩戒恰当；惩前毖后，治病救人；纪律面前人人平等。条令规定的奖惩目的和原则体现了中国人民解放军的性质、宗旨和优良传统，概括了奖惩工作的基本规律和经验，是新形势下实施奖惩的基本出发点和必须遵循的准则。

2. 奖励和处分项目

中国人民解放军的奖励项目经过多年实践，形成了对个人嘉奖、三等功、二等功、一等功、荣誉称号和八一勋章共六项奖励项目，对单位的奖励项目为上述前五项。对义务兵的处分有警告、严重警告、记过、记大过、降职或者撤职、降衔、除名、开除军籍八项，对士官的处分不包括除名；对军官（文职干部）的处分有警告、严重警告、记过、记大过、降职（级）或者降衔（级）、撤职、开除军籍七项。新颁布的《纪律条令》，新增"八一勋章"奖励项目，作为军队最高奖项，授予在维护国家主权、安全、发展利益，推进国防和军队现代化建设中建立卓越功勋的军队人员。

3. 奖惩条件

条令规定的奖惩条件，对军人的思想和行为具有很强的导向作用和规范作用。针对部队建设出现的新情况、新问题，条令从加强纪律建设的需要出发，对于奖惩条件的规定，注意了定性与定量相结合，以定性为主，扩大了规范的覆盖面，并对每项奖惩都规定了一定的幅度，充实了思想政治建设、实战化训练、执行重大任务、科技创新等奖励条件。

4. 奖惩的权限和实施

奖惩权是领导权、指挥权的重要组成部分。奖惩权限的确定，关系到能否正确实施奖惩，政策性很强。新颁布的《纪律条令》新增表彰管理规范，对表彰项目、审批权限、时机等作出规定，同时取消表彰与奖励挂钩的相应条款；充实了违反政治纪律、违反选人用人、降低战备质量标准、训风演风考风不正、重大决策失误、监督执纪不力等处分条件；调整奖惩项目设置、奖惩权限和承办部门，增加奖惩特殊情形的处理原则和规定。新增"追授奖励""撤销奖励"的实施条件，明确"故意违纪""过失违纪""共同违纪"的认定标准，完善"从轻处分""从重处分""免予处分""撤销处分"的原则办法。

（四）维护纪律的有关措施

1. 特殊措施

特殊措施包括行政看管、士官留用察看和其他措施三项。对于有打架斗殴、聚众闹事、违抗命令等行为或可能逃离部队、行凶等问题的人员，可以实行行政看管；对拒不履职，经批评教育不改的士官，可以实施留用察看；驻地军事代表机构可以根据规定的一些情况采取相应的措施。

2. 控告和申诉

控告和申诉是军人的民主权利，也是维护军纪的一种手段，其目的在于充分发挥群众监督作用，保护军人的合法权益，维护军队严格的纪律。

3. 首长责任和纪律监察

条令明确各级正职首长是维护纪律和纪律监察的第一责任人，要求各级首长应当以身作则，严于律己，严格遵守和执行纪律；经常对部属进行纪律教育，增强官兵的法治观念；有针对性地进行作风纪律整顿，解决本单位在纪律建设方面存在的突出问题。要求各级首长应当对下级实施纪律监察，并自觉接受上级的监察以及下级和群众的监督。

第三节 《队列条令》简介

一、《队列条令》的概念和作用

《队列条令》是规范部队和单个军人队列动作的法规，是全军队列训练与队列生活的准则和依据。队列，是军人进行集体活动必不可少的组织形式。在军队的训练、工作和生活中，凡是集体活动都离不开队列。中国人民解放军历来重视队列训练和队列生活，将队列训练作为制式训练的一个重要内容。认真执行《队列条令》，对于进一步规范全军的队列生活，培养优良的作风和严格的组织纪律，保持军队的高度集中统一，加强军队正规化建设，提高部队的战斗力，具有十分重要的意义。

二、《队列条令》内容简介

新修订的《队列条令》自 2025 年 4 月 1 日起施行，共 8 章 100 条，主要新增新型枪械操作、司号员操号等基本规范；充实陆上阅兵和码头阅兵、空中阅兵实施规范；丰富拓展仪式种类。

（一）条令总则

条令总则指出，制定《队列条令》是为了规范中国人民解放军的队列动作、队列队形和队列指挥，保持整齐划一和严格正规的队列生活。其主要内容有：一是《队列条令》的作用、意义，以及对全体军人的要求；二是明确了首长和机关的责任；三是规定了队列纪律。

（二）队列指挥

条令主要规定了队列指挥位置、队列指挥通常用口令、队列指挥要求。

队列指挥位置应当便于指挥和通视全体。通常是：停止间，在队列中央前；行进间，纵队时左侧中央前或者偏后，必要时在中央前，横队、并列纵队时在左侧前或者左侧，必要时在右侧前（右侧）或者左（右）侧后。

队列指挥通常用口令。行进间，动令除向左转走和齐步、正步互换时落在左脚，其他均落在右脚。变换指挥位置，通常用跑步（5 步以内用齐步）进到预定的位置后，成立正姿势下达口令。纵队行进时，可以在行进间下达口令。

队列指挥要求。指挥位置正确；姿态端正，精神振作，动作准确；口令准确、清楚、洪亮；清点人数，检查着装，认真验枪；严格要求，维护队列纪律。

（三）队列队形

条令规定了队列的基本队形、列队的间距和班、排、连、营、旅的队形。

基本队形：队列的基本队形为横队、纵队、并列纵队。需要时，可以调整为其他队形。

列队的间距：队列人员之间的间隔（两肘之间）通常约 10 cm，距离（前一名脚跟至后一名脚尖）约 75 cm。需要时，可以调整队列人员之间的间隔和距离。

班的队形：基本队形分为横队和纵队。需要时，可以成二列横队或者二路纵队。

排的队形：基本队形分为横队和纵队。排横队，由各班的班横队依次向后排列组成；排纵队，由各班的班纵队依次向右并列组成。

连的队形：基本队形分为横队、纵队和并列纵队。连横队，由各排的排横队依次向左并列组成；连纵队，由各排的排纵队依次向后排列组成；连并列纵队，由各排的排纵队依次向左并列组成。

（四）队列动作

条令规定了单个军人的队列动作，以及班、排、连、营、团的队列动作。

（五）敬礼

条令规定了敬礼的种类和敬礼、礼毕、单个军人敬礼、分队与部队敬礼的口令、要领。

条令还规定了国旗的掌持、升降和军旗的掌持、授予与迎送以及阅兵的有关内容。

第四节　分队的队列动作

一、集合、离散

（一）集合

6.2　集合解散与班的队形

集合，是使单个军人、分队、部队按照规范队形聚集起来的一种队列动作。集合时，指挥员应当先发出预告或者信号，如"全连（或者×排）注意"，然后，站在预定队形的中央前，面向预定队形成立正姿势，下达"成××队——集合"口令。所属人员听到预告或者信号，原地面向指挥员成立正姿势；听到口令，跑步到指定位置面向指挥员集合（在指挥员后侧的人员，应当从指挥员右侧绕过），自行对正、看齐，成立正姿势。

1. 班集合

口令：成班横队（二列横队）——集合。

要领：基准兵迅速到班长左前方适当位置，成立正姿势；其他士兵以基准兵为准，依次向左排列，自行看齐。成班二列横队时，单数士兵在前，双数士兵在后。

口令：成班纵队（二路纵队）——集合。

要领：基准兵迅速到班长前方适当位置，成立正姿势；其他士兵以基准兵为准，依次向后排列，自行对正。成班二路纵队时，单数士兵在左，双数士兵在右。

2. 排集合

口令：成排横队——集合。

要领：基准班在指挥员前方适当位置，成班横队迅速站好；其他班成班横队，以基准班为准，依次向后排列，自行对正、看齐。

口令：成排纵队——集合。

要领：基准班在指挥员右前方适当位置，成班纵队迅速站好；其他班成班纵队，以基准班为准，依次向右排列，自行对正、看齐。

3. 连集合

口令：成连横队——集合。

要领：队列内的连指挥员或者基准排，在指挥员左前方适当位置，成横队迅速站好；各排和连部成横队，以连指挥员或者基准排为准，依次向左排列，自行对正、看齐。

口令：成连纵队——集合。

要领：队列内的连指挥员或者基准排，在指挥员前方适当位置，成纵队迅速站好；各排和连部成纵队，以连指挥员或者基准排为准，依次向后排列，自行对正、看齐。

口令：成连并列纵队——集合。

要领：队列内的连指挥员或者基准排，在指挥员左前方适当位置，成纵队迅速站好；各排和连部成纵队，以连指挥员或者基准排为准，依次向左排列，自行对正、看齐。

（二）离散

离散，是使列队的单个军人、分队、部队各自离开原队列位置的一种队列动作。

1. 离开

口令：各营（连、排、班）带开（带回）。

要领：队列中的各营（连、排、班）指挥员带领本队迅速离开原列队位置。

2. 解散

口令：解散。

要领：队列人员迅速离开原列队位置。

6.3　整齐报数与班
的基本队形

二、整齐、报数

（一）整齐

整齐，是使列队人员按照规定的间隔、距离保持行、列平齐的一种队列动作。整齐分为向右（左）看齐和向中看齐。图 6-1 所示为向中看齐时基准兵的举手姿势。

口令：向右（左）看——齐。

　　　向前——看。

要领：基准兵不动，其他士兵向右（左）转头（持枪时，听到预令，迅速将枪稍提起，看齐后自行放下），眼睛看右（左）邻士兵腮部，前四名能通视基准兵，自第五名起，以能通视到本人以右（左）第三人为度。后列人员，先向前对正，后向右（左）看齐。听到"向前——看"的口令，迅速将头转正，恢复立正姿势。

口令：以 ××× 为准，向中看——齐。

　　　向前——看。

要领：当指挥员指定"以 ××× 为准（或者以第 × 名为准）"时，

图 6-1　向中看齐时
基准兵的举手姿势

基准兵答"到"，同时左手握拳高举，大臂前伸与肩略平，小臂垂直举起，拳心向右；听到"向中看——齐"的口令后，其他士兵按照向左（右）看齐的要领实施；听到"向前——看"的口令后，基准兵迅速将手放下，其他士兵迅速将头转正，恢复立正姿势。一路纵队看齐时，可以下达"向前——对正"的口令。

（二）报数

口令：报数。

要领：横队从右至左（纵队由前向后）依次以短促洪亮的声音转头（纵队向左转头）报数，最后一名不转头。数列横队时，后列最后一名报"满伍"或者"缺×名"。连集合时，由指挥员下达"各排报数"的口令，各排长在队列内向指挥员报告人数，如"第×排到齐"或者"第×排实到××名"。

必要时，连也可以统一报数。

要领：连实施统一报数时，各排不留间隔，要补齐，成临时编组的横队队形。报数时，连指挥员先发出"看齐时，以一排长为准，全连补齐"的预告，尔后下达"向右看——齐"口令，待全连看齐后，再下达"向前——看"和"报数"的口令，报数从一排长开始，后列最后一名报"满伍"或者"缺×名"。

三、出列、入列

单个军人和分队出列、入列通常用跑步（5步以内用齐步，1步用正步），或者按照指挥员指定的步法执行；然后，进到指挥员右前侧适当位置或者指定位置，面向指挥员成立正姿势。

（一）单个军人出列、入列

1. 出列

口令：×××（或者第×名），出列。

要领：出列军人听到呼点自己姓名或者序号后应当答"到"，听到"出列"的口令后，应当答"是"。①位于第一列（左路）的军人，按照本条上述规定，取捷径出列。②位于中列（路）的军人，向后（左）转，待后列（左路）同序号的军人向右后退1步（左后退1步）让出缺口后，按照本条的上述规定从队尾（纵队时从左侧）出列；位于"缺口"位置的军人，待出列军人出列后，即复原位。③位于最后一列（右路）的军人出列，先退1步（右跨1步），然后，按照本条有关规定从队尾出列。

2. 入列

口令：入列。

要领：听到"入列"口令后，应当答"是"，然后，按照出列的相反程序入列。

（二）班（排）出列、入列

1. 出列

口令：第×班（排），出列。

要领：听到"第×班（排）"的口令后，由出列班（排）的指挥员答"到"，听到"出列"的口令后，由出列班（排）的指挥员答"是"，并用口令指挥本班（排），按照本条的有关规定，以纵队形式从队尾（位于第一列的班取捷径）出列。

2. 入列

口令：入列。

要领：听到"入列"的口令后，由入列班（排）指挥员答"是"，并用口令指挥本班（排），以纵队形式从队尾（位于第一列的班取捷径）入列。

四、行进、停止

横队和并列纵队行进以右翼为基准，纵队行进以左翼为基准（一路纵队行进以先头为基准）。

行进，指挥员应当下达"×步——走"的口令。听到口令，基准兵向正前方前进，其他士兵向基准翼标齐，保持规定的间隔、距离行进。纵队行进时，排、连通常成三路纵队，也可以成一、二路纵队。行进中，需要时，用"一二一"（调整步伐的口令）、"一二三四"（呼号）或者唱队列歌曲，来保持步伐的整齐和振奋士气。

停止，指挥员应当下达"立——定"的口令。听到口令，按照立定的要领实施，分队的动作要整齐一致。停止后，听到"稍息"的口令，先自行对正、看齐，再稍息。

五、队形变换

队形变换，是由一种队形变成为另一种队形的队列动作。

（一）横队和纵队的互换

横队变纵队：停止间口令：向右——转。
行进间口令：向右转——走。
纵队变横队：停止间口令：向左——转。
行进间口令：向左转——走。

要领：停止间，按照单个军人向右（左）转的要领实施；行进间，按照单个军人向右（左）转走的要领实施，分队动作要整齐一致。队形变换后，排以上指挥员应当进到规定的列队位置。

（二）停止间班横队和班二列横队，班纵队和班二路纵队互换

1. 班横队变班二列横队

口令：成班二列横队——走。

要领：变换前，先报数。听到口令，双数士兵左脚后退1步，右脚（不靠拢左脚）向右跨1步，左脚向右脚靠拢，站到单数士兵之后，自行对正、看齐。

2. 班二列横队变班横队

口令：间隔1步，向左离开。

成班横队——走。

要领：听到"间隔1步，向左离开"的口令，取好间隔；听到"成班横队——走"的口令，双数士兵左脚左跨1步，右脚（不靠拢左脚）向前1步，左脚向右脚靠拢，站到单数士兵左侧，自行看齐。

3. 班纵队变班二路纵队

口令：成班二路纵队——走。

要领：变换前，先报数。听到口令，双数士兵右脚右跨1步，左脚（不靠拢右脚）向前1步，右脚向左脚靠拢，站到单数士兵右侧，自行对正、看齐。

4. 班二路纵队变班纵队

口令：距离2步，向后离开。

成班纵队——走。

要领：听到"距离2步，向后离开"的口令，取好距离；听到"成班纵队——走"的口令，双数士兵右脚后退1步，左脚（不靠拢右脚）站到单数士兵之后，自行对正。

六、方向变换

方向变换，是改变队列面对的方向的一种队列动作。

（一）横队和并列纵队方向变换

停止间，通常是左（右）转弯或者左（右）后转弯，必要时可以向后转。

停止口令：左（右）转弯，齐（跑）步——走，或者左（右）后转弯，齐（跑）步——走。向后——转，齐（跑）步——走（当需要向后转走时，应当先下"向后——转"的口令，待方向变换后，再下"齐步——走"或者"跑步——走"的口令）。

行进间口令：左（右）转弯——走，或者左（右）后转弯——走。

要领：一列横队方向变换时，轴翼士兵踏步，并逐渐向左（右）转动，外翼第一名士兵用大步行进并同相邻士兵动作协调，逐步变换方向（愈接近轴翼者，其步幅愈小），其他士兵用眼睛的余光向外翼取齐，并保持规定的间隔和排面整齐，转到90°或者180°时踏步并取齐，听口令前进或者停止。

数列横队和并列纵队方向变换时，第一列轴翼士兵停止间用踏步、行进间用小步，外翼士兵用大步行进，保持排面整齐，边行进边变换方向，转到90°或者180°后，听口令前进或者停止；后续各列按照上述要领，保持间隔、距离，取捷径进到前一列转弯处，转向新方向跟进。

（二）纵队方向变换

停止间，通常是左（右）转弯，或者左（右）后转弯，必要时可以向后转。

停止口令：左（右）转弯，齐（跑）步——走，或者左（右）后转弯，齐（跑）步——走。向后——转，齐（跑）步——走（按照横队和并列纵队向后转走的方法实施）。

行进间口令：左（右）转弯——走，或者左（右）后转弯——走。

要领：一路纵队方向变换，基准兵在左（右）转弯时，按照单个军人行进间转法（停止间，左转弯走时，左脚先向前 1 步）的要领实施，在左（右）后转弯时，用小步边行进边变换方向，转到 90°或者 180°后，照直前进；其他士兵逐次进到基准兵的转弯处转向新的方向跟进。数路纵队方向变换时，按照数列横队和并列纵队方向变换的要领实施。

第五节 敬礼

敬礼分为举手礼、注目礼和举枪礼。

6.4 敬礼与礼毕

一、敬礼、礼毕

（一）敬礼

1.举手礼

口令：敬礼。

要领：上体正直，右手取捷径迅速抬起，五指并拢自然伸直，中指微接帽檐右角前约 2 cm 处（戴卷檐帽、无檐帽或者不戴军帽时微接太阳穴，约与眉同高），手心向下，微向外张（约 20°），手腕不得弯曲，右大臂略平，与两肩略成一线，同时注视受礼者，如图 6-2 所示。

图 6-2 敬礼

2.注目礼

要领：面向受礼者成立正姿势，同时注视受礼者，并目迎目送（左右转头角度不超过 45°）。

3.举枪礼（用于阅兵式或者执行仪仗任务）

口令：向右看——敬礼。

要领：右手将枪提到胸前，枪身垂直并对正衣扣线，枪面向后，离身体约 10 cm，枪口与眼同高，大臂轻贴右胁；同时左手接握表尺上方，小臂略平，大臂轻贴左胁；同时转头向右，注视受礼者（右、左转头角度不超过 45°）。图 6-3 所示为携 81 式自动步枪举枪礼姿势。

（二）礼毕

口令：礼毕。

图 6-3 携 81 式自动步枪举枪礼姿势

要领：行举手礼者，将手放下；行注目礼者，将头转正；行举枪礼者，将头转正，右手将枪放下，使托前踵轻轻着地，同时左手放下，成持枪立正姿势。

二、单个军人敬礼

要领：单个军人在距受礼者 5～7 步处，行举手礼或者注目礼。

徒手或者背枪时，停止间，应当面向受礼者立正，行举手礼，待受礼者还礼后礼毕；行进间（跑步时换齐步），转头向受礼者行举手礼（手不随头转动），并继续行进，左臂仍自然摆动，如图 6-4 所示，待受礼者还礼后礼毕。

携带武器（除背枪）等不便行举手礼时，不论停止间或者行进间均行注目礼，待受礼者还礼后礼毕。

图 6-4　行进间徒手敬礼

三、分队、部队敬礼

（一）停止间敬礼

要领：当首长进到距本分队（部队）适当距离时，指挥员下达"立正"的口令，跑步到首长前 5～7 步处敬礼。待首长还礼后礼毕，再向首长报告。例如，"团长同志，×连正在进行队列训练，应到 ×× 名，实到 ×× 名，请指示，连长 ×××"。报告完毕，待首长指示后，答"是"，再敬礼。待首长还礼后礼毕，尔后跑步回到原来位置，下达"稍息"口令或者继续进行操练。

（二）行进间敬礼

要领：由带队指挥员按照单个军人行进间敬礼的规定实施，队列人员按照原步法行进。

● **思考题**

1. 如何理解中国人民解放军共同条令在部队建设中的地位和作用？
2. 大学生为什么要进行队列训练？

第七章
轻武器射击训练

✅ **学习目标**

　　了解轻武器的战斗性能和基本射击理论，掌握射击动作要领，进行体会射击，使学生具备基本的使用轻武器的能力。

　　轻武器亦称轻兵器，是单兵或班组携行使用的小型、轻便武器的统称。传统意义上的轻武器专指手枪、步枪、冲锋枪、机枪等枪械。现代意义上的轻武器不仅包括枪械，而且包括手榴弹、榴弹发射器和火箭发射器等。

第一节　武器常识

　　目前我军大量装备部队的步枪主要是 95 式自动步枪。结合大学生军训的实际情况，本节主要介绍 81-1 式自动步枪、95 式自动步枪的基本常识。

一、战斗性能和主要诸元

（一）战斗性能

　　81-1 式自动步枪的战斗射速点射每分钟 90 ～ 110 发，单发射每分钟 40 发。主要射击方法是短点射（2 ～ 5 发），还可实施长点射（6 ～ 10 发）和单发射。使用一九五六年式普通弹，在 100 m 距离上能射穿 6 mm 厚的钢板、15 cm 厚的砖墙、30 cm 厚的土层和 40 cm 厚的木板。81-1 式自动步枪还能发射枪榴弹，使用枪榴弹可杀伤敌有生力量和击毁敌装甲目标，是步兵分队打击集团目标、装甲目标的辅助武器。

　　95 式自动步枪的战斗射速点射每分钟 100 发，单发射每分钟 40 发。射击时可实施短点射，还可实施长点射和单发射。95式自动步枪对单个目标在400 m内射击效果最好，集中火力可射击500 m内的飞机、伞兵、集团目标。使用5.8 mm普通弹在300 m距离上能穿透10 mm厚的A3钢板。95式自动步枪与95式班用机枪组成班用枪族，活动部件和弹匣、弹鼓可以互换，并能用实弹直接从枪管发射枪榴弹，使射手具有点面杀伤和反装甲能力，是近战中消灭敌有生力量的自动武器和步兵反装甲目标的辅助武器。

（二）主要诸元

几种常用轻武器的主要诸元如表7-1所示。

表7-1　几种常用轻武器的主要诸元

诸　元	枪　种		
	81-1式自动步枪	95式自动步枪	95式机枪
口径 /mm	7.62	5.8	5.8
枪全重 /kg	3.5	3.3	3.95
枪全长 /mm	955	746	840
初速 / (m·s⁻¹)	710	920	945
瞄准基线长 /mm	315	325	362
弹匣（鼓）容量 / 发	30	30	75
有效射程 /m	400	400	600

二、主要机件名称和用途

（一）81-1式自动步枪

81-1式自动步枪由刺刀（匕首）、枪管、瞄准具、活塞及调节塞、机匣、枪机、复进机、击发机、弹匣和枪托十大部件组成，另有一套附品，如图7-1所示。

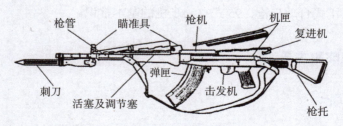

图7-1　81-1式自动步枪

（1）刺刀（匕首），用以刺杀敌人。刺刀上有刺刀柄、连接环、限制凸笋及卡笋，平时作匕首用，并装入刀鞘挂在腰带上，战时结合在枪上。

（2）枪管，枪管前端有枪榴弹发射具。发射具前端下方有凹槽，用以控制刺刀的安装位置。枪管外还有导气箍，用以引导火药气体冲击活塞。导气箍上刻有"0""1""2"

的数字，用以表示火药气体冲击活塞的大小（见图 7-2）。

（3）**瞄准具**，由表尺和准星组成，用以瞄准。表尺由表尺座、表尺钣、表尺转轮和限制轮等组成。表尺板上有缺口和护铁。缺口用以通视准星向目标瞄准，护铁用以保护缺口。表尺转轮，用以装定所需的表尺分划和固定活塞护盖，转轮上刻有"0～5"的分划，"0"分划用以分解结合，"1～5"的分划，每一分划对应 100 m。表尺座侧面圆点为表尺定位点，用以指示所装定的分划。图 7-3 所示为 81-1 式自动步枪瞄准具。

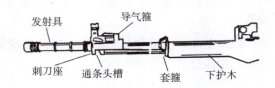

图 7-2　81-1 式自动步枪枪管

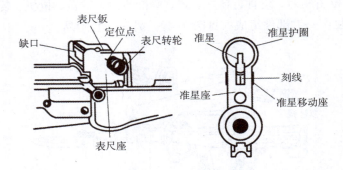

图 7-3　81-1 式自动步枪瞄准具

（4）**活塞及调节塞**，用以承受火药气体的压力，推压枪机向后。活塞簧，用以使活塞回到前方位置，护盖上有护木和活塞定位凸笋。导气箍上的"1""2"，分别表示调节塞上的小孔和大孔，通常装定在"1"上，当武器过脏来不及擦拭或在严寒的条件下射击时装定在"2"上。变换调节塞位置可用弹壳底部卡入弹底槽。当发射枪榴弹时，必须将调节塞转动到"0"的位置，以防损坏活动机件。

（5）**机匣**，用以容纳枪机、复进机、固定击发机和弹匣。机匣外有机匣盖，用以保护机匣内部免沾污垢。机匣还有握把、扳机护圈和弹匣卡笋。机匣内有闭锁卡槽，能保证枪机闭锁枪膛。枪机阻铁，匣内无子弹时，能使枪机停在后方位置。凹槽用以容纳复进机导管座。拨壳凸笋用以拨出弹壳或子弹。

（6）**枪机**，由机栓和机体组成，用以送弹、击发和退壳，并能使击锤向后成待发状态。机栓上有圆孔和导笋槽，用以容纳机体，并引导机体旋转形成闭锁和开锁。机栓上还有解脱凸笋、机柄和复进机巢。机体上有：击针，用以撞击子弹底火；抓弹钩，用以从膛内抓出弹壳或子弹。机体上还有导笋、送弹凸笋、闭锁凸笋和弹底巢。

（7）**复进机**，由导管、导杆、导管座、复进簧和支撑环组成。用以使枪机回到前方位置。导管座上有机匣盖卡笋。

（8）**击发机**，用以与枪机相互作用形成待发和击发。击发机上有：击发控制机，能在枪机闭锁枪膛前防止击发；保险机，用以保险和控制单发射、连发射，"1""2""0"分别为单发射、连发射、保险。击发机上还有击发阻铁、单发阻铁、击锤和扳机。

（9）**弹匣**，用以容纳和托送子弹。弹匣由弹匣体、托弹钣、托弹钣簧、固定钣、弹匣盖组成。弹匣体上有：凹槽和挂耳，用以将弹匣固定在枪上；还有检查孔，当看到子弹时，则已装满子弹。

（10）**枪托**，便于操作。枪托上由枪颈、托底钣、附品盒巢和枪托卡笋组成，平时成打开状态，必要时可折叠。

附品，用以分解结合、擦拭上油、携带和排除故障。附品包括擦拭杆、鬃刷、铳子、附品筒、通条、油壶、背带和弹匣袋。

（二）95式自动步枪

95式自动步枪由刺刀、枪管、导气装置、瞄准装置、护盖、枪机、复进簧、击发机、枪托、机匣和弹匣十一大部件组成（见图7-4）。另有一套附品。

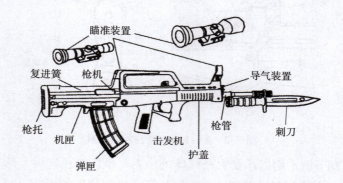

图7-4　95式自动步枪

（1）**刺刀（匕首）**，用以刺杀敌人。也可作为格斗匕首和野战工作用刀。

（2）**枪管**（见图7-5），用以赋予弹头及枪榴弹的飞行方向。枪管内是枪膛，枪膛分为弹膛和线膛。弹膛用以容纳子弹，线膛能使弹头在前进时旋转运动，以保持飞行的稳定性。枪口装置用来减小发射时枪口的跳动和火焰，并与后定位器配合，作为榴弹发射器及刺刀连接座使用。

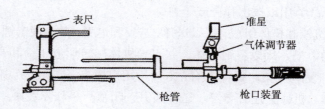

图7-5　95式自动步枪枪管

（3）**导气装置**，由气体调节器、活塞及活塞簧组成（见图7-6）。气体调节器用以调节火药气体的大小。标有"0""1""2"的数字，分别表示闭气、小孔和大孔位置。通常装定在"1"上，当武器过脏来不及擦拭或在严寒条件下射击时，可装定在"2"上。发射枪榴弹时，必须将调节塞转动到"0"的位置，以防损坏活动机件。活塞用以承受火药气体的压力，推动枪机向后。活塞簧用以使活塞回到原来位置。

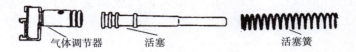

气体调节器　　　　　活塞　　　　　　　　　活塞簧

图 7-6　95 式自动步枪导气装置

（4）瞄准装置，有机械瞄准具、白光瞄准镜和微光瞄准镜等，用以对目标瞄准。表尺上有觇孔，标有"1""3""5"三个字样，分别表示 100 m、300 m 和 500 m，表尺"0"上荧光点与准星两侧的荧光点组成准星、照门倒置式简易夜瞄装置。准星由准星座、准星连接座、准星护圈和准星四部分组成。准星可拧高、拧低，准星移动座可以左右移动，准星移动座和准星座上各刻有一条刻线，用以检查准星位置是否正确。瞄准镜座，用以安装白光、微光瞄准镜。

（5）护盖，由上护盖与下护盖组成（见图 7-7）。上护盖有提把，用以提枪前进。下护盖有握把、扳机护圈、小握把、护盖锁孔、挂合杆，主要用以操持武器和射击。

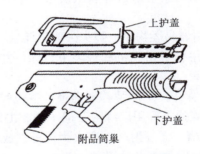

上护盖

下护盖

附品筒巢

图 7-7　95 式自动步枪护盖

（6）枪机，由机体和机头组成。用以送弹、闭锁、击发和退壳，并能使击锤向后成待发状态。机体上有圆孔和导笋槽，用以容纳机头，并引导机头旋转形成闭锁和开锁。机体上还有解脱凸笋、机柄和复进簧巢。机头上有：击针，用以撞击子弹底火；抓弹钩，用以从膛内抓出弹壳或子弹。机头上还有导笋、送弹凸笋、开闭锁凸笋、导槽和弹底巢。

（7）复进簧，作用是储存枪机、枪机框的部分后坐能量，以便赋予枪机、枪机框向前复进及完成推弹、抓弹、闭锁、解除不到位保险等所必需的能量。

（8）击发机，由扳机、扳机拉杆、阻铁杠杆、击发阻铁、单发阻铁、不到位保险机、解脱杠杆、快慢机、击锤、击锤簧、击锤簧导杆、顶头及击发机座组成。用以控制待发、操纵击发及保险。快慢机上的"0""1""2"分别为保险、单发射和连发位置。

（9）机匣，用以容纳枪机、固定快慢机和弹匣。机匣外有弹匣卡笋和弹匣结合口，用以结合弹匣或弹鼓。机匣内有闭锁卡槽，能解脱枪机闭锁枪膛。拨弹凸笋，用以拨出弹壳或子弹。

（10）**枪托**，用以保证机匣内部免沾污垢和便于操作。枪托右侧有抛弹壳或子弹口，枪托内有杠杆式缓冲器，其和后端的变刚度托钣组成双缓冲机构，可降低活动机件后坐时的撞击。

（11）**弹匣**，由弹匣体、托弹钣、托弹钣簧、卡钣、弹匣盖组成，用以容纳和托送子弹。弹匣体的后端有三个观察孔，分别对正第 10 发、20 发和 30 发子弹的底缘，用以观察子弹的余量。

三、子弹

（一）子弹的各部名称和用途

子弹由弹头、弹壳、底火和发射药组成（见图 7–8）。弹头，用以杀伤敌人有生力量；弹壳用以容纳发射药，安装弹头和底火；底火，用以点燃发射药；发射药，用以燃烧后产生火药气体，推送弹头前进。

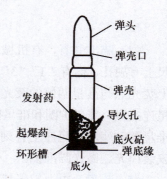

图 7–8　子弹

（二）子弹的种类、用途和标志

（1）**普通弹**：用以杀伤敌人的有生力量。

（2）**曳光弹**：主要用以试射、指示目标和做信号。命中干草能起火；曳光距离可达 800 m。弹头头部为绿色。

（3）**燃烧弹**：主要用以引燃易燃物体。弹头头部为红色。

（4）**穿甲燃烧弹**：主要用以射击飞机和轻装甲目标，并能在穿透装甲后引燃汽油。弹头头部为黑色并有一道红圈。

另外，还有空包弹、教练弹、空炸弹等辅助弹。空包弹主要用以演习，没有弹头，弹壳口收口压花并密封；教练弹主要用以练习装退子弹、击发等动作，外形和重量与普通弹相似，弹壳上有三道凹槽，无发射药，底火为橡皮制成；空炸弹，主要用于对空射击训练用，弹头在 500 m 内性能与曳光弹相同，超过 500 m 时，弹头自动分离为三部分，能减小对射击地域的危险程度。

子弹箱外均标有弹种、数量、批号和年号等。领用时应看清标志，以免弄错。

第二节　简易射击学理

一、发射与后坐

（一）发射及其过程

火药气体压力将弹头从膛内推送出去的现象，叫发射。其过程：击针撞击子弹底火，使起爆药发火，火焰通过导火孔引燃发射药，产生大量火药气体，在膛内形成很大的压力，迫使弹头脱离弹壳，沿膛线旋转加速前进，直至推出枪口。

（二）后坐

发射时，武器向后运动的现象，叫后坐。

1. 后坐的形成

发射药燃烧时，产生的气体同时作用于各个方向，作用于膛壁周围的压力为膛壁所抵消；向前作用于弹头后部的压力推送弹头前进；向后作用于弹壳底部的压力经过枪机传给整个武器，使武器向后运动，形成后坐。武器的后坐和弹头的运动是同时开始的。在弹头脱离枪口瞬间，大量的火药气体随弹头后部从膛内向外喷出，形成了反作用力，使武器后坐更加明显。

2. 后坐对命中的影响

后坐对单发（连发首发）射击的命中影响极小。因为弹头在膛内运动的时间极短（约千分之一秒），并且枪比弹头重得多（步枪400倍以上），所以弹头在脱离枪口以前，枪的后坐距离只有1 mm，而且是正直向后运动，加之衣服和肌肉的缓冲，射手是感觉不出来的。射手感觉到的后坐，主要是弹头在脱离枪口的瞬间，火药气体猛烈向枪口外喷出形成的反作用力造成的，此时，弹头已脱离枪口。因此，后坐对单发（连发首发）射击的命中影响极小。

后坐对连发射击的命中有一定的影响。因为连发射击时，第一发子弹发射后，由于枪的明显后坐变动了原来的瞄准线，所以对第二发以后的射弹命中有一定的影响。但只要射手据枪要领正确，适应连发武器射击时的后坐规律，就能减小后坐对连发命中的影响，提高射击精度。

二、弹道

（一）弹道及其形成

弹头脱离枪口后，其重心所经过的路线，叫弹道。弹头脱离枪口后，在空气中飞行时，由于受到地球引力和空气阻力的作用，弹道不能成为一条直线，而是一条不均等的弧线。升弧较长较直，降弧较短较弯曲。

（二）弹道要素（见图7-9）

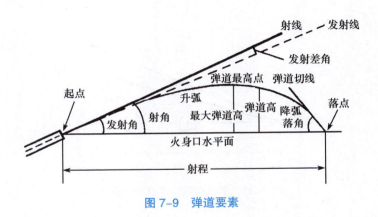

图7-9　弹道要素

火身口水平面——通过起点的水平面；

射线——发射前火身轴线的延长线；

射角——射线与火身口水平面所夹的角；

发射线——发射瞬间火身轴线的延长线；

发射角——发射线与火身口水平面所夹的角；

升弧——由起点到弹道最高点的弹道；

降弧——由弹道最高点到落点的弹道；

弹道高——弹道上任何一点到火身口水平面的垂直距离；

最大弹道高——弹道最高点到火身口水平面的垂直距离；

射程——起点到落点的水平距离。

三、瞄准具和瞄准要素

（一）瞄准具

由于地球引力和空气阻力的作用，如果用枪管瞄向目标射击，射弹就会打低打近，为了命中目标，必须将枪口抬高，使火身轴线与瞄准线之间形成一定的角度，即瞄准角（见图 7-10）。

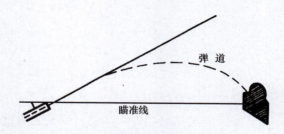

图 7-10 抬高枪口射击的景况

瞄准角的大小，是根据射弹在不同距离上的降落量来确定的，距离越远，降落量越大，所需要的瞄准角也就越大；距离越近，降落量越小，所需要的瞄准角也就越小（见图 7-11）。

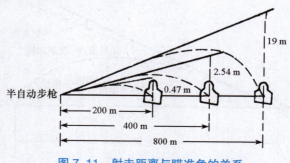

图 7-11 射击距离与瞄准角的关系

瞄准具（镜）就是根据上述原理设计成的。由于缺口上沿到火身轴线的高度大于准星尖到火身轴线的高度，射击时，是通过缺口上沿中央和准星尖的平正关系来对目标进行瞄准的，因此，就抬高了枪口，使火身轴线与瞄准线之间构成了一定的瞄准角（见图7-12）。表尺位置高，瞄准角就大，相应的射击距离就远；表尺位置低，瞄准角就小，相应的射击距离就近。各种枪的表尺（瞄准镜）上都刻有不同的表尺（距离）分划，装定表尺（距离）分划，就是改变表尺的高低位置，实际上也就是装定瞄准角。

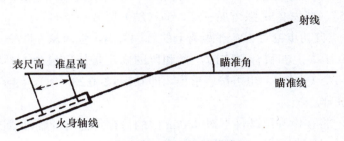

图7-12　瞄准角的构成

由此可见，瞄准具的作用，就是对一定距离上的目标射击时赋予武器相应的瞄准角和射向。射击时，只要按照目标的距离装（选）定相应的表尺（瞄准镜）分划瞄准射击，就能命中目标。因此，正确地选定表尺（瞄准镜）分划，对准确命中目标有着决定性的意义。

（二）瞄准要素

瞄准要素如图7-13所示。

瞄准基线——缺口的上沿中央到准星尖的直线线段；

瞄准线——视线通过缺口上沿中央和准星尖的延长线；

瞄准点——瞄准线所指向的一点；

瞄准角——射线与瞄准线的夹角；

瞄准线上弹道高——弹道上任何一点到瞄准线的垂直距离；

弹着点——弹道与目标表面或地面的交点。

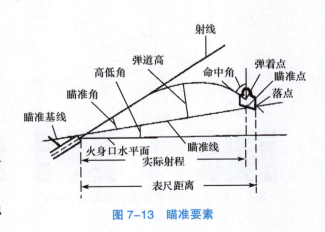

图7-13　瞄准要素

四、外界条件对射击的影响及修正

训练和作战中，对射击产生影响的外界条件，最常见的是风、阳光和气温。射击时，若要准确命中目标，就必须学会克服外界条件的影响及修正方法。

（一）风对射弹的影响及修正

风是一种具有速度和方向的气流，它能改变射弹的飞行方向和距离。在各种外界条件中，风对射弹的飞行影响最大。因此，必须准确地判定风向和风力，根据风对射弹的影响进行修正，以保证射弹准确命中目标。

按风吹的方向和射击方向所形成的角度可分为：横风、斜风和纵风等。其中横风对射弹影响较大，斜风次之，纵风较小。风力按其大小分为强风、和风与弱风等。各种武器在射击中对横和风的修正量（人体），可按如下口诀求出：距离200 m，修1/4人体；表尺"3""4""5"，减去2.5；强风加一倍，弱（斜）风减一半。

例如，81-1式自动步枪对200 m距离上的目标射击，强风从左吹来，如何修正？

解： 对200 m距离上的目标射击时，横和风的修正量依口诀为1/4人体，强风加一倍则为：1/4+1/4=1/2（人体）。也可按表求出，即0.14×2=0.28（m），约半个人体。所以，瞄准点应向左修正半个人体。

为运用方便，将在横和风条件下对400 m内的目标射击时的瞄准景况归纳成如下口诀：一百不用修，二百瞄耳线，三百瞄边沿，四百边接边。

（二）阳光对瞄准的影响及克服的办法

在阳光下瞄准时，由于阳光照射作用，缺口部分产生虚光，形成三层缺口（虚光部分、真实缺口、黑实部分），如不能辨明真实缺口位置，就容易产生误差，使射弹产生偏差（见图7-14、图7-15）。

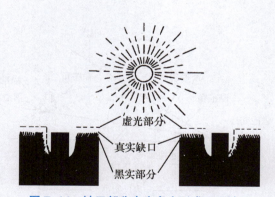

图7-14 缺口部分产生虚光形成三层缺口

图7-15 用虚光部分瞄准时，射弹偏向阳光照来的方向

正确瞄准应是：不要白（虚光部分），不要黑（黑实部分），只要中间灰白色（真实缺口）。训练时可在不同方向的阳光照射下练习瞄准，采取遮光瞄准不遮光检查，或不遮光瞄准遮光检查的方法，反复练习，确实辨明真实缺口的位置和正确瞄准的景况。

（三）气温对射弹的影响及修正

气温就是空气的温度，它随着天气的炎热和寒冷而变化。气温变化时，空气密度也会随着改变，对射弹的阻力也就不同，因而影响射弹的飞行速度，使弹道形状发生变化。气温升高时，空气密度减小（稀薄），射弹飞行中受到的空气阻力就小，射弹就打得远（高）；气温降低时，空气密度增大（稠密），射弹在飞行中受到的空气阻力就大，射弹就打得近（低）。修正气温一般以 +15℃ 为标准。气温相差不大，影响较小，就不必修正；若气温相差很大或射击距离较远，则应参照"气温差修正表"进行修正。气温低于标准度数时，提高瞄准点，气温高于标准度数时，降低瞄准点。

五、射弹散布

用一种最精确的武器，由一名优秀的射手，在尽可能相同的条件下发射多发子弹，每发子弹都不能沿着同一飞行路线飞行，也不会落在同一点上，这种弹着点之间相互分离的现象，叫射弹自然散布或叫射弹散布。

射弹自然散布虽是由许多原因造成的，但其散布却有一定的规律，即有一定范围的，离平均弹着点的散布是对称的。弹着点的散布是不均匀的，离平均弹着点越近，弹着越密集；离平均弹着点越远，弹着越稀疏。

第三节 自动步枪射击动作

不同自动步枪的射击动作大致相同。本节以 95 式自动步枪为例介绍射击动作。

一、验枪

验枪是一项保证安全的重要措施。使用武器前后及必要时，都要进行验枪，认真检查弹膛、弹匣和教练弹中有无实弹。验枪时，严禁枪口对人。

口令："验枪""验枪完毕"。

动作要领：听到"验枪"的口令后，以右脚掌为轴，身体半面向右转，左脚顺势向前迈出一步，两脚约与肩同宽。同时，右手放开枪背带，枪自然下落，移握大握把，将枪向前送出，左手接握下护盖，枪夹于右胁与右大臂之间，枪口约与肩同高。左手大拇指打开保险，移握弹匣，大拇指按压弹匣卡笋，卸下弹匣，弹匣口向上，交给右手握于大握把左侧，左手食指或中指向前扣住机柄。

当指挥人员检查时，拉枪机向后，验看过后，自行送回枪机，装上弹匣，扣扳机，关保险，左手移握下护盖。

听到"验枪完毕"的口令后，左手反握护盖，右手移握右肩前背带，身体半面向左转，在右脚靠拢左脚的同时，两手协力恢复肩枪姿势。也可左手反握护盖，将枪倒置于胸前，上背带约与肩同高，右手挑起背带，身体半面向左转，在右脚靠拢左脚的同时，两手协力将枪送上肩，恢复肩枪姿势。

二、装退子弹及定复标尺

（一）向弹匣内装子弹

左手握弹匣，使弹匣口向上，弹匣后连接凸起向前，右手将子弹放于受弹口，两手协力将子弹压入弹匣内。

（二）卧姿装退子弹及定复标尺

口令："卧姿—装子弹""退子弹—起立"。

动作要领：听到"卧姿—装子弹"口令后，右手移握提把，使枪口向前，左脚向右脚尖前迈出一大步，左臂伸出，掌心向下，手指稍向右，按照膝、手、肘的顺序顺势卧倒。以身体左侧、左肘支持身体。右手将枪向目标方向送出，左手掌心向上托握下护盖，枪面稍向左，枪托着地。同时，左脚从右脚下穿过，两腿伸直，略成剪刀状，稍向左侧身，然后，枪面稍向左，枪托着地，右手卸下空弹匣，弹匣口向后，交给左手，握于护盖右侧，解开弹袋扣，取出并换上实弹匣，将空弹匣装入弹袋内并扣好。右手掌心向上，虎口向前，食指或中指打开保险，食指或中指拉枪机向后，送子弹上膛，关上保险。右手拇指和食指转动表尺转轮，使所需分划位于上方。然后，右手移握大握把，全身伏地，两脚分开约与肩同宽，身体右侧与枪身略成一线，目视前方，准备射击。

听到"退子弹—起立"的口令后，稍向左侧身，右手卸下弹匣交给左手，打开保险，慢拉机柄向后，从枪膛内推出子弹，送回机柄，将退出的子弹捡起，压入弹匣内，解开弹袋扣，取出并换上空弹匣，把实弹匣装入弹袋内并扣好，扣扳机，关保险，恢复表尺转轮分划为常用表尺"3"。右手移握提把，将枪收回，同时左小臂向里合，屈左腿于右腿下。以左手和两脚撑起身体，右脚向前一大步，左脚再向前一步，左手反握上护盖，将枪倒置于胸前，右手挑起背带，在右脚靠拢左脚的同时，两手协力将枪送上右肩，恢复肩枪姿势。

三、卧姿有依托据枪、瞄准、击发

据枪、瞄准、击发是射击动作的三个主要环节。稳固持久的据枪是基础，正确一致的瞄准是前提，均匀正直的击发是关键。三者相辅相成，统一于整个射击过程。

（一）据枪

自动步枪卧姿有依托据枪时，下护盖前端放在依托物上，身体右侧与枪身略成一线。右手虎口向前紧握握把，食指第一节贴在扳机上，右大臂与地面略成垂直，右肘着地外撑，肘皮控制在内前侧。95式自动步枪据枪时，左手握下护盖后端或小握把，也可掌心向后，虎口向上托握枪托的弧形部。左肘在适当位置着地外撑，肘皮控制在内后侧。两肘保持稳固，胸部挺起，身体稍前跟，上体自然下塌，两手用力保持不变，使枪托确实抵于肩窝。头稍向前倾，自然贴腮。

（二）瞄准

眼睛通视觇孔与准星，使准星尖位于觇孔中央，同时准星尖指向目标点。每一次瞄准时间不宜过长，射击过程中可通过闭眼等方式适当缓解眼睛疲劳。瞄准时，首先使瞄准线自然指向目标，若未指向目标，不可迁就而强扭枪身，必须调整姿势。需要修正左右方向时，可左右移动身体或两肘；需要修正高低时，可调整依托物高低或枪支放置，敌情紧急时也可两肘适当里合、外张，如果是连发射击时，右肘不宜外张。

（三）击发

右手食指第一节贴在扳机上，均匀正直向后扣压扳机，食指内侧与枪应有不大的空隙，余指力量不变。当瞄准线接近瞄准点时，开始预压扳机，并减缓呼吸。当瞄准线临近瞄准点时，应自然停止呼吸，继续增加对扳机的压力，直至击发。击发瞬间应保持正确一致的瞄准，若瞄准线偏离瞄准点或不能继续减缓呼吸时，应既不增加也不放松对扳机的压力，待修正或换气后，再继续扣压扳机。

操作点射时，应稳扣快松，将扳机扣到底快速松开，一般为 2～3 发，在扣扳机的过程中，应始终保持姿势稳固，据枪力量不变，以提高连发射击命中精度。

第四节　实弹射击

一、实弹射击前的准备工作

实弹射击前的准备工作主要包括：制定实弹射击方案，确定实弹射击时间、日程、靶场规定、纪律等；检查射击场地设施，射击场必须具备可靠的靶档和确保安全的靶壕及隐蔽部，并应避开高压线；准备武器、弹药、靶板、靶纸、报靶杆、靶位号牌和射击位置号牌，各种旗帜、通信、信号器材、秒表、成绩登记表等；挑选、培训示靶员；组织召开协调会议，传达射击方案，熟悉有关规定和信（记）号等；根据参加实弹射击人数、靶位数进行编组。实弹射击前的准备工作要做到扎实、细致、周密、安全，措施要具体明确。

二、实弹射击的组织与实施

（一）组织实弹射击的主要人员

组织实弹射击的主要人员包括射击场指挥员、地段指挥员、靶壕指挥员和警戒、信号（观察）、示靶、发弹、记录、修械、医务人员等。

（二）射击场的主要人员职责

（1）**射击场指挥员**：负责组织设置场地，派遣勤务，监督全体人员遵守射击场的各项规定和安全规则，指挥射击。

（2）**地段指挥员**：在射击场指挥员的领导下，负责本地段的射击指挥。

（3）**警戒人员**：负责全场的警戒任务，严禁任何人员和牲畜进入警戒区。发现险情，应立即发出信号，并向射击场指挥员报告。

（4）**信号（观察）员**：根据射击场指挥员的指示发出各种信号，负责警戒区内的观察，发现险情立即报告。

（5）**示靶人员**：负责设靶、示靶和报靶等工作。

（6）**发弹员**：根据指挥员的指示，按规定弹种、弹数发给射手子弹，射击终止后，负责清查弹药和收回剩余子弹。

（7）**记录员**：负责记录射手的成绩和统计单位成绩。

（8）**修械员**：负责枪械的修理。

（9）**医务人员**：负责整个实弹射击过程中的医务保障。

（三）射击开始前的组织工作

组织实弹射击时，指挥员首先应组织勤务人员按射击的需要设置好靶场；检查武器、器材的准备情况；宣布射击条件，明确有关规定、各种信号及注意事项；派出警戒，严密搜索警戒区；视情况发出准备射击信号，各勤务人员迅速就位，并严格履行职责。

（四）射击实施方法与具体要求

（1）各学生军训连到达靶场后，到指定的集结地域待命。各学生军训连连长核对本连实弹射击编组，按要求带出分组人员参加射击。射击人员到达靶场后，要做到一切行动听从指挥，不随意进入射击场地，不围观射手。

（2）示靶组设置和校正靶位，做好射击准备，发出可以射击的信号。指挥员发出"准备射击"的信号，第一组进入出发地线，领取子弹，按指挥员的命令进入各自的射击位置，做好射击准备，听到"开始射击"口令，射手即可射击。听到"停止射击"口令时，射手应立即停止射击，关上保险，并按指挥员的口令退出剩余子弹并起立。

（3）指挥员下达"验枪"的口令，射手逐个验枪，地段指挥员应严格检查。验枪后，指挥员下达"以第×名射手为准靠拢"的口令，射手跑步靠拢，组长按规定路线带出射击场外，到指定地点休息。

（4）指挥员发信号或用电话通知示靶组报靶（检靶、贴靶）。示靶组长组织示靶员报靶、检靶、贴靶，并登记射击成绩。其他各射击编组按顺序依次进行射击。

（五）射击完毕后的工作

（1）组织验枪、验弹、收缴剩余子弹；

（2）检查武器装具，清理现场，整理器材，清查人员。

三、实弹射击评定标准

（一）单个人员射击成绩评定标准

实弹射击评定标准如表 7-2 所示。

表 7-2　实弹射击评定标准

项目	固定目标射击（第一练习）	
枪种	56 式半自动步枪	81-1 式自动步枪
目的	检验射手精度、射击技能	
目标距离	胸环靶 100 m	
姿势	卧姿有依托	
使用弹数	5 发	
评定标准	优秀：命中 45 环及以上；良好：命中 35 环及以上；及格：命中 30 环及以上	
实施方法	（1）自下达装子弹的口令起，5 min 内射击完毕 （2）每发射一次后报靶，并指示弹着点	

（二）单位实弹射击成绩评定标准

优秀：90% 以上射手的成绩在及格以上，并有 40% 以上射手的成绩为优秀。
良好：80% 以上射手的成绩在及格以上，并有 40% 以上射手的成绩为良好或优秀。
及格：70% 以上射手的成绩在及格以上。

四、报靶的方法

用报靶杆报靶。报靶杆圆头（直径 15 ～ 20 cm，一面红，一面白）放在靶板（靶子）的不同位置表示环数。红面表示环数，白面指示弹着偏差方向和表示脱靶。示环位置：左中间为 4 环，右中间为 5 环，左上角为 6 环，正上方为 7 环，右上角为 8 环，在靶板中央上下移动为 9 环，在靶板中央左右摆动为 10 环，白面围绕靶子画圆圈为脱靶。

为了报出弹着点的偏差，报出环数后，将报靶杆圆头放在靶板中央（白面朝外），再慢慢向偏差方向移出靶板 2 次。

五、基本射击场设置

基本射击场应设置好目标，设置出发地线和射击地线，标示出射击指挥员和勤务人员的位置，如图 7-16 所示。

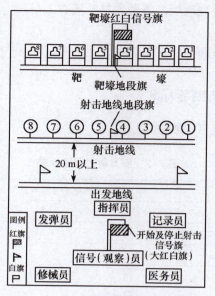

图 7-16　基本射击场设置示意图

六、射击场信号规定

射击场信号规定是确保射击安全、高效的保障，根据保障条件不同射击指挥员可以对信号作出规定，通常规定为：

准备射击：哨音一长声；

开始射击：哨音连续短声；

暂停射击（检靶）：哨音一长一短；

停止射击：白旗高举不动或对讲机呼叫。

● 思考题

1. 简要描述两种自动步枪的主要战斗性能。

2. 概要说出 95 式自动步枪的主要机件。

3. 为什么使用枪支前后要验枪？验枪的动作要领主要是什么？

4. 据枪、瞄准、击发的动作要领是什么？

5. 实弹射击中报靶的方法和示环位置是怎样的？

第八章
防卫与救护基础训练

☑ **学习目标**

    了解格斗、防护的基本知识，熟悉卫生、救护基本要领，掌握战场自救互救基本技能，提高学生安全防护能力。

第一节   格斗基础

    格斗由拳打、脚踢、摔打等搏击、散打的基本动作组成。练习格斗，能使全身各部位得到比较全面的锻炼，尤其是能提高上下肢肌肉的爆发力、各关节的灵活性和柔韧性以及快速的反应能力。格斗还有自卫和制敌的作用。

一、格斗常识

    人体关节在受到超过生理限度的压迫、打击或扭转时，就会失去正常的功能，使局部丧失战斗力。了解人体关节的生理特点，能够更好地在格斗中控制敌方，保护自己。

    要害部位是指在人体受到外力打击或挤压后，最容易造成昏迷、伤残、死亡的部位。在了解要害部位的同时，如能掌握正确的击打方法，既能克敌于瞬间，又能避免因打击过度而造成自身伤害。图 8-1 所示为人体关节和要害部位。

（一）人体关节

    人体四肢承担着全部的进攻、防守和移动的任务。四肢共有 80 多个关节，关节的活动形式可分为 5 种，即屈伸、伸展、外展内收、回旋和环转。在格斗中，对敌关节施以正确的击打可导致脱臼、骨折和韧带撕裂，使敌部分肢体丧失正常功能，从而削弱或解除敌人的战斗力。

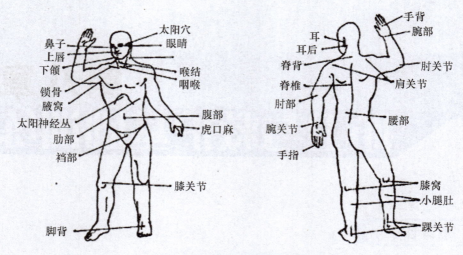

图 8-1　人体关节和要害部位

1. 指关节

手掌共有 9 个指关节，只能做屈伸运动，关节囊背侧松弛，其余 3 侧有韧带加固，掌指关节 5 个，可做屈伸和伸展运动。指关节骨骼较小，关节和韧带也较小，手指伸直后，用力向后扳、拧、压或向两侧扭、拧，可造成脱臼和韧带撕裂。

2. 腕关节

腕关节由桡骨的桡腕关节和三块腕骨组成。用力击打轻则疼痛难忍，重则韧带撕裂、骨折。

3. 肘关节

肘关节由肱骨下端与尺骨、桡骨的上端组成。用力击打可使韧带撕裂、关节脱臼。

4. 肩关节

肩关节是人体活动范围最大的关节，由肩胛骨关节囊和肱骨上头组成，属于球窝关节。用力击打可使韧带和肌肉撕裂、脱臼。

5. 膝关节

膝关节粗大，结构复杂而紧密，只能后屈和伸直。由股骨下端、髌骨和胫骨上端组成。遭暴力击打轻则剧痛，行动不便或倒地；重则可造成两侧副韧带撕裂、半月板骨折或脱臼。

6. 踝关节

踝关节由胫骨下关节面，内踝、外踝关节面和趾骨上方的滑车关节面组成。用力击打或扭转可造成脱臼、韧带撕裂。

7. 脚背

脚背肌肉和韧带极少，而神经、筋骨密布。由骰骨和 3 块楔骨、5 块跖骨组成。由上向下施暴力砸压会发生脱位、骨折，猛力扭转脚背还可使人整个身体翻转。

（二）要害部位

人体要害部位可分为头颈部要害部位和躯干要害部位。了解并学会攻击这些要害部位，有利于迅速将敌制服和防护自己。

1. 头颈部要害部位

头颈部的要害部位，以点状目标为主，分布集中，暴露明显，防护较弱，击打效果明显。其主要包括以下部位。

（1）**太阳穴**。位于上耳郭和眼角延长线交点处。此处骨质脆弱，且有一条动脉和大量神经集中于皮下，遭暴力打击可引起骨折，伤及动脉和神经，致使血管壁膨胀，血液不能流畅，造成大脑缺血、缺氧，轻则脑震荡，重则死亡。

（2）**耳朵**。耳郭神经距大脑较近，受到打击或挤压后可损伤脑膜中的动脉，使血管壁肿胀，血液循环受阻。在耳郭后下颌骨的上缘，有一个同太阳穴一样致命的穴位，叫耳后穴。击打耳朵或耳后穴，轻则击穿耳膜、耳内出血，重则脑震荡或死亡。

（3）**眼睛**。眼睛是人体最重要的器官之一，很容易受伤，用拳打、指抠、掌刺等手法均可使其受伤或致盲。

（4）**鼻子**。鼻皮下组织较少，神经、血管丰富，鼻骨部分由软骨组成，鼻筛板较薄，打断鼻梁骨很容易造成软组织水肿，使人疼痛难忍并暂时失明。如猛烈打击，可将骨碎片楔入脑组织，使人立刻毙命。

（5）**上唇**。上唇是鼻软骨与硬骨的连接处，此处神经接近皮层，且有人中穴，是脸部的要害部位。轻击能产生剧痛，重击则使人昏厥。

（6）**下颌**。在格斗中猛击下颌会产生特殊的效果，会使人猛然失去平衡或使颈椎受到损伤，用拳向上重击还会使下颌骨骨折，牙齿崩落，大脑受到震荡而眩晕。

（7）**咽喉**。咽喉由食管和呼吸管组成，两侧有颈总动脉。另外，男性的喉结处有气管、颈动脉和迷走神经，极易受伤，击打后会阻塞血液流通，引起大脑缺氧、缺血，从而窒息、死亡。

（8）**颈外侧**。颈外两侧血管、神经极为丰富，颈动脉迷走神经均沿两侧分布。受到暴力打击时，迷走神经的传速使人感到剧痛，同时，颈动脉受阻后会减少大脑供氧，这会使人眩晕，产生严重的心律不齐，导致心力衰竭。

（9）**颈椎**。颈椎由 7 块椎体组成，椎管内有脊髓，是中枢神经的一部分，直接与脑连接，枕动脉、静脉及枕大神经都由颈后通过，如受暴力击打或扳拧会使中枢神经受损，轻者高位截瘫，重者顷刻毙命。

2. 躯干部要害部位

躯干部要害部位，既有点状目标，又有面状目标，呈区域分布，有一定的遮蔽和防护。其主要包括以下部位。

（1）**锁骨**。锁骨横卧于两侧肩颈之中，内接胸骨外连肩胛骨，辅助肩臂活动。如果锁骨骨折，不但影响肩臂活动，而且会造成大脑功能障碍。

（2）**腋窝**。腋窝下有一条粗大的神经，打击敌腋窝，可使其产生剧痛和短暂的局部瘫痪。

（3）**太阳神经丛**。俗称"心窝"，位于剑突下端，是人体较大的神经密集区，通向腹腔的粗大血管和神经都由此经过。对太阳神经丛的任何一次具有穿透力的打击，都可使敌产生剧痛、窒息或瘫倒在地，猛烈打击可置敌于死地。

（4）**腹腔**。腹腔位于体前剑突以下，耻骨以上部位。右上为肝脏，左上为脾脏，中下部有胃、肠和膀胱等脏器。受暴力击打后内脏血管壁膨胀，导致血液循环受阻，同时腹膜神经末梢感觉灵敏，会使人感到疼痛难忍。如果肝、脾等脏器破裂而出血，就会导致死亡。

（5）**裆部**。裆部是人体中神经末梢最为丰富的地方。睾丸容易受伤，受伤后疼痛剧烈，严重的损伤还会引起终身残疾或死亡。

（6）**肋部**。肋部由 12 对肋骨组成，成环桶状护卫着胸腔内的脏器。肋骨细长，附在表面的肌肉很薄，较容易折断。第 11、12 对肋骨后端与脊椎骨相连，而前端已不与胸骨连接，称为浮肋，它们的骨骼细小而脆弱，折断后不易痊愈。肋部在受到打击后会产生震荡并压迫内脏神经，疼痛难忍；骨折后，折断的锋利骨茬还会刺破内脏，造成体内大出血。

（7）**肾脏**。肾脏被中医称为"生命之源"，是人体最重要的器官之一，位于背后脊柱两侧，紧靠软肋下部。打击此部位，可使肾脏损伤，并引起严重的神经震动，产生剧痛，如肾脏或肾上腺破裂而得不到及时救治将危及生命。

（8）**脊椎**。脊椎是人体的支柱，全身各骨骼都直接或间接与之相连，对脊椎重击可使敌脊椎关节脱位，导致瘫痪或死亡。

二、格斗基本功

（一）手型

拳：四指并拢握紧，拇指扣在食指的第二节上。通常分为立拳、反拳、平拳（见图 8-2）。

立拳　　　　　　　　反拳　　　　　　　　平拳

图 8-2　立拳　反拳　平拳

掌：四指并拢伸直，拇指弯曲紧扣于虎口处。分立掌、横掌、插掌、八字掌四种（见图 8-3）。

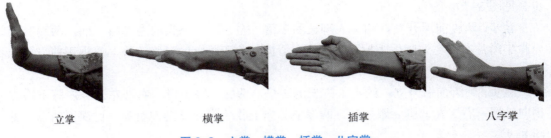

|立掌|横掌|插掌|八字掌|

图8-3 立掌 横掌 插掌 八字掌

勾：五指第一节捏拢在一起，屈腕（见图8-4）。

爪：五指的第一、二关节向掌心方向弯曲并用力张开。分虎爪、鹰爪两种（见图8-4）。

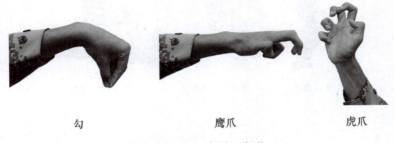

|勾|鹰爪|虎爪|

图8-4 勾 鹰爪 虎爪

（二）步法

马步：两脚平行拉开（约本人脚长三倍），脚尖正对前方，屈膝半蹲，膝部不超过脚尖，大腿接近水平，全脚掌着地，身体重心落于两腿之间，挺胸、塌腰，两拳握于腰间，拳心向上（见图8-5）。

弓步：两拳抱于腰间，拳心向上，右（左）脚向前上步，右（左）腿屈膝半蹲，左（右）腿在后挺直，脚尖里扣（见图8-6）。

图8-5 马步   图8-6 弓步

虚步：两脚前后分开（约为本人脚长的2.5倍），前脚掌着地，腿微屈。后腿屈膝半蹲，脚尖外撇45°，全脚掌着地，体重大部落于后脚。左脚在前为左虚步，右脚在前为右虚步（见图 8-7）。

盖步：两脚前后开立，约本人脚长的 3 倍，左（右）脚尖向左（右）前，两腿交叉屈膝半蹲，右（左）脚后跟抬起，两拳拳心向上收于腰际，挺胸抬头，目视正前方（见图 8-8）。

跪步：两脚前后开立，约本人脚长的 3 倍，两腿屈膝下蹲，右（左）膝屈膝下跪并稍向外展，右（左）脚后跟抬起，两拳拳心向上收于腰际，挺胸抬头，目视正前方（见图 8-9）。

图 8-7　虚步　　　图 8-8　盖步　　　图 8-9　跪步

（三）拳法

1. 预备式

身体稍左转时右脚向右后撤一步，略比肩宽，右膝微屈，右脚尖外斜 45°，脚跟稍抬起；左脚尖稍里扣，重心落于两脚之间；两臂在胸前前后拉开，左臂微屈，左掌心向右下，指尖朝右上，高与下颌齐；右臂弯曲，肘尖自然下垂，右拳位于右腮处，身体侧立，下颌微收，收腹含胸，目视前方（见图 8-10）。

图 8-10　预备式

2. 直拳

左直拳：预备姿势开始，右脚蹬地，使身体重心稍前移，左拳向前用力内旋击出，力达拳面，上体微向右转，目视前方，然后迅速收回，成预备姿势。

右直拳：预备姿势开始，左脚蹬地上体稍向右转，转腰送肩，用力出拳使拳直线向前击出，力达拳面，目视前方（见图 8-11）。

3. 摆拳

左摆拳：预备姿势开始，左脚蹬地，使身体稍向右转，左拳向左前伸出转向右下横击，左拳内旋，拳心向左稍向下，力达拳面；右拳收于右腮。

右摆拳：预备姿势开始，右腿蹬地，上体稍向左转，右拳向外、向前、向里横击，右拳内旋，力达拳面，目视前方（见图 8-12）。

图 8-11 直拳   图 8-12 摆拳

4. 勾拳

平勾拳：分为左平勾拳和右平勾拳。

左平勾拳：预备姿势开始，上体稍向右转，左肘关节外展抬起，大臂和小臂约成90°，左拳经左向右击出，拳心向下，左脚跟外转，出拳后左臂迅速向胸靠拢，成预备姿势（见图 8-13）。

右平勾拳的动作同左平勾拳，方向相反。

上勾拳：分为左上勾拳和右上勾拳。

左上勾拳：预备姿势开始，身体稍左转，微沉肘，重心略下沉，左脚蹬地，腰突然向右转，以蹬地、扭腰、送胯的合力，左拳由下向前上猛力击出，力达拳面，目视前方。出拳后迅速恢复成预备姿势（见图 8-14）。

图 8-13 平勾拳   图 8-14 上勾拳

右上勾拳：预备姿势开始，身体稍向右转微向前倾，右脚蹬地、扭腰、送胯，右拳向内，由下向前上猛击，力达拳面，并迅速收回成预备姿势。

（四）击肘、顶膝

1. 击肘

横击肘：预备姿势开始，右（左）脚蹬地向左（右）转体时，身体重心移至左腿同时，右（左）肘抬平，由右（左）成弧形击肘，力达肘尖，肘稍高于肩，眼看右（左）肘，击中目标后向右（左）转体，回到原来位置，恢复成预备姿势（见图8-15）。

顶肘：预备姿势开始，左脚向后撤一大步，身体后转成右弓步同时左手抱推右拳，右肘向右水平顶击，肘与肩平，眼看右肘（见图8-16）。

图8-15 横击肘　　　　图8-16 顶肘

砸肘：预备姿势开始，右（左）脚蹬地向左（右）转体时，右肘抬起，由上向下砸击，力达肘尖，肘稍低于肩，眼看右（左）肘，击中目标后向右（左）转体，回到原来位置，恢复成预备姿势（见图8-17）。

2. 顶膝

正顶膝：预备姿势开始，身体重心移至前腿，收腹含胸的同时，两手成拳向后下回拉，右膝向前上方冲顶，力达膝部，两手与膝同高，眼看右膝。击中目标后右脚向后落地，恢复成准备格斗式（见图8-18）。

侧顶膝：预备姿势开始，身体重心移至前腿，收腹含胸的同时，两手成拳向右后下回斜拉，右膝由向左前上方冲顶，力达膝部，两手与膝同高，眼看右膝。击中目标后右脚向后落地，恢复成预备姿势（见图8-19）。

图8-17 砸肘

图8-18 正顶膝　　　　图8-19 侧顶膝

（五）腿法

1. 正蹬腿

左正蹬腿：预备姿势开始，重心后移，左脚屈膝抬起，勾脚尖，由屈到伸，向前猛力蹬出，力达脚跟，左臂自然下摆于体侧，右拳护面，目视前方。动作完成后迅速收回成预备姿势。做左正蹬腿时可配合垫步前蹬。

右正蹬腿：预备姿势开始，左脚蹬地，重心前移，右脚屈膝抬起，勾脚尖，以脚为力点，由屈到伸，向前猛力蹬出，右臂置于体侧，左拳收回到头部左侧，目视前方（见图 8-20）。

2. 侧踹腿

左侧踹腿：预备姿势开始，重心稍后移，身体向右转，左腿屈膝抬起，勾脚尖向左方猛力踹出，力达脚底，身体向右倾斜，左臂自然下摆体侧，右拳收于下颌处，目视左侧踹腿的方向。左脚迅速收回，落地成预备姿势。

右侧踹腿：预备姿势开始，重心前移，右腿屈膝抬起，身体向左转，勾脚尖向右侧猛力踹出，力达脚底，右臂自然下摆于体侧，左拳收于下颌处，目视踹腿的方向。右腿迅速收回，落地成预备姿势（见图 8-21）。

图 8-20　右正蹬腿　　　　　　图 8-21　右侧踹腿

3. 鞭腿

左鞭腿：预备姿势开始，上体稍向右转侧倾，同时左腿屈膝抬起，大小腿折叠，脚尖绷直，右腿支撑身体，左脚向右上方猛力弹踢，力达脚背或小腿下端，左臂自然下摆助力，右拳收于下颌处，目视前方。左脚迅速收回，落地成预备姿势。

右鞭腿：预备姿势开始，上体稍左转，同时右腿屈膝抬起，脚面绷直，膝关节弯曲大于90°，右脚向左前方猛力弹踢，右臂自然下摆助力，左拳收于下颌处，目视前方。右脚迅速收回，落地成预备姿势（见图 8-22）。

4. 勾踢

勾踢：预备姿势开始，身体重心移至前腿，右腿向后上屈膝抬起，右脚翘脚尖由右向左前弧形勾踢，力达踝关节内侧，同时两手变拳于胸前交叉后左拳上举，右拳下摆，眼看右脚。击中目标后右（左）脚落地，恢复成预备姿势（见图 8-23）。

图 8-22　右鞭腿

5. 弹腿

弹腿：预备姿势开始，身体重心移至右（左）腿，左（右）腿向上屈膝抬起，大腿抬平，小腿折叠，脚背绷直，尔后以大腿带动小腿向前上方弹击，力达脚背，同时两手变拳回收于胸前，拳心向对，眼看左（右）脚。击中目标后左（右）脚落地，恢复成预备姿势（见图 8-24）。

图 8-23　勾踢　　　　　　　图 8-24　弹腿

三、捕俘拳

捕俘拳一共 16 步，每一招约有两个动作组成。出拳动作干脆利落，以拳、步、挡、削攻敌要害，以至于敌不会反击。

格斗准备在立正的基础上，两脚迅速并拢，同时两手握拳，两臂微弯，拳眼向里，距胯约 10 cm，头向左甩，目视左方（见图 8-25 左）。

（一）挡击冲拳

起右脚原地猛力下踏，左脚向左侧跨出一步，在左转身的同时，左臂上挡，拳心向前，右拳从腰际旋转冲出，拳心向下，成左弓步。要求：踏脚时要全脚掌着地，有爆发力（见图 8-25 右）。

（二）拧臂绊腿

①左拳变掌向前击右拳背，右拳收回腰际，右脚前扫（见图 8-26 左）。②左手挡抓、拧、拉于腰际，同时右脚后绊，右拳猛力旋转冲出（见图 8-26 右）。要求：前扫、后绊要协调有力，重心要稳。

图 8-25　格斗准备及挡击冲拳　　　　　　　图 8-26　拧臂绊腿

（三）叉掌踢挡

①上右脚步成右弓步，同时两拳变掌，沿小腹向上叉掌护头（见图8-27左）。②两拳变钩猛力向后击，同时起左脚，大腿抬平，脚尖绷直，猛力向前弹踢，迅速收回（见图8-27右）。要求：两大臂挟紧，猛力后钩击，猛踢快收，重心要稳。

（四）下砸上挑

①两手变拳，左拳由上猛力下砸，与膝同高，同时左脚向前跨步，成左弓步（见图8-28左）。②右拳由前上挑护头，拳心向前，起右脚大腿抬平，脚绷直，头向左甩（见图8-28右）。要求：起身要快，重心要稳。

图8-27 叉掌踢挡　　　　图8-28 下砸上挑

（五）下蹲侧踹

①上体正直下蹲，右脚猛力下踏，两小臂上下置于胸前，左臂在上，拳心向下，右臂在下拳心向上（见图8-29左）。②迅速起身，两拳交错外格，起左脚大腿抬平，脚尖里勾，向左猛踹，迅速收回（见图8-29右）。要求：踏脚要有爆发力，下蹲起身要快。

（六）顺手牵羊

①左脚向前落地屈膝，两拳变掌，放在左前方，成抓拉姿势（见图8-30左）。②两手向右后猛拉，同时右脚前扫（见图8-30右）。要求：后拉前扫要协调有力，重心要稳。

图8-29 下蹲侧踹　　　　图8-30 顺手牵羊

（七）上步抱膝

①右脚向前落地，同时，左手变拳，小臂上挡（见图8-31左）。②左转身屈膝下蹲，两手合力后抱，两掌相对，掌心向内，略低于膝，右肩前顶成右弓步（见图8-31右）。要求：转体合抱要协调一致。

（八）插裆扛摔

①左手向上挡抓，右手插前，掌心向上（见图8-32左）。②左手向右下拧拉，大臂贴肋，小臂略平，拳心向上，同时右臂上挑，右肩上扛，身体稍向右转，右拳与头同高，拳心向前，重心大部分落于右脚，成右弓步（见图8-32右）。要求：下拉、上挑、转体要协调一致。

图8-31　上步抱膝　　　　　　　　　图8-32　插裆扛摔

（九）下拨勾拳

左拳下拨后摆，左转身的同时，右拳由后向前猛力上击，拳心向内，与下颌同高，同时右脚向右自然移动，成左弓步（见图8-33）。要求：转身要快，勾拳要猛。

（十）卡脖掼耳

①向左踹步，在左脚落地的同时，右脚上步，左拳变掌，置于胸前，右拳后摆（见图8-34左）。②向左转体，左手下按，右拳向下猛力横击，成左弓步（见图8-34右）。要求：踹步有力，转体、卡脖、拳击要协调一致。

图8-33　下拨勾拳

（十一）内外挂腿

①在起身的同时，左脚向右踹步，右脚前扫，两手合掌于右肩前（见图8-35左）。②两手猛力向左肩前拧拉，上体稍向左转，同时右脚后绊，成左弓步（见图8-35右）。要求：踹步、合掌、前扫要协调一致，重心要稳。

图 8-34 卡脖掼耳　　　　　　　　　　图 8-35 内外挂腿

（十二）踹腿锁喉

①右脚向右前方踮步，左脚向右跃步，然后起右脚，大腿抬平，脚尖里勾，两臂弯曲，置于胸前，掌心向下（见图 8-36 左）。②右脚侧踹，在落地的同时，右手前插，左手抓握右手腕，右手变拳，猛力后拉下压，成右弓步（见图 8-36 右）。要求：踹、锁要协调一致，重心要稳。

（十三）内拨冲拳

①上左脚右转身成右弓步，左臂顺势内拨护于胸前，右拳收于腰际，拳心向上（见图 8-37 左）。②左拳向左后，右拳向前，以蹬腿、扭腰、送胯之合力同时冲出，成左弓步（见图 8-37 右）。要求：双拳冲出要有爆发力。

图 8-36 踹腿锁喉　　　　　　　　　　图 8-37 内拨冲拳

（十四）抓手缠腕

①两手变掌，右手抓握左手腕（见图 8-38 左）。②右掌上挑外拨，身体稍向右转，两臂用力后拉，猛扣压于腰际，成右弓步（见图 8-38 右）。要求：抓握要快而有力。

（十五）卡脖提挡

左手抬起，臂弯曲，掌心向前，右手下插，后拉上提，置于肋前，屈指，掌心向上，同时左手猛力向前下推压，与膝同高，掌心向下，成左弓步。要求：上提、推压要协调一致（见图 8-39）。

图 8-38　抓手缠腕　　　　　　　　　　　图 8-39　卡脖提挡

（十六）别臂下压

①右转身成右弓步，同时两手变拳，右小臂上挡（见图8-40左）。②上左脚成弓步，左手立掌插向前上方，臂稍屈，左手抓握右手腕（见图8-40中）。③左手变拳，向右转体，两手下拉别压，成右弓步（见图8-40右）。要求：拉、压、转体要协调一致。

结束姿势：左脚靠拢右脚，恢复立正姿势。

图 8-40　别臂下压

第二节　对核化生武器的防护

对核生化武器的防护，是指对敌人核、生物、化学武器袭击而采取的防护措施。目的是最大限度地减少损伤，保持部队的战斗力和重要目标的生存能力。

8.1　核防护规律及要领

一、对核武器的防护

核武器是利用核反应瞬间放出的巨大能量起杀伤破坏作用的武器，例如：原子弹、氢弹、中子弹等都称为核武器。

（一）核武器的杀伤破坏因素

核武器的杀伤破坏因素包括：光辐射、冲击波、早期核辐射、核电磁脉冲和放射性沾染等。

1. 光辐射

光辐射（又称热辐射）是指核爆炸的闪光以及高温火球辐射出来的强光和热能。火球中心温度可达几千万摄氏度，能放出大量热能，比射到地球上的太阳光还强千万倍。

光辐射是以光速作直线传播的，其作用时间只有几秒钟至十秒钟。近距离内，光辐射能灼伤人和牲畜的皮肤；吸入灼热空气会导致呼吸道烧伤。光辐射对眼睛的危害最严重。如果人眼直视火球，会造成视网膜烧伤；闪光可引起闪光盲，特别是夜间，更为严重。光辐射还能引起易燃物品燃烧，引起房屋、林木起火，在城市形成大面积火灾区，造成人员间接损伤，这是核武器对城市的主要危害。

2. 冲击波

冲击波是核爆炸时瞬间形成的高速高压气流。它是核武器的主要杀伤破坏因素之一。冲击波作用的时间只有几十秒钟，它以超声速向外传播，但随着距离的增加，传播速度逐渐减慢，作用也逐渐减弱，最后在大气中消失。冲击波到达时，能使空气压强突然升高形成超压，还能使空气流动形成动压。冲击波对人员的杀伤作用可分为直接杀伤和间接杀伤两种。直接杀伤是指超压对身体、肠胃、脾脏、肺部的挤压作用和动压对人体的抛掷和撞击作用；间接杀伤是指受冲击波破坏的倒塌物或抛射物对人员的伤害作用。

3. 早期核辐射

早期核辐射是指在核爆炸最初十几秒钟内放射出来的人眼看不见的伽马射线和中子流，早期核辐射接近光速，呈直线传播。当发现闪光时，人员已受到射线的作用了。早期核辐射有很强的穿透作用，能穿透几千米的大气层，也能穿透人畜肌体，破坏组织细胞。当射线照射人体达到一定程度时，人员就会得放射病。这是核武器所特有的杀伤因素。早期核辐射照射到土壤、铝、锰等金属物体上，还会使这些原来没有放射性的物质产生感生放射性，同样可能对人员造成伤害。早期核辐射能使光学玻璃变暗、胶卷曝光、某些药品失效，并能影响电子仪器的性能。

4. 核电磁脉冲

核电磁脉冲是核爆炸瞬间产生的一种强电磁波。它与自然界的雷电十分相似，其作用半径可达几千千米，它能消除计算机内存储的信息，使自动控制系统失灵，通信器材和家用电器受到干扰和损坏。核电磁脉冲虽然对人员杀伤作用不大，但对现代战争影响很大。

5. 放射性沾染

在核爆炸的蘑菇状烟云中，存在着大量的放射性物质。这些物质与带到烟云中的地面尘土混合在一起，造成对人员、空气、地面、水源、物资等污染的现象，叫放射性沾染。

蘑菇状烟云随风传播，在重力作用下，逐渐沉降到爆心下风方向的广大地面上，形成不同程度的沾染区。

核武器地爆时放射性沾染严重，沾染范围广，持续时间长。放射性沾染主要分布在爆区和下风方向地带。空爆沾染范围小，作用时间短，对人员活动影响不大。放射性沾染也是核武器特有的杀伤因素之一。它对人员有三种伤害途径：体外照射、体内照射和直接沾染所引起的灼伤。人员在沾染区受到的体外照射，与地面沾染的轻重和在沾染区内停留的时间长短有关，地面沾染越重，停留时间越长，受到的伤害就越严重。由于体内照射对人员的伤害作用时间长，因此，应尽量防止受染物质进入体内。

（二）对核武器的防护方法

1. 核袭击前的防护准备

核武器虽然有很大的杀伤破坏作用，但也是可以防护的。例如：疏散隐蔽、构筑工事、利用防护器材、采取正确的防护方法等，这些都是有效的防护措施。只要有了充分的防护准备和熟练的防护技能，就可减少甚至避免其杀伤破坏作用。

在接到转入战时的通告后，人人都要经常收听广播和收看电视台关于防敌空袭和防护的指示、号令。按人防部门的规定，人防工事由平时转入战时，要加固、密闭，准备好个人防护器材，做好防火、防护的准备工作，密封粮食、储存净水，必要的个人随身物品一般都应按人分开携带。要使人员熟悉人防工事的位置、昼夜入口标志、进入工事的路线和行动方式；熟悉防空警报信号。预先警报是遭空袭时的早期预报，听到警报后应立即携带生活用品、防护器材和照明器材等进入人防工事。室内人员应迅速拉断电闸、熄灭炉火、关闭煤气、门窗。路上行人、车辆和公共场所的人员，应听从指挥，迅速到指定地点隐蔽。

空袭警报是报知空袭马上就要到来的信号，此时应关闭防护密闭门。如遇空袭警报时，人员在街上或乘车途中，应下车就近找人防工事、地铁、地下人行道、隧道或涵洞隐蔽。警报解除后，还要注意了解解除警报后人员行动需要遵守的注意事项，如哪些道路已被破坏不能行走等，然后才开始行动。还要对粮食、水源及各种重要物资、器材，采取覆盖、埋藏或山洞贮存等方式进行保护。对地下室要进行检查，并落实防火密闭措施。

2. 核袭击时的防护行动

对核袭击最有效的防护措施是进入人防工事。来不及利用工事时，应采取相应的防护措施，以实现有效的防护。

（1）发现核爆炸闪光时的行动。

对于来不及进入人防工事或其他掩蔽场所的人员，其见到闪光应立即就近利用地形地物采取防护措施，重点防护头部（见图8-41）。暴露人员防护动作的要领是：背向爆心卧倒，双手交叉垫于胸下，脸部夹于两臂之间，闭眼、闭嘴，腹部微收，两腿靠拢，当感到有热空气时暂停呼吸（见图8-42）。

图 8-41 利用地形地物防护

图 8-42 开阔地防护

利用较大地形、地物隐蔽时，应注意避开易倒塌建筑物及易燃、易爆物品，如高层建筑物、大油罐等。

此外，山洞、桥洞、涵洞、下水道、地下道等都可利用来防护；利用树木、丛林或潜入水中防护，也有一定效果。冲击波过后，应迅速起立，利用防护器材对呼吸道和暴露皮肤进行防护，尽快离开沾染区。

室内人员则应立即在墙的拐角或墙根处卧倒，最好在靠近墙角的桌下或床下卧倒。应避开门窗，以免玻璃碎片对人员造成间接伤害，冲击波过后，迅速进入地下室进行防护。

（2）人员在沾染区内的防护措施。

核爆炸后，在沾染区的人员，要尽量减少不必要的活动，迅速离开沾染区。

通过沾染地区前，要扎好领口、袖口、裤脚口，戴面具（口罩）、防毒手套，还可披雨衣或使用其他简易皮肤防护器材。乘车通过时，还应封好车蓬，关好门窗，适当加大各车间距，加快速度，尽量缩短停留时间，避免与受染物体接触。不得吸烟、饮水、饮食。

通过后，先进行沾染检，然后再做局部或全部消毒。

3. 放射性沾染的消除方法

当人员遭受沾染后，要及时消除皮肤和服装上的放射性灰尘。消除方法是自己抖拂或相互拍打。拍打时人员站在上风和侧上风方向，按照自上而下、先外后里的顺序拍打、抖拂 30 ～ 40 次。抖拂时应抓住受染服装的两肩或裤腰，按上提要轻、下甩要重的原则操作，用力向下抖动、拍扣，完毕后方可摘掉口罩、手套等。受沾染的靴鞋要洗刷，面具可用蘸肥皂水的棉球擦拭其表面，对身体暴露部位进行局部消除时，头、脸、颈和眼睛要用净水清洗，鼻、口、喉用水漱净，缺水时，可用棉花、纱布蘸上净水顺一个方向擦拭受染部位。条件允许时，可以全身淋浴，更换衣物。清洗用过的水和污物要集中处理，并加上标志。

对被沾染道路、地面的消除，可视具体情况采用铲除扫除或用水冲洗等办法实施。

对被沾染的粮食、蔬菜，可采用冲洗的方法，消除表面的污染；对未包装好的粮食，可把沾染层铲除掉；受沾染的水，可以采用土壤净化、过滤、吸附、凝沉等方法进行净化处理。经处理后的粮食、蔬菜和水等，须经沾染检查，符合食用标准的方可食用。

二、对化学武器的防护

在战争中以毒性杀伤人畜、毁坏植物的化学物质叫作毒剂。装有毒剂的武器、器材总称为化学武器，如：装有毒剂的炮弹、炸弹、火箭弹、导弹、飞机布洒器等。化学武器是一种杀伤力较大的武器。第一次世界大战和两伊战争、朝鲜战争、越南战争都使用过。由于它制造容易，杀伤作用特殊，目前不少国家还有大量储备，所以化学武器的威胁始终存在。因此，我们应该学会对它的防护方法。

8.2 对化学袭击及化学事故的防护

（一）化学武器的种类及性能

1. 神经性毒剂

神经性毒剂是破坏人体神经系统正常功能的一类毒剂。这类毒剂毒性最大，毒害作用迅速，主要有沙林和维埃克斯。

沙林是一种无色易挥发的液体。使用时呈气雾状，造成空气染毒，人一旦吸入就会中毒。它的液滴也能使地面染毒，但挥发快，持续时间短。沙林在热水和碱水中很快会失去毒性，所以碱液可用于消毒。

维埃克斯是无色、无味或棕黄色有臭味的油状液体。使用时呈液滴状或雾状，难溶于水，它很难挥发，其液滴可存留十几天而不消失，能使地面、物体表面、水源长期染毒，它对皮肤的渗透能力很强，人体吸入或皮肤接触后会发生中毒。

神经性毒剂造成人员中毒的主要症状有：胸闷、瞳孔缩小、视力模糊、流口水、多汗、肌肉痉挛、肠胃收缩、支气管收缩，严重时出现呼吸困难、大小便失禁，如抢救不及时，会引起死亡。

2. 糜烂性毒剂

糜烂性毒剂是指会直接损伤组织细胞，引起皮肤黏膜炎症、糜烂、坏死的一种毒剂。它渗透性强，伤害作用持久，主要有芥子气等。

芥子气是有大蒜气味的油状液体，使用时呈液滴状、气雾状，它的液滴能在地面上存留几天至十几天，难挥发，可使地面、水源长期染毒。它很容易穿透皮肤和经呼吸道进入人体，使人中毒，人员需要全身防护。

芥子气的液滴或气雾接触到人的皮肤时，有潜伏期，一般经 2～6 h 才出现皮肤发痒，先起小水疱，然后变成大水疱，水疱破裂后出现皮肤溃烂，治愈时间长。当吸入气雾状芥子气后，在短时间内，会出现支气管炎、流涕、咳嗽，严重时呕吐、便血，甚至死亡。眼睛接触到芥子气时，会引起炎症，严重时会致失明。

3. 全身中毒性毒剂

全身中毒性毒剂是指破坏人体细胞氧化功能，造成组织严重缺氧，引起窒息死亡的一类毒剂。它的毒性较大，毒害作用迅速，主要有氢氰酸和氯化氰。

氢氰酸是一种有苦杏仁味、无色、易溶于水、极易挥发的液体，能使水源长期染毒。氯化氰是无色、有较强刺激性气味、极易挥发的液体。这两种毒剂被使用时呈气状，人吸入后会中毒。

这两种毒剂属速效性毒剂。人中毒后很快会出现以下症状：流泪、咳嗽、口舌麻木、面部及嘴唇呈鲜红色、头痛、胸闷、呼吸困难、瞳孔散大，最后强烈抽搐而死。氯化氰还对眼睛和呼吸道有较强的刺激作用。

4. 失能性毒剂

失能性毒剂是指造成人暂时失去正常思维和躯体功能，一般不会引起死亡的一类毒剂，主要有毕兹等。

毕兹是无味的白色粉末，使用时呈气溶胶状，能使空气染毒，通过呼吸道使人中毒。人中毒后出现口干、瞳孔散大、肢体无力、反应迟钝、步履蹒跚、丧失判断力、眩晕、昏睡等症状，一般要经数小时或几天，症状才能消失。

除上述四类毒剂外，刺激剂和植物杀伤剂也有可能用于战场。刺激剂主要是作用于眼、鼻、喉及皮肤，能使人迅速流泪、咳嗽、胸痛。植物杀伤剂是使植物枝叶凋落，甚至枯死的一类化学物质，对人畜也有伤害作用。

（二）对化学武器的防护方法

防护是阻止毒剂通过各种途径与人体接触所采取的措施。防护措施有两种：一种是个人防护，一种是集体防护。无论采用哪一种防护措施，都应迅速、及时。

1. 个人防护

个人防护就是用个人防护器材对人的呼吸道、眼睛和皮肤进行防护。听到化学袭击信号或发现敌方施放毒剂时，应迅速戴好防毒面具或使用自制的防毒口罩等简易器材，对呼吸道进行防护。当遇到地面染毒时，还需要使用皮肤防护器材（见图8-43）。无防毒准备的人员，可临时用手绢、围巾、口罩等浸水或浸尿捂住口、鼻，穿好雨衣、大衣或披上塑料布，迅速朝上风方向跑去，离开染毒区。

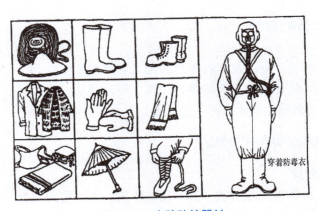

图8-43　皮肤防护器材

2. 集体防护

集体防护是利用有三防设施的人防工事进行防护。当遭到化学武器袭击时，在人防工事附近的人员应听从指挥，有秩序地迅速进入人防工事，这就能有效地进行防护。

3. 消毒

使毒剂失去毒害作用的措施叫作消毒。消毒的主要方法是用消毒剂破坏毒剂的毒性。

（1）对人员的消毒。当人体染毒时，按吸、消、洗的顺序，用棉花、软布、毛巾甚至可以用干净的土块吸去毒剂，但不能来回擦，以免扩大染毒范围，然后用棉球蘸消毒液对染毒部位由外向里进行擦拭，当没有消毒液时，也可用 5% ～ 10% 小苏打水、肥皂水或大量清洁水冲洗，消毒越及时效果越好，最后用清洁水清洗消毒部位。对眼、鼻消毒应用 2% 的小苏打水进行冲洗。

（2）对染毒服装的消毒。在远离居住区的下风方向处，用苏打水、肥皂水或碱水对染毒服装煮沸 1 ～ 2 h，对不宜煮沸的衣物制品，可用风吹、日晒、热气蒸、碱水浸泡、洗涤等方法进行消毒。

（3）对染毒食品的消毒。对于有包装的罐头类食品，只需对其表面消毒后，就可食用，瓜果可以冲洗消毒或去皮，对没有包装的食品，一般应当销毁。

（4）对染毒水的消毒。对染毒水的消毒，一般可采用煮沸法和过滤法。煮沸法：先用明矾沉淀后在露天或通风处煮沸。过滤法：在水中加入适量的漂白粉和混凝剂，然后搅拌待沉淀后过滤。无论用哪种方法消毒过的水，都应经过检验，确定无毒后方可饮用。

4. 急救

急救是对中毒人员采取的紧急救护措施。急救对于受沙林、维埃克斯、氢氰酸、光气等速效性毒剂危害的中毒人员至关重要。急救的措施主要有：

（1）把中毒人员移出毒区或戴上防毒面具，防止中毒人员继续吸入毒剂。

（2）在判断中毒种类的基础上，准确使用急救药品。

（3）误食中毒后，除急救外，还要尽快催吐或喝些甘草水、牛奶、豆浆、豆汤等。

（4）无论是什么毒剂中毒，都要注意保持安静、保暖、供氧和保持新鲜空气流通。必要时可进行人工呼吸。但对于氯气、光气等中毒的伤员，不宜使用压胸式人工呼吸。

三、对生物武器的防护

战争中用来伤害人、畜，毁坏农作物的昆虫、致病微生物和毒素叫作生物战剂。装有生物战剂的各种炸弹、导弹弹头、气溶胶发生器、布洒器等统称生物武器。

8.3　对生物武器的防护

（一）生物战剂的分类和使用方法

1. 生物战剂的分类

（1）按照对人员伤害程度分类：①失能性战剂，主要使人员暂时丧失战斗力，如：布氏杆菌、委内瑞拉马脑炎病毒等。②致死性战剂，能使人员患严重疾病，死亡率大于

10%，如：黄热病病毒、鼠疫杆菌等。

（2）按照所致疾病有无传染性分类：①传染性生物战剂，此种战剂传播很快，一旦流行就能持续一定的时期，如：鼠疫、天花等。②非传染性生物战剂，只感染接触者，如：肉毒毒素，葡萄球菌毒素等。

目前，生物战剂通常分为细菌、立克次体、衣原体、病毒、真菌和毒素六大类。相对来说，真菌、毒素属非传染性生物战剂。细菌性、病毒性生物战剂的品种相对多些。

2. 生物战剂的使用方法

生物战剂的使用方法主要是施放生物战剂气溶胶和投放带菌的生物，还有一些其他方法。

（1）施放生物战剂气溶胶。这是施放生物战剂的主要方式。把生物战剂分散成微小的粒子悬浮在空气中，使之与空气混合，其混合体就是气溶胶。它能随风飘移，污染空气、地面、食物、水源等，并能渗入无防护设施的工事，人员吸入即会致病。

具体方法和器材有：①生物弹。生物炸弹、导弹弹头通过爆炸产生气溶胶。此种方法生物战剂损失较大，但使用方便。②气溶胶发生器。气溶胶发生器可由飞机施放。这种方法，生物战剂损失少，且无爆炸声。③布洒器。布洒器可用飞机在目标上风方向低空喷洒，也可以利用舰艇从海面上向陆地施放，还可以把布洒器投至地面施放。布洒器装填量大，生物战剂损失少，能造成大面积污染。

（2）投放带菌的生物。昆虫、鼠类等生物和杂物被生物战剂感染或污染后，如果将其投放到被袭击地域，它们便可将病原体传给人们，随其致病。例如：鼠疫就很容易由疫鼠及其身上的跳蚤传给人类。

（3）其他方法。用生物战剂污染水源、食物、通风管道，遗弃带菌物品、尸体或遣返俘虏等，间接使人感染致病。

（二）生物战剂的特点和侵入人体的途径

1. 生物战剂的特点

（1）致病力强，多数具有传染性。生物战剂致病力很强，少量病菌进入人体就可引起发病或死亡。例如：鼠疫杆菌等，有很强的传染性，在一定条件下能在人群中传播，长期流行。

（2）危害作用时间长。生物战剂气溶胶的危害时间通常为数小时，条件适宜，时间更长。鼠疫杆菌在背阴处可存活数周。炭疽杆菌芽孢在土壤中能存活几十年。

（3）没有立即杀伤作用。生物战剂从侵入人体到发病，有一定的潜伏期，需经过几小时至几天的时间，其长短主要取决于战剂的种类和侵入的剂量等。在潜伏期中，受感染的人员无明显症状。

（4）污染面积大。生物战剂气溶胶可随风飘散，在气象、地理条件适宜时，可造成大面积污染区。

（5）不易被发现。生物战剂气溶胶无色无味，加之敌方多在黄昏、夜间、拂晓多雾时秘密施放，所投生物容易和当地原有生物混淆，不易被人发现。

（6）受自然条件影响大。风速、气温对气溶胶传播有影响，湿度、雪、雨、日晒和地形等，对生物战剂都有影响。

2. 生物战剂侵入人体的途径

（1）吸入。人体一旦吸入生物战剂污染的空气便会感染致病。

（2）误食。误食被生物战剂污染的水、食物后致病。

（3）皮肤接触。生物战剂或带菌物品上的病菌可直接或间接经皮肤、黏膜、伤口进入人体，使人得病。

（4）昆虫叮咬。人体被带有生物战剂的昆虫叮咬，使血液感染而致病。

（三）对生物武器的防护方法

对生物武器的防护主要是对生物战剂气溶胶和敌投生物的防护。

（1）穿戴防毒器具。防毒面具、防疫口罩都能保护呼吸道不吸入带菌空气，穿着防毒衣或防疫服，既可防生物战剂气溶胶污染皮肤，通过呼吸道、皮肤、眼睛、黏膜进入人体，又可防带生物战剂的昆虫叮咬。也可采用扎紧领口、袖口、裤脚的方法进行防护，还可使用避蚊灵、避蚊罩等。对生物战剂气溶胶的防护与对染毒空气的防护基本相同。

（2）服用防毒药剂。对生物武器特有的防护方法是注射防疫针、服预防药。根据可能使用生物战剂的类型，提前进行防疫注射，这对大多数生物战剂都有明显的防疫效果。

（3）遵守防毒规则。人员在生物战剂污染区内行动时，要学会识别污染区的标志进行个人防护，遵守在污染区和疫区的行动规则。

（4）妥善处理受染对象。对有怀疑的受染人员要进行必要的检查，发现病人时，先进行隔离，并立即报告医务人员，妥善处理。

（5）消毒受染物品。对污染的服装、器具和房室彻底消毒。

（6）捕杀受染虫鼠。杀灭昆虫的方法可用打、捕、烧、熏或喷洒杀虫药（如：敌敌畏灭害灵、敌百虫等）。灭鼠可采用灭鼠灵等杀鼠药并结合捕、打、挖等方法。使用药物时，应注意人员安全并妥善处理带病菌的昆虫或小动物尸体。

第三节　卫生与救护基础

一、个人卫生常识

卫生是指个人、群体的生活卫生和工作卫生的总称。它是为维护人体健康，预防医疗疾病，改善符合生理需要的工作环境和生活环境而进行的社会活动。个人卫生是集体卫生的基础。讲究个人卫生可以防止疾病传播，提高健康水平。为圆满完成工作学习训练等各项任务，适应未来复杂、艰苦的战争环境，军人必须注重健康，养成良好的卫生习惯。这里主要介绍个人卫生的基本常识。

（一）个人卫生的总要求

职业的特殊性要求军人必须有强健的体魄，而良好的卫生习惯是基本前提。为此，《内务条令》对部队官兵的卫生习惯提出了明确要求，要求部队官兵做到：饭前便后洗手，不吃（喝）不洁净的食物（水），不暴饮暴食；勤洗澡，勤理发，勤剪指甲，勤洗晒衣服被褥；不随地吐痰和便溺，不乱扔果皮、烟头、纸屑等废弃物；保持室内和公共场所的清洁卫生。提倡戒烟。

（二）个人卫生的内容

1. 皮肤的卫生

皮肤是人体的最大器官之一，直接与外界接触，许多物理、化学和生物性的因素都可以给皮肤造成程度不等的损害。

军人要完成各类训练和施工任务，皮肤会大量出汗。因此要经常洗澡（提倡淋浴和冷水擦浴），保持皮肤清洁，讲究皮肤卫生。

2. 头发的卫生

头发过长，既不卫生，又不利于战场行动，受伤后容易感染。因此要保持头发整洁，定期理发，不蓄胡子。梳子和刮胡刀不与他人共用。头发应经常梳理，梳头能刺激头皮血液循环，也可除去灰尘、头皮屑。

3. 手和脚的卫生

养成饭前便后洗手的习惯，经常修剪指甲和保持干净。不要用牙咬指甲。要穿透气性强的鞋袜，保持脚的清洁和干燥，尽可能每天洗脚、换袜子。要穿大小合适的鞋子。

4. 口腔和脸部的卫生

经常刷牙、漱口，保持口腔卫生。特别强调晚间睡前刷牙，因睡后口内唾液分泌少，口内自洁作用差，如有食物残渣储留，口内微生物更易滋生繁殖。

要养成经常洗脸的习惯，以保持脸部卫生。洗脸时不要把肥皂涂满脸，然后用毛巾搓，这样对面部皮肤有害。洗漱用具不与他人共用。冬天提倡用冷水洗脸、干毛巾擦脸，以提高御寒能力。

5. 眼、耳、鼻的卫生

擦眼、鼻时要用干净的手帕，不要用手抠鼻子。擤鼻涕时要左右鼻孔交替进行，并注意不要用力过猛。清洁外耳道时，不要用树枝和火柴等尖、硬物，可用手帕的一角捻起来清理。避免长时间接触高分贝噪声。经常按摩耳朵。不在强烈的或太暗的光线下看书、写字。不躺着看书，乘车走路时不看书。执行任务遇有风沙时，可戴风镜。

6. 饮食的卫生

搞好饮食卫生是防止病从口入的关键。平时要养成饭前洗手的习惯，不喝生水，不吃变质食物；就餐时，不暴饮暴食，要保持食量的基本平衡，减少胃肠负担；各类瓜果要洗净后再食用，积极预防各种消化疾病和传染疾病发生；搞好饮水消毒，需要饮用地表水（江水、河水、溪水等）时，应首先进行净化处理，然后再饮用。

7. 衣服和卧具的清洁

衣服和卧具脏了要换洗。若不能换洗，则应定期地打开抖一抖，并在阳光下曝晒一会儿。这样可以大大减少衣服和卧具上的细菌。

二、战伤救护技术

战伤救护包括自救和互救两个方面，是保存战斗力的重要工作。救护技术主要包括心肺复苏、止血、包扎、固定、搬运五项。

（一）心肺复苏

心肺复苏是指针对呼吸、心跳停止所采用的抢救措施。即以人工呼吸替代自主呼吸，以心脏按压形成暂时人工循环并诱发心脏的自主搏动。

8.4 人工呼吸及心肺复苏

1. 判断心搏骤停

心搏骤停一旦发生，时间就是生命，抢救越早，复苏成功率越高。判断心搏骤停，首先应轻摇或轻轻拍打病人，同时呼叫其名字或大声呼喊，若无反应可判断为意识丧失。然后马上以手指触摸其双颈动脉，若意识丧失同时伴颈动脉搏动消失，即可判定为心搏骤停。应立即开始现场抢救，并紧急呼救以取得他人帮助。

2. 安置复苏体位

复苏体位是仰卧位，应在呼救的同时小心放置病人，使其仰卧在坚硬平地上。安置时，应一手托住病人颈部，另一手扶着他的肩部，使病人沿其躯体纵轴整体翻转到仰卧位。

3. 开放气道

心搏骤停后，全身肌肉松弛，可发生舌根后坠，使气道受阻。为了保持呼吸道通畅，可采用仰头抬颌法，也可采用仰头举颈法或双手托颌法开放病人气道。

注意：在开放气道的同时应用手指挖出病人口中的异物或呕吐物，有假牙者应取出假牙。

4. 判断自主呼吸

判断病人有无自主呼吸，可以通过"一看二听三感觉"的方法。即看病人胸部有无起伏，用耳及面部贴近病人口鼻，分别听和感觉有无气体呼出，如没有应立即进行口对口人工呼吸。

5. 重建呼吸

帮助病人重建呼吸最为有效的方法就是人工呼吸。人工呼吸时保持病人抬头抑颌，抢救者以右手拇指和食指捏紧病人鼻孔。深吸一口气后，用自己的双唇将病人的口完全包绕，然后用力吹气 $1 \sim 1.5\,s$，使胸廓扩张。吹气完毕，抢救者松开捏鼻孔的手，让病人的胸廓及肺依靠其弹性自主回缩呼气。

6. 重建循环

进行心外按压能使病人重建循环。进行时，抢救者可采用踏脚凳或跪式等不同体位，用靠近病人左侧手的食指和中指置于胸骨下切肌上方，用另一手的掌根部紧靠前一手食指，放于胸骨下 1/3（见图 8-44），掌根部长轴与胸骨长轴重合，然后将前一手置于另一手背上，两手手指交叉抬起，使其不接触胸壁。按压时双肘伸直，垂直向下用力按压，下压深度 4～5 cm，按压频率 100 次/min，按压时间与放松时间各占 50%，放松时掌根不能离开胸壁，以免按压点移位。

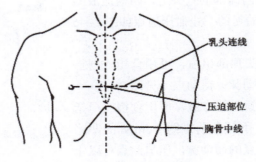

图 8-44　心外按压部位

7. 心外按压（双人）

双人同时进行人工呼吸及心外按压时，一人先做口对口人工呼吸 2 次，另一人做胸外心脏按压 30 次，以后人工呼吸数与胸外按压数按 2∶30，如此反复进行（见图 8-45）。

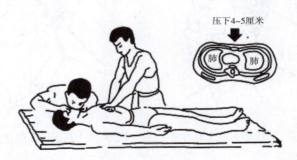

图 8-45　心外按压和人工呼吸

（二）止血

8.5　止血与包扎

人体受到外伤后往往会出血。当失血量达到 20%～30% 时，就会危及伤员的生命，超过 40% 时就会有生命危险，因此，止血是重要的急救措施。

1. 出血种类

判定出血种类是正确实施止血的首要工作，方法是根据出血的特征加以判断。如果是动脉出血，颜色鲜红，呈喷射状，有搏动，出血速度快且量多；如果是静脉出血，则颜色暗红，呈涌出状或徐徐外流，出血速度不如动脉出血快；如果是毛细血管出血，则血色鲜红，从伤口向外渗出，出血点不容易判明。

2. 止血方法

止血是一种医疗技术，有许多简便的方法，运用起来却十分奏效。

（1）加压包扎止血法。

静脉、毛细血管或小动脉出血时，先将敷料盖在
伤口上，然后用三角巾或绷带用力包扎。

（2）指压止血法。

较大的动脉出血，要临时用手指或手掌压迫伤口
近端的动脉，将动脉压向深部的骨头上，阻断血液的
流通，可达到临时止血的目的。止血压迫点如图 8-46
所示。

头顶部出血：一侧头顶部出血，可用食指或拇指
压迫同侧耳前方（颞浅动脉）搏动点（见图 8-47）。

颜面部出血：一侧颜面部出血，可用食指或拇指
压迫同侧下颌骨下缘、下颌角前方约 3 cm 处的凹陷
处，可摸到明显的搏动点的面动脉，压迫此点可以止
血（见图 8-48）。

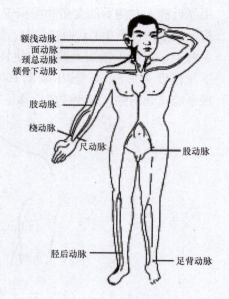

图 8-46　止血压迫点

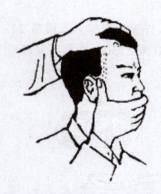
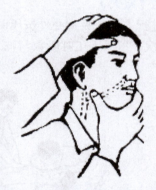

图 8-47　头顶部压迫止血方法　　图 8-48　颜面部压迫止血方法

头面部出血：一侧头面部大出血，可用拇指或其他四指压迫同侧气管外侧与胸锁乳突肌
前缘中点之间，此处可摸到一个强烈的搏动（颈总动脉），将血管压向颈椎止血（见图 8-49）。

肩腋部出血：可用拇指压迫同侧锁骨上窝中部的搏动点（锁骨下动脉），将动脉压向
深处的肋骨上止血（见图 8-50）。

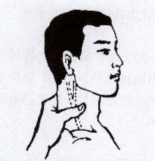
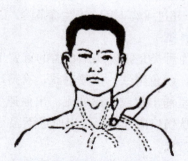

图 8-49　头面部压迫止血方法　　图 8-50　肩腋部压迫止血方法

前臂出血：可用拇指或其他四指压迫上臂内侧肱二头肌与肱骨之间的搏动点，将肱动脉压向肱骨上即可止血（见图 8-51）。

手部出血：互救时可用两手拇指分别压迫手腕横纹稍上处内外侧搏动点（尺动脉、桡动脉）止血（见图 8-52）。自救时用健康手拇指、食指分别压迫上述两点。

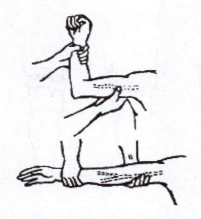 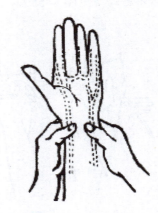

图 8-51　前臂出血压迫止血法　　图 8-52　手部出血压迫止血法

大腿以下出血：大腿及其以下动脉出血。自救时可用双手拇指重叠用力压迫大腿上端腹股沟中点稍下方的强大的搏动点（股动脉）止血。互救时，可用手指或手撑用力将股动脉压在股骨上（见图 8-53）。

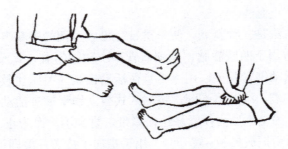

图 8-53　大腿以下出血压迫止血法

足部出血：可用两手食指或拇指分别压迫足背中部近脚腕处的胫前动脉和足跟内侧与内踝之间的胫后动脉止血（见图 8-54）。

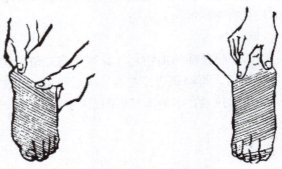

图 8-54　足部出血压迫止血法

（3）止血带止血法。

止血带是一种制止肢体出血的急救用品。常用的止血带是约 1 m 长的橡皮管。一般在四肢大动脉出血用其他方法止血无效时，采用止血带。方法要诀是：橡皮带左手拿，后头 5 寸[1] 要留下，右手拉紧环体扎，前头交左手，中食二指夹，顺着肢体向下拉，前头环中插，保证不松垮（见图 8-55）。

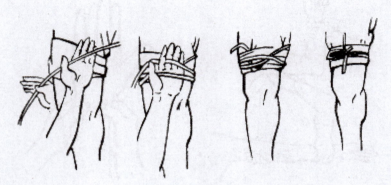

图 8-55　止血带止血法

注意：使用止血带时，止血带与皮肤之间要加垫（敷料、衣服等），不能直接扎在皮肤上；扎止血带的伤员必须做标记，注明扎止血带的时间；止血带每隔 1 h（冬季半小时）松开一次，每次放开 2 ~ 3 min，以暂时改善血液循环。松开时要逐渐放松，如有出血，应再扎上止血带；如不再出血，可改用三角巾压迫包扎伤口。

（4）卡式止血带止血法。

卡式止血带止血法是一种新型、便于携带、松紧可调的塑料卡锁止血带，目前已全面装配部队。通常适用于四肢静脉、毛细血管和小动脉出血。其操作方法是：在出血处加上敷料垫，打开活动锁紧开关，用一手拿住活动锁紧开关压住敷料，另一手从肢体下方拉过涤纶松紧带头端，绕肢体一圈，将插入式自动锁卡插进活动锁紧开关内，用一手按住活动锁紧开关，另一手用力拉紧涤纶松紧带，直到不出血为止。

放松时，用手向后扳放松板；解开时，用手指向下按压开关即可。

（三）包扎

包扎通常使用配发的急救包，使用时把急救包沿箭头方向撕开，将敷料盖在伤口上，然后进行包扎。不同部位具有不同的包扎方法。

1. 头面部伤的包扎

（1）**帽式包扎法**：适用于颅顶部的损伤。其方法是将三角巾底边的中点放在伤员眉间上部，顶角经头顶垂向枕后，再将底边经左右耳向后拉紧，在枕部交叉，并压住垂下的顶角，再将顶角随一底边角拉紧在前额部打结固定。

---

① 1 寸 ≈3.33 cm。

（2）**风帽式包扎法**：适用于颅顶部、面部、下颌和伤肢残端的包扎。将三角巾顶角和底边中央各打一结，形似风帽。然后将顶角结放于前额正中，底边结置于枕外隆突下方，两手垂直向下拉紧两底角，分别在下颌处反折交叉后绕至枕后结上打结固定（见图 8-56）。

图 8-56　三角巾头部包扎法

（3）**下颌包扎法**：适用于下颌部伤口和下颌骨折固定包扎。

将三角巾折叠成约四横指宽条带状，取 1/3 处抵住下颌，长端经耳前绕过头顶至对侧耳前上方，与另一端交叉，然后分别绕过前额及枕后，于对侧相遇打结固定。

（4）**面部包扎法**：三角巾顶角打一结兜住下颌，盖住面部，然后拉紧两底角，在头后交叉，绕至额前打结。包好后，在眼、口、鼻的地方剪洞，露出眼、口、鼻。

2. 四肢伤的包扎

（1）**三角巾包扎上肢**：将三角巾一侧底角打结后套在伤侧手上，结的余头留长些备用；另一侧底角沿手臂后侧拉至对侧肩上，顶角包裹伤肢，前臂曲至胸部，拉紧两底角打结。

（2）**三角巾包扎手（脚）**：将手放在三角巾中央，手指朝向顶角；拉顶角盖住手背，两底角左右交叉压住顶角绕手腕打结。包扎脚部与此法相同。

（3）**三角巾包扎小腿和脚**：将三角巾铺平，顶角在前，将伤脚放于三角巾中央适当位置，反折顶角于足背，再将两底角提起包裹顶角，绕踝关节部的肢体后固定打结（见图 8-57）。

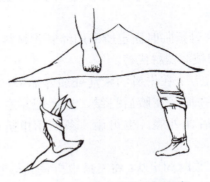

图 8-57　三角巾包扎小腿和脚

（4）三角巾包扎肘、膝：将三角巾折成适当宽度的带形，将带的中部斜放于伤部，取带两端分别压住上下两边，包绕肢体一周后在伤口背侧打结。

3. 胸（背）部伤的包扎

将三角巾的顶角放在伤侧胸部肩上，把左右两底角拉到背后打结，然后和顶角打结（见图 8-58）。本方法也适用于背部包扎。

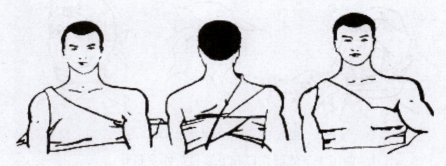

图 8-58　三角巾胸（背）部包扎法

4. 腹部伤的包扎

腹部损伤或伴随脏器脱出通常采取腹部兜式包扎法。三角巾顶角朝下，底边横放于腹部，两底角向后拉紧于腰背部打结，然后把顶角经会阴拉至臀部上方，与腰部余结头打结。腹部脏器脱出时，可用武装带围成圈后放在敷料上进行保护性包扎。

（四）固定

8.6　骨折的固定

固定是使受伤的肢体制动，让受伤肢体得到休息，避免增加损伤，也可减少伤员的痛苦，便于后送。凡骨或关节损伤都要进行固定。

1. 判断骨折的方法

（1）用手指轻轻按摩受伤部位时疼痛加剧，有时可以摸到骨折断端。

（2）受伤部位变形。

（3）受伤部位明显肿胀或受伤部位不能活动。

（4）骨折断端有时可用手摸到"嘎吱""嘎吱"的骨摩擦感。

2. 骨折临时固定的方法

目前中国人民解放军对骨折临时固定所采用的制式材料为卷式夹板，紧急情况下，也可使用三角巾、枪支、树枝等器材代替。

（1）锁骨骨折临时固定法：在伤员的腋窝处加好棉垫，用两条三角巾分别折成五横指宽的条带，环绕腋窝一周，在腋后打结，然后把左右打结的三角巾拉紧，在背后打结，使左、右肩关节后伸外展。也可用一条三角巾折成条带或用夹板进行临时固定。

（2）上臂肱骨骨折躯干临时固定法：将三角巾折叠成与上臂长度相等的宽带，将肱骨固定在躯干上，然后屈肘 90°，再用三角巾将前臂悬吊于胸前。也可用夹板或简便器材进行临时固定（见图 8-59）。

（3）前臂尺桡骨骨折临时固定法：用卷式夹板的头端从手背腕部推向肘关节，再将卷式夹板回返推向手心处，然后用两条三角巾条带分别在骨折两端绕肢体两圈固定，再用一条三角巾将骨折肢体悬吊于胸前。此骨折也可用其他方法进行临时固定（见图8-60）。

图8-59 上臂肱骨骨折临时固定法　　　　图8-60 前臂尺桡骨骨折临时固定法

（4）小腿胫腓骨骨折临时固定法：用四条三角巾条带，分别在骨折的上端、下端将伤肢绕两圈临时固定在健肢上，然后用一条带状固定带在踝关节处用"8"字形固定，再用一条三角巾折成五指宽将两膝关节固定。此处骨折也可用其他方法进行临时固定。

（5）大腿股骨骨折临时固定法：用卷式夹板两块，一块放于大腿内侧，一块放于大腿外侧，一块长度不够时可接上一块，在骨突出处加垫，用条带固定骨折上端和下端，然后用条带固定膝关节，再用条带成"8"字形固定踝关节，最后在大腿根部将夹板固定。也可用其他方法进行临时固定。

注意：①骨折固定一旦伤口出血，应先止血包扎后再固定。②大腿和脊柱骨折时应就地固定。③固定要牢固，松紧要适当。④夹板与皮肤之间应垫棉花、衣服等。

（五）搬运

在战场上对伤员进行止血、包扎、固定处理后，应安全迅速地将伤员搬运到较隐蔽的地点，及时送救护所救治，根据战场时机和伤员伤情应采取不同的搬运方法。

8.7 伤员搬运

1. 侧身匍匐搬运法

救护者侧身在伤员背侧，将伤员腰部垫在大腿上，伤员两手放于胸前，救护者右手穿过伤员腋下抱肩，使伤员上体脱离地面并贴紧救助者，左前臂撑于地面，两眼目视前方，按照侧身匍匐的方法要领蹬足向前移动。其动作要领概括为"垫腰、抱肩、撑肘、蹬足"。注意伤员受伤部位朝上，伤员头部和上肢不要着地。

2. 单人肩、背、抱法

当伤员周围无敌人火力威胁，伤员伤势较轻时，可采用单人肩、单人背或单人抱法进行搬运（见图8-61）。

223

图 8-61　单人肩、单人背、单人抱法

（三）双人徒手搬运法

此方法适用于头、胸、腹部受伤的重伤员搬运（见图 8-62）。

图 8-62　双人徒手搬运法

（四）担架搬运法

担架搬运法最适用，只要战况和条件许可，应尽量用此法。首先迅速展开担架，放于伤员伤侧，将其装备解除，坚硬物品要从口袋中取出。一人托住伤员头部和肩背部，另一人托住伤员腰臀部和下肢，协力将伤员平稳地轻放在担架上，根据伤情取合适体位，系好担架扣带以固定伤员，两人合力抬起担架前进。行进过程中要保持伤员头朝后脚朝前，便于后边担架人员密切观察伤员伤情变化。如果遇到陡坡路段，要及时调整头部朝向前方。在没有制式担架时，可利用就便器材（如木棒，绳索、大衣、步枪等）制作各种简易担架。

三、战场自救与互救的注意事项

在战场上，出现受伤情况几乎是不可避免的，无论是战友受伤，还是自身受伤，都应开展自救与互救，及时有效地进行救治，减少伤亡，保存和恢复战斗力。为此，在掌握救护技术的基础上，还应注意以下事项：

（一）沉着冷静应对

战场情况瞬息万变，残酷激烈，加之血腥的场面，人的身心会产生巨大压力，造成行为失常、心理失衡等不良影响。在此情况下，人往往会忙中出错，忘记自救互救技术要领，或做错救护动作，造成不良甚至严重后果。因此，面对出现的伤情，无论是自救还是互救，都应沉着冷静应对，忙而不慌，忙而不乱，既要快速施救，又要规范施救。

（二）正确运用技术

当出现受伤情况时，应对受伤情况进行合理的分析和判断，针对受伤部位和受伤程度，合理选用救护技术，正确运用救护方法，切莫慌乱、惊慌失措，造成救治错误，甚至因技术原因失去最佳的救治时间，造成不必要的伤亡。这要求我们，在平时要积极有效地开展救护技术训练，熟练掌握技术要领和救治方法，切莫一知半解、敷衍对付。

（三）注意自身防护

自救或互救的时候，往往也是防护较为薄弱的时候。在战场上，经常会出现这样的情况：在救治战友的时候，由于没有进行有效的自身防护，不仅没有救成战友，反而造成自身伤亡，这是非常可惜的。因此，应极力避免出现此种情况，在进行自救的时候，首先要就近选择能够隐蔽自己的场所，注意有效保护自己，防止因救治战友造成不必要的自身伤亡；在救治战友的时候，不仅要注意自身防护，在战友意识清楚、能够运动的情况下，还要提醒战友就近选择隐蔽场所，等待救治。

（四）减少二次伤害

自救特别是互救时，往往容易出现二次伤害。造成二次伤害，主要是由于对伤情判断不准，甚至判断错误，或者救护技术运用不当，甚至运用错误。因此，在救治他人时，要沉着冷静应对，准确判断伤情，正确选用救护技术，按照方法步骤进行处置，防止出现二次伤害，防止因救治不到位、不准确，在伤员转移的过程中再次出现新的伤害。

● **思考题**

1. 人体头部的要害部位主要有哪些？
2. 人体躯干部的要害部位主要有哪些？
3. 格斗的基本功主要有哪些？
4. 捕俘拳共有哪几步？
5. 个人卫生的主要内容有哪些？
6. 战伤救护技术有哪几项？每项救护技术在实施时都应该注意什么？
7. 有效开展战场自救与互救，应注意哪些事项？

第九章
战备与战术基础训练

了解战备规定、紧急集合、徒步行军的基本要求、方法和注意事项，学会单兵战术基础动作，了解战斗班组攻防的基本动作和战术原则，培养学生良好的战斗素养。

第一节 战备规定

战备，是军队为了应付可能发生的战争或军事突发事件而在平时进行的准备和戒备行动及工作。战备规定，主要规定日常战备秩序、战备制度和战备等级划分等。认真落实战备规定，保持良好的战备状态，是部队在紧急情况下以最短的时间、最快的速度投入战斗，并能圆满完成任务的重要保证。

一、日常战备秩序

部（分）队必须高度重视战备工作，紧密结合形势和任务，经常进行战备教育，增强战备观念，建立正规的战备秩序，抓好日常战备。日常战备秩序的内容主要包括以下几点：

（一）建立战备方案

部（分）队必须建立健全战备方案和各种保障措施，并经常组织部属熟悉其内容，进行必要的演练。当编制、装备和任务发生变化时，应当及时修订战备方案。

（二）搞好物资管理

部（分）队各类战备物资，应当区分携行、运行、后留，并做到定人、定物、定车、定位。平时消耗性的战备物资应当及时补充，应急储备的战备物资应当定期更换，保质保量。上级配发的战备器材不得随意动用。后留和上缴的物资，应当建立登记和移交手续。个人携行和后留物品应当统一集中保管，并按照有关规定注记清楚。

（三）保持装备完好率和人员在位率

部（分）队应按规定保持装备完好率和人员在位率，保证能够随时遂行各种任务。

（四）进行紧急集合训练

为锻炼提高分队紧急行动能力，检查战斗准备状况，部（分）队通常要定期组织进行紧急集合。紧急集合的具体时间由部（分）队指挥员根据本部（分）队的任务和所处环境等情况及首长、机关的指示确定。

二、日常战备制度

（一）战备教育制度

战备教育制度，是完成战备任务和作战任务的重要保证。目的在于根据国内外军事、政治、经济领域斗争形势的发展变化，帮助官兵克服和平麻痹思想和松懈情绪，增强战备观念，牢固树立战斗力这个唯一的、根本的、标准的思想，提高做好战备工作的自觉性，为建立正规的战备秩序提供坚实的政治基础。

（二）军情研究制度

军情研究制度，是部（分）队平时重要的基础性战备工作。主要结合作战任务，定期对主要作战对象的有关情况进行分析研究。

（三）战备值班制度

战备值班制度分为平时战备值班、节日战备值班和等级战备值班制度。担负平时战备值班任务的分队通常要按规定进行轮换。

（四）节日战备制度

节日战备制度是指在重要节假日期间，为保证国家安全和人民欢度节日而组织的一种短期战备值班制度。

（五）兵员管理制度

兵员管理制度是按编制编配、使用、管理兵员的制度。兵员调动必须经过相应的首长批准，由相关部门承办。

（六）武器装备管理制度

武器装备管理要严格执行武器装备管理的相关规定，以科学化、制度化、经常化管理为重点。

（七）战备物资管理制度

战备物资管理应按规定配备储备，按"三分，四定"的要求存放管理。战备物资的"三分，四定"是部队战备物资管理的基本要求。单位和个人应当按照规定的数量、质量，储备、保管战备物资，并实行"三分、四定"。"三分"，就是将战备物资分为携行、前运、后留三部分，分别放置；"四定"即定人、定物、定车、定位。

（八）国防工程维护管理制度

国防工程维护管理是平时重要的战备工作。有国防工程维护管理任务的部（分）队，要经常对工程组织检查维护，无关人员不得进入工事，不准利用工事从事种植、养殖或为地方储存物资，不准参观、拍照，发现工事及其内部设施遭到人为破坏，要及时与有关部门联系，并协助上级依据军事设施保护法处理。

（九）请示报告制度

请示报告制度是为上级首长机关及时了解部队动态而建立的重要制度。包括值班情况报告、分队行动报告、实力报告、战备工作情况报告等。

（十）战备演练制度

战备演练制度是根据战备方案和战备规定的有关内容，结合担负任务，从实战需要出发组织进行的战备训练。战备演练主要是为了检查战备工作的落实情况和部队的作战能力。

三、战备等级规定

（一）战备等级划分

战备等级是根据军队战备工作的轻、重、缓、急程度，按照一定的标准进行的划分。我军的战备等级，以平时的经常战备为基础依次划分为四级战备、三级战备、二级战备和一级战备四个等级。

（1）四级战备。它为最低一级作战准备状态，此时部队呈戒备状态，收拢人员，控制外出，进行必要的战备教育，保持警惕性。

（2）三级战备。部队进入部分作战准备状态，进行战备动员和物资器材的准备。

（3）二级战备。部队进入全面准备状态，进行深入的战备动员，完成一切战斗行动（拉动）准备。

（4）一级战备。它为最高一级的作战准备状态，此时部队呈待发状态，人员、车辆、物资器材全部准备就绪，武器不离身，并立即进行临战动员，一声令下，就可立即出动。

（二）战备等级转换

战备等级转换，是军队的战备由一个等级向另一个等级的改变。战备等级转换是战备工作的一项重要内容，是军队为增强快速反应能力，应付可能发生的突然情况，保证部（分）队适时转入相应等级战备状态而采取的重要措施。在通常情况下，部（分）队应根据命令由平时状态向四级、三级、二级、一级战备状态依次转换。有时也可根据命令越级转换。

实施战备等级转换的时机：

四级战备，即国外发生重大突发事件或我国周边地区出现重大异常情况，有可能对我国安全和稳定带来影响时，部队所处的战备状态。

三级战备，即局势紧张，周边地区出现重大异常，有可能对我国构成直接军事威胁时，部队所处的战备状态。

二级战备，即局势恶化，对我国已构成直接军事威胁时，部队所处的战备状态。

一级战备，即局势极度紧张，针对我国的战争征候十分明显时，部队所处的战备状态。

（三）进入等级战备时的工作

1. 进入四级战备时的工作

传达上级的命令和指示，做好所属人员的思想工作，保持人员稳定；认真贯彻上级命令、指示，积极主动地落实战备制度；检查武器装备，对损坏的武器装备要及时上报和送修；对携带的武器装备、装具、物资进行明确分工；根据安排，组织好值班、执勤等工作；及时请示报告。

2. 进入三级战备时的工作

传达上级的命令和指示，做好思想动员，保持人员稳定；检查战备制度落实情况；检查并保养好携带的武器装备、装具、物资；进一步区分任务，明确分工；担负值班任务的分队保持高度戒备，随时准备遂行任务；分队做好占领阵地的准备；启封车辆，督促检修武器装备和器材，补充战备物资；熟悉本级行动方案，组织进行战备演练。

3. 进入二级战备时的工作

传达上级的命令指示，进一步做好思想发动工作；完成人员补充的准备；请领战备物资和指挥器材；向所属人员明确任务和职责；根据上级命令，带领分队占领阵地或执行其他任务等。

4. 进入一级战备时的工作

立即传达上级命令、指示，准确掌握所属人员思想情况，做好思想稳定工作；接收补充（配属）人员；根据上级命令，组织分队完成疏散隐蔽和伪装；清点、移交留守物资；完成临战准备，处于待命状态。

（四）进入战备等级时的要求

（1）严格遵守保密规定，不泄露部队行动的秘密。

（2）外出探亲人员，接到上级的通知后要迅速归队。

（3）服从命令，听从指挥，按上级的命令完成各项工作。

（4）提高警惕，坚持在岗在位，保持良好的战备状态。

（5）进一步落实战备计划，随时做好出动准备。

第二节　紧急集合

紧急集合，是应对突然情况的紧急行动。部队官兵得到紧急集合的信号或命令时，应立即按规定着装，穿戴装具，按时有组织而迅速地到集结场地。

一、着装

（一）着装的种类与要求

着装分全副武装和轻装两种。全副武装，通常在部队处于战备等级状态时实施，人员负荷量和部队的携行量均按上级规定携带。轻装，通常在部队执行紧急任务时实施，人员负荷量轻，以利于提高集合和机动速度。

着装时，一般要着作训服，做到迅速、静肃、确实、完整、安全、便于行动。平时应按规定放置武器、弹药和装具，便于拿取和穿戴。

（二）着全副武装的顺序

1. 着服装

通常按帽子（冬季戴皮或棉帽时，披装后再戴）、上衣、裤子、袜子、鞋子（双层床上层的战士打完背包后再穿鞋子）的顺序穿着。

2. 打背包

背包宽竖捆两道，横压三道。雨衣、大衣通常捆于背包上端，大衣袖子捆于背包两侧；鞋子横插在背包背面中央或竖插两侧；锹（镐）竖插在背包背面中央，头朝上。

装备有背囊的分队，应按规定将需带的被装、器材装入背囊，扣实扎紧，便于行动和携带。放置的顺序为：垫被、被子（卷起）、大衣（冬季）、小包、雨衣、制式挎包、脸盆（饭盒）。背囊左上侧装布鞋，左下侧装水壶，右上侧装牙具、碗筷，右下侧装防毒面具。

3. 披带装具

着全副武装时，背手榴弹袋，左肩右肋；背挎包，右肩左肋；扎腰带；披子弹袋；背防毒面具，左肩右肋；背水壶，右肩左肋；背背包。

着轻装时，不背背包（背囊），将锹（镐）头朝下背于右肩，系绳绕过腰间与背绳系紧；雨衣左肩右肋，冬季带大衣时，将大衣袖子留在外面卷紧捆好，再将袖口对接扎紧；其他装具披戴同全副武装。

卸装时，按相反的顺序进行。

二、集合

接到紧急集合的信号或命令时，应严格遵守紧急集合的有关规定，迅速而有秩序地组织集结，按时到达指定位置，确实完成战斗或机动的准备。

（1）值班人员应立即报告首长，唤醒全体人员。担任警戒的战士要坚守岗位，严加戒备。

（2）战士听到紧急集合信号时，应立即起床，不得喧哗，不开灯，迅速着装，在班长的率领下，到指定地点集合，到达后清点人数，检查武器、弹药，整理装具。

（3）如有战士执勤，班长应指定专人将其未带的装具、背包带至集合场。待执勤的战士归队后，交给本人。

（4）各级指挥员到集结地后，应检查本分队人员是否到齐及武器、弹药和装具携带情况，同时按上级指示撤回警戒和执勤人员，并报告上级。

第三节 徒步行军

行军，是部（分）队沿指定路线有组织的移动。按方式分为摩托化行军、徒步行军及徒步与摩托化相结合的行军；按时间分为昼间行军和夜间行军；按强度分为常行军、强行军和急行军。徒步行军是以步行方式实施的行军，是部队机动的基本方式。通常在行军距离较近、输送工具不足或没有输送工具的情况下，以及地形不便于实施摩托化行军时采用。徒步行军具有目标小、分散快、易指挥、组织简便、利于隐蔽和受地形限制小等特点，但速度慢，体力消耗大。

一、行军准备

分队受领任务后，应在规定的时间内，有计划地做好行军准备。如时间紧迫，可在行进中不断组织和完善。

（一）传达任务，确定行军方案

分队指挥员接到行军命令后，应迅速传达任务。时间充足时，应适时召开支委会或骨干会，传达上级的行军命令，分析研究敌情、任务、地形、道路、气象等情况，确定行军方案，周密安排行军准备工作。方案的主要内容包括：行军路线、行军序列；各分队和配属分队的任务；尖兵及收容分队的编成和任务及警戒、搜索的方法；行军途中可能遇到的情况及处置方案和各种保障措施等。行军方案确定后，应明确分工、分头组织，积极做好各项准备工作。

（二）下达命令，进行行军动员

行军命令通常在行军前向所属和配属分队下达。时间紧迫时，也可在明确尖兵的编成、本分队序列和路线后，先指挥分队按规定的时间出发，其他事项在行进中明确。行军命令的内容主要包括：上级任务；本分队的任务；出发时间、路线，通过调整点的时间、行程，到达的时间和地点；行军序列、集合时间和地点；行军时速与分队间隔；大休息地点、时间与警戒；完成行军准备的时间等。

徒步行军对士兵的意志和体能是一次考验。无论是刮风、下雨，无论是山地、沼泽，无论是酷暑、严寒，只要作战需要，均要实施徒步行军。因此，行军前应做好充分的动员工作，讲清行军的目的和要求，鼓舞士气，教育所属人员克服畏难情绪，以饱满的精神状态主动接受考验，保证行军任务的顺利完成。

（三）组织各种保障

徒步行军的保障，应根据行程、道路和气候情况而定，以既能保证战斗、生活，又不过多增加负荷量为原则。携行的武器、装具、器材要做好充分的检查、清点，装具、器材固定牢靠；根据行军日程，携行必备的粮食和必要的饮水；卫生医疗上，要准备好必备的药品，根据季节变换做好防寒、防雨雪、防蚊虫的准备。

二、行军实施

（一）行军

行军分为常行军和急行军。常行军时，乡村道路行军速度每小时 4～5 km，山地道路行军速度每小时 3～4 km；急行军时，乡村道路行军速度每小时可达 8～10 km。

分队徒步行军时，通常在上级的行军序列内成一路或二路纵队，沿道路的右侧或两侧行进，士兵前后距离一般为 80～100 cm；行军途中，士兵应注意随时观察道路及周围情况，确保行军安全；及时调整呼吸和体力，保持行军队形，匀速前进；行军队形由二路纵队变一路纵队时，士兵应跟紧先头人员加速前进，以防后面拥挤；由一路纵队变二路纵队或通过艰险地段时，应适当加大步幅跟上距离，不宜跑步追赶，以免增加疲劳。

行军途中，发现脚底起泡、身体不适或体力不支时，应及时向上级报告，视情况服用药物、挑破水泡，或在他人的帮助下继续前进；发现走错路时，应首先确定站立点，尔后选近路插向原定路线，如无把握应原路返回，选准方向再继续前进。行军中要严守纪律和行动秘密，开展团结互助。

（二）休息

休息分为小休息和大休息。首次小休息通常在行军 30 min 后进行，时间 15～20 min。尔后每行军 50 min 休息一次，每次 10 min。小休息时，应靠道路右侧（必要时也可在道路两侧），面向路外侧，保持原来的队形，并整理鞋袜和装具，做好继续行军的准备。

大休息通常在日行程过半时实施，休息时应离开道路，进入指定地区休息，时间约 2 h。大休息可以就餐、补充饮水、治疗脚伤，但注意武器、装具始终不能离身。

小休息时，冬季不要随地坐、卧，以免着凉或冻伤。大休息时，既要吃饱、吃好，又要遵守时间，保证休息，以便恢复体力，继续行军。

三、行军注意事项

在徒步行进过程中，应掌握正确的行军要领，坚决服从班（组）长的指挥，灵活处置各种情况，确保按时迅速地到达目的地。同时注意以下事项。

（1）严格执行枪弹管理规定。出发前，要认真验枪，枪内不准装填子弹；行军过程中严禁摆弄武器和随意动用他人武器，严禁枪口对人。

（2）正确穿戴携行装具。行军前，应检查所带装具是否齐全、是否牢固，尤其是要仔细检查鞋袜是否合适，以避免行军中脚打泡。

（3）合理掌控行军速度。行军过程中，应均匀呼吸，全脚掌着地，调整好步幅，保持正常的行军速度。行军掉队时，应大步跟上，尽量不要跑动，以节省体力；体力好的士兵要主动帮助体力差的同志，搞好体力互助。

（4）合理组织安排休息。小休息时，应就地休息，及时调整体力，不要随便走动，并按要求处理脚上打起的血泡。雷雨时，不要站在突出的高处，不要在大树、电线杆和高压线下避雨或逗留。

（5）保持通信联络畅通。行军中，要以灯光、旗语、音响、手势等简易信号通信、运动通信等手段传递口令，在不违反保密要求的前提下，可以使用对讲机等现代通信手段，保持通信联络。

（6）正确进行防护与救护。遇敌空中火力袭击时，应就近利用地形进行防护；接到敌核、化学武器袭击警报时，应迅速穿戴防毒面具和防护衣罩，就地隐蔽防护。警报解除后，应迅速抢救伤员，检查武器装备，恢复行军序列。

（7）合理处理突发情况。当道路、桥梁遭敌破坏或者遇到难以通行的地段时，应按命令绕行，无法绕行时，应及时向上级报告。如果是在夜间、山地、水网稻田地、雪地等特殊环境和地形条件下徒步行军时，要根据特殊环境和地形的特点及当时的具体情况，按照命令进行必要的物资器材准备，特别是一些辅助器材，一定要准备好。行军中要注意紧跟队形，不要掉队，无论遇到什么样的情况都要及时报告。

第四节　单兵战术基础动作

单兵战术基础动作，是单个战斗员遂行战斗任务的基本技能，是单兵训练的基础，是单兵在战场上应用最广泛的战斗动作。战斗员要想在战场上有效地躲避敌火力杀伤和消灭敌人，必须熟练掌握和能够灵活地应用战术基础动作。本节主要介绍几种最基本的单兵战术动作。

一、持枪

持枪，是指士兵在战斗中携带枪支的动作和方法。持枪时要做到：便于运动、便于卧倒、便于观察、便于射击。在不同的地形和距离条件下，士兵根据敌情和任务可灵活采用不同的持枪动作。

（一）单手持枪

右臂微屈，右手虎口正对上护木握枪（背带上挑压于拇指下），用五指的握力将枪身固定，枪身轴线与地面略成 45°，枪身距身体约 10 cm，左臂自然下垂，运动时自然摆动。

（二）单手擎枪

右手正握握把，食指微接扳机，将枪置于身体的右侧，枪口向上，机匣盖末端贴于肩窝，枪身微向前倾，枪面向后，右大臂里合，枪托贴于右胁（枪托折叠时除外），背带自然下垂，目视前方，左手自然下垂或攀扶，运动时自然摆动。

（三）双手持枪

左手托握下护木或握弹匣弯曲部，右手握握把，食指微接扳机，将枪身置于胸前，枪口向前稍向左，枪身略成水平，背带自然下垂或挂在后颈上。

（四）双手擎枪

在单手擎枪基础上，左手托握下护木或弹匣弯曲部，枪身略低，枪口对向前上方，背带自然下垂或压于左手下，身体与射向略成 30°。

二、卧倒、起立

在战场上，士兵突遭敌火力射击，应迅速卧倒；在转移位置时，通常要先起立。依据持枪方法的不同，卧倒、起立可分为：徒手卧倒、起立；单手持枪卧倒、起立；双手持枪卧倒、起立。

（一）卧倒

卧倒是隐蔽身体减少敌火力杀伤的一种最低姿势，是单兵在战斗中最常用的动作。

徒手卧倒时，左脚向右脚尖前迈出一大步，左腿弯曲，上体前倾，两眼注视前方，左手顺左脚方向伸出，掌心向下，手指稍向右，以左手、左膝、左肘的顺序迅速卧倒，成侧身，左小臂横贴于地面上，左腿弯曲，右腿伸直，在转体的同时，蹬直左腿，两手掌心向下，放置于头部两侧或两手握拳交叉于胸前。必要时，也可右脚向前一大步，左手撑地迅速卧倒。

单手持枪卧倒时，右手提枪并握背带，按徒手卧倒的要领卧倒侧身；侧身时，右手提枪，枪口稍抬高，枪托轻着地，目视敌方；出枪时，以右手虎口的压力和四指的顶力将枪向目标方向送出，左手接握弹匣弯曲部，同时蹬直左腿，全身伏地，收回右手，拇指打开保险，移握握把，成据枪射击姿势。

双手持枪卧倒时，左脚向前一大步，上体前倾，重心前移，按左膝、左肘、左小臂的顺序着地，然后转体，在全身伏地的同时两手协力将枪向目标方向送出，两腿伸直，成据枪射击姿势。

（二）起立

徒手起立时，转身向右，屈左腿于右腿下，左小臂里合，以左臂和两腿的撑力撑起身体，右脚向前一大步，左脚再向前一步，右脚靠拢左脚的同时，成立正姿势。

单手持枪起立时，右手移握上护木，收枪的同时侧身，按徒手起立的要领起立，在右脚靠拢左脚的同时成单手持枪立正的姿势。

双手持枪起立时，应首先观察前方情况，然后迅速收腹、提臀，用肘、膝支起身体，左脚先上步，右脚顺势跟进，双手持枪继续前进。

三、前进

（一）直身前进

直身前进是在距敌较远，地形隐蔽，敌观察、射击不到时采用的运动姿势。直身前进时，目视前方，右手持枪，大步或快步前进（见图9-1）。

（二）屈身前进

屈身前进是战场上接敌最常用的一种运动动作，是在遮蔽物略低于人身高时采用的运动姿势。屈身前进包括屈身慢进和屈身快进（见图9-2）。

图 9-1　直身前进　　　　　　　　图 9-2　屈身前进

屈身慢进通常是在距敌较远，遮蔽物约超过或低于人的身高，以及敌情不明或敌火威胁不大的情况下采用。运动时，通常是双手持枪（也可单手持枪），上体前倾，两腿弯曲，以降低身体重心，屈身程度视遮蔽物的高度而定，头部一般不高出遮蔽物。

屈身快进也可称为跃进，通常在距敌较近，通过开阔地或敌火力控制区时采用。快进前，应先观察敌情和地形，选择好路线和暂停的位置，尔后起立快速前进。运动中，通常单手持枪（也可双手持枪），枪口朝向前上方。前进距离掌握在 15 ～ 30 m 为宜。当进至暂停位置或运动中遇敌火力威胁时，应迅速就地隐蔽或卧倒，做好射击或继续前进的准备。

（三）匍匐前进

匍匐前进，是在通过敌步、机枪火力封锁较短地段或利用较低的遮蔽物前进时采用的运动方法。根据遮蔽物的高低，匍匐前进可分为低姿匍匐、侧身匍匐和高姿匍匐三种姿势。

1. 低姿匍匐

低姿匍匐是身体平趴于地面并降低至最低程度的运动方法，一般是在前方遮蔽物高约 40 cm 时采用。低姿匍匐携自动步枪的方法有两种：一种是右手掌心向上，虎口卡住机柄，五指握枪身和背带，将枪置于右小臂内侧；另一种是右手食指卡握上背带环处，并握枪管，余指抓背带，机柄向上，将枪置于右小臂外侧。行进时，腹部轻贴地面，头稍微抬起，屈回右腿，伸出左手，用右脚的蹬力和左手的扒力使身体前移，在移动的同时，屈回左腿，伸出右手，用左脚的蹬力和右手的扒力使身体继续前移，依次交替前进，前进速度不小于每秒 0.8 m。徒手的低姿匍匐动作与持枪的低姿匍匐动作基本相同（见图 9-3）。

图 9-3　低姿匍匐

2. 侧身匍匐

侧身匍匐是在前方遮蔽物高约 60 cm 时所采用的运动方法，其特点是运动的速度稍快，但姿势偏高。携自动步枪运动时，右手前伸移握护木将枪收回，同时侧身，使身体左大腿外侧着地，左小臂前伸着地，左大臂支撑身体，右脚收回靠近臀部着地，以左小臂的扒力和右脚的蹬力使身体前移，前进速度不小于每秒 1.2 m。徒手侧身匍匐动作与持枪侧身匍匐动作大体相同（见图 9–4）。

图 9–4　侧身匍匐

3. 高姿匍匐

当前方遮蔽物高为 80 ～ 100 cm 时，也可采取高姿侧身匍匐。动作是：左手和左小腿外侧着地，以左手的支撑力和右脚的蹬力使身体前移。持枪前进的动作是，左手握护木，右手握枪颈，将枪横托于胸前，枪口离地，用两肘和两膝支撑身体，然后，依次前移左肘和右膝、右肘和左膝，如此交替前移，前进速度不小于每秒 1 m。有时，也可采取低姿匍匐的携枪方法。徒手的高姿匍匐动作与持枪的高姿匍匐动作基本相同（见图 9–5）。

图 9–5　高姿匍匐

无论采取哪种匍匐姿势，运动到预定位置或适当的距离，都应迅速卧倒隐蔽，视情况出枪射击。

（四）滚进

在卧姿时，为避开敌人观察、射击而左右移动或通过棱线时采用。首先将枪关上保险，左手握枪表尺上方，右手握枪颈附近或两手握护木，枪面向右，顺置于胸、腹前抱紧，两臂尽量向里合，两脚腕交叉或紧紧并拢，全身用力向移动方向滚进。运动中，也可在卧倒的同时向移动方向滚进。要领为左（右）脚向前一大步，左手在左（右）脚前着地，身体尽量下塌，右手将枪挽于小臂内，枪面向右；身体向右（左）侧，在右（左）

肩、臂着地的同时，向右（左）滚动。滚进时，右（左）腿伸直，左（右）腿微屈，滚进距离长时可两腿夹紧（见图9-6）。

图 9-6　滚进

四、利用地形

（一）利用地形的目的和要求

利用地形的目的在于灵活恰当地运动，发挥火力，隐蔽和掩蔽自己。灵活恰当地运动，是战斗员迅速逼近以至消灭敌人的主要条件；发挥火力，是战斗员消灭敌人的重要手段；隐蔽和掩蔽自己，是战斗员进行防护，以防敌发现和被敌火力杀伤的最有效方法。在利用地形时，应首先着眼于消灭敌人，只有消灭敌人，才能有效地保存自己。

利用地形应做到：便于观察、射击和隐蔽身体；便于接近和离开；便于防敌地面和空中火力杀伤。不要妨碍班（组）长指挥、邻兵的动作和火器射击；不要几个人拥挤在一起，以免增大伤亡；不要在一地停留过久，视情况灵活地变换位置。尽量避开独立、明显的物体和难以通行的地段。

（二）对各种地形的利用

利用地形时，应根据敌情和遮蔽物的高低、大小取适当姿势，迅速隐蔽地接近，由下而上地占领，认真细致地观察，不失时机地出枪。对不便于射击的位置，应加以改造。其要领可归纳为：接近、占领、改造、转移。

接近：右手持枪并抓住背带，当地物高约 60 cm 时，在距地物 3～5 步处卧倒，可采取侧身或高姿匍匐接近，视情况也可直接占领。

占领：接近后应由下而上地占领，隐蔽地观察和出枪。双手出枪时，左手握护木，左肘前伸，并调整好位置，右手握握把（打开保险），两手协力将枪送出，迅速指向目标实施射击。单手出枪时，右手将枪向目标方向送出，左手接握表尺下方，右手移握握把，打开保险，瞄准射击。

改造：若占领的地形不便于射击，应对其加以改造。改造时，将枪收回（关上保险），置于身体右侧，取下小锹，由后向前进行；同时，应将新土放于地物后侧，不要扬起灰尘，以免暴露目标，并不断观察敌情和指挥，随时准备射击和转移。

转移：根据上级的指挥或视情况需要变换位置时，应迅速收枪（关保险），同时身体下移，采取向左（右）移动或滚动的方法迷惑敌人，突然离开。运动中注意抓好枪背带。

1. 对堤坎、田埂的利用

堤坎、田埂有横向、斜向、纵向和高低之分。横向和斜向的，通常利用背敌斜面的顶端、残缺部、弯曲部和右侧末端；纵向的，利用其弯曲部或顶端。根据坎（埂）的高度，取适当姿势。当坎（埂）高于人体时，应挖踏脚孔或阶梯。如利用坎（埂）对空射击，通常利用顶端，并根据其高度取不同姿势。

2. 对土堆的利用

通常利用独立土堆的右侧，必要时也可利用其左侧或顶端。双土堆通常利用其鞍部。对空射击时，通常利用其后侧或顶端。

3. 对土坑、沟渠的利用

通常利用其前沿，纵向沟渠利用弯曲部。根据敌情、坑的大小和深度，以跳、滚、匍匐等方法进入，并取适当姿势。对空射击时，以坑沿做依托或背靠坑壁进行射击。

4. 对树木的利用

通常利用其右侧，根据树的大小取适当姿势。大树（直径 50 cm 以上）可采取各种姿势，较小的树通常采取卧姿。如取立姿，应尽量将身体左侧和左膝紧靠树木右后侧，右脚稍向后蹬，进行射击；取跪姿时，应将左脚、左小腿的外侧紧靠树木的右后侧，跪下的同时或跪下后出枪；取卧姿时，应将左小臂紧靠树木右后侧或者以树的根部做依托（见图 9-7）。

图 9-7　利用树木射击

5. 对墙壁、墙角、门窗的利用

墙壁、墙角、门窗易被敌炮火击毁和坦克撞塌，造成间接伤亡，因此，利用时在一地不能停留过久。

按其高度取适当姿势。矮墙可利用顶端或残缺部；墙高于人体时，可将脚垫高或挖射击孔。墙角通常利用右侧，取适当姿势；门通常利用左侧；窗可利用左下角或左侧（见图 9-8、图 9-9）。

图9-8　利用墙壁射击

图9-9　利用门、窗跪姿射击

第五节　班（组）战斗行动基础

　　班（组）战斗行动是班（组）在战斗中为达到作战目的而采取的方法和手段。班通常由9～10名士兵组成，在排的编成内行动。班（组）为最基本的战术单位，可担负进攻行动、防御行动和警戒等任务，有时还可担负破障与设障、搜索、侦察、机降等特殊作战任务。

一、分队战斗行动原则

　　战斗行动原则，是反映战斗活动规律的法则，是一切战斗行动的依据和指南。它源于战斗的客观规律，直接产生于战斗与训练的实践，并随着战斗的发展而不断发展，因而具有实践性、指导性、系统性、继承性和时代性等基本特征。依据战斗的一般规律和信息化战斗的基本特点，组织和实施分队战斗行动应把握以下基本原则：

（一）坚决消灭敌人，力求减少损失

　　坚决消灭敌人，力求减少损失，是战斗的基本目的，也是其他战斗行动原则的根据。一切战斗行动，都必须坚决消灭敌人，完成战斗任务，同时要尽量减少自己的损失。其中消灭敌人是主要的、第一位的，减少损失是第二位的。为了消灭敌人，必须勇猛顽强战斗，充分运用技术和战术，积极地去战胜敌人，绝不允许借口减少损失而消极避战；为了减少损失，同时也是为了消灭敌人，必须尽可能地采取各种技术的和战术的防护措施，以求在消灭敌人的同时，尽量减少不必要的损失。为了寻求和创造更为有利的战斗条件，以便更有力量地去消灭敌人，有时则以保存自己和减少损失为主。特殊情况下，当战斗全局需要时，则应当不惜牺牲一切，以换取全局的胜利。

（二）集中兵力、火力，各个击破敌人

　　集中兵力、火力，各个击破敌人，是分队克敌制胜的基本战斗方法。无论进攻还是防御，分队都应当坚决集中所属的主要兵力和火力，在同一时间内重点打击一个主要目

标，求得先打击或消灭当面敌人的一部分，钳制其另一部分，然后再转移兵力火力打击或消灭另一部分敌人，以达各个击破敌人的目的。为此，在力量使用上，必须将战斗力最强的分队和最有效的火力，集中使用于主要战斗目标，并给予较多的加强，赋予较窄的战斗正面，以形成对冲击目标兵力和火力的优势，或有效抗击敌人主要冲击所必需的兵力、火力密度；在打击目标选定上，必须明确区分主要目标和次要目标，或一个目标的主要部分和次要部分，以及对目标打击的先后次序和时间。切忌在同一时间或阶段平分兵力和分散火力。

（三）随时查明情况，因情正确指挥

随时查明情况，因情正确指挥，是保证战斗胜利的基本条件。在战斗的全过程中，分队指挥员应当随时熟识敌我情况，研究和掌握敌我行动规律，并应用这些规律于分队的行动，不断使战斗指挥与战场实际情况相符合。为此，受领战斗任务前，必须随时掌握本分队及与本分队战斗有关的各种情况，根据上级情报、资料分析研究敌情。受领战斗任务后，必须迅速组织并进行侦察，通过现地观察、勘察、调查、审讯俘虏、火力侦察、研究上级战斗文书和资料、判读地图（照片）等方法，切实查明和掌握敌、我双方以及与分队战斗行动有关的地形、气象、水文、社情等各种情况，判明其对敌、我双方战斗行动的影响。然后，将上述各种情况联系起来进行综合判断，比较完成任务的有利条件和不利条件，找出克敌制胜的战斗行动方法。战斗中，必须不断掌握当面敌我情况的发展变化，适时修正或定下新的决心，力求使分队的战斗行动符合不断变化着的战场实际情况，以争取战斗的胜利。

（四）时刻准备战斗，临战快速反应

预有准备和快速反应，是保证战斗胜利的基本条件。信息化条件下的战斗准备，时间短促、组织工作复杂，分队必须从精神、物质和组织上随时做好进入战斗的准备。一旦上级下达战斗号令或发生意外情况，就能迅速而周密地组织准备战斗，做到一声令下，立即行动，不失时机地对变化的情况作出反应。为此，必须随时预见可能发生的情况，预先计划，预做准备和安排，经常保持戒备，根据上级预先号令，科学地计算、分配时间；根据任务和当时的具体情况，抓住准备的重点；干部、骨干分工负责，同时分别组织实施，保证在上级规定的时限内完成战斗准备。在计划组织战斗时，要预计可能出现的情况，多做几手准备，特别要有在最困难情况下的战斗行动准备。在情况和任务需要时，即使分队的战斗准备不够充分，也要坚决按时投入战斗，不得借口准备不足而贻误战机。此时，应边行动边准备，边打边准备，以弥补战前准备的不足。

（五）勇敢顽强战斗，扬长避短歼敌

勇敢顽强的战斗精神，是保证战斗胜利的重要条件。信息化战争激烈、残酷、节奏快，对人员精神、体力的压力增大。因此，必须充分发挥党、团组织和干部、骨干的作用，加强思想政治工作，激励全体指战员发扬"一不怕苦，二不怕死"的精神，勇敢顽

强地战斗，不怕牺牲，不怕疲劳，连续战斗，孤胆战斗，无论在任何危险、艰难、困苦的情况下，都要顽强地战斗到底，坚决压倒敌人和夺取胜利。必须在加强训练，提高技术和战术水平的基础上，善于根据战场的实际情况，发挥特长，扬长避短地歼敌。进攻时，要善于利用地形、气象、水文等有利条件和时机，积极采取压制、干扰、欺骗措施，尽量接近敌人，突然发起攻击，近战歼敌；防御时，要善于利用地形、工事，加强防护并严密伪装，积极采取阵前设伏和攻势行动，待敌迫近或主动迫近敌人，以突然猛烈的近战火力和勇敢的反冲击消灭敌人，顽强扼守阵地，挫败敌人的连续冲击。

（六）迅速隐蔽突然，出其不意击敌

为出其不意地对敌实施突然打击，在进入战斗前，一切行动必须力求迅速、隐蔽，队形必须尽量疏散，以降低敌各种侦察手段的发现率，减少敌各种兵器的杀伤率，最大限度地保存战斗力；在进入战斗时，必须在需要的时间和地点，突然集中兵力和火力猛烈打击敌人，力求在敌人作出有效反应之前速战速决；达到目的后，再次迅速地隐蔽疏散。为此，必须训练和养成勇猛、迅速、严守纪律的作风；熟练技术、战术，善于利用地形，善于伪装，熟练夜间动作，能够随任务、敌情和地形的变化，迅速疏开和变换战斗队形；必须针对可能出现的情况，准备战斗行动方案，并且能临机正确、果断、熟练地指挥和采取各种保障措施。

（七）主动灵活制敌，机动兵力火力

战斗中，为争取主动，摆脱被动，必须主动、灵活地实施兵力和火力机动，及时迅速地占领有利位置，不失时机地向最重要的目标实施坚决的兵力突击和火力打击，或从敌人的打击下撤出分队，转移至有利位置。为此，必须及时发现和利用敌人的弱点和错误，积极大胆地实施包围、迂回、穿插、分割、转移等兵力机动和变换集火目标、逐次压制、逐个消灭等火力机动，并使火力、运动与突击紧密结合；根据敌情、我情和地形，正确选择兵力、火力机动的方式、方法、时机和目标；迅速、隐蔽地组织，突然行动，并采取多种保障措施。在情况急剧变化而又与上级中断联系的情况下，必须根据战场实际情况的需要，在不违背上级总意图的情况下，勇敢负责地采取适合当时情况的措施，克敌制胜。当处于被动地位时，应当及时采取有效措施，摆脱被动，恢复主动。

（八）准确紧密协同，主动相互配合

战斗中，必须严格遵守协同动作原则，认真执行上级协同动作的计划和指示，为完成同一任务，按照战斗的目的（目标）、时间、地点准确行动，分队与分队之间、分队内部之间相互主动支援和配合，协调一致地打击敌人。

协同动作的原则：诸兵种之间的协同，通常以步兵为主，有时以上级明确的兵种为主；步兵各分队之间的协同，以执行主要任务的分队为主。进攻时要积极支援最前出的分队，防御时要积极支援处于要害地位的或处境最困难的分队。

为实现准确、紧密的协同动作，必须熟悉上级有关协同动作指示（计划）的内容，

并根据上级指示（计划）和自己的决心周密组织协同动作；树立高度的整体观念，严守协同纪律，保持不间断的通信联络，坚决按照规定的目的（目标）、时间和地点，完成战斗任务；主动配合，相互支援，并根据战斗情况不断协调行动，在协同动作遭到破坏时及时组织恢复。

（九）全面组织保障，严格战场管理

无论是在行军、宿营，还是在战斗中，除上级采取的保障和管理措施外，分队还应当全面组织自身的战斗、后勤、技术保障和战场管理，并根据当时当地实际情况的需要，分别突出不同的保障和管理内容的重点。

分队组织战斗保障的内容包括：组织侦察与观察，及时获得所需情报；组织对地面、空中的警戒，及时发现和抗击敌人的袭击；组织对核、化学武器的观察、报知和防护，及时发现和采取防护措施，组织通信联络，保障指挥、协同的顺畅、有序；组织工程作业，构筑工事，设置障碍；实施伪装，积极与敌侦察器材做斗争。

分队组织后勤、技术保障的内容包括：根据战斗需要和物质、技术条件，组织弹药、给养、油料、武器、器材的补给；组织卫生勤务，开展自救互救，及时抢救伤员；组织对损坏武器装备的战场抢修，收集和利用战场缴获的敌人的武器、物资、器材。

分队战场管理的内容包括：监督执行上级制定的战场纪律和规定，根据需要制定本分队的有关规定，保证上级政策纪律和规定的落实；组织武器装备管理，保证战斗需要和减少不必要的损耗；组织阵地管理，维护分队战斗和生活的秩序。

（十）及时调整补充，恢复保持战力

信息化战争中，人员易遭受伤亡和产生疲劳，武器装备和器材易损耗。必须善于利用战斗间隙和其他一切可以利用的时间，及时进行战斗动员，整顿组织，补充弹药、给养、油料、武器、器材和兵员，抢救伤员，组织休息，以恢复和保持分队的战斗力，保证连续执行战斗任务。情况允许时还应当总结战斗经验，改进技术战术，以利再战。组织调整补充时，必须分清轻重缓急，抓住重点，采取警戒、疏散、隐蔽等必要的防护措施，并随时准备投入战斗。

需要强调的是，灵活运用战斗原则，是战斗中主观指导符合客观实际的生动体现。"活"，是战斗原则运用的最高要求，是运用之魂，是运用战斗原则的艺术性的表现；"度"，是战斗原则运用的客观标准，是运用之规，是运用战斗原则的科学性的体现。活与度二者之间的有机联系，体现了战斗原则的运用不仅是一门艺术，也是一门科学。运用之妙，存乎一心。只有融艺术性和科学性于一体，存活与度于一心，才能真正找到运用之妙。

二、班（组）进攻队形与运动方法

（一）班（组）进攻队形

班的战斗队形，应根据敌情、地形和任务而定，基本样式通常有一（二）路队形、

一字队形、三角队形和梯形队形四种。

1. 一（二）路队形

一（二）路队形，通常在距敌较远、地形隐蔽、敌火对我威胁不大或通过狭窄地段时采用。班长口令："距离（间隔）×m，成一（二）路跟我来！"组长口令："距离×m，跟我来！"班（组）长向目标前进，各士兵按规定距离依次跟进（见图9–10、图9–11）。

图9–10　班一路队形

图9–11　班二路队形

2. 三角队形

三角队形，通常在通过开阔地、密集火制区或向敌冲击时采用。班长口令："目标（方向）×处，×组为准，成前（后）三角队形——散开——"组长口令："成前（后）。"基准组向目标前进，其余组（士兵）分别在其两侧后（前）取适当距离成三角队形前进（见图9–12、图9–13）。

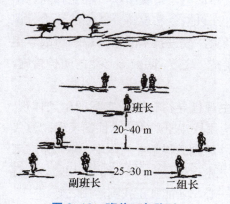

图9–12　班前三角队形

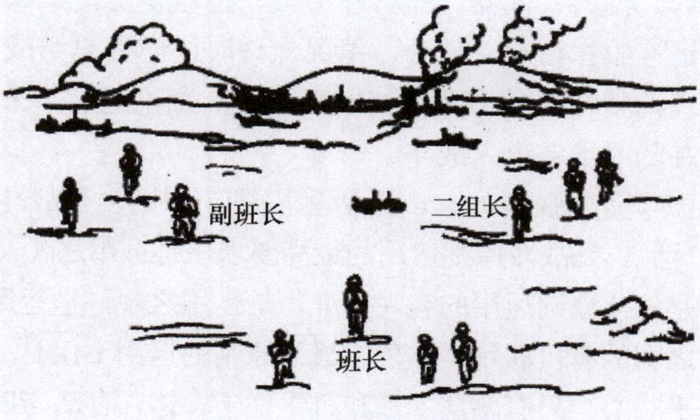

图9–13　班后三角队形

3. 一字队形

一字队形，通常在通过敌火控制的开阔地或冲击时采用。班长口令："目标（方向）×处，×组为准，成一字队形——散开——"基准组向目标前进，其余组（士兵）在其两侧或一侧散开前进（见图9–14）。

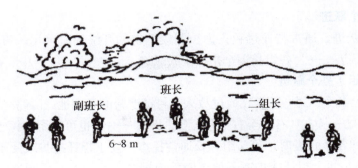

图 9-14　班一字队形

4. 梯形队形

梯形队形，通常在翼侧有敌情顾虑或斜方向利用地形时采用。班长口令："目标（方向）×处，×组为准，成左（右）梯形队形——散开——"组长口令："成左（右）梯形队形——散开——"基准组向目标前进，其余组（士兵）在左（右）后侧成梯形队形前进（见图 9-15、图 9-16）。

图 9-15　班左梯形队形　　　　图 9-16　班右梯形队形

战斗过程中，基本战斗队形并不是一成不变的，当班在运动中受到敌情和地形的限制时，应根据当时的具体情况，做到灵活多变，切忌死搬硬套。

（二）班（组）进攻运动的基本方法

班（组）在敌火力下运动时，应根据地形、敌火力威胁程度而采取不同的方法，主要包括：全班（组）跃进、分组跃进、分组各个跃进、全班（组）各个跃进四种。

1. 全班（组）跃进

全班（组）跃进，通常在距敌较远、敌火减弱、中断或被我火力压制时采用。班（组）长口令："向×处—全班（组）跃进——"全班（组）突然跃起前进，到达位置后迅速卧倒，占领射击位置。

2. 分组跃进

分组跃进，通常在敌火威胁较大，需要互相掩护前进或受地形限制时采用。班长口令："向×处—从左（右）至右（左）分组跃进——"也可逐个指挥战斗小组跃进。组长口令："向×处—全组跃进——"

3. 分组各个跃进

分组各个跃进，通常在通过敌火力控制较严密的开阔地时采用。班长口令："向×处—分组各个跃进——"各组长逐个指挥士兵跃进。

4. 全班（组）各个跃进

全班（组）各个跃进，通常在通过敌火力封锁严密的开阔地或隘路时采用。班（组）长口令："向×处—从左（右）至右（左）各个跃进——"也可逐个指挥士兵跃进。

分组跃进和各个跃进时，班（组）长通常指挥不便于担任掩护或便于隐蔽前进的组（士兵）先跃进，便于担任掩护或不便于隐蔽前进的组（士兵）后跃进。跃进中，地形越开阔，敌火越猛烈，跃进速度应越快，距离应越短。在原地或到达指定位置的小组（士兵），应以火力掩护运动中的小组（士兵），切实做到队形与地形相结合，指挥与协同相结合，火力与运动相结合，迅速隐蔽地接近敌人。

三、班（组）防御部署与主要行动

班（组）在防御战斗中，通常在排（班）的编成内组织防御，其主要任务是坚守排支撑点内的一段阵地。班防御正面可达 100 m 左右。有时可单独防守一个阵地或担任上级的预备队，还可担负战斗警戒、阵地前袭扰或防御纵深内打击空降之敌等任务。

（一）班（组）防御部署

1. 防御队形

防御部署要突出重点，便于指挥、协同和机动，形成能独立坚守的防御整体，并能最大限度地减少伤亡。班的兵力通常一线配置，根据地形情况有时也可成后三角、前三角配置；在敌坦克必经之路的狭长地段防御时，可将兵力沿道路一侧或两侧配置；当翼侧暴露时，也可成梯形配置。火力，是挫败敌人进攻、稳定防御的重要条件。

2. 火力配系

组织火力配系，主要是通过班长规定任务和给各组及主要火器射手明确射击地境、补加射击地境、集中射击地段的过程来完成。其要求：火器分散、火力集中，能适时实施火力和火器的机动，便于各种火力的协同，充分发挥各种火器的威力；以近为主，远近结合，能在受敌威胁较大的方向和地段、空域，构成最大的火力密度。

3. 构筑工事

班（组）长在组织构筑工事时，要善于利用地形，根据工事的种类、数量、时间、器材和人力等情况，给各组（士兵）明确构筑工事的位置。班的防御阵地的工事，通常包括一定长度的堑壕和一定长度的交通壕，单人掩体若干个，机枪基本发射阵地，火箭筒基本发射阵地若干个，机枪和火箭筒的预备发射阵地若干个，掩蔽部，猫耳洞若干个，弹药崖孔若干个，有配属火器时，还应包括配属火器的基本和预备发射阵地。

4. 设置障碍

前沿前和翼侧的障碍物通常包括：防坦克和防步兵混合雷场、防坦克壕、崖壁、陷阱、三角坑、减速沟（坎）、三角锥、桩碧、铁丝网、火（烟）障等。班（组）长应不断地进行检查指导，并组织士兵测量方位物和主要地段的距离。必要时，可设置标定距离的明显地物，以便准确射击。在与敌直接接触的情况下构筑工事时，应组织火力掩护。首先构筑火器发射阵地和单人掩体，尔后逐步完善。

工事构筑完毕，要进行严密伪装，尽量做到与现地景色相似。有条件时，可到阵地前反战工事的伪装是否良好。根据上级命令可构筑假阵地迷惑敌人。

（二）班（组）防御的主要行动

1. 防敌侦察

敌机侦察时，班（组）长应指挥全班（组）迅速进入工事隐蔽，指挥观察员利用观察工事监视敌机动向。当无工事可利用时，班（组）长应指挥全班人员利用地形隐蔽，并注意遮盖发（反）光物体。

当发现敌投放的电子侦察器材时，班（组）长应派出人员查明情况，并立即向上级报告，根据命令予以破坏或收缴。

当敌侦察车、侦察人员接近或实施侦察时，班（组）长应根据命令指挥全班隐蔽或隐蔽地机动到敌人翼侧，突然开火，击毁侦察车，消灭侦察人员，粉碎敌人的侦察企图。

2. 防敌航空兵、炮兵火力袭击

当敌航空兵、炮兵火力袭击时，班（组）长应指挥全班（组）迅速进入坑道、掩蔽部或人员崖孔隐蔽，并做好战斗准备，指挥观察员利用工事防护，加强观察。必要时，班（组）长要亲自观察战场，并根据敌破障程度、冲击分队距我前沿的距离，正确判断敌火力转移的时机，适时指挥全班（组）占领阵地，并注意防敌火力假转移，当上级组织对空射击或战机有利时，班（组）长应组织火力，射击低飞敌机。

3. 防敌核武器袭击

核武器袭击，通常在火力准备开始时实施，有时也可能在火力准备中或结束时实施。当接到核袭击警报时，班（组）长应指挥所属人员迅速进入掩蔽部或坑道防护，指挥观察员进入观察工事，继续执行任务。当发现核爆炸闪光时，观察员应关上观察口的防护板，利用观察工事内的人员崖孔进行防护。若没有观察工事时，应立即利用堑壕或就地防护。冲击波过后，班（组）长应根据命令或信号，指挥所属人员穿戴防护器材占领阵地，做好抗击敌冲击的准备，并组织自救互救、抢修工事，将遭袭和受染情况报告上级。

4. 防敌化学武器袭击

敌实施航空兵、炮兵火力袭击时，班（组）长应加强观察，根据爆炸声响、烟雾颜色、异常气味等征候进行判断，及时有效地组织防护。

当接到化学袭击警报时，应指挥人员迅速进入隐蔽工事，关好防护门，放下防毒帘进行防护，并指挥观察员和阵地上的人员穿戴防护器材进行防护，继续执行任务。遭袭击后，应根据命令或信号，指挥所属人员穿戴防护器材，迅速占领阵地，抢救中毒人员，做好战斗准备。视情况组织对工事和人员进行消毒。

5. 抗敌冲击

依托阵地抗击敌人冲击，是防御战斗中最重要的阶段，也是大量歼灭敌人、守住阵地的关键。班（组）在防御时，敌可能对我警戒阵地（或主阵地）实施侦察，或可能为了进攻组织开辟通路，此时应在警戒阵地、障碍区内对敌实施有效打击。当敌乘车发起冲击，或在坦克支援、引导下发起冲击时，班（组）长应指挥全班（组）依托工事，结合障碍，充分发挥武器和器材的威力，坚决将其消灭在前沿前或网状阵地内，完成战斗任务。

● 思考题

1. 日常战备秩序主要包括哪些？
2. 日常战备制度主要包括哪些？
3. 战备等级分几级？"三分，四定"指的是什么？
4. 行军速度的规定是什么？如何组织行军休息？
5. 分队战斗行动应遵循哪些原则？
6. 班（组）进攻战斗的队形有哪几种？运动的主要方法有哪几种？
7. 班（组）防御部署包括哪些主要内容？防御的主要行动包括哪些？

第十章
应用拓展训练

☑ 学习目标

　　学会识图用图、电磁频谱监测的基本技能，了解野外生存的基本要求、方法和注意事项，培养学生分析判断和应急处置能力，全面提升学生综合军事素质。

　　本章内容是《普通高等学校军事课教学大纲》中军事技能训练的选训课目，包括识图用图、野外生存和电磁频谱监测，应用性较强。三个课目的训练需要在野外进行，对学生的分析判断能力和应急处置能力有一定要求。具备条件的院校可依据本章内容，选择能力素质较高的学生进行拓展性训练。

第一节　识图用图

　　识图用图是军事地形学的重点内容，也是军人必须掌握的基本技能。

一、地形图基本知识

学会识图，也就是学会地形图的基本知识。

（一）地图的概念和分类

将地面的自然地理要素和社会经济要素按一定的投影方法和比例关系，用规定的符号、颜色和注记综合绘制的图，称为地图。

依地图所表示的内容可分为普通地图和专题地图。

按地图的比例尺可分为大比例尺地图、中比例尺地图和小比例尺地图。大比例尺地图是指比例尺大于（含）1:5万的地形图；中比例尺地图是指1:10万和1:25万比例尺的地形图；小比例尺地图是指1:50万和1:100万比例尺的地形图。

按用途可分为教学图、参考图、政区图、军用图、飞行图、航海图、交通图、游览图等。

（二）地图比例尺

1. 地图比例尺的概念

图上某线段的长与相应实地水平距离之比，叫地图比例尺。即：

$$地图比例尺 = 图上长 / 相应的实地水平距离$$

地图比例尺越大，图上显示的地形就越详细，但同一幅面所包括的实地范围就越小；反之，地图比例尺越小，图上显示的地形就越粗略，但同一幅面所包括的实地范围就越大。

我国的军用系列基本比例尺地形图包括1:1万、1:2.5万、1:5万、1:10万、1:25万、1:50万、1:100万共7种。根据不同的使用目的和要求，选用不同比例尺的地图。地图的比例尺不同，图上长度相当于实地的水平距离也就不一样，如表10–1所示。

表10–1 图上长度相当于实地的水平距离

地图比例尺	1:2.5万	1:5万	1:10万	1:25万	1:50万
图上长/cm	1	1	1	1	1
实地水平距离/m	250	500	1 000	2 500	5 000

2. 比例尺的表示形式

地图比例尺通常绘注在图廓的下方，其表示形式有：

（1）数字式。

它是用比例式或分数式表示的，如1:5万或1:50 000。

（2）文字式。

它是用文字叙述的形式予以说明的，如"百万分之一""二万五千分之一"或"图上1 cm相当于实地500 m"等。

（3）图解式。

它是将图上长与实地长的比例关系用线段、图形表示的。

3. 图上距离的量算

（1）用直尺量算。

先用直尺从图上量取所求两点间的长度，然后乘以该图比例尺的分母，即得相应的实地水平距离。其换算公式为：

$$实地距离 = 图上长 \times 比例尺分母$$

若已知实地距离，同样可以算出图上长。

（2）在直线比例尺上比量。

用设定的一定比例关系的线段表示图上长的比例尺形式，叫作直线比例尺。以大间隔注记千米数的部分叫尺身，以小间隔注记米数的部分称为尺头。

在直线比例尺上量距离时，先用两脚规（或直尺、纸条等）量出两点间的长度，并保持其张度，再到直线比例尺上比量。比量时，先使两脚规的一脚落在尺身的整千米数分划上，再使另一脚落在尺头上，即可直接读出两点间实地水平距离。如图 10-1 所示，甲、乙两点间实地水平距离为 1 250 m。

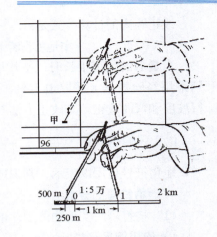

若两点间图上长大于直线比例尺长度时，可先在坐标线上比量（1∶2.5 万和 1∶5 万图的方格边长为实地 1 km，1∶10 万图的方格边长为实地 2 km），然后不足方格边长的剩余部分，到直线比例尺上比量。

（3）用里程表量读。

图 10-1 用两脚规量读距离

在地形图上量取弯曲路段或曲线距离时，使用指北针上的里程表比较方便。里程表由表盘、指针及滚轮三部分组成，表盘的外分划圈上有 1∶100 000、1∶50 000、1∶25 000 等比例尺注记和千米数注记，每个数字均表示相应实地水平距离的千米数。

量读时，先使指针归零（即指针对准盘内 0 处），然后手持里程表，将滚轮放在起点上（使指针按顺时针方向转），沿所量路段或曲线滚至终点，指针在相应比例尺分划圈上所指的千米数，即为所量路段或曲线的实地距离，如图 10-2 所示。

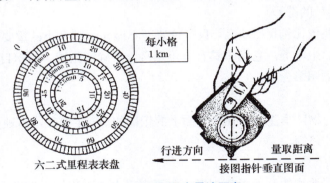

图 10-2 用里程表量读距离

4. 图上距离的改正

地形图上两点间距离都是水平距离，而实地总是起伏不平的，因此，实际距离往往大于水平距离。为使图上量算的距离接近于实地实际距离，应对量算的实地水平距离进行坡度及弯曲改正，改正率如表 10-2 所示。

表 10-2 坡度与弯曲改正率表

坡度 /（°）	改正率 /%	坡度 /（°）	改正率 /%
0～4	3	20～24	40
5～9	10	25～29	50
10～14	20	30～34	65
15～19	30	35～40	85

改正距离的计算公式是：

$$实地实际距离=水平距离+水平距离×改正率$$

当量取的距离很长时，平均坡度不易求出，所以，在实际应用时，通常根据地形类别采用经验数据（平原地 10% ～ 14%，丘陵地 15% ～ 20%，山地 20% ～ 30%）来进行坡度和弯曲改正，其改正方法与上述方法相同。

（三）地物符号

地物符号是用以表示、判识地面固定性物体的地形符号。

1. 地物符号的分类

（1）按符号与实地物体的比例关系分类。

1）依比例尺符号。

用于表示实地面积较大的地物。如大居民地、湖泊、森林等，其外部轮廓是按比例尺缩绘的，面积可以量算，拐弯点位置准确，常用以判定方位、确定位置和指示目标。

2）半依比例尺符号。

用于表示实地的窄长线状地物。如道路、土堤、通信线路等，其长度按比例尺缩绘，宽度作放宽表示。依符号可量算长度和判定可能的最大宽度；其拐弯点、交叉点位置准确，常用以判定方位和确定位置。

3）不依比例尺的符号。

用于表示那些依比例尺缩小后，只有位置而不能显示其大小的重要物体。如控制点、独立房屋、古塔、土堆等，它们多具有方位意义，是确定位置、指示目标的良好地物。

（2）按符号的图形分类。

1）正形符号。

符号的图形与物体垂直投影在地平面上的轮廓相似。主要表示占地面积较大的地物，如街区、河流、公路等。

2）侧形符号。

符号的图形与地物的侧面形状相近。主要表示占地面积较小而高大突出的地物，如亭、水塔、独立树、烟囱等。

3）象征符号。

符号的图形能反映物体的性质或含义，具有会形、会意的特点。主要表示独立、性质特殊的地物，如变电所、矿井、气象站等。

4）说明和配置符号。

说明符号用来说明地物的某种情况，通常与其他符号配合使用，如表示江河流向的箭头等；配置符号用来表示某些地区的植被及土质分布特征，如疏林、果园等。说明和配置符号只表示实地地物的分布情况，并不表示地物的精确位置和数量。

2. 地物符号的有关规定

（1）颜色的规定。

为了提高地图表现力，使地图内容层次分明、清晰易读，地物符号采用不同的颜色来区分地物的性质和种类。我军出版的地形图为四色图，即黑色、绿色、棕色、蓝色，其规定如表 10-3 所示。

表 10-3　地物符号颜色的规定

颜色	使用范围
黑色	人工地物和部分自然地物——居民地、独立地物、管线、道路、边界及其名称与数量注记等
绿色	植被要素——森林、果园等的普染；1978 年后出版图的植被符号及注记等
棕色	地貌要素——等高线及其高程注记、地貌符号及其比高注记、土质特征、公路普染等
蓝色	水系要素——河岸线、单线河及其注记和普染、雪山冰川等

（2）定位点的规定。

为确保在图上精确量取点位坐标、方位，对放大表示的不依比例尺符号和半依比例尺符号的定位做了明确规定，即以符号的某一点或线表示实地物体的中心位置，分别如图 10-3 和图 10-4 所示。

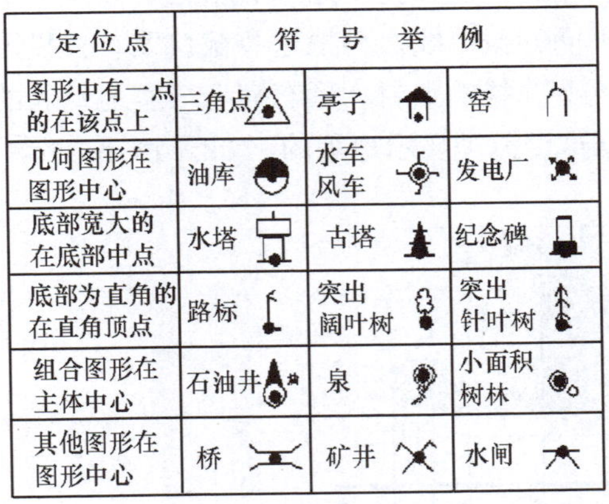

图 10-3　不依比例尺符号定位点

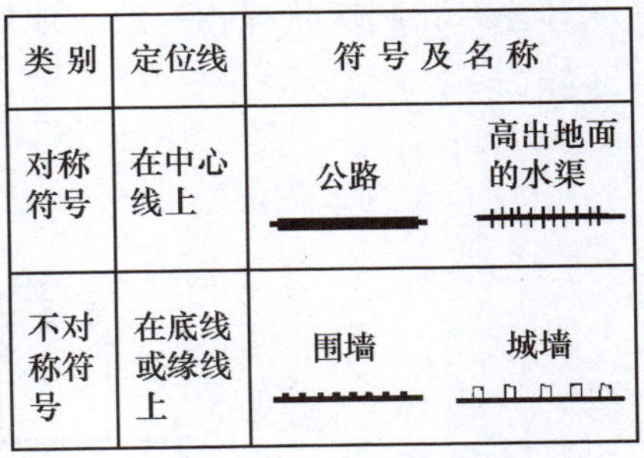

图 10-4　半依比例尺符号定位点

（3）注记的规定。

地物符号只能表示地物的形状、位置、大小和种类，不能表示其质量、数量和名称，因此，还需用文字和数字予以注记，作为符号的补充和说明，注记有三种形式：

1）名称注记。

居民地名称：城市居民地用"等线体"；乡镇居民地用"中等线体"；农村居民地用"仿宋体"。注记一般用水平字列，必要时可用垂直、雁行字列。

山和山脉名称：独立高地、山隘等一般用"长中等线体"，并以水平字列注在山顶的上方；山岭、山脉走向等用"耸肩等线体"，注在山岭、山脉走向的中心线上。

水系名称：用蓝色"左斜宋体"，按地物的面积和分布均匀注记。

地理单元名称：岛屿、草原、沙漠、滩礁、海角等用"宋体"；群岛名称用"扁等线体"，按地形的面积和长度适当注出。

2）说明注记。

用以说明地物的性质和特征。如水的咸、淡，公路路面的质量，徒涉场的底质，塔形建筑物的性质等，均用"细等线体"简注在符号内或一旁。

3）数字注记。

用以说明地物的数量特征。图上注记分为分数式和单个数字两种形式。分数式注记，分子一般表示地物的长度、宽度、高度，分母表示地物的深度、粗度和载重量；单个数字注记，一般表示地物的高度、深度、比高、流速、里程、界碑编号、山隘通行和时节河里有水的月份等。一般用"正等线体"或"斜宋体"，颜色均与相应符号的颜色一致。

（四）地貌判读

1. 地貌的表示

地貌在地形图上主要用等高线表示。

（1）等高线显示地貌的原理。

等高线是由地面上高程相等的各点连成的闭合曲线。按一定高差间隔描绘地面诸等高线于图上以显示地貌的方法叫等高线法。假定把一座山从底到顶按相等的高度，一层一层地水平切开，这样在山的表面就出现许多大小不同的截口线，再把这些截口线垂直投影到同一平面上，便形成了一圈套一圈的曲线，这些曲线的数目、形态完全与实地地貌的高度（差）和起伏状况相一致。地形图就是根据这个原理显示地貌的，如图10-5所示。

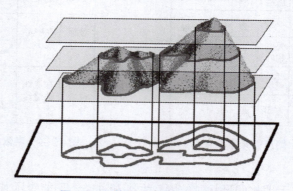

图10-5 等高线显示地貌的原理

（2）等高线显示地貌的特点。

1）等高闭合。在同一条等高线上各点的高程都相等，且每条等高线都是闭合曲线。

2）多高少低。在同一幅地图上或同一等高距的条件下，等高线多，山就高；等高线少，山就低。凹地则与此相反。

3）密陡稀缓。在同一幅地图上或同一等高距条件下，等高线间隔密，实地坡度陡；等高线间隔稀，实地坡度缓。

4）形似实地。图上等高线的弯曲形状与相应实地地貌形状相似。

（3）等高距。

相邻两条基本等高线间的实地垂直距离叫等高距。等高距的选择通常根据地区的地貌特征、地形图比例尺和用图目的等情况而定。我国对基本比例尺地形图的等高距大小有统一规定，如表 10-4 所示。

表 10-4　等高距的规定

比例尺	一般地区（基本等高距）/m	特殊地区（选用等高距）/m	注：
1:1 万	2.5	1 或 5	一般地区指适用基本等高距的大部分地区
1:2.5 万	5	10	
1:5 万	10	20	特殊地区指那些不适用基本等高距的地区，并非狭指山区
1:10 万	20	40	
1:25 万	50	100	

（4）等高线的种类和作用。

1）首曲线，又叫基本等高线，是按规定的等高距由平均海水面起算而测绘的等高线，图上以 0.1 mm 粗的细实线表示地貌的基本形态。

2）计曲线，又叫加粗等高线，规定从高程起算面起，每隔四条首曲线（即 5 倍等高距的首曲线）加粗描绘一条粗实线，线粗 0.2 mm，用以数计图上等高线与判读高程。

3）间曲线，又叫半距等高线，是按 1/2 等高距描绘的细长虚线，用以表示首曲线不能显示的局部地貌形态，如小山顶、阶坡和鞍部等。

4）助曲线，又叫辅助等高线，是按 1/4 等高距描绘的细短虚线，用以表示间曲线仍不能显示的某段微型地貌。

另外，还有示坡线，它是与等高线垂直的短线，主要用来指示斜坡的方向，绘在曲线的拐弯处，其不与等高线连接的一端指向下坡方向。

2. 地貌识别

地貌的外表形态尽管千差万别，多种多样，但它们都是由山顶、凹地、山背、山谷、鞍部、山脊、山脚和斜面等地貌元素组成的。在地形图上，通过识别这些地貌元素来识别地貌的各种形态。

（1）山顶与凹地（见图 10-6）。

图 10-6　山顶与凹地

山体的最高部位叫山顶。图 10-6 中表示山顶的等高线是一个小环圈，环圈外通常绘有示坡线。山顶分为尖山顶、圆山顶和平山顶 3 种。

四周高、中间低、无积水的地域叫凹地。大范围的凹地则称盆地。

（2）山背与山谷（见图 10-7）。

图 10-7　山背与山谷

从山顶到山脚向外突出的部分叫山背。它的中央凸起的棱线，叫分水线。山背等高线形状向山脚方向凸出，山背分为尖山背、圆山背和平齐山背。

相邻两山背或山脊之间的低凹部分叫山谷。它的中央最低点的连线叫合水线。山谷等高线与山背相反，以山顶或鞍部为准，等高线向里凹入。山谷依横断面的形状可分为尖形（Ｖ）、圆形（Ｕ）和槽形（凵）谷 3 种。

（3）鞍部与山脊（见图 10-8）。

图 10-8　鞍部与山脊

相邻两山顶间形如马鞍状的凹部叫鞍部。在图上由一对表示山背和一对表示山谷的等高线显示，表示山背的一对等高线高程相等，表示山谷的一对等高线高程相等。

数个山顶、山背、鞍部相连所形成的凸棱部分叫山脊。山脊的最高棱线叫山脊线。

（4）山脚。

山脚，即山体最下部位，下接平地或谷地。在图上，山脚是等高线由密变疏的明显部位。

（5）斜面与防界线。

由山顶到山脚的坡面叫斜面。军事上把朝向敌方的斜面称为正斜面，背向敌方的斜面叫反斜面。

斜面上坡度变换的界线，叫防界线。防界线是军事上挖掘堑壕、控制坡面的有利地线。在图上，防界线一般位于山顶下方、等高线由稀变密的地方。

3. 地貌判读

（1）高程与高差的判定。

判定高程时，应依据地形图上的高程注记点和等高线注记。判定高差时，应先分别判明两点的高程，两高程数相减即得高差。

1）欲判定点在等高线上。该点的高程等于所在等高线的高程。

2）欲判定点在两等高线间。应先判明上下相邻两条等高线的高程，再按点位所在两条等高线间的比例关系和等高距，估判出对于下（或上）方等高线的高差，然后加（或减）到下（或上）方等高线的高程上，即为欲判点的高程。

3）欲判定点在无高程注记的山顶或凹地。应先判明最邻近的一条等高线的高程，若点位于山顶，应再加半个等高距；若点位于凹地，应再减半个等高距。

4）欲判定点在鞍部上。可按组成鞍部的一对山谷等高线的高程，再加半个等高距，或以另一对山背等高线的高程，减去半个等高距求得。

（2）坡度判定。

坡度是地表面相对于水平面的倾斜程度，常以"度"或百分数表示。在图上判定坡度，常用以下两种方法：

1）用坡度尺量。地形图的南图廓的下方绘有坡度尺。坡度尺是根据坡度越大（小）则相邻等高线间的水平间隔越小（大）的原理绘制而成的。量取两条等高线间的坡度时，先用两脚规（或纸条等）量取图上两条等高线间的宽度，然后到坡度尺的第一条曲线与底线间的纵方向上比量，找到与其等长的垂直线段，即可在底线上读出相应的坡度。如几条等高线的间隔大致相等时，可一次量取 2～6 条等高线的间隔，然后到坡度尺相应几个间隔上比量，从而读出相应坡度，如图 10-9 所示。

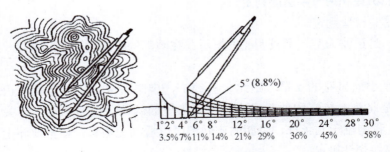

图 10-9　用坡度尺量坡度

2）计算法。在图上先量取坡度的方向上判出两端点的高差，再量算出它们的水平距离，则坡度值为：

$$倾斜百分比＝高差/水平距离$$

或

$$坡度\ \alpha＝arctan（高差/水平距离）$$

二、现地使用地图

（一）方位判定

方位判定，就是辨明东、西、南、北方向，明确站立点与周围地形的关系位置。它是实施正确指挥和采取正确行动的基础。

1. 利用指北针判定

指北针（又名指南针），是由我国古代发明的"司南"逐渐改进而成的。指北针携带方便，操作简单，能迅速、准确地判定方位，是现地判定方位的基本工具。中国人民解放军六二式指北针如图 10-10 所示。

判定方位时，将指北针平放，待磁针静止后，磁针涂有夜光剂的一端（或黑色尖端）所指的方向，就是现地的磁北方向。

使用指北针以前，应检查磁针是否灵敏。其方法是，用一钢铁物体扰动磁针的平静，若磁针迅速摆动后仍停在原处，则说明磁针灵

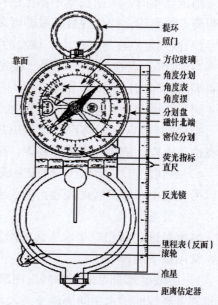

图 10-10　中国人民解放军六二式指北针

敏，可以使用；若各次磁针静止后所指分划值不一致，且相差较大，则该指北针不能用，应进行检修和充磁。

使用指北针时，应避开高压线和钢铁物体。在磁铁矿或磁力异常地区不能使用。

2. 利用北极星和南十字星座判定

（1）利用北极星判定。

北极星，是正北天空一颗较明亮的恒星。在晴朗的夜间找到了北极星，就找到了正北方向。

北极星是小熊星座的 α 星，距北天极约 1°，肉眼看来，北极星就在正北方。大熊星座（主要是北斗七星）和仙后星座位于北极星的两侧，遥遥相对，其关系位置如图 10-11 所示。我国位于北半球，晴朗的夜间都可以看到北极星，根据北斗七星或仙后星座就能很容易找到北极星。

大熊星座，主要亮星有 7 颗，在北天空排列成"斗"形，又像一把有柄的勺子，我国俗称北斗，是北半球夜间判定方位的主要依据。大熊星座 α、β（即北斗斗魁末端的北斗一、二）两星，叫指极星，将两星的连线沿 β 星至 α 星的方向延长，约在两星间隔的

5 倍处，有一颗较明亮的星，就是北极星。

小熊星座，最靠近北天极，也有 7 颗主要的星排列成斗（或勺）形，与北斗很相似。但除北极星外均较暗淡，俗称小北斗，斗柄末端较明亮的 α 星，就是北极星。

仙后星座，主要亮星有 5 颗，形状像"W"字母，从中央的 γ 星算起，在缺口方向，约为 ε 星至 β 星宽度的 2 倍处，就可找到北极星。

（2）利用南十字星座判定。

南十字星座，在南天极附近，由 4 颗明亮的星组成，形状像"十"字，我国叫十字架星，是南半球夜间判定方位的主要依据。在北纬 23°以南地区，上半年可利用南十字星座判定方位。南十字星座 α、β 两星是南天著名的一等亮星，γ 是二等亮星，将 γ 与 α 两星的连线沿 γ 至 α 方向延长，约为两星间隔的 4.5 倍处，就是南天极，即正南方，如图 10-12 所示。

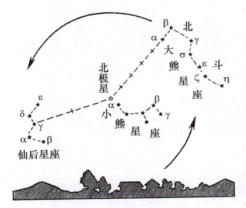

图 10-11　利用北极星判定方位

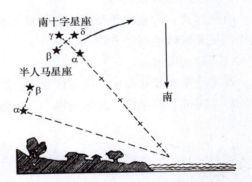

图 10-12　利用南十字星座判定方位

3. 利用太阳判定

自古以来，我国人民就有个习惯的说法："日出于东而落于西。"其实，在一年中，太阳真正从正东方升起，从正西方落下，只有春分（公历 3 月 21 日）和秋分（公历 9 月 23 日）这两天，其他时间都不是从正东升起，从正西落下去的。大体上说，春、秋太阳出于东方，落于西方；夏天太阳出于东北，落于西北；冬天太阳出于东南，落于西南。根据太阳出没的位置，就能概略地判定方位。

（1）利用太阳和时表判定。

一般说来，在当地时间 6 时左右，太阳在东方，12 时在正南方，18 时左右在西方。根据这一规律，便可利用时表和太阳结合起来判定概略方位。判定时，先将手表平放，以表盘中心和时针所指时数（每日以 24 h 计算）折半位置的延长线对着太阳，此时，由表中心通过"12"的方向就是北方。为便于判定，可在时数折半的位置竖一细针或细草棍，转动时表，使针影通过表盘中心，这时表盘中心与"12"的延长线方向即为北方。

为什么要把时数折半？因为地球自转一周是一昼夜，即 24 h，而手表一昼夜要走两圈才 24 h，所以要折半。

判定时，应以当地时间为准。我国大部分地区都使用北京时间，即东经 120°的时间

（东 8 时区）。由于经度不同，在同一北京标准时间内，各地所见太阳的位置也不同。因此，在远离东经 120° 的地区判定方位时，应将北京时间换算为当地时间。以东经 120° 为准，每向东 15°，其当地时间应是将北京标准时间加上 1 h；每向西 15°，就减去 1 h。

在北回归线（即北纬 23° 26′）以南地区，夏季中午时间太阳偏于天顶以北，不宜采用上述方法。

（2）利用太阳阴影判定。

如图 10-13 所示，选择一平整的地面，在地面立一根细直的长杆，在太阳的照射下就会出现一个影子 OA，并将该影子标在地面上；等待片刻（10～20 min），再标出影子的新位置 OB，然后过两个影子的端点 A 和 B 连一直线，此直线就是概略的东西方向线。如何判定东西？由于太阳东出西落，其影子则沿相反方向移动，所以第一个影子就是西，第二个影子必是东。根据已知的东西方向线，在其上任选一点作垂线，这条垂线就大体是南北方向线。

4. 利用自然特征判定

有些地物、地貌由于受阳光、气候等自然条件的影响，形成了某种特征，可以利用这些特征来概略地判定方位。

（1）独立大树。

通常是南面枝叶茂密，树皮较光滑；北面枝叶较稀少，树皮粗糙，有的还长有青苔。砍伐后，树桩上的年轮，北面间隔小，南面间隔大，如图 10-14 所示。

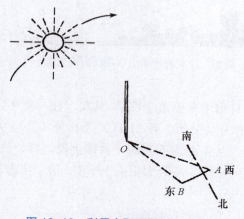

图 10-13　利用太阳阴影判定方位

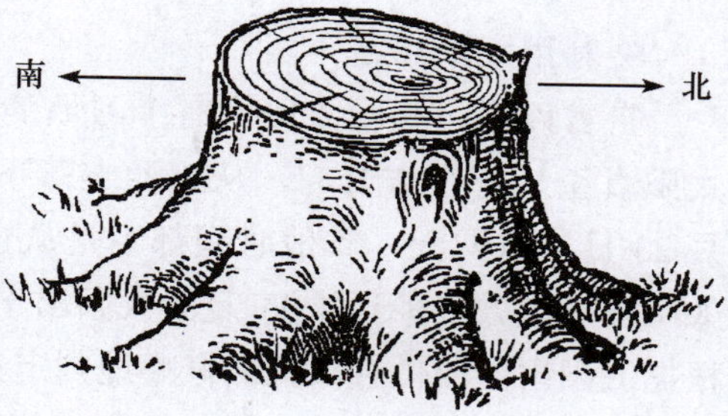

图 10-14　树桩的年轮

（2）突出地面的物体。

突出地面的物体，如土堆、土堤、田埂、独立岩石和建筑物等，南面干燥，青草茂密，积雪融化较快；北面潮湿，易生青苔，积雪融化较慢。土坑、沟渠和林中空地则相反。

（3）其他。

我国大部分地区，尤其是北方，庙宇、宝塔的正门多朝南方；广大农村住房的正门一般也多朝南开。

由于我国幅员广大、土地辽阔，各地都有不同的特征，只要留心观察，注意调查、收集和研究，就会找到判定方向的自然特征。如内蒙古高原，冬季大多是西北风，山的西北坡积雪较少，东南坡积雪较多，蒙古包的门一般朝东南；树干多数略向东南倾斜；新月形沙丘，朝东南方向伸展，坡度缓的一端朝西北，坡度陡的一端朝东南。

判定方位后，必要时可在北方的远处选一明显目标作为方位物，以便记忆和指示。

（二）地图与现地对照

现地使用地图，要能随时辨明正确方向，确定站立点、目标点在图上的位置，了解周围地形情况，因此，必须随时注意与现地对照。

1. 标定地图

标定地图，就是使地图方位与现地方位一致，以便于现地使用地图。

（1）概略标定。

在明确现地方位的基础上，将地形图上方对准现地的北方，则地图的方位即已概略标定。

（2）用指北针标定。

使指北针的准星朝向地图上方，直尺边与图上的磁子午线重合，然后水平转动地图，使磁针北端指零，则地图方位即已标定。

（3）依直长地物标定。

直长地物，是指现地和图上都有的又直又长的物体，如路段、河渠、土堤等。先在地图上找到与现地相应的直长地物符号，将地图放平转动，使图上的直长地物符号与现地直长地物的方向一致，再对照两侧地形，确认无误后，地图方位即已标定。

（4）依明显地形点标定。

明显地形点，是指现地和图上都有的突出地形点。如果站立点在图上的位置已经确定，可环顾四周，选择远方一明显地形点做目标点，然后将直尺切于图上该两点，使目标点在前，转动地图使直尺边对准实地目标点，则地图方位即已标定。

2. 确定站立点在图上的位置

现地使用地图需随时确定站立点在图上的位置，以便利用地图了解周围地形和遂行作战任务。确定站立点的主要方法有以下 3 种：

（1）地形关系位置判定法。

站立点在明显地形点的近旁时，先标定地图，然后进行现地对照，逐一判出站立点四周明显地形点在图上的位置；再依它们对于站立点的关系位置，在图上确定出站立点的位置。

（2）截线法。

站立点在直长地物上时，先标定地图，然后在直长地物的侧方选择一个图上和现地都有的明显地形点，将直尺切于图上该地形点上，然后以该地形点为轴心转动直尺，照准现地该地形点，并描绘方向线，使之与直长地物符号相交，该交点即为站立点的图上位置。

（3）后方交会法。

站立点附近无明显地形点时，先标定地图，然后选择图上和现地都有的两个明显地形点，在图上一个地形点上插一细针，将直尺边靠针转动，对准现地的地形点，并描绘方向线；再用同样的方法对准另一地形点，并描绘方向线，图上两方向线的交点，就是站立点的图上位置。

3. 确定目标点在图上的位置

作战中需要将地形目标与战术目标标绘在地图上，以便量取坐标、指示目标和确定射击诸元。确定目标点在图上的位置，是在确定站立点在图上位置之后进行的，主要方法有以下 3 种：

（1）地形关系位置判定法。

首先观察实地目标点与周围明显地形点的关系位置（方位、距离、高差等），然后在图上找出相应符号，并依关系位置确定目标点的图上位置。

（2）截线法。

当目标点位于直长或线状地物上时，可在站立点标定地图方位，以直尺切于图上站立点并对准目标点绘方向线，其与直长或线状地物符号的交点，即为目标点的图上位置。

（3）前方交会法。

当目标较远且明显地形点较少时，可在便于运动的地区，找到两个与目标点交角较好的明显地形点，先在其中一点标定地图方位，用直尺切于图上该站立点，对准目标点描绘方向线；再在另外一点用同样的方法对准目标点并描绘方向线。两条方向线的交点，即为目标点在图上的位置。

（三）按地图行进

按地图行进，就是利用地形图选定行进路线，通过地图与现地对照，保证沿选定的路线到达预定地点。

1. 行进前的准备

（1）选择并标绘行进路线。

根据受领的任务、敌情、地形和部队装备等情况，在图上选择行进路线。选择时，力求短捷、通畅、方位物多、起伏小、隐蔽和安全，着重考虑和研究路线上与行进有关的地形要素，如地貌起伏、沿线居民地、山垭口及桥梁、渡口的状况等。应沿路线选定明显突出、不易变化的目标作为方位物。

标绘行进路线，就是将选定的行进路线（起点、转折点和终点）及方位物用彩笔醒目地标绘在地图上，并按行进方向顺序编号，以便行进中对照检查。

（2）量取里程，计算时间。

行进路线较长时，应按明显方位物分段量取各段里程，得出全程里程，并计算时间。从图上量得的里程应根据地表起伏情况进行坡度及弯曲改正。

（3）熟悉记忆行进路线。

根据地形图，主要熟悉、记忆沿途经过的村镇、河流、桥梁、岔路口、城市中的突出建筑物等方位物和地形特征，以及各段里程和行进时间。

2. 行进要领

在出发点上先标定地图，对照地形，判定出发点的图上位置，明确行进的道路和方向，然后计时出发，凭预先对沿途地形和方位物的记忆行进。

行进中应边走边对照，随时明确站立点的图上位置和清楚已走过的路线和里程；随时明了前方将要通过的方位物和到达的位置等，力求做到"人在路上走，心在图中移"。在经过岔路口、道路转弯点、居民地出入口时，应及时对照地形，以保持正确的行进方向；遇到地形与地图不一致时，应仔细对照，全面分析，待确有把握后再继续行进；发现走错路时，应立即停止前进，对照地形，判明是从什么地方出错的，再根据情况决定另选迂回路线或返回原路，回到正确路线后，继续行进。

夜间行进视度不良，地图与现地对照困难，容易迷失方向，行进前更要认真分析和熟记沿途地形特征，尽量选择道路近旁的高大地物和透空可见的山顶、鞍部等作为方位物，准备必需的照明、联络器材，明确相关信号。行进中，可用指北针或北极星标定地图，多找点、勤对照，采用走近观察、由低处向高处观察、由暗处向明处观察等方法，还可根据水声、灯光等判断溪流和居民地的位置，及时确定站立点的位置，判定行进方向。

第二节 野外生存

野外生存，是指在野外人员食宿无着的情况下求得生存。学会在野外环境条件下生存的基本技能，是保存和恢复体力、保持持久战斗力的基本要求。

一、寻找水源和改善水质

水是人体最基本的需求，离开他人就无法生存。因此，觅水训练是野外生存训练的重要内容之一。

（一）寻找水源

寻找水源，通常采取观察地形情况、草木的生长位置和动物的活动范围的方法来判定。一般来说，地势低的地方找到水的可能性大。在许多干旱的沙漠、戈壁地区生长着怪柳、铃铛刺等灌木丛的地表下 6 ～ 7 m 深就有地下水；有胡杨生长的地方地下水位距地表面不过 5 ～ 10 m；芨芨草指示地下水位只有 2 m 左右；生长茂盛的芦苇，地下水只有 1 m 左右；如果发现金戴戴、马兰花等植物，便可判定下挖 1 m 左右就能找到地下水。在南方，叶茂的竹丛不仅生长在河流岸边，也常生长在与地下河有关的岩溶大裂隙、落水洞口的地方。我们还可以从特殊植物的生长地点来判定地下水的水质情况，如见到马兰花、拂子茅等植物群，就可断定那里不太深的地方有淡水。另外，在地下水埋藏浅的地方，泥土潮湿，蚂蚁、蜗牛、螃蟹等喜欢在此做窝聚居；冬天青蛙、蛇类动物喜欢在此冬眠；夏天的傍晚，因其潮湿凉爽，蚊虫通常在此呈柱状盘旋飞绕。

（二）鉴别水质

由于水在自然界广泛分布和流动，特别是地面水流经地域很广，一般情况下难以保证水源不受污染。在野外没有检验设备时，我们可以根据水的色、味、湿度概略地鉴别水质的好坏。一是通过水的颜色鉴别。纯净水在水层浅时五色透明，深时呈浅蓝色。可以用玻璃杯或白瓷碗盛水观察，通常水越清水质越好，水越浑则所含杂质越多。二是通过水的味道鉴别。一般清洁的水是无味的，而被污染的水带有一些异味。如含硫化氢的水有臭鸡蛋味，含盐的水则带咸味，含铁较高的水带金属锈味，含硫酸镁的水有苦味，含有机物质的水有腐、臭、霉、腥、药味。三是通过水温鉴别。地面水（江河、湖泊）的水温因气温变化而变化，浅层地下水受气温影响较小，深层地下水水温低而恒定。如果水温突然升高多是有机物污染所致，工业废水污染水源后也会使水温升高。四是通过水点斑痕鉴别。用一张白纸，将水滴在上面，晾干后观察水迹，清洁的水是无斑迹的，有斑迹则说明水中杂质多、水质差。

（三）改善水质

人饮用的水必须经过洁治和消毒。水的消毒主要是为了杀灭有害人体的致病微生物，主要方法有两种：一是物理法，主要是将水煮沸消毒，这是一种容易、简单而且比较可靠的消毒方法；二是化学法，利用化学药品氯、碘、高锰酸钾、漂白粉、明矾等对水进行消毒。洁治水常用的方法有沉淀、过滤、混凝三种。在野外，因条件限制，也可以用一些含有黏液质的野生植物净化浑浊的饮用水。植物净水，虽然絮状物沉淀时能除去部分细菌和微生物，但是没有消毒作用，因此，饮用水最好再加少许漂白粉或煮沸消毒。

在无水源的情况下，也可利用简便方法获取少量的水。如用一个塑料袋套在树枝上将袋口固定，每天取水量可达 1 L[①] 左右；还可以用塑料布收集露水等。另外，山野中有许多植物可用以解渴，如北方的黑桦、白桦的树汁，山葡萄的嫩条，酸浆子的根茎；南方的芭蕉茎、扁担藤等。

二、识别和采集野生食物

可在野外寻觅的食物种类主要有：野生植物、动物、昆虫、鱼类、藻类等。大部分野生植物、动物、昆虫、鱼类都可食用，只有少量有毒不可食用。

（一）识别和采食野生植物

可食用的野生植物可分为野果类、野菜类、蘑菇类、海藻类。鉴别植物是否有毒的一个简单方法是将采集到的植物割开一个口子，放进一小撮盐，然后仔细观察这个口子

---

① 1 L=1 dm^3。

是否改变原来的颜色，通常变色的植物不能食用。

常见的可食野果有：山葡萄、笃斯（见图10–15）、余甘子、山荆子、稠李、黑瞎子果（见图10–16）、茅莓、沙棘、火把果、桃金娘、山桃、胡颓子、小果蔷薇、乌饭树、野栗子、椰子、木瓜、山樱桃、山柿子、猕猴桃、酸藤果、茅莓、棠梨、坚果等。夏秋两季这些野果都可以生食充饥。一般情况下，老鼠、松鼠、兔子、猴子等动物吃过的野果对人体也是无害的，但是鸟类可以食用的植物人不一定能食用。

图 10–15　笃斯　　　　　　　　图 10–16　黑瞎子果

常见的可食野菜有：苦菜、蒲公英、马齿苋、刺儿菜、荠菜、野苋菜、扫帚菜、猪芽草、菱、藕、芦苇、青苔等。野菜的加工方法很重要，加工的目的主要在于去毒去味。无毒并美味的野菜，如苦菜、蒲公英、小根蒜等可以生食；对于一些有苦涩味并可能有轻微毒性的野菜，如败酱、胭脂麻、水芹、珍珠菜、龙芽草、水杨梅等可煮浸；无毒或无不良苦味的野菜，如刺儿菜（见图10–17）、荠菜、野苋菜、扫帚菜（见图10–18）、扁蓄、鸭跖草等，将嫩茎叶择洗干净，切碎后即可炒食或蒸食。

图 10–17　刺儿菜　　　　　　　　图 10–18　扫帚菜

通常可食用的蘑菇有香菇、草菇、口蘑、猴头菇（见图10–19）、鸡苁、竹荪（见图10–20）等。采食蘑菇要特别注意识别毒蘑。毒蘑多有各种色泽，而且美丽，无毒蘑则多呈白色或茶褐色；菌盖上有肉瘤，菌柄上有菌环和菌托的有毒，反之则无毒；毒蘑多生长在肮脏潮湿、有机质丰富的地方，无毒蘑则多生于较干净的地方；毒蘑采集后易变色，无毒蘑则不易变色；毒蘑大都柔软多汁，无毒蘑则致密脆弱。蘑菇一般的吃法是炒食或做汤。

 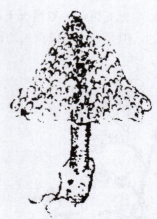

图 10-19　猴头菇　　　　　　图 10-20　竹荪

海岸和岛屿生长着许多海藻，绿藻、红藻、褐藻一般都可以食用，常见的可食海藻有角叉菜、鸡冠菜、刺海松、紫菜、裙带菜、海紫面、鹅掌菜。海藻类可用类似处理野菜的方法进行加工处理后食用。

此外，树皮也可应急食用，柳树、松树、白杨树新生的树皮或内皮（硬树皮与树木之间的软皮），都可以吃。

（二）捕食野外动物

1. 捕猎方法

传统的捕兽方法有压猎、套猎和使用捕兽卡、竹筒。

压猎，是较为原始的狩猎方法，可以捕捉各种小毛皮兽。用一块石板或木板，或者冻土板、冰板，用木棍（或绳子）支（或吊）起来，板上可加压重物，板下放置诱饵，当动物取食时，即可被捕获。在森林中，还可用粗圆木（树干）做成压杠支设在地上进行狩猎。

套猎，是用各种绳索、钢丝制作套子猎捕动物的方法。一般用来捕捉野兔、旱獭、野鸭等小型动物。采用套猎法，首先，要做好捕捉用的套子。套子的大小，距地面的高低，由所猎动物的大小决定，套的一端拴在小树上。套子一般布设在疏林和林中空地或动物通道中间，不要偏斜和歪扭。若无铁丝，也可以用结实的细麻绳做套子。其次，要掌握被猎动物的活动规律。如野鸭多成对活动，性机警，听觉、视觉敏锐，在 200 m 以外稍有惊扰即会迅速起飞。活动时间从破晓到黄昏约 12 h，早晚活动频繁，中午多在湖边或湖中的草墩上休息。掌握了这些规律之后，就便于套捕了。图 10-21、图 10-22 所示分别为用活圈套猎、吊套。

图 10-21　用活圈套猎

图 10-22　吊套

捕兽卡，主要用于捕猎小动物，如田鼠、旱獭、黄鼬等。捕兽卡用一根细钢丝弯曲而成，两端有向外弯曲的尖，中间有供设置用的细铁丝小圈。设置时，将钢丝两臂压紧，两臂上的铁丝小圈重叠，用大头针通过后面小圈穿入重叠小圈即可。钢丝尖端设置诱饵，当动物取食时，铁丝圈即从大头针脱落，钢丝弹向两侧，因钢丝尖端支撑动物嘴部而捕获。

竹筒，主要用以猎捕黄鼬等小动物。选择内径为 6～7 cm，长 65 cm 左右的一节竹筒插入地中，竹筒上口与地面持平，竹筒里面必须光滑，将诱饵投入筒底（北方冬季可在地上打上斜洞，洞壁上用水浇上薄冰），当动物进入筒中取食时，就再无法退出来。

此外，冬季山林地捕捉野兔最容易，深雪时，辨识出新鲜足迹，徒手就可以捉到。在海岛礁岩边，可在夜晚抓海鸟，因为鸟类在夜里是不会动的。

2. 捕鱼、捕蛇

鱼和蛇是野外比较容易捕食的动物，也是野外生存食用最多的野生食物。这里重点做一介绍。

（1）捕鱼。应有鱼钩、钓线、钗坠、浮子等，鱼钩可用针制作，也可用鱼骨或小硬木刺制作。钓线用韧性较强的蔓草制作。先将蔓草晾干，再用石块捶击使其柔软，捻成强韧的钓线，长度最好在 2～3 m。可用子弹壳或小石子等重物代替钩坠（安放在距离鱼钩 10～15 cm 处），鸭、鹅、雁等禽鸟的羽毛管、松树和杨树的树皮以及玉米秆都可以制成浮子。钓竿则可用竹竿或树木的枝条代替。鱼饵通常用蚯蚓或各种昆虫充当。另外，还可以用刺刀、削尖的鱼骨绑缚在木棍、竹竿上面，做成一柄"鱼叉"，用来叉大鱼。

（2）捕蛇。首先要掌握蛇的活动规律，在不同季节采用不同的方法。冬季，蛇类蛰伏在草丛、林木、石缝间，或活动于田埂、沟边。夏秋两季，便四处觅食。通常，蛙类活动的地方，便是蛇类出没的地方，如水田沟边、草丛地等。到晚秋，蛇准备入洞过冬，因而蛇类较集中，也易于捕捉。各种蛇的食性不同，它们的活动地点也不同。捕蛇的方法主要有木叉法和泥压法。

木叉法用于捕捉较大的蛇，其方法是用树枝做一木叉，木叉柄的长短，必须以捕蛇者俯身后两手能够抓到蛇颈部为准。叉口的大小能以叉紧蛇的颈部为宜。捕时，先叉住蛇的颈部，然后立即俯身用胸部抵住木叉柄，再用一只手抓住蛇的颈部，另一只手握住蛇的后部，即可捉住或将其弄死。

泥压法用于捕捉在地面或石头上活动的一些不大的蛇，可拿一大块黏泥，用力向蛇摔去，把蛇压在地上或石上，使蛇一时不能逃走，立即动手捕捉。

直接用手捕捉，最好先捉住蛇尾，将其提离地面，然后迅速握住蛇的颈部，但不要太用力，特别是较大的蛇，这样可以减少蛇的反抗挣扎。若是毒蛇，可紧握蛇尾，用力甩几圈，以防蛇头弯过来咬人。在树林或竹丛中捕蛇时，要戴上帽盔，以防树上的毒蛇袭击。

3. 捕获物的食用

捕获物处理基本步骤是先去皮、去内脏再肢解，然后用火烧烤、泥包裹烧烤或炙热的石头烧烤等方法烧烤猎物，在烤的过程中加盐，烤熟后可食用。如果没有盐的话，在海边可用罐头盒煮海水取固体盐，然后放在纸上，使苦味散去，即可得食盐。如果没有条件生火，也可以生食肉、鱼、贝类。其方法是：将鱼从背部剖开，剔去骨头，切成细丝，加入佐料即可食用。

此外，在野外条件下，昆虫也是可供选择的食物。目前，可食用的昆虫有蜗牛、蚯蚓、蚂蚁、知了、蟑螂、蟋蟀、蝴蝶、飞蛾、蝗虫、蚱蜢、湖绳、蜘蛛、螳螂、师蛄等。花蜘蛛放在火上烧烤，然后将皮和腿搓去，即可食用。蝉、田鳖用油炸可以食用。在食用昆虫时一定要煮熟或烤透，以免昆虫体内的寄生虫进入人体，导致中毒或得病。

三、野炊

野炊，是指在野外利用制式炊具或就便器材制作热食和熟食的炊事活动。组织野炊时，应注意派出警戒，明确野炊的位置、方式、隐蔽伪装措施、时间、要求及注意事项。

（一）选择野炊位置

野炊位置，通常应选择在隐蔽条件好、附近有良好的水源的地方，如背敌的山坡、沟坎、水渠、森林、居民地等；应注意避开独立明显的物体；卫生状况良好，避开厕所、粪坑和化学污染地区；有一定的地幅，便于展开和减少敌火杀伤。通常炊事班展开面积不应小于 200 m^2，以战斗班为单位野炊时，班与班之间间隔 15 m 以上。

（二）取火

煮烤食物需要火，宿营取暖需要火，发求救信号也需要火。因而，野外生存的能力，在某种程度上说，取决于取火的能力。特殊条件下取火的方法有以下几种。

1. 枪弹取火法

取一枚子弹，将弹丸拔出，倒出 2/3 的发射药，撒在干燥易燃的枯草或纸上，把弹壳空出的地方塞上纸和干草，然后推弹壳入膛，用枪口贴近撒了发射药的引火物射击，引火物即可燃烧。

2. 透镜取火法

用放大镜，如果没有放大镜可用望远镜或瞄准镜、照相机上的凸透镜代替，冬季可用透明的冰块磨制，透过阳光聚焦照射易燃的引火物（腐木、布中抽出的线、撕成薄片的干树皮、干木屑等）取火。利用放大镜取火最为迅速的是照射汽油、酒精和枪弹的发射药或导火索，可在 1～2 s 内点燃引火物。

3. 发电机、电池取火法

用手摇发电机、电台照明用的一号"甲电"，将正负两极接在削了木皮的铅笔芯的两端，顷刻间，铅笔芯就会烧得通红。用手电筒内电池和电珠也可做成引火工具：用电珠在细石上小心磨破，注意不能伤及钨丝，然后把火药填入电珠内，通电后即能发火。

4. 击石取火法

取一块坚硬的石头（黄铁矿石最好）做"火石"，用小刀的背或小片钢铁向下敲击"火石"，使火花落到引火物上燃烧。

5. 钻木取火法

用强韧的树枝或竹片绑上鞋带、绳子或皮带做成一个弓子。在弓子上缠一根干燥的木棍，用它在一小块硬木上迅速地旋转，最后钻出黑粉末，这些黑粉末冒烟而生出火花点燃引火物；用一根干的树干，一头劈开，并将裂缝撑开，塞上引火物，用一根藤条穿在引火物后面，迅速抽动藤条，使之摩擦发热而引燃引火物；还可以用两块软质的木头或竹片，用力相互摩擦取火，下面垫以棕榈皮或易燃烧物也可引燃取火。

（三）设置锅灶

锅灶设置可采取自备野炊灶、就地挖灶和就地垒灶 3 种方法：

1. 自备野炊灶

使用自备野炊灶，具有展开快、做饭快、撤收快的特点，但容易暴露目标，炊事人员行军负荷大。

2. 就地挖灶

根据不同要求，分为散烟灶和蔽光灶，均由烧火槽、灶门、灶膛和烟道 4 大部分组成。构筑蔽光灶时应注意：灶门的大小要合理；烧火槽周围应用土加高，使之侧视不易看到火光；烧火槽上方可用就便器材遮盖，防止空中发现火光；烟道可只设置一条，但末端应用松土堵塞，防止火星外冒。图 10-23 所示为散烟灶。

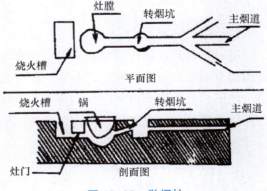

图 10-23 散烟灶

3. 就地垒灶

在挖灶困难或来不及挖灶的情况下，可利用土、石块等就地垒灶。垒灶野炊时，容易暴露目标，因此，应加强观察、警戒，随时做好战斗和转移位置的准备。

四、宿营

宿营是部队离开常驻营房遂行各种任务中的临时住宿。目的是使部（分）队得到休息和整顿，以便继续行军或做好战斗准备。宿营可采取舍营、露营或两者结合的方式进行。舍营是利用居民房舍住宿；露营是指在房舍外露宿或利用帐篷进行住宿。分队通常在上级的编成内宿营，有时也单独组织宿营。

（一）宿营的工作

1. 选择宿营地域

分队宿营地域通常由上级确定；单独宿营时，自行选定。自行选择时，应根据敌情、地形、任务和行军编成而定。宿营地的选择通常应符合下列条件：要有适当的地幅和充足的水源；要有较好的进出道路，便于车辆、人员机动；避开城镇、集市、车站、渡口、大的桥梁等明显目标；避开洪水道、油库、高压电源和严重污染区、传染病流行区。夏季要尽量选在比较干燥、地势较高、通风良好、蚊虫较少的地方；冬季应选在避风向阳、土质较黏、便于搭设简易遮棚或挖掘的地方。

2. 确定宿营部署

宿营部署是部（分）队宿营时对兵力所做的区分和配置。分队的宿营部署通常根据敌情、地形、宿营时间、宿营方式等因素在行军命令中确定，也可临时确定。当敌情威胁较小或集结地域有良好的地形时可采取集团部署，适当缩小宿营地域内各分队之间的间隔距离，以便于指挥和管理；当敌情威胁较大时应尽量采取分散部署。在住宿区要选定便于集中的地点作为紧急集合场，在便于疏散且靠近道路和住宿的地点选择紧急疏散场。

3. 组织宿营

分队到达宿营地域时，应当在设营人员引导下，按宿营部署隐蔽进入指定的地域组织宿营。

（1）组织警戒。

进入宿营地后，应迅速指定对空观察哨和值班火器（或分队），根据情况向有敌情顾虑的方向派出排哨、班哨、步哨、游动哨和潜伏哨。派出警戒的数量和距离应根据敌情、地形和分队展开所需时间而定。分队在上级编成内宿营时，通常只派出直接警戒。在任何情况下，宿营地域内都应派出警戒哨，严防敌人突然袭击。摩托化行军宿营时，应加强对车辆的警戒。

（2）呈报宿营报告。

分队进入宿营地后，应迅速搜集行军和宿营情况，及时向上级报告。报告的方式有文字、口述等。营、连通常向上级呈送宿营报告（附宿营部署图），也可口述报告；排通常向连口述报告。报告的主要内容是：当日出发时间、经过地点、行程、到达时间和地点、人数及伤病情况；宿营部署；武器弹药、装备器材、给养和车辆损耗情况；人员思想情况；

存在的问题和请示事项。

（3）组织休息，搞好管理。

部署完毕后，各分队应迅速进入各自宿营地，做好以下各项工作：卸载、卸装，选定架设帐篷的具体位置；架设帐篷，伪装宿营地域；寻找水源，明确饮水、用水的方法，并注意警戒水源；做饭、吃饭；检查、维修、保养车辆，加油加水；擦拭武器，整理装具，补充弹药，准备器材；安排好伤病员，穿刺脚泡，烤晒衣服；检查督促分队尽快休息，加强查铺查哨；离开宿营地域后，要尽量消除宿营痕迹。

（4）宿营中各种情况的处置。

在宿营中，指挥员要善于预见可能遇到的各种情况，发现情况灵活指挥，果断处置。遭敌空中或地面火力袭击时，应立即发出警报，组织指挥分队迅速进入指定疏散地域隐蔽；遭小股敌人袭击时，应当让值班分队或就近分队，迅速将其围歼或驱逐；发现敌向我宿营地附近空降时，应立即报告上级，并指挥分队迅速抢占敌空降地区要点，根据上级指示，在友邻和民兵的协同下，歼敌于立足未稳之际或掩护主力迅速撤离宿营地区；接到敌核、化学、生物武器袭击的警报时，应迅速进入疏散区，利用地形和工事进行隐蔽，利用制式或就便器材进行防护。

（二）露营的方法

野外露营的方式包括利用制式器材露营和利用就便器材露营。利用制式器材露营，通常是指利用帐篷、装配工事等制式器材进行的露营；利用就便器材露营，通常是指利用车辆、篷布、雨衣、草木等进行的露营。

1. 利用帐篷露营

露营时按帐篷架设、撤收方法和要求实施。寒区冬季使用帐篷露营时可在植桩后泼水使之冻结，帐篷的下端要以重物压牢，防止漏风。

2. 利用装配工事露营

指挥机关可利用装配掩蔽部露营。高炮部（分）队可将火炮和装配工事用牵引车篷布苫盖连接在炮位上露营。

3. 利用车辆露营

部（分）队可利用装备的车辆进行夏季野外露营。冬季野外车辆露营时，可在火炮牵引车和运输车上辅以防寒材料，放置取暖设备，这样可有较好的防寒效果。

4. 构筑猫耳洞（掩体）露营

冬（旱）季可在便于隐蔽、伪装、土质较好的地形上或利用堑壕、交通壕挖地下猫耳洞露营。挖掘时开口应尽量利用沟、壕的切面，也可以直接在地面开口。一般以班为单位构筑，每个班挖 2～3 个洞为宜，洞内呈方形，顶部铲成拱形。若土质松软或黏结性差，洞内可挖成"人"字形、"丁"字形、"工"字形、"十"字形等以减少顶部单位面积的承受力。构筑猫耳洞露营时应特别注意防塌方和潮湿。

5. 构筑雪洞或雪屋露营

冬季在冲沟、雨裂、凹地、山谷等积雪深的地方宜构筑雪洞。当积雪在 1～4 m 时，可直接开口构筑，洞口大小以一人能进出为宜。开口后可拐 1 ～ 2 个直角弯，使通道尽量呈 "Z" 形并修成向上倾斜的斜坡状。雪洞要比通道高一些，洞顶铲成拱形并留出气孔。

当积雪较少时可构筑雪屋，一般数人一屋。积雪板结时，直接切成长方形雪砖，尔后按需要堆砌；雪质松软时，可把雪装入木柜里踩实，加工成雪坯。堆砌中应在雪块间隙敷设浮雪，逐层收顶。洞口可根据风向开成 "门" 形，顶部为拱形、人字形或圆锥形。视情况也可以用雪堆做围墙，在 3 ～ 4 个角打上木桩，顶部用雨衣或柴草覆盖。雪屋构筑好后，要在屋底部铺 10 cm 以上的干草，再铺上雨衣、褥子，用装有软草的麻袋或草捆堵在洞（屋）口，防止冷气侵入。

6. 搭设树枝（草）棚露营

夏季有树林、蒿草、高秆农作物秆的地方，应充分利用自然条件，搭设各种树枝（草）棚。如利用木杆为支架搭设屋脊形草棚，利用木杆搭设斜坡形草棚，利用蒿草、树枝搭设偏厦等。在冬季，棚围应用雨衣、篷布、柴草等围盖，棚顶和周围空隙用草堵实，再加盖一层积雪或草皮，以便保暖和伪装。

7. 搭设简易帐篷露营

夏季，使用简易帐篷在野外露营，其样式较多。可用雨衣、塑料薄膜、盖布搭设成屋脊形、一面坡形、长方形、拱形等简易帐篷。简易帐篷的大小和形状可根据装备、就便器材数量和露营人数灵活确定。图 10-24 所示为屋顶型帐篷，图 10-25 所示为单坡面帐篷。

图 10-24　屋顶型帐篷

图 10-25　单坡面帐篷

8. 利用吊床露营

夏季可将雨衣、床单和毡布、伪装网等用绳系住两头，并系在树干上，人员即可躺在上面休息。还可在上面架设蚊帐，防蚊虫叮咬；下雨时可在上面再拉一根绳子，搭上方块雨布，四角用绳子系牢，便形成防水帐篷。

第三节　电磁频谱监测

频谱监测是实施电磁频谱管理的重要手段和依据。通过频谱监测可以获得大量电磁用频装、设备的工作状态以及无线电频谱信息和特征技术参数，为制定电磁频谱管理和用频保障计划，研制和发展各类用频装备提供重要的技术依据。

一、电磁频谱及其主要特性

所谓电磁频谱，是指电磁波按频率或波长分段排列所形成的结构谱系。电磁频谱的频率范围为零到无穷，各种不同形式的电磁波占用不同的频率范围。按频率增加的顺序是无线电波、红外线、可见光、紫外线、X 射线和 γ 射线（见图 10-26）。电磁频谱是一种特殊的自然资源，其具有以下主要特性：

第一，主权性。电磁频谱资源对人类的影响，就像水和空气一样不可或缺。目前，电磁频谱是人类唯一理想的无线信息传输媒介，既是一种稀缺的自然资源，也是决定国家发展和战争胜负的重要战略资源。电磁频谱与土地、森林、矿藏等资源一样，属于国家所有。《中华人民共和国物权法》的第 46 条至 52 条，分别规定了矿藏、土地、森林、野生动植物、频谱、文物、国防资产的国有属性，明确了电磁频谱领域的国家主权性。其中第 50 条单独明确规定，"无线电频谱资源属于国家所有"。

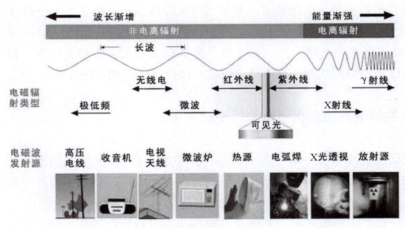

图 10-26 电磁频谱示意图

第二，开放性。电磁频谱无疆界限制，既看不见，也摸不着，跳动于无形空间，渗透在每个角落。电波传播无国界，电磁频谱资源为人类共同拥有，只要符合国际划分规定就可以使用。电磁频谱既可以民用，也可以军用，也不分敌我。电磁辐射源可以来自太空、空中、海上、地面、海中，可以来自我方，也可以来自敌方，可以来自军用，也可以来自民用，来自不同平台和设备。各类用频武器装备易受自扰互扰、有意干扰或无意干扰，这就带来了复杂的电磁环境。

第三，资源的无限性和使用的有限性。电磁频谱覆盖零至无穷大赫兹的频率范围，受目前信息技术水平的限制，可供人类开发和使用的只占资源总量的 68%。其中，3 GHz 以下的最优频谱，应用趋于饱和，发展空间受限，我军 70% 以上的用频武器装备和国家 78% 以上的民用无线电设备，都集中在 3 GHz 以下，用频矛盾十分突出；

3 ～ 10 GHz 的好用频谱，应用更广泛，竞争更趋激烈；10 G ～ 60 GHz 的可用频谱，技术日趋成熟，抢占优先使用权的趋势更加明显；60 GHz 以上待开发频谱，开发利用受技术和元器件的限制，亟待突破；卫星频率轨道资源的好用频率瓜分殆尽，"黄金导航频率"的 80% 已被美国和俄罗斯率先抢占。

第四，"三域"分割性。目前，除了航空无线电导航、遇险搜救、射电天文等业务领域用频，属于"专属专用"的保障方式外，其他约 90% 以上的频段都由多种无线电业务共用。它们之所以能够共用，主要由于电磁频谱具有空间域、时间域、频率域的三维特性。当多种用频平台密集部署时，电磁波在空域上纵横交错、时域上动态变化、频域上密集交错，"三域"重叠问题就很难避免，容易导致用频平台电磁通道"撞车打架"，产生自扰、互扰的现象。但三域中只要有一域区分好，也就不会干扰。因此，可以通过区分使用时段的方法，制定频谱管制计划，从时域层面避免干扰；也可以通过拉开间隔距离的方法，从空域层面避免干扰；还可以通过分配和指配频率的方法，制定用频方案，从频域层面避免干扰。

第五，商业价值性。英国政府在其发布的《21 世纪的频谱管理》白皮书中，明确提出引入频谱定价、频谱拍卖、频谱贸易等手段，激励频谱资源的高效利用和新技术的研发。有关研究报告表明，电磁频谱每年可为国家经济总量贡献 3 至 5 个百分点。1995 年至 2011 年，美、英、法、德等国家，为发展第 3、第 4 代移动通信网，所拍卖的频谱价值高达 1 300 多亿美元。俄、法、德、日、澳等国家竞相完善相关法规，最大限度地维护本国的电磁频谱空间利益，极力推进电磁频谱资源市场化和国际化。

二、电磁频谱在信息化战争中的地位作用

在未来信息化战争中，制电磁权成为战争双方控制和反控制的焦点。夺取了制电磁权，就意味着能自由使用电磁频谱，不受对方的电磁威胁，就能为最终夺取信息权创造有利条件。因此，电磁频谱对于夺取未来信息化战争的胜利至关重要。

第一，是必要的物质基础。频谱是有限的、不可再生的战略资源。频谱作为国家的公共资源，除有一部分划分给军队专用外，大部分都是军民共用，所以各国都十分重视，并加以珍惜和充分利用。外军评论认为："频谱是一种无形的战斗力，并且是可与火力机械动力相提并论的新型战斗力。"甚至预言："21 世纪将是频谱战的时代。""战时频率资源如同弹药、油料一样重要，是作战必需的物质基础。"

第二，是重要的保障因素。电磁频谱存在于陆、海、空、天的作战全时空，是不可或缺的支持机动作战、分散作战和高强度作战的理想媒介。作为重要的保障要素，其贯穿于作战准备、作战筹划、作战实施的全过程，作用于指挥控制、情报侦察、武器制导、预警探测、导航定位等作战全要素，是提高体系作战能力的重要基础，直接关系到信息化武器装备作战效能的发挥。

第三，是重要的制胜手段。传统海空优势的发挥，必须建立在电磁优势的基础上，失去制电磁权，必将失去制空权、制海权，电磁空间已成为与空间、地面和海洋并存的

第四维战场。在未来信息化战争中，信息化装备具有数量多、种类全、战场电磁密度大、程式复杂、环境变化节奏快等特点。据统计，美军一个步兵师约有 70 部雷达、2 800 部电台，俄罗斯一个摩托化步兵师约有 60 部雷达、2 040 部电台，保证如此多的电子装备有条不紊地工作，需要强大的频谱管理力量和机制。如果不加强频谱管理，势必会造成通信干扰、联络不畅等问题，从而影响整个战局的成败。可以说，未来信息化作战，谁赢得了制电磁权，谁就掌握了战场主动权。美国前参谋长联席会议主席托马斯·穆勒曾说，如果发生第三次世界大战，获胜者必将是最善于控制和运用电磁频谱的一方。

面对世界范围内电磁频谱竞争的不断升级，美军先后出台联合频谱构想、国防部频谱战略规划以及"频谱战"战略等顶层指导文件，并采取避开拥挤频段、开发高端频谱等方式，研发微波、激光、电磁脉冲等武器装备，积极抢占频谱资源。英国在部队中广泛推广使用智能无线电和高效调制技术，提升无线通信系统的频谱使用效率。为在未来信息作战中获得频谱优势，欧美等国军队还通过成立专门电磁兼容机构、采用先进仿真技术手段、制定质量指标管理体系、开发联合频谱管理系统等方式，提高战场电磁频谱管理能力。

三、电磁频谱监测及其主要环节

频谱监测是指通过对空中无线电信号进行扫描、搜索以及监视、分析，实现对频谱占用情况的统计、分析和信号的识别及频谱参数（频率、频率误差、射频电平、发射带宽、调制度等）的测量。也就是，频谱监测是指探测、搜索、截获无线电信号，并对信号进行分析、识别、监视并获取其技术参数、工作特征和辐射源位置等技术信息的活动。它是有效实施电磁频谱管理的重要手段和依据，也是电磁频谱管理的重要分支。

按工作频段划分，频谱监测可分为长波监测、中波监测、短波监测、超短波监测、微波监测等。频谱监测主要是在短波和超短波之中展开，随着微波频段军用频装备的日益增多，微波监测在频谱监测中也日益占有重要的地位。

按频谱监测的技术参数划分，通常分为无线电技术监测和无线电方位监测。

按频谱监测设备是否移动及运载平台的不同，可分为固定监测站、移动监测站以及可搬移监测站等。

按监测任务的不同分为常规监测、电磁环境监测和特种监测。

现代战争中的军事通信大量采用快速通信技术、加密技术、反侦察抗干扰技术等各种先进通信技术。因此，频谱监测已转变为以监测无线电信号的技术特征为主。其监测过程的基本环节包括：

第一，对无线电信号的搜索与截获。由于无线电辐射源发射的无线电信号是未知的，或者通过事先监测已知无线电辐射源某些信号频率而不知其工作时间，因此，需要通过搜索寻找，以发现无线电辐射源发射的无线电信号是否存在以及是否有新出现的无线电信号。

截获无线电信号必须具备三个条件：一是频率对准，即监测设备的工作频率与被测无线电信号频率要一致；二是方位对准，即监测天线的最大接收方向要对准被测无线电信号的来波方向（全向天线例外）；三是被测无线电信号电平不小于监测设备的接收灵敏度。由于被测无线电信号的频率和来波方向是未知的，所以，在寻找被测无线电信号时，需进行频率搜索和方位搜索。

第二，测量无线电信号的技术参数。无线电信号有许多技术参数，有些是各种无线电信号共有的参数，有些是不同无线电信号特有的参数。对无线电信号技术参数做到实时测量是十分需要的，这对于频谱监测尤为重要。当不能实时测量时，可进行记录，利用音频录音、视频录像、射频信号存储等手段，详细记录或存储截获的无线电信号，以便事后做进一步分析和处理。

第三，测向定位。利用无线电测向设备测定信号来波的方位，并确定目标电台的地理位置。测向定位可以为判定无线电设备属性、通信网组成、实施电磁频谱管理提供重要依据。

第四，对信号特征进行分析识别。信号特征包括通联特征和技术特征。分析信号特征可以识别信号的调制方式，判断无线电辐射源的工作体制和无线电装备的性能，判断无线电通信网的数量、地理分布以及各通信网的组成、属性及其应用性质等。

第五，控守监视。是指对已截获的无线电辐射源信号进行严密监视，及时掌握其变化及活动规律。实施电磁频谱管理时，控守监视尤为重要，必要时可以及时转入即时式管理。

四、电磁频谱监测注意事项

影响电磁频谱监测结果的因素很多，有监测系统内部自身原因，也有监测地点地理环境和电磁环境等外部原因。在日常进行电磁频谱监测时，需要注意以下事项。

（一）场地选择

监测地点的地形、地貌、地质情况以及周边的建筑物、金属线路等，对电磁波的传播都会造成不同程度的影响。因此，在监测场地的选择上需要把握三个原则：有良好的地理覆盖、避开障碍物、远离强电磁辐射。

监测地点一般选择在监测区域的制高点，视野开阔，周围无障碍物和金属反射物，在主要监测方向无遮挡和盲区。要远离大功率辐射源、高压输电线、电气化铁路和交通拥挤道路。要有一定的活动空间，便于监测系统的架设和人员操作，并留有安全防护距离。必要时可设置警示标志。为避免大信号对监测结果的影响，监测场地的环境电场不能超过规定的电磁环境干扰允许限值的要求。

（二）参数设置

监测设备参数设置的合理与否，对监测的准确性有很大的影响。如检波方式、中频带宽设置等参数，选择的类型不同，测量的结果也不相同，必须根据测试要求，合理选择、设置。此外，参数设置不准确，可能得到错误的测量结果。

在使用频谱仪进行频谱测量时，如果测量的信号强度过大，而频谱分析仪输入衰减设置不当时，将造成频谱分析仪内部非线性失真，产生虚假信号。从而造成测量结果的错误。

在使用监测接收机进行监测时，应注意关注以下几点：

一是合理选择检波方式。接收机常用的检波方式有平均值检波、峰值检波和准峰值检波等。在实际工作中，一般先用峰值检波进行初测，若初测值比标准给定的准峰值和平均值都低很多，则不需要进行复测就能判定试验已经通过；若初测中有部分测量值高于标准规定的准峰值和平均值，就需要对测量值超标的频段使用准峰值和平均值进行复测。

二是合理选择中频带宽。对于监测接收机来说，中频滤波器是由多种不同带宽的滤波器组成的滤波器组，根据接收信号带宽的不同选择相应带宽的滤波器。在实际工作中，接收机的中频带宽尽可能选择与信号带宽一致，若无法完全一致时，接收机的中频带宽尽可能选择接近但不超过信号带宽的滤波器。如信号带宽 20 kHz，而接收机中频带宽只有 3 kHz、16 kHz 和 30 kHz，那么就要选择 16 kHz。选择 3 kHz 时，由于通过的信号太窄，会丢失部分信号而无法还原信息。选择 30 kHz 时，由于太宽，可能将邻频道的信号一并接收。

三是注意增益控制。接收机射频信号的幅度在很大范围内变化，最小幅度为接收机的灵敏度，最大幅度为接收机的最大输入信号强度。一般来说，接收机的灵敏度可达到几个 dBm，而最大输入信号强度可达到上百个 dBm。为使接收机输出信号幅度保持恒定或仅在较小范围内变化，需要使用增益控制电路对输入信号进行放大或衰减。目前，接收机一般具有自动增益控制（AGC）和人工增益控制（MGC）两种力式。人工增益控制是根据输出信号强度人工改变接收机的增益，反应速度慢，不能适用信号的快速变化，通常情况下使用自动增益控制。

四是正确选择解调方式。解调方式也称为检测方式，表明接收机能解调接收的信号类型。解调与调制是一对逆过程，对经过一定调制的信号进行监测分析时，必须使用相对应的解调方式。目前，调制和解调方式可分为模拟调制和数字调制，接收机中常用的解调方式有 CW、DSB、SSB、USB、LSB、FM、AM、I/Q 等。

五是合理选择衰减控制。部分接收机在射频前端设计有衰减器，应根据射频输入信号的强度变化，关闭或选择适当的衰减量。当射频信号输入过大时，可以引起接收机的非线性失真，严重时可烧毁前端电路。因此，在进行未知信号测量时，先将衰减器接通并选择最大衰减量，根据信号幅度情况调整衰减量大小或关闭衰减器。部分接收机的衰减器具有自动选择功能，可根据信号幅度自动选择和调整衰减量。

（三）地图作业

地理坐标系有多种，不同坐标系之间存在平移和旋转，地理坐标在不同坐标系之间使用时，需要进行相应的转换。很多监测系统的卫星定位系统使用 GPS，其所采用的是世界大地坐标系 –84（World Geodetic System–84，WGS–84）坐标系统，所发布的星历参数就是基于此坐标系。目前，我国广泛采用的大地测量坐标系是 1954 年北京坐标系，地形图上的平面坐标位置都以此为基准进行推算。在进行地图作业时，为提高作业精度，减少测量误差，需要进行坐标修正或转换。一般采用布尔莎公式（七参数法）完成 WGS–84 坐标系到北京 54 坐标系的转换，得到北京 54 坐标数据。在比较小的区域作业时，若已知某个参考点的 WGS–84 坐标系和北京 54 坐标系的地理坐标，也可以近似地使用该参考点在两个坐标系中的差值作为修正量，完成不同坐标系之间的转换。

在进行测向作业时，测向机所测出的方向读数是电磁波相对于参考天线单元的顺时针方向角度。当参考天线单元与真北一致时，如固定安装在监测塔并经过校准，测向机所测出的方向读数就是电磁波相对于真北的顺时针方向角度。当参考天线与真北不一致时，如测向天线安装在车上进行移动监测，需要进行测向角度的变换。

（四）测向路线

在使用测向设备进行测向和定位操作时，如何在较短的时间内准确找到发射源，测试地点和测试路线的选择十分重要，地点和路线选择合理，可以避免跑冤枉路。一种传统的路线选择方法是沿示向线 90° 的方向进行跑位，具体如图 10-27 所示。

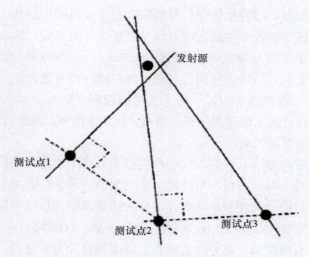

图 10-27　一种传统测向线路选择方法

先在测试点 1 对信号进行测向，测得第一条示向线，然后沿着垂直于该示向线垂直的方向跑位并选择测试点 2；在测试点 2 对信号再次进行测向，测得第二条示向线，然后沿着垂直于第二条示向线的垂直方向跑位，并选择测试点 3；在测试点 3 对信号第三次进行测向，测得第三条示向线。使用这三条测向线在地图上进行交绘作业，就可确定发射源所在的区域。

（五）系统校准

监测系统在使用一段时间后，由于频率漂移、器件老化等，会产生一定的系统误差。

为确保监测系统误差在允许的范围内，减少系统误差对测量结果的影响，需要对监测系统进行校准。监测系统在搭建时，监测设备、天线、电缆和配套的放大器、衰减器等器材应选择经过计量机构校准且在校准有效期内的。若所选设备没有校准，则需要通过标准信号源进行校准，或与经过校准的系统进行比对。

● 思 考 题

1. 识图用图应注意哪些基本问题？
2. 野外如何寻找水源和改善水质？
3. 如何判别野外食物是否可以食用？
4. 电磁频谱在信息化战争中有何地位作用？
5. 电磁频谱监测应注意哪些问题？

参考文献

［1］中国军事百科全书编审委员会．中国军事百科全书［M］．北京：中国大百科全书出版社，2014.

［2］《总体国家安全观干部读本》编委会．总体国家安全观干部读本［M］．北京：人民出版社，2016.

［3］许其亮．牢固确立习近平强军思想在国防和军队建设中的指导地位［N］．人民日报，2017-11-14.

［4］中华人民共和国国防部．中国的军事战略白皮书，2016.

［5］中共中央宣传部，中央军委政治工作部．习近平强军思想学习问答［M］．北京：解放军出版社，人民出版社，2022.

［6］陈继安．毛泽东军事思想新论［M］．北京：军事科学出版社，1995.

［7］赵荣，李德才，于淼．军事思想［M］．长沙：国防科学技术大学出版社，2004.

［8］梁必骎．军事革命论［M］．北京：军事科学出版社，2001.

［9］汪维余，张荣．新军事变革与信息化战争［M］．北京：人民出版社，2004.

［10］王保存．世界新军事变革新论［M］．北京：解放军出版社，2003.

［11］中国人民解放军学生军训办公室．军事理论教程［M］．北京：国防大学出版社，2007.

［12］陆俊元．中国地缘安全［M］．北京：时事出版社，2011.

［13］刘培国，黄纪军，刘继斌，薛国义．信息化条件下军事电磁频谱管理［M］．北京：国防工业出版社，2016.

［14］陈高平，宋其文．军事体能训练指南［M］．北京：国防大学出版社，2004.

［15］汪致远．现代武器装备概论［M］．北京：原子能出版社，2003.

［16］赵小卓．当前大国军事战略转型及启示［J］．领导科学论坛，2018（14）：5-10.

［17］中共中央宣传部，中央国家安全委员会办公室．总体国家安全观学习纲要［M］．北京：学习出版社，人民出版社，2022.

［18］《党的二十大报告学习辅导百问》编写组．党的二十大报告学习辅导百问［M］.

北京：人民出版社，2022.

　　［19］薛宏伟．深学笃行"五个坚持"的军事观和方法论［N］．人民日报，2024-08-01.

　　［20］解放军报评论员．推进新时代强军事业的科学指南［N］．解放军报，2023-08-02.